2판

사회복지실천론

| 최해경 저 |

SOCIAL WORK PRACTICE

학지사

2판 머리말

『사회복지실천론』 초판 출간 후 8년이 경과되었다. 그동안 사회복지실천 현장과 사회복지사의 역할 및 활동에는 많은 변화가 일어났다. 인구 구조의 변화와 가족 관련 구조적·기능적 변화로 노인복지, 가족복지, 아동복지 영역에서 복지욕구가 급상승하면서 복지서비스 제공 기관들이 양적으로 크게 증가했고, 공공 및 민간 영역에서 사례관리가 전면 확대될 정도로 실천방법과 전달체계로서 그 비중이 커졌으며, 결혼이주여성, 외국인근로자 등 다문화 인구집단과 관련된 사회복지실천이 확대되었다. 『사회복지실천론』(2판)은 이러한 변화를 다소라도 반영한 내용으로 개정하고자 하였다.

사회복지 교육과정의 기본 방향을 제시하는 한국사회복지교육협의회의 교과목 지침서의 기준 또한 반영해야 하는 중요한 요소다. 1998년 처음으로 교과목 지침서가 만들어진 후 그동안 여덟 번의 개정작업이 이루어졌는데, 가장 최근에 이루어진 사회복지실천론의 구체적인 수업목표는 다음과 같다.

1. 사회복지실천의 개념과 목적에 대한 이해
2. 사회복지실천의 가치와 윤리에 대한 이해
3. 사회복지실천의 역사적 발달에 대한 이해
4. 사회복지실천 현장 및 대상에 대한 이해
5. 사회복지실천의 통합적 접근 관점에 대한 이해
6. 관계 형성 및 면접에 대한 이해

7. 사회복지실천 과정 및 사례관리에 대한 이해

이와 같은 한국사회복지교육협의회의 지침에 근거해 이번 2판에서는 사회복지실천의 개념적 이해와 역사적 발달, 사회복지실천 현장과 대상, 사회복지실천의 통합적 접근 관련 지식 기반, 사회복지실천의 가치 및 윤리, 관계 형성 및 면접기술을 포함한 사회복지실천의 기술 기반에 대한 내용과 사회복지실천 과정과 사례관리에 대한 이해가 확립되도록 구성하였다.

사회복지사는 사회복지전문직의 원조를 필요로 하는 다양한 실천현장에서 도움을 필요로 하는 사람들을 위한 종합적인 전문 서비스를 제공하여야 한다. 무엇보다도 교과목으로서 사회복지실천론은 장래 사회복지사가 될 학생들이 개인, 가족, 집단, 지역사회를 대상으로 하는 사회복지실천 방법을 학습하여 적용할 수 있도록 개념적 이해를 높이는 데 초점을 두어야 하기 때문에 2판에서도 이에 주안점을 두었다.

이 책은 총 14개의 장으로 이루어졌다. 제1장은 사회복지실천의 기본적 이해를 위해 사회복지실천의 개념과 정의를 다각도로 검토하였고, 사회복지실천의 목적과 토대를 논의하였으며, 사회복지실천의 주요 구성요소들을 이해하기 위해 사회복지기관, 사회복지사, 클라이언트 체계를 살펴보았다. 제2장에서는 전문적인 사회복지실천의 역사적 발달과정을 미국과 우리나라의 경험을 중심으로 시대적으로 살펴보았다. 제3장은 사회복지실천 현장에 대한 내용으로 개념과 분류방식을 논의하고 새롭게 등장한 현장들을 비롯해 다양한 사회복지실천 현장을 살펴보았다. 제4장부터 제6장까지는 사회복지실천의 핵심 요소들인 지식, 가치, 기술을 논의하였는데 초판에서의 내용을 일부 수정하고 보완하였다. 제7장과 제8장의 면접론과 관계론도 초판의 내용을 일부 수정하고 보완하였다. 제9장부터 제13장까지는 사회복지실천 과정을 단계별로 논의하였는데 각 장의 내용을 간결하고 명확하게 정리하는 재구성을 시도하였다. 제14장은 사례관리로 1판에서 개입 단계의 일부로 포함시켰던 것을 별도의 장으로 구성해 비중을 높였다. 사례관리의 개념과 정의를 검토하였고, 서구사회와 우리나라의 사례관리의 발전과정을 살펴보았으며, 사례관리의 목적, 다양한 사례관리 모델, 사례관리의 구성요소를 논의하였다.

초판의 발행 이후 다양한 도움말과 예리한 지적을 피드백으로 주었던 동료 교수님들과 실천현장의 사회복지사 선생님들, 그리고 제자들에게 머리 숙여 감사를 드린다. 개정판이 나올 수 있도록 오랫동안 기다려 준 학지사 관계자들께 감사드리며, 특히 김서영, 이혜진 선생님을 비롯한 편집부 직원들께 진심으로 감사의 인사를 전하고 싶다.

2017년 8월

최해경

1판 머리말

사회복지실천에 대한 개념 정립이 아직도 진행 중인 것처럼 교과목으로서 '사회복지실천론'도 내용과 범위에 있어서 논란이 지속되고 있는데, 이 책은 사회복지실천의 개념과 사회복지실천론의 범주를 다음과 같이 설정하고자 한다. 협의와 광의의 다양한 개념 정의가 존재하지만 간결하게 정의하자면, 사회복지실천이란 클라이언트 체계의 욕구를 충족시키고 클라이언트 체계와 그 체계가 속한 사회환경이 최적의 상태를 유지할 수 있도록 돕는 과정에 초점을 두는 것을 말한다. 그리고 '사회복지실천론'은 클라이언트 체계의 욕구 및 문제를 해결하거나 사회적 기능을 향상시키는 원조과정에서 실천가가 무엇을, 어떻게 해야 하는지에 대한 내용을 이론적으로 다루는 교과목이라고 할 수 있다.

사회복지 교육과정의 방향을 제시하는 한국사회복지교육협의회의 교과목 지침서에 의하면 '사회복지실천론'의 목표는 다음과 같이 여섯 가지로 제시된다.

1. 사회복지실천의 개념과 역사적 발달과정에 대한 이해
2. 사회복지실천의 가치와 윤리에 대한 이해
3. 사회복지실천 현장과 사회복지사의 역할에 대한 이해
4. 사회복지실천의 이론적 기반과 통합적 접근 및 사례관리에 대한 이해
5. 클라이언트와의 관계 형성 및 기본적인 면접기술의 습득

6. 사회복지실천 과정에 대한 이해

이 책은 한국사회복지교육협의회의 지침에 근거하여 사회복지실천의 개념과 역사적 발달과정, 실천 관련 지식, 실천가치 및 윤리, 관계 형성 및 면접기술을 포함한 실천기술을 다루는 내용과 함께 실천의 틀과 실천과정에 대한 이해가 확립되도록 구성되었다.

특별히 주안점을 둔 것은 두 가지다. 첫째는 사회복지실천가로서 자신에 대한 이해와 비자발적인 클라이언트를 포함한 다양한 클라이언트에 대한 이해를 사회복지사가 끊임없이 증진해야 하는 측면을 강조하고자 하였다. 사회복지사는 인생의 즐거움과 행복을 누리는 사람들보다는 경제적 · 정신적 · 신체적 고통 속에 있거나 삶의 전환기에 적응에 대한 스트레스가 심한 사람들을 주로 만나야 하는 직업이다. 어려운 사람을 돕는 보람 있는 전문직이라는 피상적이고 낭만적인 생각만으로 선택하기에는 원조전문직으로서 사회복지사가 감당해야 하는 실천현장에서의 역할과 업무가 매우 고되고 어렵다. 클라이언트에게 진정으로 도움이 되는 유능한 실천가가 되기 위해서는 무엇보다도 전문적 가치와 윤리에 부합되게 사고하는 방법을 배워야 하고 자신의 감정과 클라이언트의 감정에 대처할 수 있도록 훈련되어야 한다. 이를 위해서는 사회복지사 자신과 클라이언트에 대한 깊이 있는 이해가 기반이 되어야 한다.

둘째는 실천과정에 대한 이해를 보다 높이기 위해 시작부터 종결에 이르기까지 각 단계에서 이루어지는 사회복지사의 활동과 클라이언트와의 상호작용을 상세하게 다루고자 했으며 가능한 한 많은 사례들을 적용하여 구체적으로 제시하려고 하였다.

이 책은 총 13개의 장으로 이루어졌다. 제1장은 사회복지실천에 관한 기본적 이해를 위해 사회복지실천의 협의와 광의의 개념 및 정의를 검토하였고, 사회복지실천의 목적, 초점, 공인과 지식 · 가치 · 기술의 조화로서 실천을 논하였으며, 사회복지기관, 사회복지사, 클라이언트 체계에 대해 살펴보았다.

제2장은 사회복지실천의 역사를 전문적인 사회복지실천에 초점을 맞추어 서구사회와 우리나라에서 이루어진 발전과 변화를 중심으로 살펴보았다.

제3장부터 제5장까지는 사회복지실천의 토대가 되는 지식, 가치, 기술을 다루었다. 사회복지실천의 지식 기반으로 기초 이론, 실천 이론이라 할 수 있는 실천의 틀과 실천지혜 등을 논하였고, 가치 기반으로 실천가치와 윤리에 관한 포괄적인 내용을 검토하였으며, 기술 기반으로 의사소통, 관계 형성, 문서화에 관하여 살펴보았다.

제6장은 사회복지사 업무의 핵심 수단인 면접에 관한 이해를 위해 구체적인 면접방법, 면접에서 직면기술의 활용, 효과적 면접을 위한 구조적 요소를 소개하였다.

제7장은 전문적 사회복지실천 관계에 대한 개념적 이해와 함께 그 기본 요소들을 논하고, 비에스텍(Biestek)의 관계 원칙을 검토하였으며, 변화를 방해하는 관계 요소를 클라이언트와 사회복지사의 양 측면에서 살펴보았다.

제8장부터 제12장까지는 사회복지실천 과정을 다섯 단계, 즉 시작 및 관계 형성, 자료 수집, 사정, 개입, 종결 및 평가로 구분하여 논하였다. 시작 및 관계 형성에서는 시작하기, 문제 확인, 신뢰관계의 구축, 클라이언트의 동기에 영향을 미치는 요인에 관한 논의가 이루어졌다. 자료 수집에서는 자료 수집 방법과 문제 관련, 개인 관련, 환경 관련 자료 수집에 대해 상세히 소개하였다. 사정에서는 사정의 특성, 다양한 사정도구, 사정의 과정과 결과, 개입계획 수립을 다루었다. 개입에서는 변화의 초점에 대한 논의와 함께 직접적 개입과 간접적 개입을 설명하였다. 평가 및 종결에서는 평가의 기능과 평가도구, 평가방법을 살펴보았고, 종결의 의미와 유형, 종결의 구성요소에 관한 논의가 이루어졌다.

제13장에서는 사회복지실천의 주요 분야를 그 현황과 클라이언트의 욕구를 중심으로 논하였다. 아동 · 청소년복지, 가족 · 여성복지, 노인복지, 장애

인복지, 정신보건사회복지, 의료사회복지, 학교사회복지, 지역사회복지 분야를 소개하였다.

이 책을 집필하는 과정에서 기대와 현실 간의 괴리가 매우 컸다. 그동안 사회복지실천론을 가르쳐 오면서 고민했던 부분들을 깊이 있게 다루고 싶었으나 마음먹었던 것만큼 충분하게 반영하지 못한 것 같아 아쉬움이 남는다. 부족하고 보완되어야 할 부분에 대한 독자들의 예리한 비판과 충고를 기대한다.

이 책이 발간되기까지 수고를 아끼지 않고 도와준 사람들이 있다. 초고를 읽고 많은 피드백을 주고 교정까지 꼼꼼하게 봐 준 충남대학교 사회복지학과 박사과정 김정득 선생과 연구년으로 국내에 없는 저자를 위해 부탁할 때마다 이메일과 우편으로 자료를 성실하게 챙겨 준 주은주 조교에게 고마운 마음을 전하고 싶다. 또 오랜 시간 동안 싫은 소리 안 하고 기다려 준 학지사의 여러 관계자들께도 깊은 감사를 드린다.

2009년 7월

최해경

차례

◈ 2판 머리말 / 3

◈ 1판 머리말 / 7

제1장 사회복지실천에 대한 기본적 이해 • 15

1. 사회복지실천의 개념과 정의 _ 15
2. 사회복지실천의 목적과 토대 _ 22
3. 사회복지기관 _ 35
4. 사회복지사 _ 39
5. 클라이언트 체계 _ 47

제2장 사회복지실천의 역사적 발달과정 • 51

1. 서구사회 사회복지실천의 역사: 미국을 중심으로 _ 51
2. 우리나라 사회복지실천의 역사 _ 67

제3장 사회복지실천 현장 • 75

1. 사회복지실천 현장의 개념과 분류 _ 75
2. 다양한 사회복지실천 현장 _ 77

제4장 사회복지실천의 지식 기반 • 99

1. 사회복지실천과 지식 _ 99
2. 사회복지실천의 기초 이론 _ 105
3. 사회복지실천의 틀 _ 110
4. 사회체계 이론과 생태학적 관점 _ 115
5. 실천지혜 _ 129

제5장 사회복지실천의 가치와 윤리 • 133

1. 사회복지실천과 가치 _ 133
2. 사회복지전문직의 가치 _ 137
3. 사회복지실천의 가치 갈등과 해결책 _ 140
4. 사회복지실천과 사회복지사 윤리강령 _ 151

제6장 사회복지실천의 기술 기반 • 161

1. 사회복지실천과 기술 _ 161
2. 의사소통 _ 166
3. 관계 형성 _ 179
4. 문서화 _ 189

제7장 사회복지 면접론 • 201

1. 사회복지면접의 목적 _ 201
2. 면접방법 _ 204
3. 면접에서 직면기술의 활용 _ 217
4. 효과적 면접을 위한 구조적 요소 _ 220

제8장 관계론 • 225

1. 원조관계의 개념 _ 225
2. 전문적인 원조관계의 기본 요소 _ 228
3. 사회복지실천의 관계 원칙: 비에스텍의 7대 원칙 _ 238
4. 변화를 방해하는 관계 요소 _ 249

제9장 사회복지실천 과정: 접수 • 255

1. 접수의 주요 목표와 과업 _ 255
2. 시작하기 _ 257
3. 문제 확인 _ 264
4. 신뢰관계의 구축 _ 269
5. 클라이언트의 동기에 영향을 미치는 요인 _ 271

제10장 사회복지실천 과정: 자료 수집 • 277

1. 자료 수집의 주요 목표와 과업 _ 277
2. 자료 수집을 위한 정보의 출처 _ 279
3. 문제 관련 자료 수집 _ 287
4. 개인 관련 자료 수집 _ 289
5. 환경 관련 자료 수집 _ 292

제11장 사회복지실천 과정: 사정 • 295

1. 사정의 주요 목표와 과업 _ 295
2. 사정의 특성 _ 297
3. 사정도구 _ 300

4. 사정의 과정과 결과 _ 315
5. 개입계획의 수립 _ 321

제12장 사회복지실천 과정: 개입 • 327
1. 개입의 주요 목표와 과업 _ 327
2. 변화의 초점 _ 329
3. 직접적 개입 _ 331
4. 간접적 개입 _ 346

제13장 사회복지실천 과정: 평가와 종결 • 353
1. 평가와 종결의 주요 목표와 과업 _ 353
2. 평가의 기능과 평가도구 _ 354
3. 평가방법 _ 357
4. 종결의 의미와 유형 _ 362
5. 종결의 구성요소 _ 366

제14장 사례관리 • 373
1. 사례관리의 개념과 정의 _ 373
2. 사례관리의 발전과정 _ 378
3. 사례관리의 목적 _ 381
4. 사례관리 모델 _ 386
5. 사례관리의 구성요소 _ 393

◈ 참고문헌 / 399
◈ 찾아보기 / 417

제1장

사회복지실천에 대한 기본적 이해

1. 사회복지실천의 개념과 정의

우리나라의 사회복지실천 개념은 협의로는 기존의 사회사업(social work) 또는 사회사업실천(social work practice)을 대체하는 개념이나, 광의로는 사회복지정책과 사회복지행정 영역에서의 사회복지사의 활동까지 포함할 만큼 그 내용과 범위가 포괄적이다.

먼저, 사회복지실천의 협의의 개념에 해당되는 사회사업 혹은 사회사업실천의 정의를 살펴보면 다음과 같다.

미국사회복지사협회(National Association Social Workers: NASW)는 사회사업을 개인, 집단, 지역사회가 사회적 기능과 관련된 자신의 능력을 향상시키거나 회복하도록 돕고, 이러한 목표 달성에 적합한 사회적 조건을 만들도록 돕는 전문적 활동으로 정의하고 있다(Barker, 2014). 이 정의는 개인의 능력과 역량에 초점을 두고 사회환경에 대한 개인의 통제력을 강조한다. 즉, 사회사업은 인간 행동에 관한 과학적 지식과 전문적 실천기술을 토대로 하여 개인, 집단, 지역사회가 개인적 또는 사회적 만족과 자립을 얻을 수 있도록 도움을 주는 전문적 서비스로 간주된다.

국제사회복지사연맹(The International Federation of Social Workers)은 사회사업 전문직의 개념을 다음과 같이 정의하고 있다(http://ifsw.org/policies/definition-of social-work).

> "사회사업 전문직은 사회 변화와 발전, 사회적 유대, 역량 강화와 평등화를 추구한다. 사회정의, 인권, 공동책임, 다양성 존중의 원칙이 사회사업의 근본 원칙이다. 사회사업 이론, 사회과학, 인문학 및 자생적 지식에 기반하여 사회사업은 생활상 문제를 해결하고 안녕을 증진시키기 위해 사람들과 사회구조에 개입한다."

국제사회복지사연맹의 정의는 사회 변화와 발전, 평등화를 추구하고 사회정의와 인권, 공동책임, 다양성 존중의 원칙을 강조한다는 점에서 미국사회복지사협회의 정의보다 확대된 개념으로 볼 수 있다.

광의의 개념으로 사회복지실천을 정의하는 시도들은 미시적, 중간 범위, 거시적으로 사회복지실천 수준을 구분하고 있다. 바커(Barker, 2014)에 따르면 사회복지실천이란 실천 가치에 일치되는 방식으로 사회적 서비스를 제공하라는 사회적 위임을 이행하기 위해 사회복지실천 지식과 기술을 활용하는 것으로 치료, 사회적 기능이 손상된 사람들을 재활시키는 회복, 그리고 예방을 포함한다. 미시적 실천(micro practice)은 개인, 가족, 소집단이 직면한 문제를 해결하도록 돕는 활동으로 보통 사례를 개별적으로 다루거나 임상적 실천현장에서 직접적 개입을 하는 것을 일컫는다. 중간 범위 실천(mezzo practice)은 주로 가족과 집단을 대상으로 하며 주요 활동은 의사소통, 중재,

협상을 이끌고 교육시키며 사람들을 참여케 하는 것을 말한다. 거시적 실천(macro practice)은 전체 사회의 향상과 변화를 가져오는 것을 목적으로 하는 활동으로 정치적 행동, 지역사회조직, 광역 수준의 사회복지기관 행정 혹은 공공복지 행정을 의미한다.

재스트로(Zastrow, 2013)는 미시적 실천은 개인을 대상으로하여 일대일로 개입하는 것으로, 중간 범위 실천은 가족과 소집단에 개입하는 것으로, 거시적 실천은 조직과 지역사회에 개입하거나 법과 사회정책의 변화를 도모하는 것으로 정의하였다. 팀버레이크, 파버, 그리고 사바티노(Timberlake, Farber, & Sabatino, 2002)도 다른 여러 사람들이 내린 정의에 근거하여(Brueggeman, 1996; De Hoyos, 1989) 미시적 실천을 일대일 혹은 개별적 실천으로, 중간 범위 실천을 가족과 소집단을 대상으로 하는 실천으로, 거시적 실천을 대규모 집단, 조직, 지역사회, 제도, 전체 사회를 대상으로 하는 실천으로 구분하였다.

엄명용, 김성천, 오혜경, 윤혜미(2016)도 사회복지실천을 개입 대상인 클라이언트 체계의 규모에 따라 미시적 수준, 중간적 수준, 거시적 수준으로 구분하였다. 미시적 수준의 실천은 개인의 가장 친밀한 상호작용 과정에 개입하는 사회복지사의 활동으로 개인의 심리 · 사회적 상태, 부모 · 자녀관계, 부부관계, 동료와의 관계, 기타 가족 구성원들 간의 관계 등에 문제가 있을 경우 클라이언트의 문제해결 과정에 사회복지사가 개입하여 클라이언트와 일대일로 만나 클라이언트의 문제해결을 지원하는 활동이 여기에 해당되는 것으로 보았다. 중간적 수준은 미시적 수준과 거시적 수준의 중간을 의미하는 것으로 지역사회 자원의 발굴 및 연계활동, 자조집단 및 치료집단의 조직 및 운영 등을 통한 사회복지실천 활동으로 설명하였다. 거시적 수준은 클라이언트의 삶에 영향을 미치는 전체 사회나 국가의 복지체계를 대상으로 한 사회복지사의 실천 활동으로 규정하였다. 복지정책 개발, 정책 분석, 정책 대안의 발굴 및 제시, 제안된 법안에 대한 분석 및 증언, 기관이나 조직의 행정체계 및 프로그램에 관련된 대안 제시, 지역사회 자원 개발, 취약계층의 권익 옹호

등이 거시적 수준의 실천 활동이다.

김혜란, 공계순, 박현선(2013)은 주로 개인, 가족 또는 소집단을 대상으로 개입하는 실천을 미시 사회복지실천으로 규정하였다. 중간 범위의 사회복지실천은 지역사회 내 조직, 단체, 기관 등의 환경체계 또는 지역사회 자체를 대상으로 개입하는 실천을 의미하고, 거시 사회복지실천은 사회정책, 제도 또는 행정의 변화를 위한 활동을 의미하는 것으로 구분하였다.

이와 같이 미시적 실천, 중간 범위 실천, 거시적 실천이란 용어를 동일하게 사용해도 저자에 따라 개념적으로는 다소의 차이가 있는데, 특히 미시적 실천과 중간 범위 실천의 구분에서 그러하다. 클라이언트 체계의 규모에 초점을 두고 개인을 대상으로 하는 실천만을 미시적으로 간주하고 소집단이나 가족을 대상으로 하는 실천은 중간 범위로 구분하기도 하고, 활동 내용에 초점을 두어 임상적이면 미시적으로, 교육이나 자원 동원, 연계활동은 중간 범위로 구분하기도 하며, 임상적 접근뿐 아니라 개인과 가족을 위한 지역사회 내 자원 연계와 서비스 조정까지 미시적 실천으로 간주하고 개인과 가족에 영향을 미치는 지역사회 내 환경체계를 변화시키기 위한 활동을 중간 범위 실천으로 구분하기도 한다.

사회복지실천을 사회복지와 실천이라는 두 단어의 조합으로 간주하면 사회복지실천의 개념이 광범위해지는 것은 불가피하다. 사회복지는 사회 구성원 모두가 복지를 누리는 상태, 즉 사회적 안녕 상태를 일컫는 의미와 사회적 안녕 상태를 만들기 위한 사회의 총체적 제도 및 노력이라는 의미가 있다(엄명용 외, 2016). well과 fare의 합성어인 복지(welfare)는 만족스러운 혹은 적정한 상태를 의미한다. 공공 또는 집합적이라는 사회(social)가 더해진 사회복지(social welfare)는 사회적으로 적정한 삶의 상태를 일컫는 동시에 사회적으로 적정한 삶의 상태를 영위하는 데 장애가 되는 요소를 제거하거나 완화하려는 체계적인 사회적 노력인 정책과 서비스를 일컫는 의미로 사용된다. 카거와 스토즈(Karger & Stoesz, 2002)에 의하면 사회복지는 기본욕구를 충족시키는 데 도움이 필요한 사람들에게 도움을 주기 위해 만들어진 법률, 프로그램, 서비스를 의미한다. 즉, 사회복지는 사회의 구성원이 기본적인 욕구를 충족시키는 데 필요한 물질적 · 비물질적 서비스를 제공하는 정책과 프로그램으로 구성된 사회적 제도를 일컫는다. 그리고 실천은 현장에서 실제 활동하는 것을 의미한다. 따라서 사회복지실천을 두 단어 그 자체로 정의하면 사회복지의 목적 달성, 즉 사회적 안녕 상태를 이루기 위해 필요한 구체적 프로그램, 급여, 서비스를 그것이 요구되는 현장에서 실행하는 활동을 말하기 때문에 두 단어의 조합으로 정의하면 광범위한 개념이 될 수밖에 없는 것이다.

전통적으로 사회복지 영역은 미국의 영향을 받은 분류방법인 거시적 사회복지와 미시적 사회복지, 사회복지정책과 임상, 사회복지정책과 사회복지실천 등의 2분법으로 분류되어 왔으나 전통적 분류에서 발생하는 혼란으로 3분법 혹은 4분법으로 세분화할 필요성이 제기되고 있다. 이는 사회복지정책과 임상을 연속선상의 양극단으로 보고 사회복지행정과 사회복지서비스를 그 중간에 위치하는 것으로 보는 것이다. 사회복지정책이 인간의 기본욕구 충족을 위해 정부와 민간 영역에서 실행하는 사회복지제도 및 시책을 이념적 차원이나 이론적 차원에서 다루거나 혹은 경험적 분석을 하는 영역이라면, 사회복지행정은 사회복지조직의 효과적 · 효율적 서비스 전달을 위한 조직의 업무나 구성원의 과업 조정, 사회복지서비스의 계획 수립과 평가 등을 다루는 영역으로 구분한다. 또한 사회복지서비스는 개인, 가족, 집단, 지역사회와 이들의 사회환경적 요인 간 상호작용을 향상시켜 사람들의 욕구 충족과 성장을 돕는 서비스 개입을 다루는 영역으로, 임상사회복지는 개인, 가족, 집단에 대한 직접적인 사회복지실천으로 클라이언트의 심리사회적 기능을 향상시키고 정서적 · 정신적 장애와 손상을 예방하고 치료하기 위한 전문적 개입을 일컫는 것으로 구분한다.

한편, 우리나라에서 사회복지실천이란 용어의 등장은 학계와 실천현장에서 사회사업보다 사회복지라는 용어를 더 선호했던 결과로 설명된다. 사회사업의 전문성을 강조하는 미국에서의 개념 정의와 달리 우리나라는 역사적으로 사회사업이란 용어를 자선사업이나 빈민구제 또는 기부활동으로 인식하여 왔기 때문에 사회복지사의 전문적인 실천 활동을 강조할 수 있는 새로운 용어가 필요하였다는 것이다(이영분, 김기환, 윤현숙, 이원숙, 이은주, 최현미, 홍금자, 2001). 그러나 사회사업을 대체하는 용어로 사회복지를 사용하는 것은 사회복지 개념이 인간의 삶의 질을 향상시키기 위한 정책 및 제도, 서비스와 프로그램, 구체적인 활동방법을 모두 포괄하고 있기 때문에 상당한 혼란을 줄 수 있다.

또한 거시적 수준까지 포함하는 광범위한 사회복지실천 개념은 사회복지사의 정체성과 전문성 강조, 인접 학문 분야 및 다른 전문직과의 차별화 등을 추구하는 데 있어서도 논란의 여지가 있다. 우리나라 현실에서 사회복지 관련 정책 수립, 정책 분석, 정책 대안의 발굴, 제안된 법안에 대한 분석, 취약계층의 권익 옹호 등 거시적 수준의 활동은 정부관료, 국회 및 지방의회 의원, 국책연구기관의 연구진, 사회단체 및 시민단체 지도부 등에 의해 주도되고 있는 실정으로 사회복지사의 활동이 거시적 수준에서는 아직까지 활발하지 않다는 것도 이러한 논의에서 입장을 같이한다.

시대 변화와 학자들의 견해에 따라 다양한 개념 정의가 존재했지만 사회복지실천이 사회복지를 실현하기 위한 구체적이고 전문적인 실천 활동을 의미함과 동시에 전문직을 의미하는 개념이라는 점은 역사적으로 공통적인 견해였다. 이러한 배경을 감안할 때 사회복지실천은 미시적 실천과 중간 범위 실천으로 구분되는 범주에 해당되는 사회복지사의 전문 활동을 의미하는 것으로 보는 것이 타당하다는 의견이 강력하다. 이와 같은 맥락을 고려해 양옥경, 김정진, 서미경, 김미옥, 김소희(2010)는 사회복지실천이 인간의 삶의 질을 향상시키기 위한 개인, 소집단, 가족 또는 지역사회의 문제 및 욕구에 권한부여적 문제해결 접근방법으로 개입하는 종합적인 전문 활동이라고 정의하였다. 이와 유사하게 이영분 등(2001)도 사회복지실천은 개인, 집단, 가족 그리고 지역사회를 대상으로 하여 이들이 자신들의 문제와 욕구를 스스로 해결할 수 있도록 도와주고, 이들의 사회적 기능을 향상시키며, 배분적 사회정의를 실현하는 것을 목적으로 하는 종합적이며 전문적인 실천 활동이라고 정의하고 있다. 김경호(2010)는 사회복지실천을 다양한 욕구를 지닌 사회적 상황 속의 클라이언트 체계에 사회복지사가 의도적으로 개입하여 클라이언트와 클라이언트를 둘러싼 상황을 변화시킴으로써 클라이언트 체계의 욕구를 충족시켜 주는 사회복지의 방법으로 규정하였다.

그러나 사회복지실천의 정의는 빠르게 변화하는 사회복지실천 환경과 맥락에 따라 정의의 수준이 고려되어야 할 필요가 있다. 사회복지와 관련된 법이나 정책이 사회복지사의 업무를 규정하지만 사회복지사도 제도나 정책이 집행되는 과정에서 발견되는 수정되거나 보완되어야 하는 점들을 제도나 정책에 반영하도록 영향을 미치고 있다. 예를 들어, 아동학대 문제와 관련된 법, 정책, 사회복지사의 활동에 대해 생각해 보자. 아동학대 사례들을 담당하고 있는 아동보호전문기관 사회복지사의 업무가 관련법과 정책에 근거하여 규정되지만 실행과정에서 클라이언트의 문제 및 욕구를 보다 효과적으로 해결하고 충족할 수 있도록 제도나 정책의 변경 필요성을 경험할 수 있다. 이와 같이 사회복지사가 제기하는 이슈들이 아동학대 관련 정책 수립이나 제도 개선에 영향을 미치며 또 새로 수립된 정책이나 개선된 제도 등은 다시 아동보호서비스 제공과 서비스의 질에 직접적인 영향을 미친다. 또한 사회복지사는 취약집단을 보호하는 데 기존의 법이 부적절하거나 새로운 입법이 필요하다면 개정이나 제정을 적극적으로 요구할 수 있다. 그동안 아동학대, 가정폭력, 장애인 자립지원, 노인학대 문제 등과 같은 많은 영역에서 사회복지사는 관련법을 제정하거나 개정하는 데 기여한 바 있다. 또한 인권 관련법이나 차별금지 관련법은 모든 시민이 차별받지 않고 또 공공업무에서 절차적 공평성을 보장받을 기본적 권리를 보호하기 위해 만들어진 법률이므로 사회복지사는 이러한 법들을 활용해 서비스 이용자들에게 보다 적질하고 접근이 쉬운 서비스를 제공하도록 사회복지기관의 책임성을 높일 수 있다(Swain, 2002).

이와 같은 사회복지사의 역할과 활동을 고려하여 이 책에서는 사회복지실천을 상담, 서비스 제공, 자원 개발 및 연계 등 사회복지사의 전문 활동으로 개인, 집단, 가족, 지역사회의 문제해결과 변화를 돕는 직접적 실천과, 사회복지행정 및 정책 영역에서 사회복지사의 전문 활동으로 직접적 실천이 가능하고 효율적으로 실시되도록 지원하는 간접적 실천을 포괄하는 종합적인 전문 활동으로 정의하고자 한다.

2. 사회복지실천의 목적과 토대

1) 사회복지실천의 목적

사회복지실천의 기본적인 목적은 시대에 따라 크게 변화되지 않고 유지되어 왔다. 마타이니와 로워리(Mattaini & Lowery, 2007)는 사회복지실천의 목적을 사회정의와 일치되는 방식으로 클라이언트와 그들의 물리적 환경 및 사회적 환경 간의 상호 교류의 질을 향상시키는 것으로 정의하고 있다. 이처럼 사회복지실천의 목적은 간결한 문장으로 표현되었지만 복잡한 내용을 함축하고 있다. 클라이언트는 개인뿐 아니라 다양한 형태의 가족, 집단, 조직과 단체, 지역사회, 국가까지 포함할 수 있는데, 여기서 물리적 · 사회적 환경은 인위적 환경과 자연환경, 제도와 정책, 개인적 억압, 집단 차원의 억압, 구조적 억압 등을 포함하는 광범위한 개념이다. 따라서 클라이언트와 환경 간 상호 교류는 매우 복잡한 내용을 담고 있다.

전통적으로 사회복지실천의 기능은 욕구가 있는 개인의 사회적 기능 증진과 사회정의 향상으로 오랫동안 논의되어 왔다. 사회적 기능이란 인간의 기본욕구를 충족하는 데 필요한 과업과 활동을 완수하고 지역사회에서 요구하는 주요 사회적 역할을 수행하는 개인의 능력을 말한다(Longres, 1995). 인간은 다른 사람들이 제공해 주는 보살핌, 조언, 보호에 의해 성장하고 발전하는 사회적 존재로서 신체적 생존은 물론 심리적 생존도 사회적 관계에 달려 있다. 즉, 사회적 기능이 인간의 삶의 질을 좌우하는 핵심 요소인 것이다. 사회복지전문직은 모든 사람의 사회적 기능에 관심을 갖지만 전통적으로 우선시해 온 것은 어린 아동이나 병약한 노인, 가난한 사람들, 신체적 혹은 정신적 장애가 있는 사람들과 같은 가장 취약하고 사회적 차별을 받는 사람들의 욕구였다.

사회정의는 사회제도가 모든 사람들의 기본적인 인권을 인정하고 지원하는 공정성과 도덕성을 발휘하는 것을 일컫는다. 사회복지사는 사람들이 권리를 찾도록 돕는 서비스를 수행하도록 기대된다. 또한 공정하고 정의롭게 모든 사람들의 기본권을 인정하고 책임 있게 행동하도록 사람들에게 촉구함으로써 권리를 인정받지 못하거나 무시당하는 사람들을 위해 옹호자 역할을 하도록 기대된다. 사회복지전문직은 원론적으로는 두 가지 기능을 모두 강조해 왔으나 실제에 있어서는 사회복지실천 활동이 개인의 사회적 기능 증진에 주로 집중되었던 것으로 평가된다.

미나한(Minahan, 1981)은 사회복지실천의 목적을 다음과 같이 여섯 가지로 제시하였다.

- 클라이언트의 역량을 증진하고 문제해결과 대처 능력을 향상하도록 돕는다.
- 클라이언트가 필요로 하는 자원을 획득할 수 있도록 돕는다.
- 사회복지실천 조직이 클라이언트에게 반응적인 조직이 되도록 한다. 즉, 사회복지실천 조직이 클라이언트의 인간적 존엄성을 존중하면서 적

절한 절차와 기준에 의해 서비스를 제공하는지 점검하고 문제가 있으면 시정한다.

- 개인과 주변 환경의 사람들과의 상호관계를 촉진시킨다.
- 조직과 조직, 기관과 기관 간의 상호관계에 영향력을 행사한다. 클라이언트의 복합적인 욕구를 충족시키기 위해 조직 및 기관 간에 조정과 중재의 기능을 한다.
- 사회정책과 환경정책에 영향을 미친다.

미나한이 제시한 사회복지실천 목표 가운데 세 번째와 다섯 번째는 사회복지행정 영역에서의 실천 활동이고 여섯 번째는 사회복지정책과 밀접한 관련이 있는 실천 활동으로, 그는 광범위한 사회복지실천의 목표들을 포괄하여 제시하고 있다.

재스트로(2013)도 이와 유사하게 미국사회복지사협회(NASW)가 제시한 다섯 가지 목적을 제시하였다.

- 사람들의 문제해결 · 대처 · 발달 능력을 향상시킨다.
- 사람들을 그들에게 자원, 서비스, 기회를 제공하는 체계와 연결한다.
- 사람들에게 자원과 서비스를 제공하는 체계를 효과적이고 인본주의적으로 운영한다.
- 사회정책을 개발하고 향상시킨다.
- 인간과 지역사회 안녕을 촉구한다.

미국사회복지교육협의회(Council on Social Work Education: CSWE)는 사회사업 전문직의 목적을 다음과 같이 제시하고 있다(CSWE, 2008).

"사회사업 전문직의 목적은 인간과 지역사회의 안녕을 증진시키는 것으로 이 목적은 사회정의와 경제정의의 추구, 인권을 제한하는 상황의 예방, 빈곤타파, 모든 사람들의 삶의 질 향상을 통해 달성된다."

앞에서 살펴본 바와 같이 전문직 단체와 사회복지 교육 관련 단체 등에서는 오래전부터 사회복지실천의 목적을 광범위하게 포괄적으로 제시하고 있다.

2) 사회복지실천의 초점

사회복지사는 본래 사회문제를 해결하기 위해 발달한 전문직이지만 사회복지사가 유일한 원조전문직은 아니며 정신과의사, 임상심리사, 상담가 등도 어려움에 처한 사람들을 돕는 원조전문직이다. 이러한 인접 영역들과의 차이점은 사회복지실천이 개인 행동의 내적 측면뿐 아니라 그 개인의 삶의 외적 측면에도 관심을 갖는 점이다. 즉, 정서적 문제와 개인적 문제의 해결뿐 아니라 가정생활, 학교생활, 주변의 안전, 사회경제적 상황 등에 주목하는 점이 다른 것이다. 이같이 사회복지전문직은 개인과 가족 기능에 대한 관심뿐만 아니라 사회환경과 사회문제에도 높은 관심을 갖는다. 즉, 사회복지전문직이 다른 원조전문직들과 차별화되는 강점은 바로 개인과 그 개인의 환경 모두에 초점을 두고 관심을 갖는다는 점이다.

사회복지실천에 있어서 사회복지사가 가지고 있는 이러한 기본적 시각은 '환경 속의 인간'(person-in-environment)으로 요약된다. 환경 속의 인간에 초점을 둔다는 것은 개인의 성격에 국한되는 차원이 아닌 전인(全人)으로서의 개인을 전제로 한다. 즉, 사회복지사는 개인과 관련된 여러 차원들—생물학적, 지적, 정서적, 사회적, 가족과 관련된, 영적, 경제적, 지역사회와 관련된 차원 등—에 관심을 갖는다. 이와 같은 전체로서의 개인에 대한 관심이 사회복지전문직이 관여하는 영역을 결정하게 된다.

한편, 사회복지실천의 기본 시각에서 '환경 속의 인간'의 환경은 주로 개인들의 주변 환경을 일컫는다. 사회복지사는 클라이언트의 근접 환경과의 상호작용 증진에 주로 관심을 갖는다(Teare & Sheafor, 1995). 즉, 사회복지사는 클라이언트의 근접 환경인 가족, 친구, 이웃, 직장 동료, 현재 이용하고 있는 서비스 및 프로그램 등에 주로 관심을 갖는다. 사회복지사는 경제제도, 정치제도 등과 같은 거시체계 수준의 환경문제도 주목하지만 거시체계 수준의 환경은 사회복지사의 개입으로 변화할 가능성이 낮기 때문에 이에 대한 관심 수준은 상대적으로 낮은 편이다. 이와 관련해 김성천, 김은재 등(2015)은 사회복지실천 현장에서 많은 사회복지사가 문제의 진단과 1차적인 해결책을 개인과 가족의 책임에 두고, 주로 개인 및 가족에 대한 상담과 치료, 교육과 훈련, 전문기관 의뢰 및 자원 연계 등 기능적이고 미시적인 서비스에 머무르고 있는 경향이 강하다고 지적하고 있다.

사람들은 자신의 잠재력이 충분히 발휘되지 못할 때, 환경의 요구를 감당하기 어려울 때, 발달단계의 욕구가 충족되지 않을 때, 대인관계 문제가 고통스러울 때 도움을 필요로 한다. 바틀렛(Bartlett, 1970)은 모든 사회복지실천의 공통기반은 개인과 환경에 대한 이중 초점이라고 하며 사회복지사는 개인이 갖고 있는 대처능력과 그 개인에 대해 환경이 요구하는 것 사이의 균형을 이뤄 주기 위해 노력해야 한다고 하였다. 그는 사회적 기능수행의 개념을 인간의 대처능력과 환경적 요구 간의 관계로 정의하였다. 이 두 가지 측면이 사회 속에서 생활하는 개인의 사회적 기능을 결정한다는 것이다. 환경으로부터의 요구가 과하지 않은가? 사람들의 대처능력이 부적절하지 않은가? 균형이 깨진 경우 어떻게 그 균형을 회복할 수 있을까? 사회복지사는 이러한 상호작용의 특성을 이해함으로써 그 균형을 개선하는 방향으로 안내할 수 있다.

사회복지실천의 핵심 요소는 클라이언트 체계의 사회적 기능을 향상시키고 충족되지 않은 욕구에 대한 문제를 해소시키기 위한 사회복지사와 클라이언트 체계 간의 상호작용이다. 이는 사회복지사와 클라이언트 체계가 함께 모든 측면을 고려하면서 욕구를 사정하고, 욕구 해소를 위한 계획을 수립하며, 계획을 실행하고, 실행한 결과를 함께 평가하는 것을 의미한다(Johnson & Yanca, 2010). 사회복지사와 클라이언트 체계 양측 모두 이 활동에 대한 책임이 있으며, 사회복지사와 클라이언트 체계의 역할이 상호적이기 때문에 원조과정에서 양측은 각자의 역할을 충실히 수행해야 한다.

사회복지실천의 기본 시각인 '환경 속의 인간'은 사람들이 경험하는 각종 문제의 원인을 개인 또는 환경 중 어느 한쪽의 결함이라기보다 개인적 요소와 환경적 요소가 상호작용한 결과로 본다. 따라서 사회복지사는 개인, 가족, 소집단, 지역사회의 사회적 기능을 향상시키기 위해 이 체계들 자체에 대한 관심과 함께 이 체계들이 다른 사회체계들과 어떻게 상호작용하는가에도 관심을 가진다. 즉, 문제의 원인 규명과 문제해결에 있어서 개인과 환경뿐 아니라 개인과 환경 간의 상호작용을 고려하면서 접근하는 것이다.

사회복지실천은 일차적 강조와 초점을 개인적 변화, 환경의 변화, 개인과 환경 간의 상호 교류 변화에 둘 수 있다(Bogo, 2006). 직접적 실천은 클라이언트 체계에 무슨 일이 있는지, 생활 속에서 어떠한 요소에 의해 영향을 받게 되는지 등을 사정평가하면서 주로 개인적 변화와 같은 미시적 수준에 관심을 가진다. 또한 사회복지사는 개인의 어느 생애주기에서든 변화가 가능하며 더 쾌적한 환경을 경험하도록 원조하는 것이 사람들의 복지에 의미 있는 영향을 미친다고 여긴다. 사회복지사는 빈곤, 실업, 조직적 억압과 같은 거시적 요소들이 개인에게 미치는 영향도 고려한다. 그리고 개별 사례에 따라 옹호가 필요하기도 하며 개인 혹은 지역사회가 공평성과 사회정의가 구현되는 복지를 누리기 위해서는 정치적·사회적 변화가 있어야 한다고 본다.

이와 같이 사회복지실천에 있어서 변화의 초점은 다면적이다. 사회복지사의 원조를 필요로 하는 문제가 다양한 요인에 의해 발생하고 유지되며 악화되기 때문에 변화에 대한 노력이 개인, 환경, 개인과 환경 간의 상호작용에 다양하게 투입될 수 있어야 한다. 특히 대부분의 문제들이 개인 또는 환경 중 어느 한쪽의 원인에 의한 것이라기보다 개인적 원인과 환경적 원인의 상호작용에서 비롯되므로 변화의 초점을 개인과 환경 간의 상호작용 영역에 두는 접근이 강조된다. 사회복지사는 개인과 환경 간의 상호 교류가 불균형할 때 균형 회복을 위해 변화가 필요한 부분을 주목한다. 개인과 사회환경 간의 상호작용 영역은 개인과 환경의 공유 영역이라 일컬어지는데, 여기서 개인적 욕구와 사회적 욕구 간의 조합이 이루어진다(Gordon, 1969). 사회복지사의 활동은 이 조합이 원만히 이루어지도록 돕는 데 초점이 있다. 클라이언트와 환경의 욕구와 기대가 균형을 이루고 그 결과로서 클라이언트의 욕구와 기대가 충족될 때 클라이언트 체계의 사회적 기능이 증진된다. 사회복지사는 개인의 역량 및 대처능력을 향상시키기 위해 개입하는 개인 차원의 변화매개자로서의 역할과 개인의 기본욕구 충족과 사회적 자원과 기회의 공정한 배분을 위한 복지정책 및 행정의 개발과 발전을 시도하는 사회 차원의 변화매개자 역할과 함께 개인과 환경 간의 역기능적 상호 교류를 변화시키는 역할을 수행한다.

한편, 도미넬리(Dominelli, 2004)는 사회복지실천이 정책수립자, 실천가, 클라이언트, 학계와 일반인들로부터 지속적인 공격을 받는 신뢰의 위기를 겪고 있다고 주장한다. 그는 인접 전문 분야들이 전통적인 사회복지실천 영역을 잠식하고 있고, 클라이언트들은 서비스 이용과 전달에 자신들의 입장이 반영되기를 강력하게 원하면서 점차 자조집단 등으로 시선을 돌리고 있으며, 정부정책과 법률은 사회복지사와 유사한 역할과 활동을 하는 실무자들을 새롭게 등장시키는 등 사회복지실천이 받는 도전이 심각하다고 경고한다. 이러한 도전이 사회복지실천 관련 교육자들과 실천가들에게 의미하는 것은 사회복지전문직이 지닌 기존의 강점을 적극 활용할 수 있는 실천 이론과 방법이 개발되도록 노력을 기울임과 동시에, 사회복지실천을 통해 인권과 사회정의를 증진시키고자 하는 사회복지실천의 기본 가치와 일치되는 방향으로 사회복지실천의 초점이 맞추어져야 한다는 점이다.

3) 사회복지실천의 공인

사회복지기관의 기능과 업무, 사회복지사의 전문가로서의 과업과 활동 등은 공인(sanction)으로 그 정당성이 부여된다. 『사회복지사전(The social work dictionary)』(Barker, 2014)에 의하면 공인은 확립되어 있는 권위에 의해 인정된 계획 실행에 대한 공식적 승인이다. 즉, 전문직의 업무나 활동을 수행하는 데 필요한 위임, 인정, 승인을 말한다. 사회복지실천의 정당성을 부여하는 공인에 관해 셰퍼와 호레이시(Sheafor & Horejsi, 2015)는 세 가지 출처를 제시하고 있다.

첫째, 법률, 재원, 사회복지사를 고용하는 기관의 인가, 사회복지사의 자격증과 규정 등을 통해 사회복지사의 활동에 권한을 부여하는 정부기관이다.

둘째, 서비스 제공을 목적으로 설립되어 사회복지사를 채용하거나 개업하였거나 다른 기관들이 고용하고 있는 사회복지사로부터 서비스를 구매함으로써 사회복지실천을 공인하는 비영리 및 영리기관인 민간 사회복지기관이다.

셋째, 실천에 대한 진정한 공인은 클라이언트가 기꺼이 사회복지사가 제공하는 서비스를 찾고 이용하는 것이라 할 수 있다. 클라이언트의 신뢰를 얻기 위해 사회복지사는 효과적인 서비스를 제공할 수 있고 책임 있고 윤리적인 방식으로 실천에 임하고 있음을 항상 보여 주어야 한다.

우리나라의 경우 법과 규정으로 사회복지기관과 사회복지사의 실천 활동에 대한 공인의 근거를 제공하고 있다. 「사회복지사업법」은 각종 사회복지사업 혹은 사회복지서비스에 대한 기본법이다. 「사회복지사업법」은 사회복지 관련 법률의 기본이 되는 법률이 없어 발생하는 문제를 해결하고 효과적으로 실행하기 위해 사회복지사업 각 분야의 공통 사항을 체계적으로 정비하고 조직화하는 일환으로 1970년 1월 1일 법률 제2191호로 제정되었으며 지속적으로 사회적 변화에 따른 사회복지 욕구에 부합하여 개정되었다.

「사회복지사업법」 제2조에서는 사회복지사업의 정의를 다음과 같이 규정하고 있다.

사회복지사업이라 함은 다음 각목의 법률에 의한 보호·선도 또는 복지에 관한 사업과 사회복지상담, 직업지원, 무료 숙박, 지역사회복지, 의료복지, 재가복지, 사회복지관 운영, 정신질환자 및 한센병력자의 사회복귀에 관한 사업 등 각종 복지사업과 이와 관련된 자원봉사활동 및 복지시설의 운영 또는 지원을 목적으로 하는 사업을 말한다.

가.「국민기초생활 보장법」
나.「아동복지법」
다.「노인복지법」
라.「장애인복지법」
마.「한부모가족지원법」
바.「영유아보육법」
사.「성매매방지 및 피해자보호 등에 관한 법률」
아.「정신건강증진 및 정신질환자 복지서비스 지원에 관한 법률」
자.「성폭력방지 및 피해자보호 등에 관한 법률」
차.「입양특례법」
카.「일제하 일본군위안부 피해자에 대한 생활안정지원 및 기념사업 등에 관한 법률」
타.「사회복지공동모금회법」
파.「장애인·노인·임산부 등의 편의증진 보장에 관한 법률」
하.「가정폭력방지 및 피해자보호 등에 관한 법률」
거.「농어촌주민의 보건복지 증진을 위한 특별법」
너.「식품등 기부 활성화에 관한 법률」
더.「의료급여법」
러.「기초연금법」
머.「긴급복지지원법」

버. 「다문화가족지원법」
서. 「장애인연금법」
어. 「장애인활동 지원에 관한 법률」
저. 「노숙인 등의 복지 및 자립지원에 관한 법률」
처. 「보호관찰 등에 관한 법률」
커. 「장애아동 복지지원법」
터. 「발달장애인 권리보장 및 지원에 관한 법률」
퍼. 「청소년복지 지원법」

「사회복지사업법」 제3조에서는 사회복지사업의 내용과 절차 등에 관하여 "각 목의 법률에 특별한 규정이 있는 경우를 제외하고는 이 법에서 정하는 바에 따른다. 각 목의 법률을 개정하는 경우에는 이 법에 부합하도록 하여야 한다"고 되어 있다. 이러한 점이 「사회복지사업법」을 사회복지서비스 관련 법들의 일반법이자 상위법으로서 법적 지위를 갖는 기본법으로 보는 근거가 된다.

「사회복지사업법」은 제1장 총칙, 제2장 사회복지법인, 제2장의 2 사회복지서비스의 실시, 제3장 사회복지시설, 제3장의 2 재가복지, 제4장 보칙, 제5장 벌칙으로 구성되어 있다.

총칙은 앞서 논의한 목적, 정의, 다른 법률과의 관계를 언급하고 있으며, 그 밖에 국가와 지방자치단체는 사회복지를 증진할 책임을 지며, 복지 업무에 종사하는 사람은 그 업무를 행함에 있어서 사회복지를 필요로 하는 사람을 위해 차별 없이 최대로 봉사하여야 한다는 원칙을 규정하고 있다. 총칙에는 특별시 · 광역시 · 도 · 특별자치도에 사회복지위원회를, 특별자치도 또는 시 · 군 · 구에는 지역사회복지협의체를 설치하도록 되어 있다.[1)] 또한 사회복지사의 자격교부를 비롯하여 채용과 관련된 내용과 사회복지 전담 공무원과 복지사무 전담기구 설치 등도 포함되어 있다. 즉, 보건복지부 장관은 사회복지에 관한 전문지식과 기술을 가진 자에게 1 · 2 · 3급의 사회복지사 자격증을 교부하도록 되어 있고, 사회복지법인 및 사회복지시설을 설치 · 운영하는 자는 사회복지사를 채용하여야 하며, 시 · 도, 시 · 군 · 구 및 읍 · 면 · 동, 복지사무 전담기구에 사회복지 전담 공무원을 둘 수 있고, 복지사무를 전담하는 기구를 설치할 수 있도록 되어 있다.

사회복지법인, 사회복지서비스의 실시, 사회복지시설, 재가복지, 보칙, 벌칙 등의 주요 내용은 다음과 같다.

사회복지법인은 사회복지사업을 행할 목적으로 설립된 법인 또는 그 연합체로서 보건복지부 장관의 설립허가를 받아야 하며 임원으로 대표이사를 포함한 7명 이상의 이사와 2명 이상의 감사를 두어야 한다. 법인은 목적사업의 경비 충당을 위하여 법인의 설립 목적 수행에 지장이 없는 범위 안에서 수익사업을 할 수 있다. 그리고 법인으로 사회복지에 관한 조사 · 연구와 각종 복지사업을 조성하기 위하여 전국 단위의 한국사회복지협의회와 시 · 도 단위의 시 · 도 사회복지협의회를 두며 필요한 경우에는 시 · 군 · 구 단위의 시 · 군 · 구 사회복지협의회를 둘 수 있도록 되어 있다.

사회복지서비스는 이를 필요로 하는 사람과 그 친족, 그 밖의 관계인이 사

1) 「사회보장급여의 이용 · 제공 및 수급권자 발굴에 관한 법률」 제40조 제1항에서는 시 · 도지사는 시 · 도의 사회보장 증진을 위하여 시 · 도사회보장위원회를 둔다고 규정하고 있고, 같은 법 제41조 제1항에서는 시장 · 군수 · 구청장은 지역의 사회보장을 증진하고, 사회보장과 관련된 서비스를 제공하는 관계 기관 · 법인 · 단체 · 시설과 연계 · 협력을 강화하기 위하여 해당 시 · 군 · 구에 지역사회보장협의체를 둔다고 규정하고 있다. 「사회보장급여의 이용 · 제공 및 수급권자 발굴에 관한 법률」의 지역사회복지 개념은 「사회보장기본법」에 따른 사회보장제도의 개념을 도입하여 기존에 보건의료 · 사회복지 부문에 한정되었던 지역사회복지의 범주를 고용 · 주거 · 교육 · 문화 부문 등을 모두 포괄하는 '지역사회보장'의 개념으로 확대하였다. 「사회보장급여의 이용 · 제공 및 수급권자 발굴에 관한 법률」 부칙 제4조에서는 「사회복지사업법」 제7조의 2에 따른 지역사회복지협의체는 지역사회보장협의체로 본다고 규정하고 있다.

회복지서비스를 신청할 수 있으며 복지 담당 공무원은 보호대상자가 누락되지 않도록 하기 위하여 관할지역 안에 거주하는 보호대상자의 보호를 직권으로 신청할 수 있다. 이 경우 보호대상자의 동의를 받아야 하며, 동의를 받은 경우에는 보호대상자가 신청한 것으로 본다. 또한 보호대상자별 서비스 제공 계획 수립에 보호대상자 또는 그 친족의 의견을 참작하도록 되어 있다.

사회복지시설에 있어서는 국가 또는 지방자치단체가 사회복지시설을 설치 · 운영할 수 있으며 국가 또는 지방자치단체 외의 자가 시설을 설치 · 운영하고자 할 경우에 시장 · 군수 · 구청장에게 신고하여야 한다. 각각의 시설은 대통령령으로 정하는 경우를 제외하고는 수용 인원이 300인을 초과할 수 없게 되어 있다.

재가복지와 관련해서 국가 또는 지방자치단체는 시설 입소에 우선하여 보호대상자가 가정봉사서비스, 주간 · 단기보호서비스 등 재가복지서비스를 제공받도록 할 수 있으며 보호대상자를 자신의 가정에서 돌보는 보호자 지원도 할 수 있게 되어 있다.

보칙에는 보조금, 시설평가, 후원금, 한국사회복지사협회, 지도감독 등에 관한 내용이 포함되어 있다. 국가 또는 지방자치단체는 사회복지사업을 수행하는 자 중 대통령령이 정하는 자에 대하여 필요한 비용의 전부 또는 일부를 보조해 주며 보건복지부 장관 및 시 · 도지사는 시설을 정기적으로 평가하고 필요한 조치를 할 수 있다. 후원금은 수입 · 지출 내용과 관리에 명확성이 확보되도록 규정되어 있다. 사회복지에 관한 전문지식과 기술을 개발 · 보급하고 사회복지사의 자질 향상을 위한 교육훈련 및 사회복지사의 복지 증진을 도모하기 위하여 한국사회복지사협회를 설립한다는 것과 보건복지부 장관, 시 · 도지사 또는 시장 · 군수 · 구청장은 사회복지사업을 운영하는 자에 대한 지도감독을 하는 것이 보칙에 포함되어 있다.

벌칙은 사회복지법인의 기본 재산 및 보조금 사용 관련 규정 위반 및 복지욕구 관련 정보 누설, 시설설치, 수익사업, 시설거주자 권익보호조치, 비밀

누설 금지, 사회복지사 채용 및 교육과 관련된 규정위반에 대한 처벌을 담고 있다.

공인의 기반은 「사회복지사업법」과 같은 법적 근거 외에 사회복지사를 고용하고 있는 기관, 클라이언트 체계와 같은 다른 출처들도 포함한다. 우리나라는 사회복지사를 고용하고 있는 기관이 정관에 명시된 사업과 서비스 영역 내에서 사회복지사가 활동을 실행하도록 권한과 승인을 부여하고 있다. 또한 클라이언트 체계와 사회복지서비스 이용자들은 사회복지사가 자신들의 사회적 기능의 향상과 환경적 여건의 개선을 위하여 기능하도록 위임함으로써 사회복지사의 실천 활동에 정당성을 부여하고 있다.

4) 사회복지실천: 지식 · 가치 · 기술의 조화

사회복지실천은 사회복지실천 방법과 관련해 지식 · 가치 · 기술의 조화를 요구한다. 지식 · 가치 · 기술은 공통적으로 모두 인지적 요소를 포함하고 있지만 차이점을 구분한다면 지식이 주로 실천의 인지적 요소이고, 가치는 실천과 관련된 정서적 요소를 포함하며, 기술은 행동적 요소의 성격을 지닌다. 모든 전문직이 그렇듯 사회복지전문직의 실천 활동도 체계적 이론과 윤리강령에 기반한다. 체계적 이론에 기반한다는 것은 실천 활동이 기본적으로 지식을 기반으로 하고 사회복지사는 자신의 실천 결정에 이 지식들을 사용하는 것을 말한다. 또한 전문적 실천은 실천을 위한 가치 기반을 기술한 윤리강령에 근거한다. 사회복지사는 단순히 지식에만 근거해 클라이언트에 대한 원조를 결정하거나 클라이언트와 그 상황을 개별화시키지 않은 채 지식을 기계적으로 적용하지 않으며 전문직의 가치, 클라이언트의 가치, 사회적 가치 등을 고려한 접근을 한다. 기술은 행동적 요소를 포함하지만 이 행동적 요소들은 주로 인지적 요소에 기초한다. 광범위한 지식 기반의 활용과 실천 상황에 적합한 지식의 선택, 가치 기반의 결정, 적합한 행동의 선택 등이 실천기술인 것이다.

원조 상황에서 지식 · 가치 · 기술의 요소를 적절하고 창의적으로 결합하는 능력은 사회복지사의 핵심 특성이다(Johnson & Yanca, 2010). 이 특성은 지식 · 가치 · 기술의 적절한 선택과 적용뿐만 아니라 이 세 요소를 조화시키는 것이다.

3. 사회복지기관

바틀렛(Bartlett, 1970)에 따르면 사회복지기관은 네 가지 분류방식으로 구분할 수 있다.

첫째, 기관의 설립주체나 재정의 조달방식에 따라 공공기관과 민간기관으로 구분된다. 공공기관은 정부에 의해 운영되며 사회복지사의 업무는 정부의 규정이나 지침을 따른다. 공공기관은 서비스를 계획, 관리, 지원하는 행정체계와 소득보장, 아동보호, 여성보호와 관련된 서비스 등을 직접적으로 제공하는 집행체계로 나뉜다. 민간기관은 사회복지사업과 활동을 목적으로 사회복지법인, 재단법인, 종교기관, 시민사회단체 등이 운영하는 기관을 일컫는다. 민간기관은 정부보조금, 후원금, 서비스 이용료 등을 주요 재원으로 하여 운영된다. 민간기관은 직접 서비스를 제공하는 기관 · 시설과 간접서비스나 행정지원을 위해 조직된 협의체 등이 있다. 공공기관과 민간기관의 엄격한 구분은 위탁과 계약관계로 정부보조금을 지원 받아 운영하는 민간 사회복지기관이 대부분이기 때문에 그 구분의 의미가 모호한 측면이 있다.

둘째, 서비스의 직접 또는 간접적 제공여부에 따라 행정기관과 서비스기관으로 구분된다. 행정기관은 사회복지서비스의 기획, 전달, 감독, 조정 등 체계의 효율적 발전을 목표로 하는 행정업무와 기관들 간의 연계, 협의를 담당한다. 서비스기관은 클라이언트에게 직접 서비스를 제공하는 것을 목적으로 하며 주요 대상이나 문제영역에 따라 구분되는데 지역아동센터, 장애인자립지원센터, 노인복지관, 노인요양원, 정신건강복지센터 등이 서비스기관에 해당된다.

셋째, 기관의 주 기능이 사회복지서비스를 제공하는지 여부를 기준으로 그 운영목적에 따라 일차현장과 이차현장으로 구분한다. 일차현장은 기관의 일차적 기능이 사회복지서비스를 제공하는 실천현장을 말한다. 이차현장은 사회복지서비스 제공이 주 기능이 아니지만 기관의 운영에 필요한 현장을 말한다.

넷째, 제공되는 서비스 내용에 따라 생활시설과 이용시설로 구분된다. 생활시설은 거주형 시설로 숙식을 포함한 다양한 서비스를 제공하는 기관이나 시설을 의미한다. 이용시설은 비거주형 시설로 지역사회에서 사회복지서비스를 제공하는 시설을 말한다.

사회복지기관은 사회복지사와 클라이언트의 상호작용이 일어나는 주요 환경으로 클라이언트의 문제해결과정에 지대한 영향을 미치며 사회복지사의 활동을 규정하는 핵심적인 서비스 환경이라 할 수 있다. 사회복지기관은 사회복지사와 클라이언트의 환경적 요소이면서 동시에 다른 환경적 요소들의 영향을 받는다. 사회복지기관은 어떠한 서비스를 제공할지, 누가 서비스를 받을 수 있는지, 비용을 얼마나 받을지 등에 관한 자체적인 방침을 가지고 있지만 이러한 기관의 프로그램과 절차들이 중앙정부 및 지방정부의 정책, 재정 지원, 규제의 영향을 받기 때문에 사회복지기관도 환경 속의 체계다. 특히 재정 지원을 하는 정부나 후원자들로부터 사회복지서비스의 질 향상이나 비용 대비 효과적인 서비스에 대한 요구가 높아지면서 기관평가와 서비스 평가를 중요시하고 있다. 사회 내에서 높아진 책임성에 대한 기대가 사회복지실천의 효과성을 점검하고, 효과적이며 효율적인 기관 운영과 서비스 제공을 선택하고 실행할 것을 요구하고 있고 이것이 기관 운영에 반영된다.

미국의 경우, 개업한 사회복지사가 상당수지만 우리나라의 경우 거의 모든 사회복지사가 사회복지기관이나 관련 기관에 소속되어 있다. 하우(Howe, 1980)에 따르면 의사나 법률가 등의 전문직은 개업 모델에 따라 활동하지만 대부분의 실천가들이 기관에 고용되어 있는 사회복지전문직은 공적 모델에 근거해 활동해야 한다. 개업 모델과 공적 모델의 차이점은 자율성에 있다. 공적 모델에 기초하는 전문직은 자율성이 더 낮고 클라이언트, 기관, 기관이 위임받고 있는 일들에 대한 책임이 있다.

피고용인으로서 사회복지사는 기관체계의 일부분이고 기관에 대한 책임성이 있기 때문에 사회복지사가 사용하는 서류양식과 제공하는 서비스는 기관의 권한과 지침 내에서 이루어져야 한다. 기관의 구조화된 방식과 기능은 사회복지사와 클라이언트 사이의 상호작용에 지대한 영향을 미친다. 사회복지사는 자신의 업무를 수행하고 또 그 기관을 활용하여 클라이언트에게 적절한 서비스를 제공하기 위해서 자신이 속한 사회복지기관과 그 기능에 대한 충분한 이해가 필요하다. 기관의 조직적 특성과 운영에 관한 이해는 사회복지사가 그 기관을 이용하는 클라이언트에게 적정한 개입계획을 수립하고 클라이언트를 돕는 데 필요한 정보와 자원을 효과적으로 활용하는 데에 필수적이다. 사회복지사는 자신이 고용된 기관뿐 아니라 다른 사회복지기관에 대해서도 적절한 이해가 필요하다. 사회복지사가 클라이언트를 돕기 위해 지역사회 내 자원으로 타 기관들의 서비스를 연계하는 것이 필요하기 때문이다.

사회복지사를 고용하고 있는 기관은 그 유형과 조직이 다양하다. 많은 사회복지 관련 기관들이 사회복지를 주 기능으로 하고 있으며, 대학 수준 혹은 그 이상의 학위를 갖고 있는 전문 사회복지사를 통해 서비스를 전달한다. 종합사회복지관이 좋은 예다. 우리나라의 거의 모든 종합사회복지관은 민간기관이 위탁을 받아 운영하고 있으며, 사회복지사 외에도 사회교육 및 문화 관련 프로그램의 실행을 위해 다양한 외부 강사들과 자원봉사자들을 활용해 서비스를 제공하고 있다. 한편, 사회복지 전담 공무원, 통합 사례관리사 등을 비롯해서 많은 사회복지사들이 공공기관에서 일한다. 공공기관의 사회복지사는 정부의 정책, 규정 및 법에 근거해 업무를 시행한다. 또한 상당수의 사회복지사는 사회복지서비스를 일차적 기능으로 하지 않는 병원, 학교, 정신건강복지센터 등에서 일한다. 병원의 의료사회복지사, 초·중·고등학교의 교육복지사, 정신건강복지센터의 정신건강사회복지사 등이 대표적이다. 이들은 자신이 소속된 기관에서 이차적 기능으로 사회복지서비스를 제공하게 되며 다양한 전문직으로 이루어진 팀의 일원으로서 사회복지서비스 관련 역할을 수행한다.

사회복지기관은 조직이기 때문에 해당 조직 특성에 대한 이해가 중요하다. 존슨과 얀카(Johnson & Yanca, 2010)는 사회복지기관의 조직 특성을 다음과 같이 제시하였다.

- 목표는 체계의 외부에 있다. 이 목표는 기관에 고용된 사람들의 자기만족을 위한 것이 아니다.
- 기관은 상품을 생산하는 것이 아니라 클라이언트에게 서비스를 제공한다. 이러한 서비스 기능이 상품을 생산하고 판매하는 목표를 가진 다른 조직들과 사회복지기관의 다른 점이다.
- 목표는 지식, 신념, 태도, 기술을 변화시키는 것이다. 이러한 목표를 성취하기 위한 방법은 복합적이고 그 결과의 측정 또한 복합적이다.
- 사회복지기관의 주요 구성요소는 전문 인력이다. 전문가들은 일정한 수준의 자율성을 바탕으로 클라이언트에 대한 책임감을 갖고 일하지만 조직의 전형적·효율적 기능과 자주 부딪친다.

사회복지기관의 이러한 조직 특성 때문에 사회복지사는 자신이 전문가로서 그리고 관료조직의 일원으로서 상이한 기대를 지닌 채 활동한다고 여긴다(Johnson & Yanca, 2010). 이때 조직이 클수록 양측 기대 간의 차이가 더 크다.

관료적 기대는 조직에 대한 충성심, 권위의 수용, 규칙과 규정에 따른 업무 수행, 공식적 관계, 목표 성취와 업무 분장 및 효율성을 강조한다. 한편, 사회복지사에 대한 전문적 기대는 전문직 가치와 클라이언트를 위한 서비스에 대한 사명감, 광범위한 의사결정권에 대한 역량, 동료관계, 클라이언트의 욕구 충족, 클라이언트의 자기 결정과 개별화 등을 강조한다.

4. 사회복지사

사회복지사의 역할과 기능은 매우 다양하다. 비스만(Bisman, 1994)은 이와 관련해 사회복지실천가들의 말을 다음과 같이 인용하였다.

> "나는 사람들이 더 나은 삶을 살아가도록 개인들을 돕는 일을 하고 싶었고 그럼으로써 더 나은 세상을 만들고 싶었다. 그래서 이 두 가지를 할 수 있는 사회복지실천을 선택했다."

> "나는 내가 사람들의 문제해결을 돕는 일을 할 것이라고 항상 생각했다. 어릴 때부터 나는 다른 사람들에 관한 강력한 직관력을 가졌다. 내가 받은 사회복지실천 관련 훈련이 그 직관을 어떻게 활용할지를 내게 가르쳐 주었다."

> "나는 상황을 변화시키고 싶어서 사회복지실천을 한다. 불평등과 빈곤 문제는 항상 나를 괴롭혀 왔다."

사회복지사는 개인, 집단, 가족, 지역사회가 환경 속에서 더 효과적으로 기능할 수 있도록 돕는 역할을 한다. 또한 사회복지사는 차별과 억압을 없애고 공정한 사회환경을 만들기 위해 노력한다. 목적을 달성하기 위해 사회복지사는 상담자, 조력자, 중재자, 교육자 등과 같은 역할로 직접적 실천을 하는 한편, 슈퍼바이저, 관리자, 행정가, 연구자, 옹호자 등과 같은 역할로 간접적 실천을 한다. 즉, 사회복지실천 현장에서 사회복지사는 개인에 대한 상담이나 치료와 같은 직접적 실천과 필요한 서비스나 프로그램을 개발하고 자원을 확보하며 효과적이고 효율적인 서비스 전달이 이루어지도록 조정하는 간접적 실천을 수행한다. 헵워스와 그 동료들(Hepworth et al., 2017)은 사회복지사의 역할을 리스터(Lister, 1987)의 분류를 참조하여 다음과 같이 범주화했다.

1) 직접적 서비스의 제공

이 범주에 포함되는 역할들은 클라이언트 또는 소비자 집단과 직접적으로 대면하면서 다음과 같은 서비스를 제공한다.

- 개별사회사업 혹은 상담
- 부부치료와 가족치료(개인세션, 부부세션, 가족세션을 포함한다.)
- 집단사회사업서비스(지지집단, 치료집단, 자조집단, 과업집단, 기술개발 집단을 포함한다.)
- 사회복지사는 교육자 혹은 정보 제공자로서 개인세션, 부부세션, 가족세션에서 중요한 정보를 제공하고 소비자 집단이나 일반인을 대상으로 교육을 한다. 예를 들어, 사회복지실천가는 양육기술, 부부관계 강화, 스트레스 관리 또는 정신건강 및 건강보호의 다양한 측면을 다루는 교육 프로그램을 실행할 수 있다.

2) 체계와의 연결

클라이언트는 기존의 사회복지기관이 제공하지 않는 자원들을 필요로 하는 경우가 있는데, 이들은 다른 유용한 자원들에 대한 정보나 그것을 이용할 능력이 부족하기 때문에 사회복지사는 종종 클라이언트들을 다른 자원들과 연결시키는 역할을 수행한다.

- **중개자**

클라이언트를 자원과 연결하는 중개자 역할을 수행하기 위해 사회복지사는 지역사회의 자원에 대해 철저하게 파악하고 있어야 적절한 의뢰를 할 수 있다. 자원체계에 대한 정책 파악과 핵심 관련자들과의 관계가 성공적인 의뢰를 하는 데 필수적이다.

- **사례관리자/조정자**

일부 클라이언트는 다른 체계에 의뢰하는 것만으로 문제해결을 하기에 능력, 기술, 지식 또는 자원이 부족하다. 이 경우 사회복지사는 클라이언트의 욕구를 사정하고 다른 체계에서 제공되는 물품과 서비스의 전달을 맡아 조정하는 사례관리자의 역할을 담당하게 된다. 사례관리자는 필요한 물품과 서비스를 시기적절하게 제공받도록 클라이언트를 직접적으로 돕는다. 사례관리자는 서비스 전달 계획을 수립하고 계획대로 서비스가 전달되도록 클라이언트 및 서비스 제공자들과 밀접하게 접촉해야 한다. 사례관리자의 역할은 다른 어떤 역할보다 클라이언트와 그 환경 간의 공유 영역에서 실천가로서 기능해야 한다.

- **중재자**

클라이언트와 서비스 제공자 사이에 전달체계상의 문제가 발생하여 클라이언트가 받아야 할 서비스를 제공받지 못하는 일이 때때로 일어난다. 서비스는 여러 가지 이유로 거부되기도 한다. 클라이언트가 서비스 수급자격을 인정받지 못하거나 클라이언트와 서비스 제공자 사이에 긴장이 발생하여 클라이언트의 서비스 요청 철회나 제공자의 서비스 거부 등의 상황이 발생할 수 있다. 이러한 경우 사회복지사는 서비스 전달과정에 존재하는 장애를 제거할 목적으로 중재자의 역할을 수행한다. 중재자로서의 사회복지사는 클라이언트와 서비스 제공자 간의 결렬의 원인을 파악해야 하며 양쪽 당사자들이 정확한 사실과 솔직한 심정을 이야기할 수 있도록 돕고 이를 주의 깊게 경청해야 한다. 이때 정확하고 완벽한 정보를 얻었다고 확신하기 전까지 어느 편도 들지 않는 것이 중요하다. 결렬의 원인을 파악했으면 사회복지사는 서비스 전달의 장벽을 없애고, 오해를 풀며, 서비스 전달을 방해하는 부정적 감정을 해소하는 것을 목적으로 하는 적절한 치료적 행동을 계획할 수 있다.

• 클라이언트 옹호자

사회복지전문직의 등장 이래 사회복지사는 클라이언트와 클라이언트 집단을 옹호하는 역할을 맡아 왔다. 이 옹호자 역할에 대한 의무는 전문적인 업무를 수행하기 위해 사회복지사가 실행해야 할 활동들을 명시해 놓은 미국사회복지사협회(NASW)의 윤리강령 개정판에서 재확인되었다(NASW, 1996). 옹호는 클라이언트에게 필요한 자원과 서비스를 연결시키는 것과 관련되며 클라이언트와 함께 혹은 클라이언트를 대신하여 서비스와 자원을 획득하는 활동과정을 포함한다.

3) 조직의 체계 유지 및 강화

사회복지기관의 직원으로서 사회복지사는 서비스 전달의 효율성을 떨어뜨리는 기관 내의 구조, 정책, 기능적 관계를 평가할 책임이 있다.

• 조직분석가

조직분석가는 서비스 전달에 부정적인 영향을 미치는 기관 구조, 정책 그리고 절차상의 문제가 되는 요인들을 정확하게 파악하는 역할을 수행한다. 조직 이론과 행정 이론에 관한 지식은 이 역할을 효과적으로 수행하는 데 필수적이다.

• 조직 내 촉진자

서비스 전달을 방해하는 요인들을 정확하게 파악한 후에 사회복지사는 서비스 전달체계를 강화하는 방법을 계획하고 실행할 책임이 있다. 조직 내 촉진자는 기관 이사회와 행정가들에게 관련 정보들을 제공하고, 문제를 다루는 직원회의를 추진하며, 변화에 저항하는 행정가들에게 압력을 가하기 위해 직원들과 협력하고, 격려하며, 필수적인 내부 서비스 훈련과 유사활동들에 참가한다.

• 팀 성원

정신보건기관, 건강보호기관, 재활 및 교육기관과 같은 많은 기관들에서 사회복지사는 클라이언트의 문제를 사정하고 서비스를 전달하면서 협력하는 임상 팀의 일원으로 기능한다. 실천현장에 따라 다르지만 팀은 보통 정신과의사나 내과의사, 심리학자, 사회복지사, 간호사, 재활상담사, 작업치료사, 교육 강사, 레크리에이션 치료사 등으로 구성된다. 사회복지사는 팀 성원으로서 가족의 역동성과 관련된 자료 수집에 기여하고 가족 구성원들을 치료하는 데 관여한다. 사회복지사는 자원에 관한 지식과 클라이언트를 연결시키는 전문성을 발휘하면서 팀 성원들이 강점에 민감하고 보다 전체적인 접근을 할 수 있도록 지원하는 역할을 수행한다. 예를 들어, 사회복지사는 환자의 퇴원계획을 수립하고 지역사회로의 복귀를 촉진할 때 지역사회 자원에 관한 지식을 적용하도록 기대된다. 사회복지사는 여러 체계 내에서 동시에 관여하는 능력을 요구하는 학교, 아동복지 관련 기관과 같은 체계 간의 협력에 관여한다. 또한 팀 성원으로서 종종 환자들의 퇴원계획을 조정하는 사례관리자 역할을 수행한다.

• 자문가/자문 대상자

자문은 자문 대상자가 당면한 문제와 관련하여 지식, 기술, 태도 또는 행동을 증진시키고 발전시키며 수정하고 관점을 확장함으로써 클라이언트에게 더욱 효과적으로 서비스를 전달하는 과정이다. 사회복지사는 자문을 제공하고 제공받는 역할을 모두 수행하지만 석사학위 이상의 학력을 가진 사회복지사는 자문을 받기보다는 자문 제공자로서의 역할을 수행하는 경우가 많다. 사회복지사는 다른 전문직들에게, 그리고 슈퍼바이저 역할을 맡을 경우를 포함해 자신의 전문성을 필요로 하는 다른 사회복지사에게 자문가 역할을 수행함과 동시에 필요한 경우 약물 남용, 아동학대, 성 문제 등 특정한 문제와 관련해 전문성을 가진 의사와 간호사, 정신과의사, 심리학자, 다른 사회복지사로부터 자문을 받는다.

• 슈퍼바이저

사회복지실천에서 자문가와 자문 대상자 간의 관계는 슈퍼비전 관계인 경우가 흔하다. 슈퍼바이저는 사회복지사가 실행하는 직접적 실천 활동의 질을 향상시키는 지원의 핵심적 역할을 한다. 슈퍼바이저는 학습의 주요 수단으로 슈퍼비전 대상인 사회복지사의 사례 발표를 자주 활용한다. 사례 발표는 질문 중심으로 구성된다. 슈퍼바이저는 사회복지사의 사정평가가 개입계획 및 평가로 적절하게 연결되도록 돕는다. 슈퍼바이저의 특별한 책임은 슈퍼비전 대상인 사회복지사가 클라이언트 옹호가 필요할 때를 확인하는 것을 돕고, 윤리적 갈등을 규명하고 해결하며, 인종, 종족, 생활양식, 취약성 등이 클라이언트와 사회복지사의 관계에 영향을 미칠 때 그 이슈들을 점검하는 것을 포함한다. 슈퍼바이저는 슈퍼비전의 대상인 사회복지사를 위한 자원을 확보하고 다른 조직과의 연계를 촉진하는 일에 종종 지도력을 발휘한다.

4) 연구자/연구 활용자

사회복지사들은 공공 영역과 민간 영역 모두에서 개입의 효과성을 평가하고 체계적으로 클라이언트의 향상을 검증하기 위한 평가가 가능한 개입을 선택하도록 하는 책임성을 요구받고 있다. 이러한 평가과정의 실행은 사회복지사에게 연구를 수행하고 그 연구 결과를 실천에 활용할 것을 요구한다. 직접적 실천가들이 수행하는 연구는 단일사례 연구 설계를 주로 적용한다.

5) 체계 개발 관련 역할

직접적 실천가들도 때때로 충족되지 못한 클라이언트의 욕구 사정, 서비스 간의 괴리, 예방서비스에 대한 욕구, 효율성이 검증된 서비스로의 대체 등 소속 기관의 서비스를 개선하거나 확대할 기회를 가진다.

• **프로그램 개발자**

사회복지사는 클라이언트의 새로운 욕구에 반응하여 서비스를 개발할 기회를 가진다. 이민자나 십대 미혼모를 위한 교육 프로그램, 강간 피해자나 알코올 중독자의 성인 자녀 혹은 근친강간 피해자를 위한 지지집단, 스트레스 관리, 자녀 양육, 적극적 자기표현 훈련 집단 등이 그 예다.

• **계획 수립가**

지역사회 계획가와 접촉할 기회가 없는 소규모 지역사회와 시골 지역에서는 직접적 실천가들이 지역사회 지도자들과 함께 계획 수립 역할을 맡는 것이 필요할 수 있다. 계획 수립가로서 사회복지사는 공식적 · 비공식적으로 영향력 있는 사람들과 함께 지금껏 제대로 충족되지 못했거나 새로운 욕구를 반영하는 프로그램을 계획하기 위해 협력한다. 여기에는 아동보호 프로그램, 노인과 장애인들을 위한 교통편의 서비스, 레크리에이션 및 건강보호 프로그램 등이 포함될 수 있다.

• 정책 및 절차 개발 참여자

정책과 절차들을 제정하는 과정에 직접적 실천가들의 참여는 전형적으로 자신들이 클라이언트에게 서비스를 제공하는 기관들에 국한된다. 그러한 활동의 참여 정도는 대체로 기관의 행정 방식에 의해 결정된다. 유능한 행정가는 전문가인 직원들로부터 기관이 서비스 이용자들에게 좀 더 효과적으로 반응할 수 있는 방법에 대한 정보를 구하고 요청한다. 사회복지사는 클라이언트를 만나는 최전선에 있기 때문에 클라이언트의 욕구를 평가하고 어떠한 정책과 절차들이 클라이언트에게 최선인지 혹은 부적합한지 평가하는 가장 중요한 전략적 위치에 있다. 이러한 이유로 사회복지사는 정책 및 절차와 관련된 의사결정에 적극적으로 참여해야 한다.

• 옹호자

사회복지사는 클라이언트 개인을 옹호하는 것뿐 아니라 필요한 자원을 제공하고 사회정의를 증진하는 것을 목적으로 하는 법률과 사회정책을 옹호하기 위해 클라이언트 집단, 사회복지사 집단, 관련 전문가 집단들에 동참할 수 있다.

지금까지 사회복지사의 다양한 역할을 살펴보았는데, 이러한 범주는 고정되거나 불변하는 것이 아니다. 사회복지사의 역할 또한 사회적으로 구성되기 때문이다. 사회복지사의 활동과 역할은 그들이 속한 사회의 기대에 따라 형성되며 역으로 사회복지사의 생각과 행동은 사회적 기대가 형성되는 데 기여할 수 있다. 클라이언트를 만나는 사회복지사는 사회복지실천에 있어서 여러 가지 사회적 요소들의 영향을 받는다. 변화하는 사회적 욕구나 클라이언트의 인권 관련 문제와 같은 정치적 쟁점, 사회복지서비스 관련 법률 제정 및 개정과 같은 입법적 변화 등은 사회복지사의 역할에 지대한 영향을 미치게 된다. 역으로 이러한 사회적 요소들 또한 사회 구성원들의 개인적·사회적 욕구와 이 욕구들을 충족시키기 위해 서비스가 조직화되는 방식에 대한 사람들의 인식과 태도에 의해 영향을 받는다.

5. 클라이언트 체계[2)]

사회복지실천에서 클라이언트 체계는 사회복지사의 원조활동의 대상이 되는 개인, 가족, 집단, 지역사회를 일컫는다. 환경 속의 인간을 강조하는 사회복지실천에서는 개인과 상호작용하는 다양한 환경체계도 실천대상으로 포함하고 있다. 개인을 대상으로 하는 사회복지실천은 개인에 대한 심리사회적 개입과 복합적 서비스 욕구를 지닌 개인을 대상으로 다수의 서비스 제공자가 개입하는 사례관리를 포함한다. 또한 사회복지사는 가족을 대상으로 가족 구성원 간의 관계나 가족 구성원의 행동 또는 심리정서적 문제를 돕기 위한 노력의 일환으로 가족상담 혹은 가족치료를 실시한다. 그리고 집단을 대상으로 개인적 성숙을 목적으로 하는 자아성장 집단, 민주시민으로서 역량

2) 외국에서는 클라이언트 대신 고객이나 서비스 이용자와 같은 다른 용어를 사용하자는 움직임도 있으나 고객이라는 용어는 사회복지서비스를 이용하는 많은 사람들이 고객이라는 용어가 담고 있는 경제적인 선택의 자유를 가지고 있지 못하기 때문에 적절한 대체용어가 아니라는 의견이 많고, 서비스 이용자는 일부 실천 영역에서 클라이언트라는 용어 대신 사용하기에 적절한 것으로 간주된다.

개발 등을 목적으로 하는 집단, 청소년 집단캠프, 도박 중독자 치료집단과 같은 치료적 성격의 집단, 알코올 중독 자녀모임과 같은 자조집단을 운영한다. 지역사회를 대상으로 하는 사회복지실천은 후원자원의 발굴과 동원으로 지역사회 내 취약계층을 돕는 지역사회 보호활동과 지역주민과의 공동사업이나 주민 조직화 등에 초점을 둔 지역사회조직 활동 등을 전개한다.

이와 같이 사회복지사는 다양한 범주의 사람들을 클라이언트로 만나게 되며 이들이 가지고 있는 문제들을 다루게 된다. 사회복지실천 현장에 클라이언트들이 가져오는 문제는 우울증, 부부 갈등, 학교 공포증, 직장 관련 스트레스, 조현병, 주거 문제, 신체장애, 학대 경험과 같은 아동기로부터 미해결된 문제 등 매우 다양하다(Maguire, 2002). 우리나라 사회도 급격한 사회 변동에 따라 새로운 사회문제들이 등장하면서 사회복지실천의 대상자 집단도 빈곤가족, 아동, 노인, 장애인 등의 전통적인 클라이언트 외에 결혼이주여성, 노숙인, 탈북자, 에이즈 환자 등 새로운 클라이언트 집단이 계속해서 증가하고 있다.

핀쿠스와 미나한(Pincus & Minahan, 1973)은 클라이언트 체계를 변화매개자인 사회복지사의 서비스를 승인하거나 요청하는 사람들, 서비스의 수혜자, 변화매개자와 작업 동의나 계약을 한 사람들로 정의하고 있으나, 클라이언트는 자발적으로 도움을 요청한 사람에 국한되는 것은 아니다. 많은 경우 비자발적으로 클라이언트가 된다. 아동학대 가해 부모, 정신병원 입원환자 등은 본인의 의지와 상관없이 사회복지사를 만나게 된다. 자발적 혹은 비자발적 클라이언트 등 사회복지사가 만나게 되는 다양한 성격의 클라이언트와 관련해 그 유형을 구체화하는 것은 서비스 전달과 관련해 매우 중요하다. 사회복지사와 클라이언트의 관계와 상호작용이 클라이언트의 유형과 요청한 도움의 특성에 따라 달라질 수 있기 때문이다.

최근 역량강화(empowerment) 실천에 대한 높아진 관심은 클라이언트의 통제력을 증가시키고자 오랫동안 사회복지실천의 역사 속에서 중시해 왔던 강점 관점 접근의 재부상이라 할 수 있다. 역량강화 실천 모델은 클라이언트에게 문제 중심이 아닌 강점 중심으로 접근함으로써 클라이언트의 잠재적 역량 및 자원을 인정하고 클라이언트에게 적응력이 있음을 전제로 클라이언트 스스로 삶을 결정할 수 있도록 권한 혹은 힘을 인정하는 것이다. 역량강화의 차원을 보면 개인적 · 대인관계적 · 구조적 차원 등 사회체계의 모든 수준에 적용 가능하다. 이 세 차원은 서로 복합적으로 연결되어 있어 한 영역에서 자원이 개발되면 다른 영역의 자원 개발에도 기여하게 된다. 여기서 개인적 차원은 자기효능감, 통제력, 강점, 변화 능력 등을 의미한다. 대인관계적 차원은 다른 사람에 대한 영향력으로 다른 사람과의 관계에서 효율적인 상호작용을 하는 것을 말한다. 구조적 차원은 정치적 · 사회적 상황과 같은 사회적 구조를 변화시켜 힘을 얻고 새로운 기회를 창출하는 것을 일컫는다. 역량강화 실천은 파트너십을 강조함으로써 클라이언트는 변화과정의 객체가 아니라 주체로 기능할 수 있다.

제2장

사회복지실천의 역사적 발달과정[1]

1. 서구사회 사회복지실천의 역사: 미국을 중심으로

1) 전문적 사회복지실천의 태동기

(1) 자선조직협회와 인보관의 활동

사회복지전문직으로서 사회사업의 발전에 지대한 영향을 미친 것은 자선조직협회와 인보관의 발전이었다(Trattner, 1999). 자선조직협회와 인보관은 전문적 사회복지실천의 기원으로 평가된다.

1) 우리나라의 사회복지실천은 전문 인력 양성을 위한 교육과정 및 현장의 확대와 관련해 미국의 영향을 크게 받았기 때문에 제2장에서는 미국을 중심으로 한 서구사회의 사회복지실천의 역사와 우리나라 사회복지실천의 역사를 차례로 살펴보기로 한다.

자선조직협회의 등장은 무질서하고 무계획적인 자선사업으로 인해 억울하게 구제 대상에서 제외되거나 반대로 서비스 혹은 수혜가 중복되는 폐단을 시정하려는 문제의식에서 비롯되었다. 1869년 영국에서 자선조직협회 운동과 사업이 최초로 시작되었고 1877년 뉴욕 버펄로에 미국 최초의 자선조직협회가 설립되었다. 자선조직협회는 기관들 간의 업무 조정뿐 아니라 개인이나 가족에게 제공하는 원조활동을 논의하기 위한 사례회의를 조직화했고 직접 서비스를 제공하였다. 과학적 자선을 내세운 자선조직협회는 적자생존론에 기반한 사회진화론을 구빈의 이론적 기반으로 삼았고 도덕적 실패가 빈곤과 고통의 원인이라고 가정하였다. 자선조직협회의 기본적 철학은 사회문제가 이 문제를 경험한 사람들을 변화시킴으로써 해결될 수 있다는 것이었다(Connaway & Gentry, 1988). 자선조직협회는 '구호가 아니라 친구를'이라는 접근을 통해, 즉 우애방문원(friendly visitor)의 격려, 조언, 역할모델로서의 모범으로 클라이언트가 직업을 찾고 문제들을 해결하게 도울 것으로 기대하였다. 경제적 원조는 우애방문원을 배치하기 전에 각 클라이언트의 상황을 조사하는 직원이 담당하였다. 우애방문 대상자는 '가치 있는 사례'와 '가치 없는 사례'로 구분되었는데, 그 가치 여부를 판단하는 기준은 윤리적 가치판단이었다. 자선조직협회의 원조는 클라이언트의 상황에 대한 철저한 조사와 평가를 근거로 하여 제공되었다. 이후 조사에 대한 명칭과 목적 및 절차가 변화되었지만 사회복지사의 활동이 클라이언트 체계의 상황, 강점과 약점, 기회 등의 이해에 기반해야 한다는 자선조직협회의 실천원리는 지금까지도 지속되고 있다. 이러한 점 때문에 자선조직협회 활동은 개별사회사업(social casework)의 기원으로 간주된다.

자선조직협회는 19세기 말에 미국 도시들로 빠르게 확산되었지만 본래의 목표를 달성하기 어려운 한계에 곧 직면하게 되는데, 빈곤이라는 복잡한 문제를 개인적인 접근으로 해결하려 했던 결과다. 그럼에도 불구하고 자선조직협회의 사무총장이었던 메리 리치몬드(Mary Richmond)와 우애방문원, 협회 직원들은 사회복지실천에 지금까지도 영향을 미치는 기본원리를 발전시키고, 기관을 창안했으며, 절차를 수립하였다는 평가를 받고 있다.

인보관은 1884년 영국에서 설립된 토인비홀(Toynbee Hall)이 최초의 인보관이었다. 미국에서는 1886년 뉴욕에서 인보관이 시작되었고, 1889년 시카고에 헐하우스(Hull House)가 설립되었으며, 이후 인보관 운동은 전 미국 도시로 확산되어 1910년까지 400개 이상의 인보관이 설립되었다(Davis, 1977). 집단사회사업(social group work)과 지역사회조직(community organization)의 기원이라 할 수 있는 인보관은 사회 상황에 대해 자선조직협회와는 다른 대응을 하였는데, 개인적 결함을 강조했던 자선조직협회와 다르게 인보관 운동은 환경적 요소에 초점을 두었다. 인보관은 빈곤과 같은 사회문제의 근원이 환경적 요소와 개인이 주변 상황에 대처하는 방법을 잘 알지 못하는 데 있다고 보았다. 주택, 공중보건, 고용 착취 등에 관심을 갖는 사회개혁가들이 인보관에서 주로 활동하였다. 인보관 활동가들은 지역의 개선을 이루기 위해 새로운 영역이나 과업에 관한 정보를 제공하고, 이를 수행하기 위한 지시를 하며, 경험을 제공하는 교육적 전략을 활용하였다(Connaway & Gentry, 1988). 인보관 활동가들은 일터와 공동주택의 여건을 조사하고 그 조사 결과를 널리 알려서 정부 차원의 정책 개혁과 입법 개혁을 유도하고자 했다(Popple & Leighninger, 2005). 헐하우스의 경우 적극적으로 사회조사를 활용한 대표적인 인보관이었다. 또 인보관 활동가들은 빈곤하거나 장애를 가진 소외계층의 역량강화를 주장하였는데, 사회체계의 변화를 가져올 수 있도록 집단 활동을 통해 사람들에게 권한을 부여할 수 있는 방법을 모색했다. 인보관 활동가들은 집단 성원들에게 결정할 기회를 주고 그들이 의사결정에 어떻게 참여하는지를 배우도록 도왔다(Connaway & Gentry, 1988). 인보관 활동가들은 사회개혁가로서 사후 치료보다 사전 예방적인 접근을 우선시하였다. 인보관 운동은 오늘날 거시체계를 변화시키는 개입방법에 해당되는 여러 가지 시도를 하였다(Glicken, 2007). 인보관 운동은 사회복지사들에게 변화 수단으로 교육,

조사연구, 개혁전략과 의사결정을 강조하는 민주주의 이상에 기반한 집단 및 지역사회 관점을 갖게 한 것으로 평가된다(Connaway & Gentry, 1988).

(2) 전문적 교육과 사회복지실천의 전문직화

자선조직협회는 도시 지역에서 빠르게 확대되었으나 우애방문을 할 자원봉사자가 충분하지 않아서 점차 신청자를 조사하고 빈민을 방문할 유급직원을 고용하게 되었다(Lubove, 1969). 자원봉사자는 양적으로 부족했으며 전문성이 없다는 점은 더 심각한 문제였다. 우애방문원이 좋은 인간성과 의지를 보이고, 모범이 되는 것만으로 가족 문제를 해결하는 데 충분할 것으로 생각했으나 실제 우애방문원을 만나는 많은 가족들은 도덕적 모범과 상담을 필요로 하지 않았다. 이들은 모범적이고 근면한 가족들이었으며 이들의 문제는 자신들이 통제할 수 없는 환경적 요인에서 비롯된 것이었다(Popple, 1995).

전문성을 갖추기 위한 우애방문원 교육과 훈련의 필요성이 인정되면서 1898년 뉴욕자선조직협회는 6주간의 교육과정을 개설하게 되었다. 이후 1904년에 1년 과정의 뉴욕박애학교가 시작되었는데, 이 학교는 1910년에 2년 과정의 프로그램으로 변경되었다. 1910년까지 5개의 전문가 훈련 학교가 등장하였다(Leighninger, 2008). 스미스대학교(Smith College School for Social Work), 후에 시몬스대학교가 된 보스턴 사회사업학교(Boston School for Social Workers), 이후 미주리대학교에 통합되는 세인트루이스 박애학교(St. Lewis School of Philanthropy), 펜실베이니아 사회서비스학교(Pennsylvania School for Social Services) 등이 계속해서 설립되었다(Lubove, 1969). 1919년에는 미국사회사업학교협회(American Association of Schools of Social Work)가 창립되었는데, 협회에 소속된 학교의 일부는 학부과정이었고, 일부는 대학원이었으며, 일부는 사회복지기관 부설이었고, 일부는 대학에 설치되어 있는 등 그 구조가 다양하였다.

이와 같이 사회복지 교육을 통해 획득한 지식과 기술을 적용하는 전문적 사회복지실천가의 활동은 20세기 초부터 시작되었다고 볼 수 있다. 유급화와 교육 및 훈련제도라는 두 가지 요인에 의해 사회복지 활동이 전문직으로 전환되었다. 물론 전문직으로 성장하는 과정이 순탄했던 것만은 아니다. 예를 들어, 에이브러햄 플렉스너(A. Flexner)는 1915년 사회사업이 과학적 지식체계에 근거하지 않으므로 전문직이 아니며 사회복지사가 전문직이 아니라는 요지의 연설을 하여 큰 충격을 주었다(Hopps & Collins, 1995에서 재인용). 이에 사회복지계는 두 가지 반응으로 대응하였는데, 한편으로는 교육 및 훈련을 담당하는 학교 설립, 저서 출판, 전문가협회 구성으로 전문직의 기본틀에 맞는 환경을 조성하였고, 다른 한편으로는 전문직으로 인정받을 수 있는 기술 습득에 대한 관심을 높였다. 전문화의 초기 단계에서 사회복지실천의 이론적 기반을 제공한 것은 메리 리치몬드의 저술인『사회적 진단(Social diagnosis)』이었다. 리치몬드는 의료 모델에서 가져온 전문용어인 진단이라는 단어를 사용했는데, 실천가(case worker)가 원인-결과 관계를 가정하고 문제의 원인을 찾는 작업을 한다고 간주하였다. 문제의 원인을 밝히기 위해서는 클라이언트의 환경조건에 관한 자료를 가능한 한 풍부하게 그리고 충분히 수집해야 했다. 즉, 문제의 원인을 개인을 둘러싼 사회적 요인의 분석 중에서 찾았으며 개별사회사업의 과정을 개인과 사회환경 간에 관련된 사회관계의 조정으로 보았다. 리치몬드는 의학계 동료들에게서 아이디어를 얻어 조사, 진단, 치료라는 과정을 제시하였는데, 이 틀은 아직까지 사회복지실천과정에 활용되고 있다.

전문직으로의 발돋움은 지속되었고 새로운 방향 모색이 이루어졌다. 그 일환으로 포터 리(P. Lee)는 1929년 미국사회사업전국대회에서 사회사업 분야 선구자들의 업적을 칭송하는 가운데 사회개혁의 원인 접근과 사회사업 전문직의 기능으로서 서비스를 구분하였고, 정치적 행동주의와 전문가주의 간의 선택이 필요하며, 원인 접근에서 기능으로 전환되는 새로운 시대가 전개될 것을 예고하였다(Hopps & Collins, 1995에서 재인용). 포터 리는 열정은 훈련과 지성으로 대체될 것이며 희생과 열정은 방법과 표준화로 대체될 것이라고 선언하였다(Leighninger, 1987에서 재인용).

(3) 정신분석 이론의 영향

제1차 세계대전 이후 미국의 사회복지실천은 심리학적 · 정신의학적 방향으로 전환되었다. 전쟁으로 인한 정서 문제가 대두되면서 사회복지사들은 전통적 접근방법으로는 문제가 해결되거나 개선되지 않는 새로운 클라이언트 유형을 많이 만나게 되었다. 사회경제적 요인만으로는 이러한 클라이언트들의 고통과 문제를 설명할 수 없었기 때문에 사회복지사들은 새로운 이론체계가 필요하였다. 정신분석적 개념은 인간의 행동이 목적이 있고 결정된 것이며 행동의 결정요소 중 일부는 무의식적이어서 클라이언트가 깨닫지 못하는 것이라는 두 가지 아이디어를 사회복지사들에게 제공하였다(Connaway & Gentry, 1988). 사회복지사들은 정신분석적 개념들을 자신들의 직무에 반영하였으며, 교육과정을 만들어 실습생들을 교육하는 데 활용하였고, 이를 가르치는 교육기관을 발전시켰다.

사회복지사들이 개인의 부적응 문제와 치료에 관심을 갖게 되면서 실천의 초점이 개인의 행동, 태도, 대인관계 등에 집중되었다. 특히 아동 초기의 발달단계가 중요시되었다. 클라이언트를 이해하기 위해 주의 깊은 면접과정을 통한 정보 수집이 이루어졌고 진단과정은 좀 더 조직화되었다. 정신분석학은 개인의 기능을 설명하는 데 유용한 이론으로 실용적인 도구가 되었다. 프로이트 정신분석 이론의 영향으로 사회복지사들이 클라이언트의 자아 기능 강화에 초점을 두면서 준정신과의사라는 놀림을 받기도 했으나 이러한 방향 전환으로 전문직으로서 사회복지사에 대한 사회적 평가는 높아졌다. 이에 따라 병원, 아동상담소, 가족치료 현장 등 개인적 문제를 다루는 기관에서 사회복지실천가들은 전문직으로 일하게 되었다.

2) 사회복지실천의 정착기

(1) 진단주의와 기능주의

정신분석학의 영향을 크게 받은 개별사회사업은 클라이언트의 생육사에 대한 탐구를 기초로 한 진단과 초기 아동기에서 비롯된 문제에 대한 이해를 강조한 정신분석적 치료 접근을 하였다. 이 접근은 무의식, 전이, 저항 그리고 정신적 결정론을 포함하는 프로이트 정신분석 이론의 주요 개념들을 기초로 한 입장으로, 진단주의로 명명되었다. 대표적인 진단주의 학자는 고든 해밀턴(Gordon Hamilton), 플로렌스 홀리스(Florence Hollis) 등이다. 진단주의에서는 변화의 중심이 문제를 진단해 규정하고 치료계획을 세우는 사회복지실천가에게 있다고 보았다. 진단주의 학파는 클라이언트가 자신의 심리적 과거를 통찰하면 현재의 행동 패턴이라는 감옥에서 자유로워진다고 가정하고, 심리적 통찰을 발달시키고 자아 능력 강화를 위한 지지를 제공하는 것을 치료전략으로 하였다.

이러한 진단주의와 관점을 달리하는 새로운 시각이 기능주의 학파다. 1930년대의 대공황으로 나타난 다양한 문제 상황을 어린 시절의 성장과정에서 비롯된 문제라고 보기에는 현실성이 없다는 인식을 하게 된 펜실베이니아 사회사업대학원의 교수인 제시 타프트(Jessie Taft), 루스 스몰리(Ruth Smally), 버지니아 로빈슨(Virginia Robinson) 등이 중심이었다. 기능주의 학파는 인간은 과거의 산물이 아니고 스스로 창조하고 재창조할 수 있다는 인간에 대한 낙관적 견해를 강조하였다. 기능주의 학파는 성장심리학에 근거하였고 실존주의적 철학에 동조하였다. 기능주의는 클라이언트를 병리적이거나 일탈한 존재라기보다 서비스가 필요한 사람들로 보았다. 기능주의는 진단의 개념을 진단주의와 다른 의미로 제시하였다. 즉, 진단이란 함께 노력할 일치점을 알아보는 사회복지사와 클라이언트의 시도라고 생각했다(Johnson & Yanca, 2010). 사회복지사는 클라이언트와 함께 문제해결을 한다는 것을 전제로 하고 초점을 사회복지사와 클라이언트 간의 관계에 두었다. 기능주의 입장에서 사회복지사와 클라이언트의 관계는 사회복지사가 클라이언트의 내적 힘을 촉진하고 자유롭게 하여 클라이언트 스스로 성장과 선택을 가능하게 하는 것이었다. 이는 치료를 위한 책임이 사회복지사에게 있는 것이 아니고 클라이언트에게 있음을 의미하였다. 기능주의 학파는 개입의 좋은 결과는 원조관계 그 자체를 경험하는 것에서 비롯된다고 여겼다. 사회복지사와 클라이언트의 관계는 그 자체로서 중요한 경험인 동시에 클라이언트를 좀 더 개방적이고 현실적인 세계로 이끄는 데 사용될 수 있는 매개체로 간주되었다. 즉, 변화의 중심이 클라이언트에게 있고 사회복지사는 클라이언트 내의 잠재적 성장 가능성을 향상시키기 위해 클라이언트와의 관계 속에서 원조자와 촉진자로서 역할을 해야 한다는 것이다.

기능주의는 시간적으로 제한된 범위 내에서 원조해야 하기 때문에 클라이언트의 긴급한 문제에 초점을 맞추어야 한다고 보았다. 사회복지실천은 '지금 그리고 여기', 즉 기관의 기능을 포함한 현재 상황 속의 현실을 살펴보아야 한다고 전제하였다. 기능주의의 또 하나의 핵심 전제는 원조과정이 전개되는 기관의 기능과 중요한 관계가 있으므로 사회복지기관이 사회복지사의 활동을 위한 초점, 방향, 내용을 공급해야 한다는 것이다.

실천방법을 둘러싼 진단주의와 기능주의 학파 간의 논쟁과 갈등은 상호 간에 영향을 미쳐 결과적으로 사회복지실천을 보다 정교하게 발전시키고 실천모델을 다양화하는 동력으로 작용하였다.

(2) 사회복지실천 초점의 변화

1930년대 대공황으로 인한 실업과 빈곤 문제를 해결하기 위한 뉴딜정책 프로그램은 사회복지실천의 새로운 시대를 열었다(Hopps & Collins, 1995). 민간기관 중심으로 시작된 사회복지실천은 대공황 이후 점차 공공 영역으로 확대되었다. 정부의 빈곤 관련 정책과 프로그램 지원으로 공공복지기관과 시설이 급격하게 증가했기 때문이다. 이는 1935년 제정된「사회보장법」이 빈곤과 그 밖의 사회문제가 개인적 문제나 결함이 아닌 경제적인 구조적 문제로 야기된다는 것을 인정한 결과다. 대공황 이후 클라이언트 집단에 전통적인 빈민뿐만 아니라 경제 불황으로 인해 실직과 빈곤을 경험하게 된 근로자와 중산층 가족들이 포함되면서 사회복지사들도 사회문제의 원인을 개인적 결함에 근거해 접근하던 경향에서 구조적으로 의존성을 발생시키는 경제적 · 사회적 환경의 힘을 인정하게 되었다.「사회보장법」이 제정되면서 공중보건과 아동복지 영역의 대부분의 업무와 재정적 원조를 공공 부문에서 맡게 되었으며 공공기관에 고용된 사회복지 인력이 급격하게 증가하였다(Popple, 1995).「사회보장법」제정 이후 민간 사회복지기관들은 빈곤 관련 원조를 공공기관의 역할로 여기고 개인의 적응 문제에 초점을 두기 시작했다(Herrick & Stuart, 2005).

제2차 세계대전 동안 많은 사회복지사들이 전쟁의 영향을 받은 지역사회에 개입하는 것을 비롯해 전쟁과 관련된 업무에 관여하였다(Glicken, 2007). 제1차 세계대전 때처럼 제2차 세계대전은 보건 및 정신보건 분야에서 사회복지사들의 활동 기회를 확대하였다(Herrick & Stuart, 2005). 주정부와 연방정부의 전후 공공정신보건 프로그램, 특히 공립정신병원 입원 인구를 감소시키기 위한 시도들은 임상 경험이 있는 사회복지사들의 고용 기회를 크게 증가시켰다.

1940년대와 1950년대는 다시 번영의 시대로 전환되었다. 1946년「정신보건법(National Mental Health Act)」제정과 1946년에 국립정신보건연구소(The National Institute of Mental Health)가 설립되면서 지역사회 치료와 예방이 강조되기 시작했고, 정신 병리에 관심이 있는 사회복지사들은 새로운 영역에서 일할 수 있는 기회를 얻게 되었다. 이 시기에는 빈곤이 더 이상 관심 이슈가 아니었으며 사회복지계에서는 전문화와 교육에 관심을 집중하였다. 사회복지실천이 전문성과 목적을 분명하게 가진 전문직이 되기 시작하면서 기관의 실천 관련 업무를 표준화하고 사회복지 석사과정을 개설하고 확대하는 움직임이 활발해졌다. 이러한 움직임은 1952년 사회복지교육위원회(CSWE)의 출범과 1955년 미국사회복지사협회(NASW)의 설립으로 이어졌다.

경제적 번영의 시기에는 중산층 시민인 많은 사람들이 적응 문제에 대한 도움을 원했다. 이 시기에 플로렌스 홀리스를 비롯한 사회복지사들은 사회복지전문직이 독특하게 지향하는 바가 심리사회적 원조라고 주장하였다(Hollis, 1964). 이 시기에는 인본주의적 접근과 행동주의적 접근도 발달하였는데, 특히 정신보건 영역에서 두드러졌다. 사회복지전문직은 사회환경적 관점을 갖고 이러한 접근들을 활용하였고 이를 빈민, 사회적 소수자, 소외된 집단에 적용하였다.

1960년대에 중요한 변화가 시작되었는데 정신분석적 사고가 후퇴하고 위기개입, 과제중심 접근, 사회행동적 접근과 같은 새로운 접근이 등장하였다(Johnson & Yanca, 2010). 또 이 시기 동안 개별사회사업, 집단사회사업과 지역사회조직이 체계화되기 시작했고 각각의 실천방법에서 다양한 접근들이 지속적으로 개발되었다.

한편, 공공 부문과 민간 부문에서 사회복지서비스가 양적으로 급증하고 대인서비스를 중심으로 한 사회복지실천 영역이 세분화되면서 실천의 장, 문제, 대상에 따라 다양한 실천현장이 형성되었다.

(3) 사회개혁에 대한 관심의 재등장

1960년대와 1970년대는 빈곤 문제, 인종 갈등, 시민권 운동, 반전운동 등으로 사회정의와 시민 참여에 대한 관심이 다시 높아졌다. 완전히 해소될 수 없었던 빈곤 문제는 1960년대에 사회적·정치적 쟁점으로 다시 부각되었고 빈곤에 대한 전쟁 선포와 함께 사회복지 프로그램 및 서비스 공급이 크게 확대되었다. 1964년 제정된 「경제기회법(Economic Opportunity Act)」에 근거한 프로그램들은 지역사회조직과 사회행동은 물론, 의사결정에 빈민들의 참여를 강조하였다(Popple, 1995). 빈곤퇴치 프로그램의 영향으로 사회복지사들은 빈곤 문제의 사회경제적 원인에 대한 시야가 확대되었고 여기에 개입하는 데 필요한 지식과 기법에 대한 관심이 높아졌다. 사회복지사는 빈곤퇴치 프로그램과 지역사회행동 프로그램에서 중요한 역할을 맡았고 평화봉사단(Peace Corps) 등과 같은 조직에서 자원봉사자의 훈련을 도왔다(Glicken, 2007). 그러나 빈곤에 대한 전쟁 선포 후 시도된 많은 프로그램에서 사회복지사들의 개입은 실패로 평가되었다(Trattner, 1999). 그 주요 이유 중 하나가 사회복지사들이 사회를 변화시키지 않고 희생자인 개인만 변화시키려고 시도했기 때문으로 분석되었다. '위대한 사회'라는 구호 아래 실시되었던 많은 프로그램들이 사회적 불안만 낳았다는 여론 때문에 1970년대 중반에 이르러서는 대부분 침체되었다.

사회복지실천은 시대적 조류에 따라 사회적 개혁에 보다 관심을 보이기도 하고 혹은 개인적 변화를 돕는, 즉 직접적 서비스 전달에 보다 충실한 기능을 수행하는 등 초점의 변동이 있어 왔다. 1900년대의 진보주의 시대, 1930년대의 대공황, 1960년대와 같은 사회적 격변 시대의 사회복지실천이 사회개혁에 관심을 가졌다면, 1920년대, 1950년대, 1980년대와 같은 보수적인 시대에는 개인의 변화와 적응에 더 초점을 두었다고 볼 수 있다.

(4) 통합적 실천방법의 등장

전통적인 사회복지실천 방법의 분류는 개인을 대상으로 하는 개별사회사업, 집단을 대상으로 하는 집단사회사업, 지역사회를 대상으로 하는 지역사회조직으로 나누었으나, 1970년대부터 통합적 방법론이 등장하였다. 통합적 실천방법이 등장하게 된 배경은 전통적인 실천방법이 사회복지실천의 전문화 및 과학화에 기여한 것을 부인할 수는 없으나 한계와 문제점 또한 내포하고 있었기 때문이다. 통합적 실천방법론의 필요성이 제기된 문제의식은 우선 분화된 방법이 한정된 특정 문제와 대상에만 적용하게 된다는 점이었다.

또한 사회의 변화에 따른 새로운 복잡한 문제들이 대두됨에 따라 분화된 방법들이 한계점이 있는 것으로 드러났다. 그리고 분화된 방법에 관계없이 사회복지실천의 본질적인 개념, 기술, 과업 및 활동에 공통적 핵심이 있다는 점도 고려되었다. 이에 따라 1970년대에 통일되고 통합된 사회복지실천 관련 지식, 목적, 가치, 기법에 대한 모색이 활발하게 이루어졌는데, 사회복지실천을 통합적 관점에서 개념화하는 시도는 저술활동을 통해 주로 전개되었다. 캐롤 메이어(Carol Meyer)는 『사회복지실천: 도시의 위기에 대한 대응(Social work practice: A response to the urban crisis)』에서 기존의 사회복지실천 이론이 도시의 혼란과 관련하여 적용에 한계가 있기 때문에 새로운 개념 틀이 필요하다고 역설하였다. 메이어는 개별화 과정, 개입의 시점, 행동계획 등의 개념을 강조하였고 진단과정을 사정의 도구로, 개입을 다양한 가능성을 갖고 있는 개입 목록으로 설명하였다(Meyer, 1970). 해리엣 바틀렛(Harriett Bartlett)의 『사회복지실천의 공통 기반(The common base of social work practice)』은 사회복지실천의 본질을 상세하게 밝히기 위한 사회복지전문직의 필요성에서 저술되었는데, 사회적 기능, 사정 시 전문적 판단, 개입 행동 등이 주요 개념이었다(Bartlett, 1970). 알렌 핀쿠스와 안네 미나한(Allen Pincus & Anne Minahan)의 『사회복지실천: 모델과 방법(Social work practice: Model and method)』은 통합적 접근을 시도한 대표적인 저술로 사회복지실천을 문제 사정에 근거한 개입계획에 의한 계획된 변화로 간주하였다. 사정은 '확인된 문제, 사회적 상황의 역동성 분석, 목적 및 목표 수립, 과업과 전략 결정, 변화 노력의 유지'에 초점을 두었다(Pincus & Minahan, 1973). 이 접근에서 중요한 측면은 영향력의 활용이라 할 수 있으며 이는 개인 또는 체계의 발달에 영향을 미치는 원조관계를 개입과정의 일부로 활용하는 것이다.

통합적 실천의 등장과 함께 사회체계 이론과 생태학 이론이 사회복지실천의 중요한 지식 기반으로 부상하였다. 이에 따라 사회복지실천에 있어서 환경에 대한 관심이 다시 높아지게 되었다. 환경에 대한 관심이 높아졌다고 해서 생태학적 관점이나 사회체계적 관점의 초점이 개인에게서 환경으로 바뀐 것을 의미하지는 않는다. 오히려 개인과 환경 간의 상호작용에 초점을 두는 것으로, 문제해결 노력이 대인관계 기술을 훈련시키는 것처럼 사람들이 환경에 적응하도록 돕거나 요양시설의 이점과 시설 내 활동의 질을 높이는 것과 같이 클라이언트의 욕구를 더 적절하게 충족시킬 수 있도록 환경을 바꾸거나 혹은 위축된 만성질환자의 대인관계 기술을 향상시키고 그를 보다 자극을 받을 수 있는 환경으로 이전시키는 것과 같이 개인의 변화와 환경의 변화 두 가지를 조합하는 것이었다(Hepworth et al., 2006). 이 시기에 '환경 속의 인간'과 '클라이언트와 사회복지사의 상호작용' 개념이 새로운 사회과학 이론의 적용을 통하여 다시 확장되었다. 상호관계의 중요성은 집단사회사업과 지역사회조직 문헌들에서도 소개되었고 상호작용 기술에 관한 논의가 본격화되기 시작하였다.

통합적 방법은 사회복지사가 개인, 집단, 지역사회에서 제기되는 사회문제에 활용할 수 있는 공통된 하나의 원리나 개념을 제공하고자 하는 방법의 통합화, 즉 공통된 지식, 가치, 기술에 기반한다는 것을 의미한다. 1980년대 초까지는 통합적 방법이란 용어가 지배적으로 사용되었으나 이후 일반적(generic) 또는 일반 사회복지사 실천(generalist practice)이라는 용어로 대체되었다. 클라이언트의 유형, 활용하는 방법, 개입의 수준, 사회복지사의 주요 역할 등이 특정하게 정해져서 이루어지는 실천은 전문 사회복지사 실천(specialist practice)으로 일반 사회복지사 실천과 구별되었다. 일반 사회복지실천은 보편성과 종합, 통합성을 지향한다. 사회복지사는 도움이 필요한 거의 모든 상황에 개입할 수 있다. 일반 사회복지실천을 하는 사회복지사는 개인, 집단 또는 지역사회 관련 특정한 기술이나 아동, 학교, 가족 등 특정한 실천 영역에 국한되지 않는 광범위한 영역의 역량을 필요로 한다(Kirst-Ashman & Hull, 2009). 일반 사회복지사는 모든 수준의 클라이언트 체계와 직접 함께 하고, 클라이언트에게 이용 가능한 자원을 연결시키며, 자원체계가 클라이언트 체계에 보다 잘 반응하도록 개입하며 평등한 분배를 위해 정의로운 사회정책을 제안한다(Miley, O'Melia, & Dubois, 2017). 일반 사회복지사는 다양성과 관련된 확고한 지식 기반과 함께 광범위한 기술들에 숙달되어야 하고 이 기술들을 자유자재로 사용할 수 있어야 한다.

3) 사회복지실천의 다양성 확대 시기

(1) 다양한 실천 모델의 활용, 절충주의, 사례관리의 등장

사회복지실천의 효과성에 대해 관심이 높아지고 책임성 문제가 제기되면서 행동주의 모델, 과제 중심 모델, 인지 모델 등 효과성 측정에 강점을 보이는 다양한 실천 모델들의 활용도가 높아지기 시작했다. 효과성이 검증된 실천방법을 채택하게 하는 증거기반실천(evidence-based practice) 개념도 확산되었다.

전통적인 심리사회 모델에 기반을 두고 있었던 사회복지사들도 점차 클라이언트 환경에 존재하는 일상의 현실적 문제들을 다룰 필요성을 인식하게 되면서 실천기술에 사회적이고 환경적인 요소를 반영하는 데 보다 관심을 갖게 되었다(Maguire, 2002). 객관적이고 체계적인 기법의 적용에 자부심을 가져온 행동주의 모델에 기반한 사회복지사들도 클라이언트와 신뢰관계를 형성하고 클라이언트의 환경 및 과거력을 인식해야 할 필요성을 느끼게 되었다(Schwartz, 1982). 행동주의 접근을 하는 사회복지사들은 심리사회 모델을 적용하는 실천가가 고개를 끄덕이며 인정하는 것이 긍정적인 사회적 강화에 해당된다는 사실에 주목하기 시작하였다. 또한 심리역동 이론에 기초한 사회복지실천가들은 행동에 성공적 변화가 일어난 것이 긍정적 전이의 결과라고 주의를 기울이게 되었다. 이처럼 사회복지실천가들은 자신이 담당하고 있는 클라이언트의 문제와 관련된 효과적인 실천 모델이나 기법에 대해서 인정하고 받아들이게 되었다. 즉, 사회복지실천에 다양한 접근이 발전하면서 기술적인 절충주의와 이론적 통합이 지향되었다. 사회복지사들은 절충적인 지식과 기술을 다양하게 활용할 수 있는 능력을 점점 더 요구받고 있다.

한편, 사회복지의 분야별 전문화가 이루어지면서 서비스 공급 주체별, 대상별, 문제 영역별로 세분화되고 단편화된 서비스 전달방식에 문제가 제기되었다(김태성, 홍선미, 2006). 그 결과, 사례관리가 새로운 서비스 전달방법으로 등장하게 되었다. 학자마다 정의에 약간의 차이가 있으나 사례관리는 복합적 문제나 욕구를 가진 사람들의 기능과 복지를 최대화시키기 위해 공식적 지지망 및 비공식적 지지망의 활동들을 조직하고 서비스를 연결, 조정, 평가하는 서비스 전달방법으로 정의할 수 있다. 다양한 서비스 욕구를 가진 만성 정신장애인, 중증 장애 노인, 빈곤가족 등의 복합적인 서비스 욕구를 충족시킬 수 있는 실천이 요구되면서 사례관리의 중요성이 점차 부각되기 시작했다. 사례관리는 복합적인 욕구를 가진 인구 집단의 확대와 탈시설화와 맞물린 지역사회 보호가 강조되면서 주요 실천방법으로 등장하였다.

(2) 관리의료의 확대

1980년대에 팽배했던 반복지 정서로 사회복지 프로그램과 서비스는 적지 않은 영향을 받게 되었다. 이에 따라 사회복지사의 활동 영역도 다원화되었다. 1980년대 이후 많은 사회복지사들이 개업실천가가 되거나 또는 영리를 목적으로 하는 기관에 고용되었고 그 밖에 특정한 서비스 욕구가 확인된 클라이언트 집단을 위해 정부가 계약을 맺은 민간기관에 고용되는 사회복지사들이 증가했다(Herrick & Stuart, 2005). 정부 개입에 대한 신뢰가 떨어지고 민간 영역이 정부보다 서비스 제공을 더 효율적으로 할 수 있다는 믿음이 생겨나면서 건강 및 정신보건 관련 영역에서는 관리의료(managed care)가 대안으로 부상하였다.

관리의료의 발달은 서비스 전달체계에 관료주의가 강화되는 것을 의미한다(Johnson & Yanca, 2010). 관리의료 체제에서 서비스의 양에 관한 결정은 사회복지사와 클라이언트가 내릴 수 있는 것이 아니라 다른 기관 혹은 조직의 심사를 받도록 되어 있다. 관리의료는 사회복지사의 서비스 제공방법과 문서 작성 방식에도 영향을 미쳤다. 관리의료 체계에서는 서비스를 승인받기 전에 사정한 것을 심사받아야 하며 정해진 횟수 이상으로 서비스가 지속되려면 정당성이 입증되어야 한다. 이는 서비스 전달이 문서화와 밀접하게 관련되게 되었다는 것을 의미한다.

관리의료의 확대가 사회복지전문직에 있어 부정적인 측면만 있는 것은 아니다. 존슨과 얀카(2010)는 관리의료처럼 다양한 방식으로 서비스 제공이 제한되는 상황 변화에 적응하는 데 사회복지사들이 유리한 입장에 있다고 보았다. 새로운 환경 속에서 일을 처리해야 하는 기관들과 클라이언트들에게 여러 체계들과 협상하는 사회복지사의 문제해결 기술과 옹호 역할이 필요하기 때문이다.

(3) 문화적으로 민감한 사회복지실천의 강조

전통적인 사회복지실천이 사회 내의 지배적 문화에 속박되었던 점을 비판하면서 사회복지실천에서 문화적 역량을 강조하는 전환이 이루어졌다. 문화적으로 민감한 사회복지실천과 사회복지실천가의 문화적 역량에 대한 관심은 교육과정뿐 아니라 사회복지전문가 단체의 윤리 및 가치 관련 지침들에도 반영되었다. 이러한 움직임에는 사회복지전문직이 상대적으로 간과해 온 사회복지실천의 주 목적 중의 하나인 사회정의 성취를 위해서 사회복지사의 문화적 역량이 필수적이라는 문제 인식이 저변에 깔려 있다.

사회복지사는 클라이언트 체계인 개인, 가족, 집단 또는 지역사회와의 의사소통에서 클라이언트 체계의 문화적 영향 요소를 충분히 반영하는 역량을 발휘하도록 기대된다. 클라이언트 체계의 문화적 영향은 그들의 목표와 포부, 자원 이용의 패턴 혹은 원조 요청 행동, 자아개념 혹은 정체성, 의사소통 패턴과 정서적 통제, 생활사건과 사회적 상황을 인식하는 방식 등 매우 포괄적이다(Timberlake, Farber, & Sabatino, 2002). 문화적 다양성에 대한 사회복지사의 민감성은 원조과정의 모든 단계에서 발휘될 수 있다. 클라이언트, 행동체계 혹은 표적체계의 문화에 대한 사회복지사의 민감성이 문제와 욕구를 확인하면서 접촉하게 되는 사람들에게 다가가는 방식에 반영될 수 있다. 또한 자료를 수집하고 사정하는 방식에 반영될 수 있고 개입하며 평가하고 종결하는 방식에도 반영될 수 있다. 효과적인 다문화적 실천을 위해 사회복지사는 서비스를 받는 클라이언트의 문화, 행동체계나 표적체계의 문화뿐 아니라 자신이 속한 문화에 대한 철저한 인식이 필요하며 문화요소의 차이로 인해 사회복지사의 역할과 기능이 방해받지 않아야 한다.

미국사회복지사협회는 윤리강령(NASW, 1999)과 사회복지실천에 있어서 문화적 역량의 기준(NASW, 2001)에서 다양한 인구 집단에 대한 지식, 전문성, 기술 없이 적절한 서비스를 제공할 수 없으며 이러한 실천 활동은 비윤리적이라는 점을 분명히 밝히고 있다.

2. 우리나라 사회복지실천의 역사

1) 사회복지실천의 형성기

사회복지실천의 역사를 사회복지전문직이 주도한 실천 활동 중심으로 볼 것인지 혹은 전문성과 무관하게 활동 내용 중심으로 볼 것인지에 따라 사회복지실천의 기원은 물론, 시대 구분과 실천 활동의 범위 등도 다르게 기술될 수 있다. 여기서는 사회복지전문직에 초점을 둔 사회복지실천의 발달과정을 중심으로 살펴보고자 한다. 태화관 같은 인보관사업이 이미 1920년대에 실시되었지만 우리나라에서 전문가 교육과 훈련을 받은 사회복지사에 의한 실천 활동은 1950년대에 시작되었다고 볼 수 있다. 1947년 이화여자대학교에 기독교사회사업학과가 설치되어 사회복지에 관한 대학교육이 시작된 점을 감안할 때 우리나라에서의 전문적인 사회복지실천의 역사는 70년 가까운 역사를 가졌다고 볼 수 있다.

초창기 사회복지 활동은 해방 이후 급격한 사회변동으로 인한 극심한 혼란과 한국전쟁으로 인해 급증하였던 불우한 환경 속의 아동, 노인, 장애인, 여성 등을 위한 생활시설이 대부분이었다. 또한 이 시기 우리나라의 사회복지사업은 외국 민간 원조기관의 원조에 거의 전적으로 의존하였고 정부의 역할은 외국 원조에 의존하는 민간복지시설을 규제하고 감독하는 데 그쳤다. 외원기관의 활동은 1952년 7개 기관이 한국외원단체협의회(Korea Association of Voluntary Agencies: KAVA)를 조직해 본격화되었으며 한국외원단체협의회의 회원인 외원기관은 1960년대에 최고 123개까지 크게 증가하였다가 1970년대 중반 이후 감소하기 시작하였다(엄명용 외, 2016). 외원단체들은 한국전쟁 직후에는 전쟁 이재민에게 양곡과 구호물자를 배급하고 긴급의료서비스를 제공하는 긴급구호에 치중하였다. 또한 1950년대 중반 이후부터는 학교, 병원, 고아원 등과 같은 기관 및 시설을 설립해 직영하거나 이러한 기관 및 시설이 필요로 하는 물품 및 장비, 기술을 지원하였다. 그 밖에도 전쟁 이재민을 위한 주택 건설 등 각종 정착사업, 농어촌 개발 및 소득증대사업, 각종 자립 및 자활사업, 지역사회조직 및 개발사업 등을 직접 전개하거나 지원하였다(카바 40년사 편찬위원회, 1995). 전시와 전후 복구 시기 동안 외원기관은 미국의 전문사회사업의 실천방법을 전파하는 데 크게 기여하였다. 기독교세계봉사회, 메노나이트 중앙위원회 한국구조단, 캐나다 유니테리언 봉사회 등은 가정복지부 또는 가정아동복지사업부에서 도움을 필요로 하는 가정과 아동들에게 개별적으로 서비스를 제공하였다. 외원단체의 활동은 1970년대 중반 외원기관의 재정 지원이 급격하게 감소되면서 종결에 이른다.

외원단체 활동이 한국의 사회사업 발전에 미친 영향은 다음과 같이 평가된다(최원규, 1996). 첫째, 한국의 사회사업이 기독교와의 밀접한 관련 아래 전개되었다. 둘째, 한국에 전문 사회사업을 도입하였다. 셋째, 시설 중심의 사회사업이 발전하게 된 계기를 만들었다. 넷째, 한국의 사회복지가 거시적인 사회정책보다는 미시적인 사회사업 위주로 발전하게 하였다. 다섯째, 사회사업을 구호사업 또는 자선사업과 같은 것으로 한국인들이 인식하게 하는 데 기여하였다. 여섯째, 외원단체의 철수에 따라 외원에 크게 의존하던 한국의 민간 사회사업 부문이 정부에 의존하게 됨으로써 정부 통제 아래 편입되는 데 기여하였다.

한편, 1950년대부터 사회복지관 운영, 의료사회사업 등이 일부 지역에서 시도되기 시작하였다. 소수이기는 하지만 민간 사회복지관이 설립되었는데, 1956년에 이화여자대학교가 대학부설로 사회복지관을 설립하였고, 1956년 아현인보관, 1962년 목포사회복지관 등 개인 및 민간단체들에 의해 설립된 사회복지관들이 운영되었다. 1958년에는 한노병원, 1959년에는 국립중앙의료원, 원주기독교병원 등에서 의료사회사업가를 채용하여 의료사회사업을 시작하였다(김규수, 2014). 1973년 의료법 개정으로 종합병원에 사회사업가 채용 조항이 신설되면서 종합병원 단위의 의료기관에 사회복지사 의무고용의 법적 근거가 마련되었다.

이와 같이 1970년대까지는 외국으로부터의 원조에 근거한 고아원과 같은 시설 중심의 응급구호사업이 우리나라 사회복지실천의 주축이었으며, 전문기관의 미성숙, 즉 사회복지서비스의 전달체계가 전문적 사회복지실천을 실시하기에 여의치 않은 실정이었다.

2) 사회복지실천의 정착기

1980년대부터 1990년대 초반까지는 사회복지관과 같은 민간 부문과 사회복지전담공무원제를 도입한 공공 부문에서 사회복지실천 활동이 진일보하여 사회복지실천의 정착기로 간주될 수 있다.

1983년 「사회복지사업법」 개정으로 사회복지관의 설립 및 운영을 지원하는 법적 근거가 마련되었고, 1989년 사회복지관 운영 · 건립 국고보조사업지침이 마련되어 사회복지관사업을 안정적으로 운영할 수 있게 되면서 저소득층 밀집지역에 사회복지관 설치가 본격화되었다. 저소득층을 위한 영구임대아파트 단지에 사회복지관 설립이 의무화되면서 전국적으로 사회복지관사업이 확대되고 활성화되었다. 그동안의 우리나라 사회복지실천이 시설보호를 중심으로 전개되어 온 점을 감안할 때 이용시설인 사회복지관에서 지역주민을 대상으로 사회복지서비스를 제공하게 되었다는 점에서 사회복지관사업의 확대는 큰 의미가 있다(엄명용 외, 2016). 이와 같이 사회복지관의 설치가 크게 증가하면서 지역복지와 재가복지 개념이 도입되었다. 또한 노인복지와 장애인복지 영역에서도 가정봉사원 파견사업과 지역사회 중심 재활사업이 실시되면서 재가복지사업이 전개되기 시작했다.

공공 부문에서는 1987년부터 생활보호사업의 효과적 · 효율적 수행을 위한 전달체계로 사회복지전문요원제도가 실시되기 시작했다. 사회복지사가 국가시험을 통해 선발된 별정직 공무원으로 일선 행정 단위에 배치되어 공공부조 업무에 종사하게 된 것이다. 1994년까지 별정직 공무원으로 사회복지전문요원 3,000명이 읍 · 면 · 동에 배치되어 생활보호대상자의 조사 및 보호대상자 결정, 대상자의 생계보호, 자립지원, 개별상담 및 사후관리, 후원금품 모집 및 후원자 알선 등 생활보호 업무를 담당하였다.

사회복지관의 확대 및 공공부조 영역의 사회복지전담요원제도 실시 외에도 사회복지실천의 정착기에 정신장애인 이용시설 및 가정폭력 피해 여성 일시보호시설 설립 등 실천의 장과 대상을 확대하는 새로운 시도들이 일부 전개되었다.

3) 사회복지실천의 발전기

1990년대 중반부터 사회복지실천은 발전기에 접어들어 양적 확대를 넘어서 질적 변화를 도모하는 전기를 맞이하게 되었다. 1990년대 이후 사회복지학을 가르치는 교육기관이 크게 늘어나면서 사회복지사의 양적 배출 또한 급증하였고, 이는 사회복지전문직의 성장과 발전에 일면 기여한 바가 있는 것으로 평가된다. 1990년대 중반 이후 사회복지실천은 전문성의 강화, 지방자치제에 따른 지방분권화, 재가복지서비스의 확대, 지역사회 중심의 자활사업 전개 등 질적인 변화로 새로운 전환점을 맞게 되었다. 1990년대 후반부터 장애인복지관, 노인복지관, 청소년 시설 등 지역사회 이용시설의 확충은 지역에 거주하는 지역주민을 대상으로 이용서비스를 확대하는 계기가 된다(이봉주, 2014). 또한 외환위기를 겪은 1990년대 후반부터 사회안전망 확립에 대한 공감대가 형성되면서 복지의 중요성이 부각되기 시작했다. 이에 따라 생애주기별 복지, 보편적 복지, 지속가능한 복지 등의 패러다임이 등장하였다.

별정직 공무원 신분이던 사회복지 전문요원은 1999년 10월에 일반직 사회복지직으로 전환되었고 사회복지 전담 공무원은 공적부조 전달체계의 핵심 역할을 하게 되었다. 1995년 「정신보건법」의 제정 이후 정신보건센터, 사회복귀시설을 중심으로 정신보건사회복지사의 실천현장이 전통적인 정신과 병원에서 지역사회로 확장되었고, 교육부 및 교육청의 시범사업 등으로 학교사회복지사가 상주하는 학교 실천현장도 크게 증가하였다. 2000년부터 시행되고 있는 「국민기초생활보장법」에 근거한 자활사업 영역이 사회복지실천 영역으로 추가되면서 근로 능력이 있는 저소득층의 자활을 위한 일자리 제공, 자활 의욕 고취 및 자활 능력 배양이 사회복지사의 직무가 되었다. 최근에는 사회적 기업 등 사회복지사의 활동 영역이 확장되고 있다.

사회복지의 제도적 측면에서 1990년대 중반 이후 한국사회는 꾸준히 발전해 왔다. 그동안 4대 사회보험이 도입되었고, 2008년에 장기요양보험까지 추가되어 5대 사회보험으로 확대되었으며, 공적부조로 국민기초생활보장제도가 확립되었고, 다양한 사회복지서비스 정책이 발전되는 등 사회복지제도는 이전보다 크게 확대되었다. 특히 1990년대 후반 IMF 금융위기 이후 생산적 사회복지의 등장, 국민연금의 전면 확대와 건강보험 통합, 국민기초생활보장제도 수립 등으로 제도적 변화가 컸다. 2000년대 이전의 사회복지체계가 주로 생계보호를 중심으로 한 사회보험과 공공부조 위주로 이루어졌다면 2000년대 이후의 사회복지체계는 다양하고 새로운 사회적 위험으로부터의 보호를 목적으로 하는 사회복지서비스의 확대로 특징지워진다(이봉주, 황경란, 2011). 사회복지실천 영역에서도 기존의 사후 치료 및 문제해결 중심에서 예방적 접근과 지속적인 사례관리 등에 대한 관심이 높아졌다. 특히 아동복지와 청소년복지 분야에서 위스타트, 드림스타트, 멘토링 서비스 등 예방적 접근이 큰 비중을 차지하게 되었다. 한편, 가족 해체의 급증에 따른 가족 문제와 아동, 노인, 장애인 등 취약계층의 복지 욕구, 이주노동자 및 결혼이민자, 탈북자 등 소수자 집단의 복지 욕구에 대한 사회적 관심이 커지면서 이에 대한 사회복지적 대응으로 실천현장이 다양해졌다. 2000년대 중반 이후 발생한 큰 변화는 사회복지서비스에 대한 국가의 재정 지원 방식이 기존의 보조금 제도와 민간위탁 방식에 더해서 이용자를 직접 지원하는 바우처 방식을 포함하게 된 점이다(이봉주, 2014). 바우처 제도는 노인돌봄서비스, 장애인 활동보조, 지역사회서비스투자, 장애아동재활치료 등을 포함한다. 바우처 제도에 대한 부정적 시선도 있는데 서비스 제공기관 간의 경쟁을 통한 서비스 품질제고를 강조하며 도입된 바우처 제도가 사실은 영리 부문의 사회복지서비스 진입을 유도해 민간 서비스 제공기관의 공급확대를 꾀하는 선에 머물렀다는 평가가 있다(김영종, 2012). 「노인장기요양보험법」이 제정되면서 시설급여를 제공하는 노인요양시설과 재가급여를 제공하는 노인복지센터 등 노인장기요양기관도 급격하게 증가하여 난립되었다고 할 정도로 양적 증가가 이루어졌다(김진우, 2014). 최근에는 국내 NGO 단체의 국제사회복지 활동도 활발하게 펼쳐지고 있다. 과거 사회복지실천의 형성기에 수혜국으로 외국 원조를 받았던 우리나라가 이제 서비스 공여국으로 기여하고 있는 것이다.

사회복지실천의 기본적 관심은 사회 구성원 개개인의 삶의 질 향상이라고 할 수 있다. 사회복지전문직은 인간다운 삶과 행복이라는 기본권과 생존권을 추구하는 데 있어서의 개인적 혹은 사회환경적 장애요인을 규명하고 해결 방안을 찾는 데 관심을 갖는다. 우리나라의 사회변동은 다른 어떤 나라보다 역동적이다. 고령화와 저출산, 가족주의 전통과 모순되는 높은 가족 해체율, 다문화 사회로의 전환 가능성 등 인구사회학적 변화부터 그렇다. 따라서 이러한 인구사회학적 변화에 적극적으로 대응하는 사회복지실천의 전환이 요구되고 있다. 또한 계층의 양극화 현상과 삶의 안정성 약화, 비정규직 문제, 신빈곤층의 등장에 따라 빈곤 문제를 보는 시각과 이에 따른 실천적 접근이 보다 다양해져야 하는 실정이다.

4) 우리나라의 사회복지 교육과정과 자격관리

1947년 설립된 이화여자대학교 기독교사회사업학과에 이어 1953년 중앙신학교 사회사업학과, 1958년 서울대학교 대학원의 사회사업학과 설치 및 1959년 학부과정 설치에 따라 전문교육을 받은 사회복지 인력이 배출되기 시작하였다. 1971년까지 전국 대학 가운데 9개 대학에 불과했던 사회복지 교육과정은 1981년 18개 대학, 1991년 32개 대학으로 늘어났고 2002년에는 158개 대학으로 급증하였다(한국사회복지학회 50년사 편찬위원회, 2007). 여기에다 1981년 1개 대학, 1991년 3개 대학에 불과했던 2년제 대학의 교육과정이 2002년도 기준 111개 대학으로 급증한 것(한국사회복지학회 50년사 편찬위원회, 2007)과 그 수가 파악조차 안 될 정도로 개설되어 있는 사이버대학 교육과정과 학점은행제로 운영되는 과정까지 포함한다면 사회복지 인력의 공급이 엄청난 실정이다.

자격과 관련해서는 1970년 제정된 「사회복지사업법」에 사회복지사업종사자 자격제도가 생겼고 이는 1983년 사회복지사 자격제도로 변경되었다. 1996년부터 사회복지사의 전문성을 제고하고자 한국사회복지사협회 주관으로 임상사회복지사 자격제도가 실시되기 시작해 1998년부터 그 명칭이 전문사회복지사로 바뀌어 6개의 전문 분야로 구분해 시행되었으나 2000년을 마지막으로 중단되었다. 사회복지사 자격제도와 별도로 1995년 「정신보건법」 제정으로 1996년부터 정신보건사회복지사 자격제도가 생겼다. 1997년 「사회복지사업법」이 개정되면서 4년제 대학 및 대학원 사회복지학과 졸업자에게 자동으로 발급되던 1급 자격증을 국가시험에 의해 관리하는 변화가 일어났다. 이에 따라 1998년 사회복지사 1급 국가시험제도가 도입되었고 1999년 신입생부터 국가시험을 통해 1급 자격을 획득하도록 되어 2003년에 최초로 사회복지사 1급 국가자격시험이 실시되었다. 국가시험을 통해 배출되는 1급 외에 2급은 법정 교과목 이수를 통해, 3급은 사회복지기관에서의 종사 경험 등의 과정을 통해 배출되고 있다. 2005년에는 학교사회복지사 자격시험이 만들어졌고 시험 합격 후 자격 연수를 이수하면 자격증이 발급되고 있다. 의료사회복지사는 2008년부터 대한의료사회복지사협회가 자격관리를 맡아 운영하고 있다. 한편, 2008년부터 사회복지사 의무보수교육이 법제화되어 사회복지사의 전문성 향상과 역량강화를 위한 지속적인 교육의 필요성이 공인되었다.

그동안 지속적으로 논의된 바 있는 사회복지 교육과정의 과도한 양적 팽창 문제와 자격제도 관련 일부 현안들은 교육기관 및 실천현장, 전문가 단체 등이 문제해결을 위해 공동으로 심도 있는 노력을 기울여야 하는 난제들이라 할 수 있다.

제3장

사회복지실천 현장

1. 사회복지실천 현장의 개념과 분류

사회복지실천 현장은 사회복지전문직의 다양한 실천의 장과 그 실천의 장에서 일하는 데 필요한 전문적 능력을 구분할 때 쓰는 용어다(Barker, 2014). 마타이니, 로워리, 그리고 메이어(Mattaini, Lowery, & Meyer, 1998)에 따르면 사회복지실천 현장은 사회복지실천이 실행되는 '장(setting)' '문제(problem)' '대상(client)'을 모두 포괄하는 개념이다. 즉, 장소, 도움이 필요한 문제나 사람이 사회복지실천의 현장이 된다. 사회복지실천 현장을 구분할 때 장, 문제, 대상은 중복적으로 적용될 수 있는 기준이다. 아동복지실천 현장에는 학교, 지역아동센터 등의 장소가 포함되고, 학교폭력, 부모의 학대, 빈곤 등과 같은 다양한 문제로 어려움을 겪고 있는 아동들이 포함된다. 고수현(2013)에 따르면 사회복지실천 현장은 광의로는 사회복지사업별 분야 또는 영역을 일컫지만 협의로는 사회복지전문직과 자원봉사자들이 활동하는 장소인 기관이나 시설을 뜻한다. 우리나라는 사회복지서비스의 초점이 사회복지대상자에 대한 수용과 보호 위주였던 시절에는 생활시설이 주요 실천현장이었지만 지역사회 중심의 사회복지서비스가 확대되면서 종합사회복지관, 노인복지관, 장애인복지관, 아동 및 청소년복지 관련 기관, 정신건강복지센터, 정신장애인 사회복귀시설, 학교, 병원 등 지역사회를 기반으로 한 현장이 사회복지사의 주된 실천현장이다.

대부분의 사회복지사는 특정한 실천현장에서 일한다. 예를 들어, 아동복지실천 현장에서 일하는 사회복지사는 아동의 심리사회적 기능을 증진시키고 아동의 복지를 극대화하기 위한 사회복지서비스와 원조를 제공한다. 아동복지실천 현장의 사회복지사들은 다양한 이유로 친부모와 살 수 없게 된 아동들이 위탁가정에서 양육되도록 지원하는 서비스를 제공하기도 하며, 아동학대 혹은 방임을 예방하고 치료하는 활동을 전개하기도 한다. 정신보건사회복지실천 현장에서 일하는 사회복지사는 정신질환과 알코올 등 약물 남용 문제를 가진 클라이언트들을 대상으로 정신병원, 정신건강복지센터, 사회복귀시설, 중독관리통합지원센터 등에서 상담, 위기 개입, 사회적 재활, 일상생활 기술 훈련 등의 서비스를 제공한다.

사회복지실천 현장의 분류와 관련해 미국의 경우를 살펴보면, 초기의 사회복지실천 현장은 가족복지, 아동복지, 정신의료사업, 의료사회사업, 학교사회사업으로 구분되었다. 1959년에 사회복지교육위원회(CSWE)는 공공부조, 가족복지, 아동복지, 교정복지, 정신의료사회사업, 의료사회사업과 공중보건, 학교사회사업, 집단서비스, 지역사회계획의 9개로 사회복지실천 현장을 분류하였다(Bartlett, 1961). 이후 실천현장 구분은 가족과 아동, 건강보호, 노화, 정신보건, 학교기반서비스, 산업사회사업 등으로 나뉘었다(Kamerman, 1995). 일부 실천현장의 명칭은 시간이 지나면서 변경되기도 하는데, 정신의료사회사업은 정신보건사회복지실천으로, 의료사회사업은 건강보호사회복지실천으로 바뀌게 되었다(Barker, 2014). 사회복지실천 현장은 산업사회복지실천, 노인복지실천, 농촌사회복지실천, 경찰사회복지실천, 법정사회복지실천 등 새로운 현장이 계속 추가되고 있다(Barker, 2014).

사회복지 현장은 고정되어 있는 것이 아니라 새로운 사회문제의 발생이나 변형으로 새롭게 등장하고 발달하게 된다. 사회복지 영역의 확대와 사회복지서비스 기관 기능의 다양화 등으로 인해 우리나라에서도 사회복지실천 현장은 점점 늘어나는 추세다. 우리나라에서 사회복지실천 현장은 우선「사회복지사업법」에서 규정하고 있는 서비스 대상별 사회복지시설에 의해서 분류될 수 있다. 서비스 대상인 클라이언트 집단에 의한 실천현장으로는 아동복지, 청소년복지, 노인복지, 장애인복지, 여성복지, 가족복지 등이 있다. 또한 학교나 병원, 정신병원, 사회복귀시설과 같이 물리적 경계나 특성이 뚜렷한 장소에서 사회복지실천 활동이 전개되는 경우는 장소에 따라 실천현장이 분류된다. 학교사회복지, 의료사회복지, 정신보건사회복지 등이 이에 해당된다. 또한 물질 남용, 노숙, 가정폭력 등 문제 유형에 따라서도 구분된다. 특정 대상이나 문제 영역에 국한되지 않은 종합적인 복지서비스를 제공하는 사회복지기관은 지역사회복지로 분류될 수 있다.

2. 다양한 사회복지실천 현장

1) 아동 · 청소년복지[1)]

「아동복지법」 제3조 제2호에 따르면 아동복지는 "아동이 행복한 삶을 누

1)「아동복지법」에서 아동의 연령을 만 18세 미만으로 규정하고 있고,「청소년기본법」에서는 청소년을 만 9세 이상 만 24세 이하로 규정하고 있어 아동복지와 청소년복지는 대상 연령에서 중복되고 아동과 청소년의 욕구와 문제점이 공통점이 많다는 것을 고려해 통합적으로 논의하고자 한다.

릴 수 있는 기본적인 여건을 조성하고 조화롭게 성장·발달할 수 있도록 하기 위한 경제적·사회적·정서적 지원을 말한다."고 정의된다. 「청소년기본법」 제3조 제4호에서는 청소년복지를 "청소년이 정상적인 삶을 누릴 수 있는 기본적인 여건을 조성하고 조화롭게 성장·발달할 수 있도록 제공되는 사회적·경제적 지원을 말한다."고 아동복지의 정의와 유사하게 정의하고 있다.

쿠퍼(Cooper, 1985)는 아동기에 충족되어야 하는 욕구를 기본적 신체보호, 애정, 안전, 타고난 잠재력에 대한 자극, 지도와 통제, 책임감, 독립심의 욕구로 제시하였다. 이는 성년이 되기 전인 청소년기까지도 해당되는 기본욕구라 할 수 있다. 가정에서 이러한 기본욕구가 충족되지 못하는 아동과 청소년들은 복지서비스를 통해 그 욕구 충족이 이루어지고 있다. 법적 정의로는 아동·청소년복지의 대상이 일반 아동과 청소년까지 포함하도록 광범위해졌지만 우선적인 관심 대상은 최적의 발달에 곤란을 겪는 아동과 청소년이다.

카두신(Kadushin, 1981)은 "아동복지는 부모가 아동 양육의 책임을 충족시킬 수 없거나 또는 그 지역사회가 아동과 가족이 요구하는 보호와 자원을 제공할 수 없을 때 아동에 대하여 제공되는 사회적 서비스와 관련되어 있다. 따라서 아동복지서비스는 부모들이 그 역할 수행에 어려움을 겪고 있는 기능들을 지지, 보조 혹은 대리하거나 현존의 사회제도를 수정하거나 새로운 제도를 조직함으로써 아동과 그 가족의 여건을 향상시키는 것을 목표로 한다."라고 하였다. 카두신의 정의와 같은 협의의 개념을 따르면 아동·청소년복지는 빈곤, 신체 및 정신장애, 학대 등의 문제나 장애를 가진 아동·청소년을 대상으로 하는 전문가의 조직적 활동을 의미한다.

「아동복지법」 제52조에 따르면 아동복지시설의 종류는 생활시설로는 아동양육시설, 아동일시보호시설, 아동보호치료시설, 공동생활가정, 자립지원시설이 있고 이용시설로는 아동상담소, 아동전용시설, 지역아동센터, 아동보호전문기관, 가정위탁지원센터가 있다. 「청소년복지지원법」 제31조에 따르면 청소년복지시설로는 청소년쉼터, 청소년자립지원관, 청소년치료재활센터가 있고 제29조에 별도로 규정된 청소년상담복지센터가 있다.

우리나라의 아동·청소년복지 분야 현황은 양적으로는 여전히 전통적인 생활시설이 큰 비중을 차지하고 있다. 아동양육시설은 보호대상아동을 입소시켜 보호, 양육 및 취업훈련, 자립지원 서비스 등을 제공하는 것을 목적으로 하고, 아동일시보호시설은 보호대상아동을 일시보호하고 아동에 대한 향후의 양육대책수립 및 보호조치를 행하는 것을 목적으로 한다. 아동보호치료시설은 아동에게 보호 및 치료 서비스를 제공하는 시설로 불량행위를 하거나 불량행위를 할 우려가 있는 아동으로서 보호자가 없거나 친권자나 후견인이 입소를 신청한 아동 또는 가정법원, 지방법원소년부에서 보호위탁된 19세 미만의 아동을 입소시켜 치료와 선도를 통하여 건전한 사회인으로 육성하는 것을 목적으로 하는 시설과 정서적·행동적 장애로 인하여 어려움을 겪고 있는 아동 또는 학대로 인하여 부모로부터 일시 격리되어 치료받을 필요가 있는 아동을 보호·치료하는 시설로 구분된다. 공동생활가정은 보호대상아동에게 가정과 같은 주거여건과 보호, 양육, 자립지원 서비스를 제공하는 것을 목적으로 하고, 자립지원시설은 아동복지시설 퇴소자에게 취업준비기간 또는 취업 후 일정 기간 동안 보호함으로써 자립을 지원하는 것을 목적으로 한다.

이용시설을 살펴보면 아동상담소는 아동과 그 가족의 문제에 관한 상담, 치료, 예방 등을 목적으로 하고, 아동전용시설은 어린이공원, 어린이놀이터, 아동회관 등 아동에게 건전한 놀이·오락, 기타 각종 편의를 제공하여 심신의 건강유지와 복지증진에 필요한 서비스를 제공하는 것을 목적으로 한다. 빈곤 지역에는 다수의 아동들이 방과 후 보호가 필요해 지역아동센터를 비롯한 많은 지역사회 기관들이 서비스를 제공하고 있다. 방과 후 보호서비스는 야간보호, 주말보호로까지 확대되었다. 지역아동센터는 보호·교육, 놀이와 오락의 제공, 보호자와 지역사회의 연계 등 아동의 건전육성을 위하여 종합적인 아동복지서비스를 제공하는 역할을 하고 있다.

아동보호전문기관에서는 아동학대 신고접수, 현장조사 및 응급보호, 피해

아동과 피해아동의 가족 및 아동학대행위자를 위한 상담 · 치료 및 교육, 아동학대예방 교육 및 홍보, 피해아동 가정의 사후관리 등이 이루어지고 있다.

가정위탁보호는 부모의 별거, 이혼, 실직, 질병, 복역, 학대 등 심각한 문제로 친부모의 양육을 받을 수 없는 아동을 일시적으로 친부모 역할을 대리해 줄 수 있는 가정에 위탁하여 양육하는 아동복지서비스다. 이 서비스를 제공하는 가정위탁지원센터는 가정위탁을 하고자 하는 가정의 발굴, 가정위탁을 하고자 하는 가정에 대한 조사 및 가정위탁 대상 아동에 대한 상담, 가정위탁을 하고자 하는 사람과 위탁가정 부모에 대한 교육, 위탁가정의 사례관리, 친부모 가정으로의 복귀 지원, 가정위탁 아동의 자립계획 및 사례관리 등이 주 업무인 기관이다.

청소년쉼터는 가출청소년이 가정 · 학교 · 사회로 복귀하여 생활할 수 있도록 일정 기간 보호하면서 상담 · 주거 · 학업 · 자립 등을 지원하는 시설이다. 청소년쉼터는 일시쉼터인 드롭인센터(drop-in center), 단기쉼터, 중장기쉼터 등 다양한 유형으로 운영된다.

청소년자립지원관은 일정 기간 청소년쉼터 또는 청소년회복지원시설의 지원을 받았는데도 가정 · 학교 · 사회로 복귀하여 생활할 수 없는 청소년들이 자립하여 생활할 수 있는 능력과 여건을 갖추도록 지원하고 있다.

청소년치료재활센터는 학습 · 정서 · 행동상의 장애를 가진 청소년을 대상으로 정상적인 성장과 생활을 할 수 있도록 적합한 치료 · 교육 및 재활을 종합적으로 지원하는 거주형 시설이다.

청소년상담복지센터는 청소년에 대한 상담, 긴급구조, 자활, 의료지원 등의 업무를 수행한다.

우리나라의 아동 및 청소년 복지 현장은 초기의 요보호 아동 및 청소년 중심의 시설보호에서 아동상담, 청소년상담과 보호서비스, 학대아동보호, 가정위탁보호, 방과 후 보호 등을 위한 다양한 전달체계가 수립되었으나 아동 · 청소년 문제와 욕구의 변화에 따른 보다 다양하고 질 높은 서비스에 대한 욕구가 커지고 있다.

아동 및 청소년복지 분야에서 새로 주목해야 하는 대상은 결혼이주여성의 자녀들이다. 출산율을 감안할 때 앞으로 결혼이민자가정 아동과 청소년은 우리 사회에 변화를 가져오는 주요 요인이 될 것으로 추정된다. 특히 결혼이민자가정의 학령기 아동 및 청소년들이 학습과정에서 어려움과 차별을 겪고 있고 자아정체성의 혼란 등으로 학교에서의 적응이 쉽지 않은 실정이어서 이들의 욕구에 관심을 갖는 프로그램 및 서비스 개발과 확대가 필요하다.

그리고 최근에 사회적 관심이 아주 높은 아동 관련 쟁점은 학대 문제다. 아동학대는 가족의 문제를 대변하며 가족 전체에 대한 자원의 제공이나 서비스를 필요로 하는 경우가 많다. 학대로 인한 폐해로부터 아동을 보호할 뿐 아니라 가능한 한 아동의 가족이 해체되지 않고 유지될 수 있도록 서비스를 제공해야 하는데 가족보존 모델을 둘러싼 오랜 논의들이 그 필요성을 잘 말해 주고 있다.

2) 가족 · 여성복지

가족에 대한 사회복지는 가족생활을 보호, 보장, 강화하고 가족 구성원 개개인의 사회적 기능 수행을 높이기 위하여 시행되는 제반 서비스 활동을 의미한다(조홍식, 김인숙, 김혜란, 김혜련, 신은주, 2017). 이와 같이 가족복지를 광의의 개념으로 정의 내리고 있지만 현실적으로 가족복지실천 현장의 우선적 관심 대상은 한부모가족, 조손가족, 다문화가족 등 구조적으로 어려움을 겪을 가능성이 높은 가족 형태와 가정폭력, 가족갈등 등 기능적 차원에서 문제가 있는 가족들이다. 한편, 여성복지 실천현장의 주요 대상이 미성년 자녀를 양육하는 여성 한부모, 미혼모, 가정폭력 피해 여성, 결혼이주여성 등을 포함하고 있기 때문에 가족복지와 여성복지를 함께 논의하고자 한다.

가족복지시설로는 「한부모가족지원법」에 근거한 모자가족복지시설, 부자가족복지시설, 미혼모자가족복지시설, 일시지원복지시설, 한부모가족복지

상담소와 「건강가정기본법」에 근거한 건강가정지원센터, 「다문화가족지원법」에 근거한 다문화가족지원센터 등이 있다.

여성복지시설에는 「성매매 방지 및 피해자 보호 등에 관한 법률」에 근거한 성매매 피해자를 위한 시설, 「성폭력 방지 및 피해자 보호 등에 관한 법률」에 근거한 성폭력 피해자를 위한 시설과 「가족폭력 방지 및 피해자 보호 등에 관한 법률」에 근거한 가정폭력 피해자를 위한 시설이 포함된다. 성매매 피해자를 위한 시설은 일반지원시설, 청소년지원시설, 외국인지원시설, 자립지원 공동생활시설, 성매매피해상담소를 포함한다. 성폭력 피해자를 위한 시설로는 일반보호시설, 장애인보호시설, 특별지원보호시설, 외국인보호시설, 자립지원 공동생활시설, 장애인 자립지원 공동생활시설, 성폭력피해상담소가 있다. 가정폭력 피해자를 위한 시설은 단기보호시설, 장기보호시설, 외국인보호시설, 장애인보호시설, 가정폭력상담소가 있다.

최근 우리나라의 가족 현실은 인구 구조에 있어 저출산과 고령화 문제 심화, 만혼 및 비혼의 급증, 결혼이주여성으로 인한 다문화가족의 증가 등 빠르게 변화하고 있다. 특히 언어와 문화의 차이로 인한 결혼이주자가정의 갈등 증가, 자녀 양육의 어려움 등에 대한 지원에서 보다 수요자 중심의 가족복지 서비스가 제공되어야 할 것이다. 또한 이혼, 재혼을 비롯한 다양한 요인들이 작용한 결과, 한부모가족, 혼합가족, 조손가족, 무자녀가족, 위탁가족, 공동체가족 등 가족 형태가 다양해지고 있다. 그러나 전통적 가족 규범은 아직도 강하게 남아 있으며 이러한 규범과 현실의 격차는 가족 관련 상담 및 원조에 대한 다양한 욕구를 발생시킨다.

가정폭력과 성폭력 피해 클라이언트는 가해자로부터 벗어나는 안전에 대한 욕구, 법적 원조 욕구를 비롯한 다양한 욕구들이 있다. 가정폭력 및 성폭력 문제는 위험 수위가 매우 높은 편으로 다양한 서비스 개발과 확대가 절실하다. 자녀 동반 가정폭력 피해자인 경우 자녀 동반 보호가 가능한 시설이 부족한 실정이어서 자녀와 떨어져 각기 다른 보호시설에서 생활해야 하는 문제점으로 어려움을 겪기도 한다. 결혼이주여성들의 가정폭력 피해도 위험 수위에 도달한 것으로 나타나고 있다. 많은 결혼이주여성들이 겪는 가정폭력, 가족갈등 문제는 심각한 수준이며 의사소통이나 가치관의 차이에서 피해를 보는 쪽도 주로 이주여성인 것으로 알려져 있다. 또한 여성 장애인의 가정폭력 및 성폭력 피해 등 취약계층 피해자를 위한 다양한 지원서비스의 확대가 요구된다. 한편, 가정폭력 혹은 성폭력 가해자들도 폭력적 행동 패턴에서 벗어나도록 원조를 받아야 하는 대상이다. 이들은 대부분 비자발적인 클라이언트지만 이들의 치료와 재활 또한 중요하게 고려되어야 하며 가해자 교정·치료 프로그램의 확대가 필요하다.

전반적으로는 여성의 지위가 크게 신장되었지만 성폭력과 성매매에 대한 우리 사회의 가부장적인 이중 기준은 성폭력 피해 여성과 성매매 여성의 치료와 회복에 주요 장애 요소가 되고 있다. 최근에 많이 활용되는 역량강화 접근은 여성복지 실천현장의 클라이언트들에게 서비스를 제공할 때 효과가 큰 것으로 평가된다. 이 클라이언트들은 타인이 자신의 신체를 지배하고 통제하는 피해과정에서 상실한 개인적 힘을 회복해야 할 뿐 아니라 남성 중심의 성문화 기준이라는 사회규범에 직면해야 하기 때문에 역량강화가 무엇보다도 중요하다.

3) 노인복지

노인복지는 모든 노인이 최저 수준 이상의 생활을 유지하고, 사회적 욕구 충족과 생활상의 문제를 예방·해결하며, 노후생활에 대한 적응과 사회통합을 이루는 데 필요한 급여와 서비스를 제공하는 공공·민간 부문의 조직적이고 전문적인 제반활동으로 정의된다(권중돈, 2016).

「노인복지법」 제4장 제31조에 따르면 노인복지시설은 노인주거복지시설, 노인의료복지시설, 노인여가복지시설, 재가노인복지시설, 노인보호전문기관, 노인일자리지원기관을 포함한다.

노인주거복지시설에는 양로시설, 노인공동생활가정, 노인복지주택이 해당된다. 노인의료복지시설은 노인요양시설과 노인요양공동생활가정을 말한다. 노인여가복지시설은 노인복지관, 경로당, 노인교실로 구성된다. 재가노인복지시설은 방문요양서비스, 주·야간보호서비스, 단기보호서비스, 방문목욕서비스, 방문간호서비스 등에서 하나 이상의 서비스를 제공하는 시설을 일컫는다. 노인학대 예방과 노인인권 보호 관련 서비스 제공 기관인 노인보호전문기관은 중앙노인보호전문기관과 지역노인보호전문기관으로 이루어진다. 노인일자리지원기관은 노인의 능력과 적성에 맞는 일자리지원사업을 전문적·체계적으로 수행하기 위한 노인일자리전담기관이 해당된다.

평균수명의 급격한 연장에 따라 건강 평균수명과 의존 평균수명이 모두 연장되고 있어 건강한 노인들의 여가 욕구와 의존적인 노인들의 돌봄 욕구가 동반 상승하고 있다. 특히 일상생활기능이 제한된 노인이나 치매노인 돌봄은 당사자인 노인뿐 아니라 노인을 돌보는 가족의 문제가 되고 있다. 자녀와 별거하는 노인인구의 급증, 여성의 사회진출 증가, 소가족화 등의 사회변동은 가족의 구조와 기능을 변화시켜 가족 돌봄은 점점 더 어려워지고 있는 실정이다. 건강한 노인들의 사회적 욕구, 자존의 욕구, 자아실현의 욕구를 충족시키는 다양한 여가서비스의 개발과 확대, 기능손상 노인의 장기요양 관련 욕구에 부합될 수 있는 재가서비스의 다양화와 전문성 증진, 시설보호서비스의 질적 향상 등이 전례 없이 긴 노년기를 보내야 하는 현세대와 차세대 노인인구를 위해서 무엇보다 시급하고 중요하다.

4) 장애인복지

장애인복지는 장애 발생의 예방, 장애인에 대한 의료, 보호, 교육, 훈련, 고용 증진을 통해 장애인이 자신의 능력을 최대한 개발하고 재활, 자립하도록 지원하는 공적 · 사적 차원의 조직적 활동이다(조홍식, 김상균, 최일섭, 최성재, 김혜란, 이봉주, 구인회, 홍백의, 강상경, 안상훈, 2015). 우리나라는 장애인복지와 관련해 「장애인복지법」 외에 「장애인고용촉진 및 직업재활법」 「장애인차별금지 및 권리구제에 관한 법률」 「장애인 등에 대한 특수교육법」 「장애인기업활동촉진법」 「중증장애인 생산품 우선구매 특별법」 등이 있어 기본적 토대로서 법적 장치가 마련되어 있다.

우리나라의 장애 인구는 장애 범주의 확대, 인구 구조의 고령화, 산업재해, 교통사고 등 다양한 장애 원인 증가에 따라 지속적인 증가 추세를 보이고 있다. 현재 장애 범주는 15개 범주로 되어 있는데 지체장애인, 뇌병변장애인, 시각장애인, 청각장애인, 언어장애인, 지적장애인, 자폐성장애인, 정신장애인, 신장장애인, 심장장애인, 호흡기장애인, 간장애인, 안면장애인, 장루 · 요루장애인, 뇌전증장애인으로 범주화되어 있다. 그동안 두 차례에 걸친 장애 범주의 확대로 대상층이 넓어졌지만 장애인복지 선진국들에 비교하면 우리나라의 장애 범주는 상대적으로 좁은 편이다. 장애인복지에 앞서 있는 나라들은 노동 능력 차원의 장애나 난치병질환, 심지어 의사소통이 어려운 이민자를 장애인으로 인정하는 등 사회적 장애까지도 장애 범주에 포함하고 있다.

「장애인복지법」 제58조에 규정된 장애인복지시설의 유형은 장애인거주시설, 장애인 지역사회재활시설, 장애인 직업재활시설, 장애인 의료재활시설로 범주화된다. 장애인거주시설은 일반가정에서 생활하기 어려운 장애인에게 일정 기간 동안 거주 · 요양 · 지원 등의 서비스를 제공하는 동시에 지역사회 생활을 지원하는 시설로 장애 유형별 거주시설, 중증장애인거주시설, 장애영유아 거주시설, 장애인 단기거주시설, 장애인 공동생활가정이 해당된다. 장애인 지역사회재활시설은 장애인을 전문적으로 상담 · 치료 · 훈련하거나 장애인의 일상생활, 여가활동 및 사회참여활동 등을 지원하는 시설로, 장애인복지관, 장애인 주간보호시설, 장애인 체육시설, 장애인 수련시설, 장애인 심부름센터, 수화통역센터, 점자도서관, 점자도서 및 녹음서 출판시설,

장애인 치료재활시설 등이 있다. 장애인 직업재활시설은 일반 작업환경에서 일하기 어려운 장애인이 특별히 준비된 작업환경에서 직업훈련을 받거나 직업생활을 할 수 있도록 하는 시설로, 장애인 보호작업장, 장애인근로사업장이 해당된다. 장애인 의료재활시설은 장애인을 입원 또는 통원하게 하여 상담, 진단 · 판정, 치료 등 의료재활서비스를 제공하는 시설로, 비영리법인 부설로 운영되는 재활병 · 의원을 일컫는다.

장애에 대한 패러다임의 변화와 함께 장애인의 다양한 욕구에 대한 인정과 이를 충족시키기 위한 서비스의 다변화를 실천현장에 요구하는 목소리가 높아지고 있다. 이는 장애인이 의료와 복지 욕구뿐 아니라 교육, 고용, 정보화, 이동 편의, 문화적 욕구 등 모든 측면에서 비장애인과 동등하게 다양한 욕구를 가지는 것을 인정하고 시혜가 아닌 권리로서 서비스를 제공하라는 요구다. 올리버와 반스(Oliver & Barnes, 1998)는 사회가 장애인에 대하여 수동적이며 의존적인 개념으로 사회적 고정관념을 구성함으로써 장애인복지서비스 또한 이러한 고정관념에 기반한 의존성과 수동성의 이데올로기를 재강화하는 모순을 지적하고 있다.

장애인복지 관련 가장 큰 변화는 장애인 활동지원 급여의 제공이다. 장애인의 독립생활과 사회 참여를 실현하도록 장애인의 일상적인 활동을 보조하는 장애인 활동보조서비스는 장애인의 자립생활을 위한 핵심적인 서비스다. 활동보조서비스는 자립생활지원을 위한 서비스의 일종으로 장애인의 일상생활에 대한 선택권과 자기 결정권을 보장함으로써 중증 장애인의 지역사회 내 통합과 사회 참여를 목적으로 한다. 이 서비스는 바우처 형태로 운영되고 있어 수요자 중심 서비스 전달방식으로 제공된다.

이와 같이 우리나라의 장애인복지서비스는 전반적인 틀이 구비되고 외형적으로는 그동안 크게 확대되었으나 아직까지 시혜적, 공급자 중심의 서비스로 수요자 중심 서비스 개발과 효율적 전달체계 구축이 미흡하다고 평가되고 있다.

5) 정신보건사회복지

정신보건사회복지는 정신건강사회복지사가 정신보건 분야에서 건강관리자의 일원으로서 정신장애를 가진 개인과 그 가족은 물론, 정신보건제도 등을 대상으로 다각적인 접근방법을 통해 환자 및 가족의 사회적 기능 향상, 국민의 정신장애 예방과 치료 및 재활 등 다양한 목적을 달성하기 위해 시행되는 전문적인 사회복지실천으로 정의된다(김규수, 2014).

「정신건강증진 및 정신질환자 복지서비스 지원에 관한 법률」 제3조에 따르면 정신건강증진시설은 정신의료기관, 정신요양시설 및 정신재활시설로 구성된다. 정신의료기관은「의료법」에 의한 의료기관 중 주로 정신질환자의 진료를 행할 목적으로 설치된 병원과 의원, 병원급 이상의 의료기관에 설치된 정신건강의학과를 말한다. 정신요양시설은 정신질환자를 입소시켜 요양 서비스를 제공하는 시설을 말한다. 정신재활시설은 정신질환자의 사회적응을 위한 각종 훈련과 생활지도를 하는 시설이다. 정신재활시설의 종류로는 생활시설(정신질환자가 필요한 기간 동안 생활하면서 재활에 필요한 상담 · 훈련 등의 서비스를 받아 사회복귀를 준비하거나 장애로 인하여 장기간 생활하는 시설), 재활훈련시설(정신질환자 등이 지역사회에서 직업활동과 사회생활을 할 수 있도록 주로 상담 · 교육 · 취업 · 여가 · 문화 · 사회참여 등 각종 재활활동을 지원하는 시설), 정신질환자지역사회재활시설(정신질환자복지관, 의료재활시설, 체육시설, 수련시설, 공동생활가정 등 정신질환자에게 전문적인 상담 · 훈련 등을 제공하거나 여가활동 및 사회참여활동 등에 필요한 편의를 제공하는 시설), 정신질환자직업재활시설(일반고용이 어려운 정신질환자가 특별히 준비된 작업환경에서 직업훈련을 받거나 직업생활을 영위할 수 있도록 하는 시설)이 있다.

그 밖에 정신보건사회복지실천 현장에는 정신건강복지센터, 중독관리통합지원센터 등이 포함될 수 있다.

우리나라의 정신보건사회복지 현장의 정신건강사회복지사의 역할과 기능은 「정신건강증진 및 정신질환자 복지서비스 지원에 관한 법률」에 근거해 규정되어 있다. 정신건강전문요원(정신건강사회복지사, 정신건강간호사, 정신건강임상심리사)의 업무를 살펴보면, 공통 업무로는 ① 시설 운영, ② 정신질환자의 사회복귀 촉진을 위한 생활 훈련 및 작업 훈련, ③ 정신질환자와 그 가족에 대한 교육 · 지도 및 상담, ④ 진단 및 보호의 신청, ⑤ 정신질환 예방활동 및 정신보건에 관한 조사 · 연구, ⑥ 정신질환자의 사회 적응 및 직업재활을 위해 보건복지부 장관이 정하는 활동의 수행으로 되어 있다. 정신건강사회복지사의 고유 업무는 정신질환자에 대한 개인력 및 사회력 조사, 정신질환자와 그 가족에 대한 사회사업지도 및 방문지도 등이다.

「정신건강증진 및 정신질환자 복지서비스 지원에 관한 법률」의 구법인 1995년 「정신보건법」의 제정 이후 우리나라의 정신질환자 치료 형태는 입원치료 중심에서 지역사회정신보건으로 전환을 시도하고 있어 정신장애인들이 지역사회에서 서비스를 제공받을 수 있는 기반이 마련되었다. 그리고 1999년 「장애인복지법」의 개정으로 정신장애인은 재활을 통한 사회통합이 가능한 장애인에 포함되었다. 이와 같이 입원치료나 시설보호 중심에서 지역사회 재활로의 전환 추세를 강조하지만 의료기관 수에 비해 정신건강복지센터와 정신재활시설은 많이 부족한 실정이다.

조현병을 비롯한 주요 정신질환을 앓고 있는 많은 환자들은 일상생활 기능 혹은 능력 측면에서 심한 기복을 보이기 때문에 기능이 저하된 시기에는 이에 대한 원조를 필요로 하게 된다. 일부 중증 환자들은 생활하는 데 있어서 전면적인 지원이 지속적으로 요구된다. 만성 정신질환자 가족들이 장기적인 측면에서 절실하게 표현하는 욕구는 평생계획에 관한 것이다. 부모들은 자신들이 병들거나 죽거나, 혹은 다른 이유로 더 이상 정신질환 자녀를 보호할 수 없을 때 그 자녀가 어디서 살 것인지, 어떻게 재산을 관리할 것인지에 대한 평생계획을 절실히 필요로 한다(서미경, 2000). 급속도로 변화하는 우리나라 가족구조와 기능을 감안할 때 부모 사후에 형제나 친척이 이들에 대한 보호를 감당하기 어려운 실정이므로 연로해 가는 부모들의 가장 큰 고민과 걱정은 부모 사후에 누가 정신질환 자녀를 보살펴 줄 것인가에 대한 것이다.

정신보건사회복지 분야는 외형상으로 그동안 많은 변화가 있었다. 지역사회정신보건사업이 전보다 활성화되고 있고 정신질환자를 위한 관련 시설도 증가하고 있다. 국가인권위원회에서도 정신질환자의 인권 문제를 핵심 과제 중 하나로 인식하고 있다. 그러나 환자와 가족들이 체감할 수 있는 변화는 외형적 수준에 그치고 있어서 크게 만족하지 못하고 있다. 정신건강복지센터와 정신재활시설에서 제공하는 프로그램과 서비스가 전보다 다양해졌음에도 불구하고 클라이언트들과 가족들이 원하는 서비스의 범위는 주거서비스, 직업재활서비스, 사례관리를 포함한 포괄적인 서비스 욕구로 광범위한 실정이다.

6) 의료사회복지

의료사회복지는 질병에 대한 다각적인 접근을 바탕으로 질병을 가진 개인과 환경의 상호관계에 초점을 두고 의료사회복지사는 의료팀의 일원으로 환자 및 가족의 사회 기능 향상을 위해 전문적 실천방법을 활용하여 질병의 예방, 치료 및 재활에 이르기까지 다양한 활동을 수행하는 실천현장이다(한인영, 최현미, 장수미, 2006).

우리나라에서 의료사회복지 실천현장은 아직까지 병원 위주이며 특히 대학병원을 중심으로 의료사회복지 활동이 활발한 편이다. 「의료법 시행령」 제24조에 "종합병원에는 「사회복지사업법」의 규정에 의한 사회복지 종사자 자격을 가진 자 중에서 환자의 갱생, 재활과 사회복귀를 위한 상담 및 지도 업무를 담당하는 요원을 1인 이상 둔다."고 규정하고 있고, 건강보험 요양급여 기준 및 진료 수가 기준에 의해 정신의학적 사회사업료와 재활의학적 사회사업료가 지급되고 있어 규모가 큰 병원에서 주로 의료사회복지 활동이 이루어지고 있다.

의료사회복지사는 개인치료의 실천, 의료제도 내에서 프로그램 계획과 정책 형성과정 참여, 지역사회 내에서 사회 및 보건 프로그램 개발 참여, 전문 인력에 대한 교육 프로그램 참여, 사회조사를 실시하며 질병, 신체적 장애와 관련된 사회적 욕구와 문제를 다루고, 다양한 전문 분야 서비스의 통합을 위해 다른 전문 인력들과 협력하고, 지역사회의 의료와 사회서비스를 조정하는 데 연결 기능을 담당한다(한인영 외, 2006).

의료사회복지 실천현장은 사회복지사 자격증 외에 별도의 자격증을 교부하여 자격을 관리한다. 의료사회복지사 자격을 갖기 위해서는 일정한 수련 기간을 거쳐야 하고 교육이수와 시험을 통과하여야 한다. 의료사회복지사는 질병을 가진 환자와 그 가족, 지역사회를 대상으로 의료진과 함께 협의하여 클라이언트의 심리적 · 사회적 · 정서적 · 환경적 문제를 해결하도록 돕고, 입원 시뿐만 아니라 입원 전과 퇴원 후에도 사회적 기능을 원활히 수행할 수 있도록 질병의 예방과 회복, 사후관리에 이르는 연속적 과정에서 개인에 대한 접근뿐 아니라 의료제도와 정책 차원의 접근을 통하여 의료사회복지 실천의 목적을 달성하도록 돕는 보건의료 영역의 전문사회복지사다(http://www.kamsw.or.kr).

의료사회복지 실천현장의 클라이언트와 가족들은 질병 치료과정에서 발생하는 정서적 · 심리적 문제에 관한 원조뿐만 아니라 종종 자원 연계와 서비스 제공을 필요로 한다. 예를 들어, 보험비급여 항목들로 인해 의료비 부담이 큰 환자와 가족은 경제적 곤란에 대한 원조를 바라고, 말기 환자인 클라이언트는 자신을 편안하게 해 주고 임종 시 가족을 돕는 호스피스 서비스를 원할 수 있으며, 질병으로 인해 독립적으로 생활할 수 있는 기능에 제약이 있는 클라이언트는 퇴원 후 가정과 지역사회에서 일상생활을 지원해 줄 수 있는 서비스 연계를 필요로 한다.

코울스(Cowles, 2003)는 의료사회복지 실천현장의 경향이 다음과 같이 변화 추세를 보인다고 제시하였다.

- 급성질환에서 만성질환으로의 변화에 따른 관리의료 중심의 실천
- 팀 접근 강조
- 사례관리 중심의 실천
- 특정 인구 집단 및 건강 관련 문제집단 중심의 실천
- 의료보장 체계와 재정적 혜택에 관한 정보 제공의 필요성 증가
- 신체건강의 손상을 가져오는 심리적 문제의 증가
- 질병치료와 관리에서 대체요법 선택과 같은 건강관리 결정의 대중 참여 증가
- 외래와 지역사회 중심의 서비스 증대
- 질병 예방과 지역사회 건강 증진의 중요성 증대

이와 같은 변화 추세는 앞으로 의료사회복지서비스가 다양한 지역사회기관으로 확대될 가능성을 보여 준다. 우리나라의 경우에도 요양병원, 장기요양보험제도하의 요양시설과 재가서비스시설, 호스피스시설 등 관련 기관들이 크게 증가하고 있는 상황이라 의료사회복지 현장의 영역 확대가 기대된다.

7) 학교사회복지

윤철수, 진혜경, 안정선(2006)은 학교에서 학생들이 겪고 있는 문제를 학생 개인만의 문제가 아니라 그를 둘러싼 환경과의 상호작용의 문제로 보고, 이러한 심리사회적 문제들을 해결하기 위해 학교사회복지를 학생, 학교, 가정, 지역사회의 연계망을 통해 접근하는 과정으로 정의하였다. 또한 학교사회복지가 모든 학생이 자신이 가진 잠재력과 능력을 최대한 발휘하도록 최상의 교육환경과 평등한 교육 기회를 제공하여 궁극적으로는 자아실현이라는 교

육의 본질적 목적을 달성하고 행복을 추구하고자 하는 학생의 복지를 실현할 수 있도록 도와주는 교육 기능의 한 부분이자 사회복지 전문 분야라고 보았다. 이와 유사하게 한인영, 홍순혜, 김혜란(2004)도 학교사회복지를 가정, 학교, 지역사회의 연계를 통해 학생 개개인이 잠재력과 사회적 기능을 최대한 향상시킬 수 있도록 돕는 동시에, 사회환경이나 교육환경에 개입하여 학교가 주어진 역할과 기능을 극대화할 수 있도록 도와주는 연계활동으로 정의하고 있다.

학교사회복지가 중요한 사회복지실천 현장으로 인정되고 있는 미국의 경우 대부분의 학교사회복지사는 지역 교육청에 채용되어 학교 서비스팀의 일원으로 일하거나 지역 교육청과 계약한 지역사회기관에 채용되어 일한다(Franklin, 2006). 학교사회복지사의 다양한 역할, 복잡한 재원, 다양한 직위 등으로 학교사회복지사의 정확한 인원을 파악하기 어려운데, 미국학교사회복지사협회(The School Social Workers Association of America: SSWAA)는 20,000~22,000명으로 추정하고 있다(Franklin, Gerlach, & Chanmugam, 2008).

우리나라 학교사회복지는 1997년 서울시 교육청의 시범사업으로 시작된 이후 사회복지기관들에서 삼성복지재단 등의 지원을 받아 학교 현장에서 프로그램과 서비스를 실시하기 시작하면서 초기 기반이 만들어졌다. 2003년 교육인적자원부는 저소득 지역 교육환경 개선을 구체화하는 사업으로 교육복지투자우선지역지원사업을 시작했는데, 시범사업으로 실시된 제한적 사업이었지만 학교사회복지가 전국적으로 시행되는 계기가 되었다. 2004년 '학교폭력 예방 및 교육복지 증진을 위한 사회복지사를 활용한 연구학교'가 실시되면서 학교사회복지가 좀 더 확대되었다. 이후 시범학교, 교육복지투자우선지역지원사업 실시학교, 지자체나 민간단체, 사회복지공동모금회, 학교에서 자체적으로 학교사회복지사를 고용해 실시하는 학교 등 학교사회복지사업이 다양하게 확대되었다. 학교사회복지 관련 조례에 근거해 경기도 일부 지역에서는 학교사회복지사가 상주하는 학교들이 있다. 즉, 지방자치단체에서 지역의 아동, 청소년복지를 위하여 학교사회복지사업을 실시하고 있는데 경기도 과천시, 성남시, 용인시, 수원시, 군포시, 의왕시, 안양시 등에서 실시하고 있다.

학교사회복지 현장에서 제공하는 서비스는 사례관리, 개별개입, 집단개입, 가정개입, 지역사회연계 등이다(http://www.kassw.or.kr). 학교사회복지사의 전문적 역할은 임상사회사업가, 교육상담가, 학생 · 학교 · 가정 · 지역사회의 연계자, 지역사회의 자원 동원가, 정책가로 구분된다(한인영 외, 2004). 노혜련과 김상곤(2005)은 우리나라의 상황에 맞는 학교사회복지사의 직무와 역할을 일곱 가지 영역으로 나누었는데, 가정 · 학교 · 지역사회의 연계, 학생에 대한 사회복지서비스, 교사와의 협력적 활동, 사례관리, 가정에 대한 사회복지서비스, 정책 결정 및 행정, 전문적 활동 등이다.

학교는 지역사회를 반영해 주는 현장으로 학생들이 온갖 사회문제와 욕구들을 학교로 가져오므로 사회복지실천을 위해 특별히 적합한 환경으로 간주된다(Franklin, Gerlach, & Chanmugam, 2008). 클라이언트로서 학생들은 심리적 · 정서적 문제의 예방과 해결 외에도 경제적 곤란으로 인한 자원 연계를 필요로 하거나 가출, 임신 등 비행으로 인해 당면하게 된 현실적 문제해결에 대한 도움을 필요로 할 수 있다. 교사와 부모들이 학교사회복지사에게 갖는 기대는 주로 학생들의 문제해결을 도와줄 지역사회 자원의 개발 및 동원과 관련된 것이다. 현재 학교사회복지사가 제공하는 서비스는 주로 학생들의 정신건강, 위기 개입을 포함한 심리사회적 문제, 학교폭력, 학업 중단, 대인관계 문제, 빈곤, 비행 등의 문제들과 관련된 상담과 자원 연결 활동이다.

우리나라의 학교사회복지는 학교사회복지사협회가 결성되고 학교사회복지사자격제도가 만들어지는 등 그동안 많은 발전이 있었다.

8) 지역사회복지

지역사회복지는 지역사회 집단을 대상으로 하는 직접적 실천과 조직들 간의 협력 및 계획 수준에서의 활동을 말한다(Barclay, 1982). 즉, 지역사회복지는 지역사회 내 집단과 조직을 대상으로 직접적 활동을 하거나 또는 집단과 조직을 형성하도록 권장함으로써 사람들이 집합적으로 문제를 극복하고 지역사회 내에 연대감과 역량을 증진시키는 데 관심이 있다. 또한 지역사회복지는 계획 수립에 관련되고 정책에 영향을 미친다. 우리나라에서 지역사회복지는 지역사회의 복지 향상을 위한 포괄적인 제도적 개념으로 전문 또는 비전문 인력이 지역사회 수준에 개입하여 지역사회에 존재하는 각종 제도에 영향을 주고 지역사회의 문제를 예방하고 해결하고자 하는 일체의 사회적 노력으로 정의된다(오정수, 류진석, 2016).

「사회복지사업법」 제2조에서는 지역사회복지를 주민의 복진 증진과 삶의 질 향상을 위해 지역사회 차원에서 전개하는 사회복지로 규정하고 있다. 지역주민을 대상으로 종합적 서비스를 제공하는 기관으로는 사회복지관이 대표적이다. 사회복지관의 사업은 사례관리 기능, 서비스 제공 기능, 지역조직화 기능으로 분류된다. 사례관리 기능은 사례발굴, 사례개입, 서비스 연계로 이루어지고, 서비스 제공 기능은 가족기능강화, 지역사회보호, 교육문화, 자활지원 등으로 이루어지며, 지역조직화 기능은 복지 네트워크 구축, 주민 조직화, 자원 개발 및 관리를 포함한다. 사회복지관 외에 지역자활센터도 지역사회에 기반하는 실천현장이라 할 수 있다. 지역자활센터는 국민기초생활보장제도에 근거한 지역사회 중심의 자활지원사업을 실행하고 있다.

그 밖에 지역사회를 대상으로 하는 사회복지실천은 지역사회보장협의체의 활동을 들 수 있다. 지역사회보장협의체는 「사회보장급여의 이용 · 제공 및 수급권자 발굴에 관한 법률」에 따라 지역사회복지협의체에서 용어가 변경되었고 가장 큰 차이점은 읍면동 단위 지역사회보장협의체를 구성해 운영하는 점이다. 보건복지부(2017)에 따르면 읍면동 단위 지역사회보장협의체를 구성하는 것은 지역사회 공동체 기능 회복과 사회적 자본 증대가 필요하기 때문이다. 읍면동 단위의 지역사회보장협의체 구성이 복지사각지대 또는 자원의 발굴이 읍면동 수준의 지역공동체 회복과 사회적 자본 증대와 밀접한 관련이 있고, 결과적으로 읍면동과 같은 친밀한 생활권역이 복지 관련 민관 협력의 효과적 공간단위가 될 수 있다는 것이다. 복지사각지대 해소와 효과적 복지전달체계 구축을 위해 읍면동 단위의 복지허브화로 읍면동 주민센터에 찾아가는 복지서비스를 시행하고 현장상담을 강화한다는 맞춤형 복지전담팀을 설치하는 것도 맥을 같이한다.

지역사회복지 실천현장의 클라이언트는 사회복지관이나 지역자활센터의 프로그램과 서비스를 이용하는 지역주민들과 지역사회보장협의체의 관할 지역사회 전체를 포함한다. 지역주민들은 직접적 서비스에 대한 욕구 충족뿐 아니라 지역 단위의 관심사와 문제를 다루어 줄 구심점으로서 사회복지관의 역할을 기대한다. 사회복지관은 지역사회 주민의 욕구 파악 및 평가, 주민의 성장과 자립을 위한 종합사회복지서비스 제공, 지역사회 통합의 매개 역할, 지역사회 민간 자원의 발굴 및 활용, 주민을 위한 사회교육을 하도록 되어 있다. 사회복지관이 이와 같은 기능과 역할을 완수하기 위해서는 지역주민의 욕구를 토대로 지역사회 특성을 반영한 다양하고 포괄적인 서비스를 제공하는 것이 필수적이다. 클라이언트로서 지역사회는 공공 부문과 민간 부문 간의 연계체계가 강화되어 통합적 서비스가 제공되면 지역사회 전체의 복지가 증진되는 성과를 누릴 수 있다.

우리나라의 지역사회복지는 최근 지역사회보호 및 재가복지서비스의 확대, 지역사회 중심의 자활사업 도입, 지방자치제 및 지방분권화 실시 등으로 인해 급격하게 저변 확대가 이루어지고 있다. 그러나 지역사회라는 용어를 사용하고 있다고 해서 사회복지실천이 실제 지역사회 중심 기반으로 실행되고 있는 것만은 아니다. 실제 수요자인 지역주민과 지역사회 전체의 욕구와 특성이 충분히 반영될 때 실질적인 지역사회복지가 실현될 수 있을 것이다.

9) 다문화 사회복지

우리나라에서 다문화 사회복지는 소수자들의 사회복지와 관련된 요구가 증가하면서 시민단체 및 종교단체가 주축이 된 서비스 제공 기관에서 활동하는 사회복지사들이 등장하면서 시작되었다. 럼(Lum, 2003)에 따르면 다문화사회복지실천은 사람들 간에 존재하는 다양성과 차이를 존중하고 원조관계에 작용하는 문화적 요소를 민감하게 고려하는 사회복지실천으로 정의된다. 문화적 민감성은 무엇보다도 인종별로 서로 다른 기본적인 가치지향에 대한 지식을 획득함으로써 배양될 수 있다. 예를 들어, 결혼이주여성들을 한 집단으로 간주하는 대신 베트남, 몽골, 필리핀 등 출신 국에 관한 지식 외에 각 나라가 가족 구성원의 역할이나 이성교제방식 등의 관계, 가족 활동 등에 어떤 인식을 하고 어떤 가치를 부여하는지를 어느 정도 알고 대하는 것이 중요하다.

국내 노동인력이 3D 업종을 기피하면서 입국하기 시작한 외국인근로자 규모는 그동안 크게 증가하였는데 주요 송출국은 중국, 필리핀, 방글라데시, 파키스탄, 태국, 베트남, 네팔, 미얀마, 몽골, 스리랑카 등이다. 우리나라에 이주한 많은 외국인근로자들이 적절한 의료와 복지 혜택을 받지 못하는 사각지대에 놓여 있다는 문제 인식과 함께 열악한 근로조건, 인권침해 등으로 인한 다양한 문제들을 다루기 위해 외국인근로자센터 등의 활동 기반이 만들어졌고 이후 이주외국인종합복지관, 외국인노동자복지관 등이 설치되었다.

또한 북한이주민들이 증가하면서 점차 종합사회복지관들에서 정착 지원과 사회 적응 및 통합을 돕는 프로그램을 시행하게 되었으며, 결혼이주여성들이 급증하면서 전국적으로 다문화가정지원센터가 설치되어(최혜지 외, 2013), 다문화 사회복지 실천현장의 확대가 점진적으로 이루어졌다. 「북한이탈주민의 보호 및 정착지원에 관한 법률」에 따라 북한이탈주민을 대상으로 통일부, 고용노동부 등에서 정책적 지원이 제공되고 있으나 문화적 · 정치경제적 차이와 장벽으로 다수가 높은 실직률, 가족 내 갈등 심화, 아동 및 청소년의 학업 및 학교생활 부적응 문제 등을 겪고 있어 북한이주민들에 대한 실천현장의 관심이 지속적으로 필요하다. 결혼이주여성이 경험하는 가장 큰 어려운 점은 문화적 이질감, 언어, 생활습관의 차이로 나타나며 가정폭력, 가족 내 갈등 해결이 주요 문제다(우국희, 성정현, 좌현숙, 장연진, 최승희, 2016).

정부가 표면적으로 내걸고 있는 다문화정책은 차이와 다양성의 존중이라는 다문화주의 이념을 표방하고 있으나 결혼이주여성 중심으로 시행되어 암묵적으로 이주노동자 가족이나 난민가족, 외국인 남성과 한국인 여성이 결혼한 가족은 다문화정책의 시행대상 범주에서 소외되고 있다(김성천, 김은재 외, 2015).

10) 기타 사회복지실천 현장

교정복지는 범죄인 및 비행청소년의 원활한 사회복귀 · 재통합을 위해 사회복지 철학과 가치를 기초로 전문적인 사회복지실천방법론을 활용하여 그들의 사회적 기능 수행을 회복하는 일체의 활동을 일컫는다(조홍식, 이형섭, 2014). 우리나라는 준법지원센터(보호관찰소)의 보호관찰관으로 특별 채용된 사회복지사 수가 늘어나면서 교정복지가 실천현장으로서 구체화되고 있다. 비록 수는 적지만 일부 교도소에서 정신건강사회복지사를 특별채용해 활용하고 있는 것도 교정복지의 일환으로 포함할 수 있다. 한국사회복지사협회의 정의에 따르면 교정사회복지사는 교정시설에서 범죄인의 재활과 범죄 예방에 개입하고 있는 사회복지전문직(http://www.welfare.net/site/ViewActivityField.action)이다.

군사회복지는 군의 구성원인 군인과 그 가족의 복지를 증진시키는 전문적 활동을 의미한다(정무성, 나임순, 유용식, 2013). 군에서 지속적으로 발생하고 있는 인권문제, 성폭력, 자살사건 등은 군사회복지의 필요성을 크게 부각시키고 있다. 군사회복지사는 병사들의 정신건강 상담 및 스트레스 관리를 통해 군생활 적응능력을 향상시키고, 직업군인 및 그 가족들이 겪는 다양한 문제와 갈등을 처리하여 안정된 생활을 유지시키는 역할을 한다(정무성 외, 2013). 우국희 등(2016)에 따르면 우리나라의 군사회복지를 수행하는 인력은 복지 및 인사 담당 현역군인, 군종장교, 의료사회복지 전문특기나 심리상담 전문특기를 보유한 장교, 군기본권 상담관, 민간 복지전문가, 향군종위원소속 종교지도자 등이다.

제4장

사회복지실천의 지식 기반

1. 사회복지실천과 지식

사회복지사가 원조자로서 역할을 수행하기 위해서는 무엇보다도 개인과 환경 그리고 개인과 환경 간의 상호 의존성에 관한 이론적 · 개념적 이해가 있어야 한다. 사회복지사의 개입을 필요로 하는 문제나 상황은 지식에 기초할 때 충실한 이해가 가능하기 때문이다. 또한 사회복지사는 자신의 업무 환경을 구성하는 여러 체계들, 즉 개인, 소집단, 가족, 조직, 기관, 지역사회 등에 관한 지식 기반을 가지고 있어야 한다.

바틀렛(Bartlett, 1970)은 사회복지 활동이 탄탄한 지식을 토대로 이루어져야 하고 지식이 사회복지실천을 주도해야 한다고 주장하였다. 골드스타인(Goldstein, 1990)은 이론, 연구 성과, 기술 및 실천지혜 등과 같은 실천 관련 지식의 세 요소를 사회복지실천의 지식 기반으로 주장하면서 이론, 연구, 실천 간에 밀접한 상호 연관성을 가질 때 비로소 지식 발전이 이루어진다고 하였다.

존슨과 얀카(Johnson & Yanca, 2007)는 지식이 사회복지실천에 있어서 어떠한 기능과 역할을 하는지 다음과 같이 설명하고 있다.

> "65세 이상의 노인이 실천의 대상인 경우 사회복지사가 노인 클라이언트의 욕구를 이해하는 데 도움이 되는 특정한 지식들이 많다. 생물학과 생리학은 신체의 노화과정에 대한 지식을 제공한다. 또한 노년학 분야에서 노화과정과 관련된 이론으로 분리 이론, 활동 이론, 발달 이론 등이 있다. 특히 발달 이론은 노년기가 충만한 삶이 되기 위하여 노인이 완수해야 하는 특정한 과업들을 제시해 준다. 사회복지사는 노인의 다양한 건강 문제에 관한 기본 지식과 죽음과 임종에 관한 지식을 아는 것이 중요하다.
>
> 사회학적 지식은 우리 문화에서 노인의 역할과 기능뿐만 아니라 개인에게 은퇴가 갖는 의미를 이해할 수 있게 해 준다. 사회학적 지식은 개인적 혹은 제도적 상황의 사회적 맥락을 이해할 수 있게 해 준다. 노화과정에 관한 관점에 있어서 문화적 · 성적 차이를 고려하는 것 또한 매우 중요하다. 노인과 관련된 가족의 구조와 기능에 관한 지식도 필수적이다. 또 다른 중요한 개념은 세대 차이이다. 이는 상이한 세대들이 매우 다른 방식으로 삶을 경험하는 사회적 변화가 급격할수록 특히 중요하다. 한정된 재정 자원, 연령 차별, 고립과 고독 등 노인에게 영향을 미치는 다양한 사회문제에 관한 지식도 필수적이다. 노인들이 이러한 문제들을 해결하도록 돕기 위해 개발된 다양한 사회적 자원과 지역사회 자원들을 사회복지사는 잘 파악하고 있어야 한다. 현재 시행 중인 사회정책을 심도 있게 이해하는 것도 노인과 일할 때 필요한 지식이다. 이 모든 지식은 사회복지사가 환경 속의 인간을 이해하도록 돕는다. 노인을 원조하기 위해서는 과거에 유용한 것으로 입증된 광범위한 개입전략에 관한 지식도 필요하다."

이와 같이 사회복지실천을 위한 기초 지식에는 심리학, 사회학, 인류학, 정치학, 경제학 등 사회과학 분야는 물론, 생물학과 생리학 등 자연과학 분야에서 축적된 이론과 개념들이 포함된다. 예를 들면, 정신보건사회복지 실천현장에서 일하는 사회복지사가 의학적 개입과 정신약물학의 중요성을 인식하고 관련된 기초 지식을 갖는 것은 정신질환으로 고통 받는 클라이언트를 돕는 치료 팀의 일원으로서 필수적이다.

사회복지실천의 지식 기반은 절충적이고 다학문적이며 가설적이고 복잡하며 종종 주관적이라고 평가되어 왔다. 이러한 특성으로 인해 사회복지의 지식 기반은 다음과 같은 문제점들을 갖는 것으로 지적된다(Johnson & Yanca, 2010).

- 다른 학문에서 지식을 빌려 옴으로써 발생하는 문제가 있다. 지식을 빌려 오는 것은 종종 그 지식을 개발한 학문 분야에서 현재 통용되는 지식이 아니라 과거의 지식을 빌려 오게 된다. 때로 그 지식을 발전시킨 학문 분야보다 빌려 온 학문 분야가 그 지식에 대해 더 확신을 하고, 중요한 내용을 단순화시키는 경향이 있다. 빌려 온 지식이 부적절하게 사용되는 경우 잘못된 가설이 나올 수도 있다.
- 실천의 가치와 지식을 떼어 놓고 생각하는 데서 발생하는 문제가 있다. 가치에 대한 고려가 현실을 바라보는 관점에 영향을 주기 때문에 그 가치와 갈등을 일으키는 관찰과 사실은 종종 실천지식에서 간과된다. 지식이 발전하고 사용되는 방식이 이러한 어려움을 발생시킨다.
- 실천지혜(practice wisdom)가 종종 사실, 지각, 사고, 가치를 구별하기에 불충분하게 개념화되기 때문에 발생하는 문제가 있다. 실천지혜는 일반화시킬 만큼 검증된 것은 아니다. 즉, 다른 상황에서의 타당도와 신뢰도가 검증된 바 없다. 그러므로 실천지혜로부터 얻은 지식이 어떤 상황에서 적절할지 여부를 결정하기란 어렵다.

- 인간이 처한 상황과 사회복지사와 클라이언트의 상호작용에 관련된 다양한 변수 때문에 발생하는 문제들이 있다. 이러한 문제들이 개입 가능성을 결정하는 데 사용하는 지식을 일반화시키기 어렵게 만든다. 특히 고려해야 할 점은 인간 행동과 원조 상황에 관한 인식을 변화시키는 문화적 요인이다.
- 분명한 정의 또는 정의에 관한 동의 없이 용어와 개념을 사용하는 경향으로 인해 발생하는 문제가 있다. 동일한 용어와 개념이 때로 다른 의미로 사용된다. 예를 들면, 일부 사회복지사는 서비스 전달체계를 사회복지기관 차원에서 정의하는 반면, 일부는 지역사회 내의 원조자들과 같은 다양한 자원들을 서비스 전달체계에 포함시킨다.
- 용어와 개념 간의 관계가 충분히 설명되지 못한 데서 발생하는 문제가 있다. 사회체계 이론은 환경 속의 인간을 이해하기 위해 사용되는 지식에 대해 적어도 부분적으로는 개념 간의 관계를 설명하기 위한 틀을 제시하였다. 그러나 전체적으로 충분한 것은 아니며 실천 이론에 해당되는 지식은 추상적 수준을 제외하고는 정리된 이론체계라고 하기 어렵다.

이러한 문제점에 대한 대응으로 그동안 사회복지실천 영역에서는 공통된 개념과 준거틀을 사용하려고 노력해 왔으며 과학적이라고 인정받기 위해 실천의 본질에 관한 가설을 계속해서 검증하고 있다. 사회복지실천은 환경 속의 인간과 사회적 기능에 관한 광범위한 시각을 갖고 있기 때문에 사회복지실천의 지식으로 활용할 수 있는 지식의 양이 방대하다. 사회복지사가 생활경험으로부터 얻는 지식, 다른 사람의 인생 경험에 관한 관찰, 광범위한 교양과정 교육에서 비롯되는 이해가 모두 활용될 수 있기 때문이다.

터너(Turner, 1996)는 사회복지실천 이론의 경향을 다양성으로 규정하고 27개의 주요 이론을 소개하였다. 그는 다양한 이론들의 공통점은 사회복지실천 이론들이 환경 속의 인간이라는 복잡한 실체를 이해하기 위해 끊임없이 추구해 온 점이라고 강조하였다(Turner, 1995). 이론적 틀에 기초하지 않은 실천은 임의적으로 실행하는 활동에 불과하다. 이와 같이 효과적이고 신뢰할 수 있는 사회복지실천은 탄탄한 이론에 근거하지만 현실 속에서 이론의 의미는 상당히 왜곡되어 있는 것 또한 사실이다. 사회복지사들 중에는 심지어 이론이 효과적인 실천에 방해가 된다고 여기는 사람들도 있다. 실천현장에서는 '학교에서 배운 추상적 이론은 잊어버리고 실제 실천을 하자.'와 같은 말을 쉽게 하곤 한다.

그렇다면 사회복지실천에서 이론은 어떠한 역할을 하는가? 이론은 복잡한 현상을 명료하게 만들어 준다. 다시 말해, 이론의 가장 중요한 기능은 현상을 설명하고 예측하는 것이다. 이론에 기반하지 않은 실천은 문제에 대한 설명력, 분석력 그리고 문제해결의 효과성과 예측력이 없으므로 전문성을 인정받지 못한다. 이론은 사회복지실천을 하는 데 패턴, 관계, 중요한 변수들을 알 수 있도록 돕는다. 사회복지사는 그의 인식을 조직화해 줄 일종의 기제가 필요한데, 이론이 바로 그 기제인 것이다. 이론은 현상 혹은 사물을 이해하는 방식을 좌우한다. 사회복지사의 도움을 필요로 하는 증상이나 문제의 원인을 설명하는 방식은 이론에 따라 다양하게 전개된다. 클라이언트의 우울증에 대해 심리역동 이론은 어린 시절과 무의식에 관심을 집중하면서 클라이언트가 상실로 인해 우울한 것으로 설명할 수 있다. 현재의 상실 경험으로 과거에 내재화된 상실과 상실된 대상에 대한 감정이 다시 활성화된다는 것이다. 즉, 과거에 상실된 대상이 자신의 일부로 내재화되기 때문에 대상을 향했던 감정이 자신을 향하게 되면서 자책을 포함한 우울 상태가 되는 것으로 설명한다. 학습 이론은 클라이언트의 환경과 환경에 적응하려고 했던 노력을 주목하면서 클라이언트의 우울증이 환경 속에서 긍정적 강화를 끌어내지 못한 데서 비롯되는 것으로 설명을 한다. 한편, 생물학적 이론에서는 클라이언트의 우울증이 뇌에 신경자극을 전달하는 세로토닌 같은 신경전달물질의 문제나 코티솔 같은 신경내분비 호르몬 문제로 발생한다고 설명한다.

사회복지사가 정신질환의 원인을 뇌의 화학적 불균형에서 기인하는 것으로 설명하는 이론을 신봉한다면 약물치료를 보다 효과적인 치료방법으로 여길 것이고, 가족 내 의사소통의 문제가 정신질환을 야기하는 것으로 설명하는 이론을 설득력 있다고 본다면 가족치료를 통한 개입이 타당하다고 여길 것이다. 이처럼 사회복지사의 문제 파악과 조치는 사회복지사가 가지고 있는 이론적 틀에 근거한 문제 상황에 대한 인식에 따라 달라진다. 김경호(2010)에 따르면 사회복지실천은 의도적인 활동이기 때문에 사회복지사는 자신의 기능, 업무, 그리고 자신이 활동하는 사람과 문제의 견지에서 지식을 선택하고 통합하며 이용하는데 이러한 과정에서 사회복지사가 자의적인 방식으로 지식을 활용할 가능성도 있다.

사회복지실천 관련 이론은 외연적 이론과 내재적 이론으로 분류되기도 한다. 외연적 이론은 심리학, 사회학 등 인접 분야에서 발달한 이론들로 실천을 하기 위한 기초 지식으로 기여하는 이론 및 지식을 일컫는다. 내재적 이론은 클라이언트의 문제를 도울 때 사회복지사가 해야 할 일에 초점을 두고 사회복지사와 클라이언트 간의 상호작용에 어떻게 적용될 수 있는지를 규정하는 것을 말한다. 내재적 이론은 사회복지사의 일상적 활동에 내재되고 그의 머릿속에서 작동하는 이론으로 계획적인 개입 및 변화 활동에 관련된다.

셰퍼와 호레이시(Sheafor & Horejsi, 2015)는 사회복지실천 관련 문헌들에 제시되는 관점, 이론, 모델을 개념적 틀로 전제하고 사회복지실천을 위한 이론을 현상을 파악하는 이론(orienting theory)과 실천의 틀(practice framework)로 구분하였다. 외연적 이론은 현상을 파악하는 이론에, 내재적 이론은 실천의 틀에 해당한다고 볼 수 있다.

2. 사회복지실천의 기초 이론

사회복지실천의 외연적 이론 혹은 현상을 파악하는 이론으로 일컬어지기도 하는 사회복지실천을 위한 기초 이론은 인간 행동에 대한 기술 및 설명, 인간 행동 문제의 발생 원인, 사회문제의 발생 원인과 과정 등에 대한 설명을 제공한다. 미국사회복지교육협의회(CSWE)는 사회복지 교육기관들이 생물 · 심리 · 사회 · 문화 체계들과 이 다양한 체계들이 인간의 생활주기를 통해 어떻게 변화하고 영향을 미치는지를 다루는 내용을 가르치도록 요구하고 있다(Maguire, 2002). 또한 사회복지사에게 가장 중요한 요소로서 이론적 틀을 실천으로 적절하게 연결하고 다양성, 사회경제적 정의, 가치와 윤리 그리고 위기에 처한 사람들의 문제를 다룰 수 있도록 제대로 훈련받아야 한다고 규정하고 있다. 저메인(Germain, 1991)은 사회복지사가 사회학, 심리학, 인류학, 정치학, 경제학, 생물학, 기타 행동과학 및 생활과학의 전문가는 아니지만 다양한 학문 분야에서 통용되는 기본 개념과 실태를 알고 사회복지실천의 목적, 가치, 윤리를 통해 전문적 결정과 행동의 기반을 제공해 주는 사고체계를 갖추고 응용할 수 있어야 한다고 주장하였다.

기초 이론이 사회복지실천에서 어떠한 역할을 하는지 부모의 이혼으로 고통과 혼란을 겪는 어린 아동의 예를 들어 생각해 보자. 자신의 관점과 다른 여러 관점들이 세상에 있다는 것을 이해하지 못하는 아동은 부모의 이혼이 자기 때문이라고 생각하고 괴로워할 수 있다. 그런데 만약 사회복지사가 인지발달 이론을 알고 있다면 이것이 전조작기에 해당되는 아동의 특성임을 알고 아동의 혼란을 충분히 이해할 수 있다. 아동의 인지발달 특성인 자아중심성 때문에 어른들이 책임져야 할 이혼을 자기 탓으로 잘못 생각하는 것이므로 이 지식에 근거해 아동의 인지발달 단계에 적합한 반응을 할 수 있다. 즉, 아동의 발달 수준에 맞는 언어를 사용하여 객관적으로 상황을 이해시키고 안

〈표 4-1〉 사회복지실천의 기초 지식

사회복지실천		
개인	상호 교류	환경
개념	이론	개념
인간발달 생물학 신경학 유전적 요소 신체적 원동력 인지적 발달 언어, 의사소통 정서적 발달 영양학 성적 발달과 친밀감 도덕적 발달 영적 발달	심리역동 이론 심리사회 이론 행동 이론 인지 이론 사회학습 이론 역할 이론 상징적 상호작용 이론 사회교환 이론 갈등 이론 가족 관련 이론 집단 관련 이론 조직 이론 지역사회 이론 일반체계 이론	체계발달 자원 획득의 장애 기회에 대한 접근성 위험요소와 보호요소 사회적 정의 양육/부양 제도 지원체계(사적 지원, 공적 지원) 개방/폐쇄 체계

출처: Timberlake, E. M., Farber, M. Z., & Sabatino, C. S. (2002). *The general method of social work practice: McMahon's generalist perspective.*

심시킬 수 있다.

팀버레이크, 파버, 그리고 사바티노(Timberlake, Farber, & Sabatino, 2002)는 사회복지실천을 위한 기초 이론을 개인, 환경, 인간과 환경 간의 상호 교류로 분류해 〈표 4-1〉과 같이 제시하고 있다. 여기에 제시된 세 범주는 서로 배타적이지 않으며 각 이론은 주요 초점에 따라 분류된 것이다.

〈표 4-1〉에 제시되었듯이 개인에 대한 이해를 위해 사회복지사는 강점, 욕구, 열망을 지니며 지속적으로 변화하는 전인으로서 인간을 이해할 수 있도록 포괄적이고 역동적인 관점을 제공하는 지식이 필요하다. 이 지식에는 인간의 생물학적 · 심리적 · 사회적 · 성적 · 인지적 · 도덕적 · 영적 발달에

관한 이론과 개념들이 포함된다. 또한 자아실현을 위한 공통된 인간 욕구와 개별적 독특성에 관한 지식이 포함된다.

그리고 각 개인의 환경을 구성하는 다양한 체계에 관한 지식은 가족, 친척, 비공식적 · 공식적 사회구조, 전문가, 기관, 정책 관련 문제들과 관련해 어떠한 자원들이 있고, 기회를 얻는 데 어떠한 장애가 있는지 등에 관한 지식을 포함한다.

〈표 4-1〉의 중간 부분은 인간과 환경체계의 접촉에서 발생하는 상호 교류에 초점을 둔 지식들이다. 상호 교류 관련 지식은 시간의 경과에 따라 환경과 인간발달의 특성과 과정이 기능적으로 서로 어떻게 관계가 있는지 탐구한 것이다.

기초 이론 가운데 사회복지사가 가장 많이 활용하는 이론과 개념은 성격 이론과 환경에 관한 이해를 도울 수 있는 개념들이다.

성격발달 이론이 인간 행동을 설명하는 이론이라는 것은 일반적으로 인정되는데 성격이 환경에 대한 개인의 적응을 결정하는 개인적 체계이며 인간 행동은 이 체계가 스스로를 드러내는 방식으로 볼 수 있기 때문이다. 브릴과 레빈(Brill & Levine, 2002)은 성격 이론이 근거하는 기본 가정들을 다음과 같이 제시하였다.

- 인간은 인식할 수 있고, 행동을 하며, 이성이 우리 자신과 우리가 살고 있는 세상을 알게 한다.
- 인과관계가 존재한다. 우연한 것은 없다.
- 인과관계는 다양하다. 많은 원인들이 동시에 작용한다.
- 일부 원인은 내적이고 일부 원인은 외적이다. 삶을 영위하기 위해 내적 세계와 외적 세계 간에 끊임없이 상호작용을 한다.
- 원인에는 근원적 원인과 촉진적 원인이 있다. 전자는 근본적이며 지속되고 후자는 직접 관련이 있는 상호작용을 일으킨다.

- 목적과 동기가 행동으로 표현된다. 이는 의식적, 전의식적, 무의식적일 수 있으며 일치하거나 갈등이 있을 수 있다.
- 행동은 당면한 상황뿐 아니라 전체 상황 맥락에 의해 영향을 받는다.
- 현실은 우리가 머리로 생각하는 것보다 더 의미심장하고 정확하다. 자세하게 살펴보자면 끝이 없고 완전히 아는 것은 불가능하다.

사회복지사는 이러한 기본 가정을 바탕으로 한 성격 이론들에 근거해 클라이언트의 행동을 이해한다.

환경 관련 지식은 변화의 초점으로서 환경에 대한 이해뿐 아니라 환경이 개인에게 미치는 영향과 개인과 환경 간의 상호 교류를 파악하고 개입하기 위해서도 필수적이다. 개인의 변화에 초점을 두고 있는 사회복지실천이라 하더라도 그 개인의 적응에 영향을 미치는 지역사회의 여건과 사회적 영향력을 고려하는 실천을 한다(Bisman, 1994). 예를 들어, 약물중독자인 클라이언트와 상담하기 위해서는 지역사회에 어떠한 약물치료 프로그램들이 있는지 알아야 하며, 이혼한 여성 클라이언트가 자존감을 향상시키고 독립적인 사람으로 기능하도록 돕기 위해서는 클라이언트의 거주 지역에서 취업이나 교육받을 기회에 관한 정보가 필요하다.

골드스타인과 누넌(Goldstein & Noonan, 1999)은 사회복지실천에 있어서 환경에 대한 기본 지식이 필요한데, 특히 물리적 환경, 가족, 사회적 관계망, 전체사회 등이 그 초점이 된다고 보았다.

물리적 환경은 개인에게 영향을 미치는 환경의 중요한 측면으로 거주하는 집의 크기, 상태, 위치 등과 같은 물리적 주변 환경과 거리, 이웃, 지역사회의 물리적 상황을 의미한다. 물리적 환경은 개인의 욕구 충족이나 효과적 대처를 촉진하거나 저해한다. 이는 또한 개인에게 심리적인 의미도 갖는데, 개인이 타인에게 어떻게 비쳐지고 평가받는가를 나타내고 자존감에도 영향을 미칠 수 있다.

가족은 태어나고 성장한 원가족(family of origin)과 결혼이나 그 밖의 결합 방식으로 이루어지는 생성가족(family of procreation)으로 구분할 수 있다. 원가족은 성격발달을 형성하고 이후에 이루게 될 가족에까지 강력한 영향을 미친다. 가족 구성은 문화적 배경, 생활양식, 사회변동의 맥락 속에서 이해되어야 하므로 가족을 구성하는 데 있어서 특정 형태만이 옳다고 말할 수는 없다. 모든 형태의 가족은 환경에 적응하기 위한 나름의 방식과 강점을 가질 수 있기 때문이다.

사람들은 다양한 형태의 비공식적 대인관계와 활동, 그리고 공식적인 지역사회 조직 · 기관 · 자원과 상호작용하는 사회적 관계망을 가지고 있다. 사회적 관계망은 개인의 효과적인 대처를 촉진하거나 방해할 수 있다. 친구, 지인, 이웃, 직장 동료와 관계를 얼마나 잘 형성할 수 있는가는 개인마다 다르다. 비공식적 관계뿐 아니라 학교, 의료기관, 종교기관, 사회복지기관, 법원, 직장 등 공식적인 지역사회 내 사회적 관계망의 이용 정도와 관계의 질은 매우 다양하며, 자원에 대한 지식, 접근성 그리고 자원을 이용하려는 의지와 능력 역시 개인마다 다르다. 또한 자원 자체의 이용 가능성도 기관마다 다르다.

사회 구성원으로서 개인은 그 사회의 가치, 법률, 정책 등의 영향을 받는다. 사회가 가족, 아동, 여성, 노인, 빈민, 정신장애인, 신체장애인, 이민자, 기타 소수집단 등을 얼마나 가치 있게 여기는가에 따라 사회 전체 분위기가 형성된다. 이러한 분위기가 그 사회의 법률, 사회정책, 생존에 필요한 자원의 이용 가능성, 인권 존중에 반영된다.

이와 같이 환경 개념에는 개인을 둘러싼 물리적 환경, 가족, 이웃이나 지역사회의 자원과 서비스를 포함하는 사회적 관계망, 정책과 제도를 포함하는 전체사회가 포함된다. 환경은 개인을 지지해 주고 자원을 제공해 대처를 돕기도 하지만 스트레스를 유발하거나 성공적인 대처를 가로막는 상황을 제공하기도 한다. 사회복지전문직의 관심은 특히 개인과 환경 간의 관계에 있으므로 사회적 구조가 개인을 어떻게 억압하는지, 사회적 기능과 사회 내의 공평한 참여와 인간 잠재력의 실현에 어떻게 장애물로 작용하는지 설명해 주는 이론들이 환경 관련 지식으로 유용하다.

3. 사회복지실천의 틀

기초 이론은 인간 및 사회현상에 대한 기본적 설명만을 제공할 뿐 이러한 현상들을 어떻게 변화시킬 것인가에 대한 상세한 지침은 제공하지 않는다. 변화를 담당하는 몫은 실천의 틀에 있다. 셰퍼와 호레이시(2015)에 따르면 실천의 틀은 실천 관점, 실천 이론, 실천 모델로 구분된다. 실천의 틀은 인간의 심리적 문제와 행동 문제에 영향을 미치는 다양한 요소를 어떻게 파악하며 어떻게 변화시킬 수 있을지에 대한 지침을 제공한다. 또한 기초 이론과 실천현장에서 직접 필요로 하는 실천기술 및 기법 사이를 연결해 주는 역할을 한다.

실천 관점은 가장 포괄적이고 추상적인 형태의 실천의 틀을 의미한다. 이는 사회적 기능을 파악하고 실천 상황에서 무엇이 중요한 고려 사항인지 포괄적인 지침을 제공해 주는 개념적 수단이다. 그러나 실천 관점은 문제를 파악하는 관점, 개입의 방향 및 과정에 대한 개략적인 지침을 제공할 뿐 구체적인 개입방법과 기술을 제공하지는 않는다. 20세기 전반기까지의 사회복지실천에서는 개인의 문제에 초점을 둔 의료 관점이 지대한 영향을 미쳤다. 의료 관점은 개인의 심리 내적 갈등이나 대인관계에 초점을 두어 개인의 심리적 문제 해소 및 완화에 주로 관심을 두었다. 의료 관점은 사회복지실천의 기본 가치와 상충되는데 사회문제의 원인을 개인의 결함에 두고 개인의 심리사회적 적응에 초점을 두는 제한된 시각으로 인한 충돌이다. 20세기 후반부터 개인을 둘러싼 환경적 요인들에 관심을 기울이면서 인간과 환경 사이의 관계에 초점을 둔 생태체계 관점이 사회복지실천에 큰 영향을 미쳤다(김경호, 2010).

현재 사회복지실천에서 개인과 환경 간의 관계를 파악하고 개입 방향을 제시하는 대표적인 실천 관점은 체계적 관점과 생태학적 관점이다.

실천 이론은 실천 관점보다는 구체성을 갖는 실천의 틀이며 행동이나 상황에 대한 설명과 이것이 어떻게 변화될 수 있는지에 대한 지침을 제공한다. 실천 이론은 특정한 변화를 일으키기 위한 로드맵으로 작용한다. 대부분의 실천 이론은 한 가지 혹은 그 이상의 현상을 설명하는 이론에 근거를 둔다. 예를 들어, 심리사회치료 이론은 심리역동 이론과 자아심리학에 근거하며 행동주의치료 이론은 학습 이론에서 비롯되었다. 실천 이론은 그동안 양적으로 크게 증가하였다. 사회복지실천의 지식 기반으로서 실천 이론의 다양성은 검증된 다양한 실천 이론들의 활용을 통해 실천에 대한 신뢰성을 높이고 이론이 결여된 실천이나 단일 이론에의 지나친 의존이 야기하는 위험성을 막아주는 역할을 한다.

사회복지실천 모델은 이론에서 다루지 않는 문제해결의 구체적 과정과 기법을 논리적으로 모순 없이 다룬다(김경호, 2010). 즉, 실천 모델은 개입활동을 안내하는 일련의 개념과 원리라 할 수 있다. 실천 모델은 문제와 상황을 분석하고 개입방법을 제시함으로써 실천의 원칙과 방법을 구조화하는 데 도움이 된다. 펄먼(Perlman, 1957)은 개인적 문제 및 대인관계 문제가 있는 클라이언트를 돕기 위한 문제해결 모델을 개발하였다. 문제해결 모델에서는 사회복지실천을 구성하는 요소로 문제, 사람, 장소, 과정이라는 4p를 제시하였다. 첫째, 문제(problem)는 개인이 해결하고자 하는 욕구를 말한다. 둘째, 사람(person)은 문제를 갖고 도움을 구하는 사람으로 사회복지실천 현장의 클라이언트를 의미한다. 셋째, 사회복지실천은 공식적인 장소(place)에서 이루어진다. 대부분의 사회복지실천은 사회복지기관에서 이루어진다. 넷째, 사회복지실천은 구체적인 과정(process)을 통해 클라이언트의 문제해결을 돕는다. 문제해결모델은 이후 2p가 추가되어 6p로 확장되었는데 추가된 2p는 전문가(professional)와 급여(provision)다. 전문가는 실천 활동을 하도록 공인 받은 사회복지사를 말하고 급여는 클라이언트의 욕구를 충족시키기 위해 제공되는 유형, 무형의 서비스다. 급여로 현금, 현물 등의 유형의 서비스와 상담 등의 무형의 서비스가 제공될 수 있다.

일반적으로 모델은 문제의 원인과 특성, 변화를 가져올 방법에 관한 의견이라고 볼 수 있는 기법과 행동으로 이루어진다. 실천 이론과 달리 실천 모델은 특정한 설명에 구속되지 않는다. 위기 개입 모델은 위기 상황에 관한 단일한 설명에 근거하지 않으므로 실천 이론이 아닌 실천 모델로 간주된다. 동일한 이유로 과업 중심 모델도 실천 이론이 아닌 실천 모델로 일컬어진다. 실천 모델은 인간 행동에 관한 이론보다는 경험과 실험에서 도출된다.

그러나 실천 관점, 실천 이론, 실천 모델 등의 용어는 엄격하게 구분해 사용되고 있지는 않으며 혼용되고 있는 실정이다. 예를 들면, 사회체계 관점, 사회체계 이론 혹은 사회체계 모델 등과 같이 관점, 이론, 모델이 혼용되거나 인지치료 이론과 인지치료 모델처럼 이론과 모델이 혼용되고 있다.

문제의 인식과 사정, 목표 설정과 방법의 선택 등 사회복지실천의 전 과정은 어떠한 관점, 이론, 모델에 근거하는가에 따라 달라진다. 예를 들어, 아동학대 사례에 대한 인지치료 이론과 심리사회치료 이론을 비교해 보자. 인지치료 이론은 아동학대를 가해 부모의 비합리적 신념에서 비롯된 역기능적 감정이 야기하는 것으로 간주하고 인지 재구조화, 효과적인 대처기술과 양육기술의 습득이 필요하다고 본다. 반면, 심리사회치료 이론은 부모의 아동기에 미해결된 문제에서 자녀학대 문제가 비롯되었다고 가정하고 가해 부모의 내적 갈등에 대한 통찰이 필요하다고 본다.

효과적인 사회복지실천은 문제 혹은 욕구의 근원을 정확하게 이해하고 변화를 위한 적절한 개입을 시도해야 하므로 사회복지사는 주요 실천의 틀을 이해하고 활용하는 것이 필요하다. 조현병, 조울증, 과잉행동장애처럼 생물학적 요인과 깊은 관련이 있는 클라이언트의 문제는 약물치료를 비롯한 의학적 개입이 일차적이므로 사회복지사는 의학적 개입이 원활하게 이루어지도록 하는 지원들에 초점을 두어야 할 것이다. 어린 시절 사고로 부모의 갑작스러운 죽음을 경험한 초기 아동기의 정신적 충격과 관련된 클라이언트의 문제를 다룰 때는 사회복지사가 심리역동 이론 또는 모델을 아는 것이 필요하다. 혹은 클라이언트의 문제가 과보호하는 부모로부터 부정적으로 학습된 반응이라면 클라이언트의 행동수정을 위해 행동주의 이론 혹은 모델로 접근하는 것이 필요하다. 유흥가가 밀집된 지역에 거주하는 등 사회환경적 요인이 상습적 가출 행동과 같은 클라이언트의 부적응 문제를 일으킨다면 환경의 변화에 초점을 둔 실천 이론과 모델이 필요하다. 사회복지사가 무수히 많은 다양한 실천 이론 혹은 실천 모델을 모두 알고 활용할 수는 없지만, 주요 실천 이론과 모델에 관한 지식을 알고 이를 활용할 수 있어야 한다.

일반적으로 사회복지실천에서 가장 중요한 실천의 틀은 사회체계 이론과 생태학적 관점으로 간주된다. 사회체계 이론과 생태학적 관점은 일반 사회복지실천, 사례관리 등에서 사회복지사가 주로 사용한다. 또한 사회복지실천에서는 심리역동적 개입의 기초가 되는 정신분석 이론과 자아심리학 이론, 행동주의 개입의 기초가 되는 학습 이론, 인지치료적이고 구성주의적인 개입의 기초가 되는 인지 이론 등이 주로 활용된다.

〈표 4-2〉 주요 사회복지실천의 틀

이론	이론을 응용한 실천
체계 이론	일반 사회복지실천 생태학적 개입 사례관리 가족개입 집단개입
정신분석 이론/발달 이론	심리역동적 개입 및 심리사회적 개입
학습 이론	행동주의적 개입
인지 이론	인지적 개입 및 구성주의

출처: Maguire, L. (2002). *Clinical social work: Beyond generalist practice with individuals, groups, and families.*

맥과이어(Maguire, 2002)는 주요 실천 이론과 그 이론에 따라 응용된 실천의 목록을 〈표 4-2〉와 같이 제시하였다. 별도로 소개할 '사회체계 이론과 생태학적 관점'은 제외하고 정리해 보면 다음과 같다.

① 정신분석 이론 및 발달 이론

이 이론은 인간이 심리성적 발달단계에서 정신적 충격이나 어려움을 경험하게 된다고 가정한다. 정신적인 문제의 근원이 개인 내부에 존재하므로 성격의 특정 측면을 변화시킴으로써, 즉 무의식 속에서 갈등을 일으키고 문제를 유지시키는 방어와 저항을 발견하고 극복함으로써 문제가 해결될 수 있다고 본다. 정신분석 이론 및 발달 이론의 핵심은 초기 아동기에 부모와의 상호작용이 이후의 성장, 행동, 태도, 그리고 성격에 중요한 영향을 미치는 요인이 된다는 것이다. 사회복지사는 클라이언트가 새로운 통찰을 통해 자기 자신을 이해하도록 돕는다. 새로운 통찰은 자신의 감정의 심리역동적 의미를 명료화하는 데서 생기는 것이다. 예를 들면, 어떤 클라이언트는 자신의 수동공격적 성격이 공격적이고 적대적인 어머니의 양육방식에서 비롯되었다는 것을 깨닫는다. 또 어떤 클라이언트는 자신의 과도한 성취욕이 부모의 거부와 관련된 불안감에 기인하고 있다는 것을 깨닫는다. 클라이언트는 이러한 통찰을 통해 자신에 대한 이해를 할 수 있고 새로운 이해를 기반으로 하여 전과 다르게 느끼고 행동할 수 있게 된다.

② 학습 이론

이 이론의 관점에서 비정상적 행동은 불안을 유발하는 상황에서 획득되어 학습된 부적응적 반응을 지속적으로 나타내는 것이다. 이 반응은 현실적이거나 객관적인 위협이 존재하지 않는 상황에서 지속된다는 점에서 부적응적이다. 행동주의적 개입은 학습 이론에 기반을 두고 치료를 위해서는 부적응적 반응을 약화시키고 적응적인 행동을 강화하는 탈민감화, 조건무효화, 정적/부적 강화의 사용, 혐오조건 형성, 소거, 홍수법 또는 포화법 등을 실시한다. 행동주의 접근에서는 겉으로 드러난 증상만을 치료의 대상으로 간주한다. 즉, 증상이 곧 문제이며 증상을 질병이나 무의식적인 갈등이 이차적으로 드러난 것으로 보지 않기 때문이다.

③ 인지 이론

이 이론은 클라이언트의 문제가 부적절하거나 역기능적인 반응, 행동, 태도 혹은 감정을 야기하는 잘못된 인식이나 이해에서 생긴다고 본다. 특히 클라이언트가 스트레스 상황에서 정보나 증거들을 유연하게 분석하지 못하기 때문에 적절한 행동을 하지 못하는 것으로 가정한다. 예를 들면, 어떤 사람은 가족, 친구 또는 동료들의 약간의 무례하거나 무심한 행동을 자신의 감정에 사로잡혀 대단한 모욕으로 간주하고 자신도 유사한 태도로 반응해야 한다고 생각한다. 그 결과, 부적절하고 극단적인 감정이나 반응 패턴이 형성된다. 인지적 개입은 클라이언트의 왜곡되거나 잘못된 가정에 대해 도전하거나 직면하는 것을 포함한다. 또한 클라이언트가 다른 객관적이고 현실적인 설명을 찾으면서 자기 신념을 현실적으로 다시 생각해 보도록 격려하는 기법들을 사용한다.

4. 사회체계 이론과 생태학적 관점

1) 사회체계 이론의 주요 개념과 사회복지실천

사회체계 이론의 주요 개념은 다음과 같다.

(1) 경계

경계(boundary)는 사회체계를 외부 환경으로부터 구분하는 경계선을 일컫는다. 사회체계의 경계는 물리적 구조가 아닌 사회적 구조이므로 경계를 유지하는 행동을 통해서 드러난다. 예를 들어, 가족체계의 경계는 가족 구성원 또는 가족 내 하위체계가 가족 구성원과 가족이 아닌 사람들에게 어떻게 대하는지를 정하는 내재된 규칙을 말한다. 가족의 건강한 기능을 위해서는 분명한 경계가 필요하며, 가족 내 하위체계 간 경계가 유연성이 없거나 명확한 기준이 없으면 가족의 기능은 원활하지 못하다(Barker, 2014). 경계는 부분적으로 침투할 수 있으며 사회체계는 이 경계를 통해 정보를 전달한다. 사회체계에서 경계는 두 가지 주요 기능을 한다(Orren, Smith, Norlin, & Chess, 2008). 첫째, 그 체계의 정체성을 규정해 주며, 둘째, 주위 환경과의 내적 · 외적 교환을 통제한다.

(2) 공유 영역

공유 영역(interface)은 서로 다른 체계들이 접촉하거나 의사소통하는 지점을 의미한다(Barker, 2014). 또는 한 체계가 다른 체계와 공유하는 경계 부분을 일컬으며 이 두 체계는 공유된 경계와 경계 유지를 위해 공동으로 노력하여 공통의 목표 달성을 추구한다(Norlin, Chess, Dale, & Smith, 2003). 어떠한 사회체계든지 상위체계 내에 구성요소들이 있으면 많은 공유 영역이 생기게 된다. 예를 들어, 개인 간 혹은 기관 간에 계약의 형태로 이루어지는 것이 공유 영역이 될 수 있다.

경계와 공유 영역을 구별하는 데 있어서 공유 영역은 서로 다른 두 체계의 공통된 관심사를 반영하는 점이 경계와 다르다(Norlin, Chess, Dale, & Smith, 2003). 경계는 체계의 정체성을 유지하기 위해 필요한 반면, 공유 영역은 상이한 두 체계가 공통된 이익이나 관심을 추구하기 위해 필요하다. 다시 말하면, 경계는 한 체계의 내적 구조에서 보는 일면으로 경계를 유지하는 행동은 이러한 내적 욕구를 고려하는 데서 비롯되는 한편, 공유 영역은 내적 측면과 외적 측면을 모두 고려하면서 관련된 두 체계의 상호 관심을 반영한다.

(3) 개방체계와 폐쇄체계

개방체계(open system)는 환경과 상호작용하며 이 과정을 통해서 변화한다. 사회체계가 성장하고 발달하려면 상호작용하는 다른 체계들로부터의 투입에 어느 정도 개방적이어야 한다. 건전한 체계는 반투과성의 경계를 가지며 이 경계를 잘 유지한다.

폐쇄체계(closed system)는 불투과성의 경계를 가지고 있으며 외부 환경과 상호작용하지 않는다. 체계가 폐쇄적이면 시간이 지나면서 모든 요소들이 유사해지면서 결과적으로 체계에 효과적인 기능의 상실이 초래되는 엔트로피 속성이 나타난다(Compton & Galaway, 1999). 엔트로피(entropy)는 체계의 축소, 해체 또는 무질서와 관련된다(Barker, 2014). 네겐트로피(negentropy)는 엔트로피와 상반된 개념으로 개방체계의 속성으로 일컬어지며, 체계가 소모하는 것보다 많은 에너지를 유입하므로 체계는 성장하게 된다.

(4) 피드백

피드백(feedback)은 행동을 수행한 개인에게 행동의 결과에 관한 정보를 제공하는 것으로 행동의 결과를 더욱 객관적으로 평가할 수 있게 해 준다(Barker, 2014). 피드백은 정보의 투입에 대한 반응으로 작용하며 연속적인 행동을 수정하도록 그 행동의 결과를 새로운 정보로 포함시키는 것을 뜻한다. 피드백은 개방체계에서 전형적으로 나타나는 특성으로서 체계는 변화의 토대가 되는 피드백 정보를 받아들이거나 활용한다. 사회체계는 목표와 관련된 피드백을 외부 환경으로부터 받아들이기 때문에 목적 지향적이다. 즉, 피드백이 그 체계의 행동을 지시하는 목표로부터 파생된 것이기 때문에 피드백으로 조정되는 사회체계는 내적 기제를 따르지 않고 목적 지향적이 된다(Buckley, 1967).

(5) 균형, 항상성, 안정 상태

균형(equilibrium), 항상성(homeostasis)과 안정 상태(steady state)는 경계의 개방성에 대한 차이를 반영하는 개념이다(Anderson, Carter, & Lowe, 1999). 균형은 외부 환경으로부터 새로운 에너지의 투입 없이 현상을 유지하려는 체계의 속성이다. 고정된 구조를 가지고 주위 환경과 수직적 상호작용을 하지 않는 폐쇄체계는 수평적 상호작용만으로 이루어진다. 따라서 폐쇄체계는 내부 균형을 낳는다. 항상성과 안정 상태는 개방체계를 전제로 한다. 항상성은 체계가 안정된 상태로 되돌아가려고 하는 경향을 가진 균형 상태를 의미한다. 항상성은 정체되어 있는 것이 아니라 환경 내의 변화에 대한 반응으로 변화하거나 자기 조절을 한다. 항상성은 환경과 지속적인 상호 교류를 하는 체계에 존재하는데, 그 결과는 안정적이지만 정적인 균형이 아니라 역동적인 균형으로 나타난다. 그러나 항상성 상태에서 체계의 구조는 크게 달라지지 않는다. 안정 상태는 부분들 간의 관계를 유지시키고 쇠퇴해서 붕괴되지 않도록 에너지가 계속적으로 사용되는 상태를 의미한다(Laszlo, 1972). 안정 상태는 환경과의 교류뿐 아니라 변화하는 여건에 적응하기 위해 구조를 변경시킬 수 있는 개방체계에 존재한다.

사회체계 이론은 사회복지실천의 핵심 실천틀로 간주된다. 헌(Hearn, 1958, 1969, 1979)은 사회체계 이론에 근거한 사회복지실천의 방향성을 제시하고 발전시킨 대표적인 주자다. 이후 사회체계 이론에 기초한 여러 실천 모델이 개발되었는데, 가족체계적 접근(Walsh, 1997), 일반 사회복지실천의 사례관리(Woodside & McClam, 1998), 사회적 지지체계에 초점을 둔 고급 일반사회복지실천 모델(Maguire, 1991) 등이 있다.

사회체계 이론은 개인과 환경 간의 관계에 초점을 두면서 개인이 가족, 집단, 기관, 정치경제적인 제도들을 포함하는 사회체계와 지속적으로 상호작용하고 있다고 가정한다. 따라서 변화를 위해서 적절하게 상호작용하기 위해서는 공유 영역에 정확하게 초점을 두어야 한다고 강조한다. 예를 들면, 부부 상담을 받으러 온 부부가 처음에는 자녀 양육에 대한 의견 불일치가 문제라고 하였으나 탐색해 본 결과, 이 부부는 진실한 감정을 서로 털어놓지 못하는 점이 문제로 밝혀졌는데, 의사소통 문제가 결국 이들 부부에게 부정적 영향을 미치는 공유 영역이었던 것이다.

사회복지실천에서 사회체계적 접근은 사회체계 및 환경에 대한 이해를 위한 적용뿐 아니라 문제해결을 위해 대처와 통합을 촉진하는 것을 의미한다. 따라서 개인의 적응을 향상시키기 위해 클라이언트가 다른 사람들과 활발하고 적절하게 관계를 맺도록 격려하고 지시한다. 또한 사회복지사는 클라이언트의 사회적 관계망을 재구축하기 위한 작업을 시도하기도 한다. 사회복지사는 자조집단, 지지집단 등 집단을 활용한 개입을 시도할 수도 있다. 개방체계의 역동적 균형 개념에서 역동성은 끊임없이 움직임이 있는 것을 의미한다. 예를 들어, 클라이언트가 직장에서 해고되거나 전 부인과 재결합을 하게 되면 클라이언트의 상황에 대한 사정평가나 개입전략에 관한 사회복지사의 계획은 실직이나 재결합 같은 새로운 정보의 투입을 반영하여 변경된다. 또한 실천에 있어서 사회체계적 접근은 다중종결성(multifinality) 혹은 동등종결성(equifinality) 개념을 유연하게 적용한다. 다중종결성은 처음의 조건과 수단이 비슷해도 다른 결과가 야기된다는 사회체계 이론의 가정이다. 그리고 동등종결성은 출발조건이 다르고 방법이 다르더라도 동일한 최종 상태, 즉 목적에 도달할 수 있게 해 주는 체계의 속성 또는 체계의 능력을 일컫는데, 동일한 목표를 추구하는 많은 다른 방법들이 있음을 의미한다.

사회체계 이론에서는 개인과 개인의 정신 내적 갈등에서 문제의 원인을 찾기보다는 체계 내부 또는 체계와 환경 사이의 상호작용 현상을 분석해 원인을 찾는다. 문제는 역기능적이지만 체계의 유지를 위해 그 문제가 필요할 수 있다. 사회체계 이론을 활용한 개입에서는 체계 성원들 사이의 상호 의존성과 상호 관련성을 파악하여 문제를 일으키는 역기능적 상호작용을 제거함으로써 문제를 제거하고 개인의 기능을 증진시키는 데 목적을 둔다(김경호, 2010).

핀쿠스와 미나한(Pincus & Minahan, 1973)은 사회복지실천과 관련된 체계들을 체계 이론에 근거해 네 가지로 분류하였다. 핀쿠스와 미나한의 실천틀은 포괄적이고 전체적인 관점에서 클라이언트 체계를 사정할 수 있는 기초를 제공하고 사회복지사가 개인과 공식 · 비공식 자원체계 간의 연결에 초점을 두도록 하였다. 여기서 체계는 상호 연관성이 있고 상호 의존적인 부분과 과정으로 구성되어 있는 전체로 간주된다. 핀쿠스와 미나한이 제시한 네 가지 사회복지실천 체계는 변화매개 체계, 클라이언트 체계, 표적체계, 행동체계로 이루어진다.

먼저, 사회복지사, 사회복지기관 등이 변화매개 체계에 해당된다. 사회복지사는 계획된 변화를 향해 여러 체계들과의 활동을 계획하는 사람으로서 변화매개 체계로 간주된다. 사회복지사를 고용하는 기관과 조직 또한 변화매개 체계에 포함된다. 변화매개 체계로서 사회복지기관 혹은 조직은 활동 영역, 활동 방침, 활동과 관련된 권위를 확보하고 제공하는 사회적 공인, 각종 자원의 제공과 연결을 통해 사회복지사의 행동에 영향을 미친다.

클라이언트 체계는 사회복지사의 서비스를 요구할 때, 사회서비스로부터 이익을 얻는 것이 기대될 때, 사회복지사와 명시적이거나 암시적인 계약을 하게 될 때 클라이언트로 간주된다.

그리고 표적체계란 변화매개 체계가 목표를 달성하기 위해 영향을 주거나 변화가 필요한 사람들이다. 사회복지사는 문제의 원인이나 욕구를 충족시킬 수 있는 자원을 확인하면서 목표 달성을 위해 변화시켜야 할 표적체계를 확인할 수 있다. 표적체계는 종종 사회복지사와 클라이언트의 변화 노력을 거부하기도 한다.

마지막으로 행동체계는 사회복지사가 목표를 달성하기 위해 상호작용하는 사람들을 의미한다. 사회복지사는 클라이언트 체계와 함께 일할 뿐만 아니라 표적체계에 변화를 일으키기 위해 행동체계를 조직한다. 행동체계는 표적체계에 영향을 미치고 목표를 성취하기 위하여 자신들과 함께 그리고 자신들을 통해서 일할 다른 체계와 합류할 수 있다. 클라이언트의 친구, 이웃, 교사, 담당 의사, 가족, 고용주, 다른 전문가들이 행동체계에 포함될 수 있다.

이와 같이 네 가지 체계로 구분하는 것은 유용한 점이 많다. 무엇보다 사회복지사로 하여금 변화 노력에 관련된 사람들과 여러 다른 상황에 적용될 수 있는 사회복지실천의 기본 구조를 알게 해 준다. 또 변화 노력 과정에서 사회복지사가 완수해야 할 과업을 찾아내는 데 도움을 준다. 그리고 사회복지사가 네 가지 체계 모두와 상호 역동적인 관계를 맺어야 함을 제시함으로써 사회복지실천에서 관계의 중요성을 강조한다.

컴튼과 갤러웨이(Compton & Galaway, 1994)는 핀쿠스와 미나한이 제시한 네 가지 체계에다 전문가 체계와 의뢰-의뢰 대상자 체계를 추가하였다. 전문가 체계는 사회복지사협회, 사회복지사가 되도록 준비시키는 교육체계, 전문적 실천의 가치와 제재로 이루어진다. 전문가 체계의 가치와 문화는 변화 매개자로서 사회복지사의 필수적 활동과 허용된 활동에 큰 영향을 미친다. 사회복지사는 자신이 속한 기관을 변화시키거나 사회변동의 옹호자로 활동하면서 자주 전문가 체계를 활용한다.

의뢰-의뢰 대상자 체계는 일반적 클라이언트와 구별하기 위한 체계다. 사회복지사의 개입이 분명히 클라이언트를 위한 것이 아니고 클라이언트의 동의하에 이루어지지 않는다면 이는 클라이언트 체계와 구분해야 된다는 것이다. 컴튼과 갤러웨이(1994)는 다른 사람의 요청이나 법적 강제로 클라이언트가 의뢰된 경우를 일반적 클라이언트와 구별하기 위해 의뢰-의뢰 대상자 체계라 명명하였다. 다른 사람의 요청이나 명령에 의해 의뢰된 사람도 사회복지사가 자신을 도울 수 있다고 받아들이고 원조에 대한 희망을 표현하면 클라이언트가 된다고 보았다. 이후 컴튼과 갤러웨이(1999)는 다른 사람의 요청이나 법적 강제로 클라이언트가 의뢰된 경우도 클라이언트체계로 보는 것이 타당하다고 보고 의뢰-의뢰 대상자 체계를 제외시켰고 사회복지사가 상호작용하는 사회체계를 변화매개 체계, 클라이언트 체계, 표적체계, 행동체계, 전문가체계로 다시 제시하였다.

각 체계는 서로 연결되거나 중복되기도 한다. 변화매개 체계는 때때로 표적체계가 되기도 한다. 예를 들면, 사회복지사가 기관장에게 기관의 정책 혹은 규정을 변경하도록 설득을 하는 경우다. 때때로 클라이언트 체계와 표적체계가 같거나 클라이언트 체계가 표적체계에 포함될 수 있다. 가정폭력 문제로 상담을 받으러 온 부부에게 의사소통 방법을 배우도록 하는 경우다. 클라이언트 체계, 표적체계, 행동체계가 서로 같을 수 있다. 클라이언트인 부부의 의사소통 방식을 변화시키고 동시에 부부로 하여금 가정에서 배우자의 의사소통 방식을 점검하게 한다면 이 부부는 클라이언트 체계, 표적체계, 행동체계가 되는 것이다. 사회복지사가 전문가단체에 서비스를 제공한다면 이 단체는 전문가체계이면서 동시에 클라이언트 체계가 될 수 있으며, 전문가단체의 정책 변화를 시도한다면 전문가체계이면서 표적체계가 될 수 있고, 옹호활동에 동참하는 경우 전문가체계인 동시에 행동체계가 될 수 있다.

체계 이론은 문제와 쟁점을 이해하는 방법을 제공해 주나 구체적인 개입방법을 제공하는 것은 아니다(Mattaini & Meyer, 2002). 또한 체계 이론은 개인을 둘러싼 직접적인 환경에만 좁게 초점을 둔 나머지 개인의 삶에 거시적인 구조가 미치는 영향을 간과한다고 비판을 받는다(Healy, 2005). 체계의 균형이라는 개념으로 인해 만성적으로 지속되는 문제에 대해 체계유지 기능이나 부정적 피드백 같은 개념을 과도하게 강조하는 경향이 있다는 비판도 있다(Hudson, 2000).

2) 생태학적 관점의 주요 개념과 사회복지실천

생태학적 관점의 주요 개념은 다음과 같다.

(1) 적합성과 적응

적합성(goodness of fit)은 개인의 적응적 욕구와 환경의 속성 간의 조화를 이루는 정도를 의미한다(Germain & Gitterman, 1996). 즉, 개인의 욕구나 집단의 욕구, 권리, 목표, 능력과 특정한 문화적 · 역사적 맥락 속의 환경 간에 존재하는 적합성을 일컫는다. 인간에게 환경은 호의적일 수도 있고 비호의적일 수도 있는데, 호의적일 경우 지속적 발전을 도모하고, 사회적 기능을 원활하게 하며, 현재의 환경을 유지하거나 강화하므로 나름대로 적합성의 상태를 나타낸다고 할 수 있다. 개인의 욕구나 역량이 변화되어서 개인과 환경 간의 적합성이 증진될 수도 있다. 적합성은 인간과 환경 간의 계속적 교류를 반영하며 고정되어 있지 않고 상호 교류의 변화에 따라 변화한다. 따라서 부정적 교류가 거듭되면 인간발달과 건강, 사회적 기능이 손상된다.

적응(adaptation)은 환경을 변화시키거나 환경에 의해 변화되는 것을 포함하는 개인과 환경 간의 상호 과정을 일컫는다(Barker, 2014). 개인과 환경 간의 상호 교류는 적응적일 수도 있고 그렇지 못할 수도 있다. 적응은 인간이 환경에 대한 적응 수준을 유지하고 높이고자 작동시키는 지속적이고 변화 지향적이며 인지적 · 감각/지각적 · 행동적인 과정을 일컫는다(Greene, 1991). 생태학 이론에서는 적응상의 문제를 병리적으로 보지 않는다. 다만 개인적 욕구와 대처가 환경적 자원이나 지지와 일치되지 않는 것으로 간주한다.

(2) 역량

역량(competence)은 개인이 환경과 효과적으로 상호작용할 수 있는 능력으로 개인과 환경의 상호작용을 통해 형성된다. 화이트(White, 1959)는 역량을 개인의 존속을 위해 환경에 영향을 미치려는 선천적 욕구로 설명하였다. 역량의 발휘는 많은 부분이 환경에 달려 있다(Germain & Bloom, 1999). 역량은 환경과 성공적인 상호작용을 경험하는 데서 형성되는 것으로 일생에 걸쳐 확대될 수 있는 능력이다. 아동은 환경에 영향을 미친 경험이 축적되면서 환경을 탐색하고, 환경 속에서 새로운 것을 알게 되면서 역량을 발전시킨다. 성장과정의 사회적 환경과 물리적 환경은 지속적인 역량의 발전을 돕거나 방해할 수 있으며 선천적 동기를 억누를 수도 있다. 이것이 인종차별, 빈곤, 열악한 학교환경, 부적절한 보건 및 주거상태, 기회의 부족 속에서 성장하는 많은 아동들이 개인적 역량을 발전시키지 못하는 이유다.

(3) 스트레스와 대처

스트레스는 사회적 · 발달적 변화, 충격적 사건, 다양한 생활 문제 등의 요구가 자신이 활용할 수 있는 인적자원 혹은 환경자원을 초과하는 상황에서 야기된다. 즉, 개인과 환경 간의 상호 교류에서의 불균형이 야기하는 현상이 스트레스다(Germain & Gitterman, 1996). 스트레스는 생활 스트레스 요인에 대한 내적 반응으로 불안감이나 생리적 상태로 표출된다. 스트레스와 관련된 감정은 불안, 죄의식, 분노, 두려움, 우울, 무기력감 혹은 절망이며, 일반적으로 사회적 관계, 자신감, 자긍심, 자율성 측면에서 취약하거나 부족한 결과를 가져온다. 개인적 · 환경적 · 문화적 차이에 따라 어떤 사람들은 자신의 성장을 방해하는 생활 문제를 스트레스의 발생 요인으로 여기는 반면, 또 어떤 사람은 그런 생활 문제를 도전으로 경험한다.

대처는 생활 스트레스에 의해 발생하는 욕구를 해결해 나가기 위해 고안된 새롭고 특별한 행동이다. 성공적 대처는 내적 · 외적 자원에 달려 있는데, 내적 자원은 자부심, 문제해결 기술 등을 포함하며, 외적 자원은 가족, 사회적 관계망, 조직 차원의 지원 등을 포함한다(Greene, 1991). 성공적 대처는 개인과 환경 간의 조화를 향상시키고 보다 높은 수준의 사회적 관계, 자신감, 자긍심, 자율성을 발달시켜 적응 수준을 향상시킨다.

(4) 사회적 적소와 주거 환경

사회적 적소(niche)는 지역사회의 사회구조 속에 있는 특정한 사람들이 점유하는 지위 혹은 사회적 위치를 은유하는 용어다(Germain & Bloom, 1999). 사회적 적소는 긍정적 성장과 발전을 위한 기회를 주는 요소가 될 수도 있고 인간의 기본욕구조차 충족시키지 못하고 피할 수 없는 함정에 빠뜨리는 요소가 될 수도 있다(Sullivan & Rapp, 2006).

주거 환경(habitat)은 본래 유기체가 사는 물리적 · 지리적 주변 환경을 일컫는데, 사회복지실천에서의 개념은 문화적 맥락 속에 있는 물리적 · 사회적 환경을 말한다(Germain & Gitterman, 1996).

생태학적 사회복지실천은 사회적 적소로 인한 상호 교류를 통해 구조화되는 측면이나 주거 환경에 존재하는 사회적 · 기술적 오염을 감안하도록 강조하면서 사회적 적소와 주거 환경을 개입의 표적으로 설정할 수 있다.

(5) 미시체계, 중간체계, 외부체계, 거시체계

개인의 생태학적 환경은 미시체계, 중간체계, 외부체계, 거시체계로 구성되며 그 생태학적 환경은 한 구조가 그다음 구조 속에 겹치는 일련의 구조로 볼 수 있다(Bronfenbrenner, 1979).

미시체계는 가족, 또래집단과 같이 개인에게 직접적인 영향을 미치는 환경을 의미하며, 활동, 역할, 대인관계 등이 미시체계를 구성하는 요소들이다. 미시체계는 다른 생태학적 환경의 영향을 받는데, 예를 들어 역할 기대는 하위문화나 문화의 수준에서 비롯되기 때문에 미시체계의 한 요소인 역할은 상위체계인 거시체계에 그 근거를 두고 있다.

중간체계는 미시체계 간의 연결망을 일컫는다. 중간체계는 개인이 참여하는 두 가지 이상의 미시체계 간의 상호작용으로 형성된다. 중간체계는 발달단계에 있는 개인이 새로운 환경으로 이동할 때마다 새롭게 형성되거나 확대된다. 사회복지사가 중간체계에서 주목할 점은 각각의 미시체계에 존재하고 있는 발달을 촉진하거나 저해하는 특성들이 상호작용함으로써 발생하는 긍정적 혹은 부정적 효과다. 개인은 각 미시체계와 관련되어 각각의 역할을 수행하는데, 이 미시체계들 간의 연결이 제대로 이루어지지 못하면 어려움을 겪는다.

외부체계는 개인이 직접 참여하지는 않으나 그 개인에게 영향을 미치는 환경적 요소를 의미한다. 개인의 발달은 그 개인이 직접 속하지 않은 외부체계의 사건들에 의해서 많은 영향을 받으며 외부체계는 미시체계와 중간체계에 큰 영향을 미친다.

거시체계는 문화나 하위문화로 교육제도, 사회제도, 경제체제, 법체계, 종교 등을 포함하며, 미시체계, 중간체계, 외부체계에 포괄적으로 영향을 미치게 된다. 예를 들어, 사회복지정책은 거시체계의 일부로 인간 행동과 발달의 과정을 조정하는 미시체계, 중간체계, 외부체계의 구체적 속성을 결정하는 데 지대한 영향을 미친다.

생태학적 관점은 사회체계 이론과 함께 사회복지실천의 주요 실천틀로 간주된다. 일각에서는 사회복지실천에서 활용되는 생태학적 개념들을 과학적 용어가 아닌 은유(metaphor)로 간주해야 한다는 의견도 있다. 예를 들어, 생활 모델에 사용되는 주거 환경, 적소, 적응, 오염 등과 같은 생태학적 용어는 과학적 용어라기보다 탐구를 돕는 은유라는 것이다(Mattaini, 2008). 저메인과 지터먼(Germain & Gitterman, 1996)에 따르면 생태학적 은유는 사회복지사로 하여금 사람들을 돕고 인간의 성장과 건강, 그리고 사회적 기능의 만족스러운 수행을 지원하는 우호적인 환경을 조성한다는 사회적 목적을 실행하게 하는 데 도움이 된다. 생태체계적 시각을 가진 다른 입장에서는 이 개념들을 은유로 간주하는 것을 거부하며 이해를 위한 인식론적 틀이라고 주장한다(Meyer, 1995).

사회체계 이론은 주로 여러 요소들 간의 상호작용에 관심을 갖는 반면, 생태학적 관점은 역동적 상호 교류에 초점을 둔다. 상호작용하는 개인과 환경이 만나는 장소, 즉 공유 영역에서 일어나는 현상을 생태학적 관점에서는 상호 교류로 개념화한다. 상호 교류는 일종의 호혜적 상호작용으로 인간이 지속적으로 반복하여 그들의 환경을 형성하고 또 환경에 의해 개인의 삶이 형성되어 가는 순환적 과정을 의미한다. 순환적 과정이라는 의미는 문제의 원인과 결과를, 즉 어디가 문제의 출발점인지 단순하게 설명할 수 없음을 지적한다.

생태학적 관점에서 개입은 개인이나 환경에 대해서가 아니라 상호 교류 그 자체에 대해 이루어지게 된다. 개인과 환경 간의 적합성이 사회복지실천의 초점인 것이다(Germain & Bloom, 1999; Germain & Gitterman, 1996). 생태학적 관점은 유기체가 환경에 어느 정도 적합한가를 파악하는 것에 초점을 두기 때문에 사회복지사는 클라이언트와 환경 간의 적합성을 검증해 그것이 문제에 어느 정도의 영향을 미치는지를 파악한다. 생태학적 관점은 다양한 부분들, 그리고 인간과 환경이 공유하는 영역의 경계에서 발생하는 상호작용과 상호 교류를 강조함으로써 환경 속의 인간에 대한 관점을 강화한다(Timberlake, Farber, & Sabatino, 2002).

생활 모델은 생활과정(life course) 개념을 강조하는데, 생활과정은 생활주기 개념을 대체하는 용어다. 생활과정은 인간발달을 다양한 환경과 문화 속에서의 생물심리사회적 발달로 보는 생태학적 견해를 갖는다. 또한 생활 모델은 스트레스를 강조하는데, 이것이 인간과 환경 간의 적응적 교류의 균형이 깨지면서 발생한다고 보았다. 따라서 생활 모델에서는 문제 정의를 병리적 상태가 아닌 생태체계의 여러 요소들 간의 상호작용 결과인 생활상의 문제로 정의한다(Germain & Gitterman, 1996).

치료적 전통과 개혁적 전통을 통합하는 생활 모델은 생활상의 문제로 인한 긴장이 상호 관련된 세 가지의 생활 영역에서 발생한다고 보면서 이 세 가지 영역에 관련되는 생활 문제에 초점을 두어야 한다고 주장하였다. 생활 모델은 문제의 원천이 생활상의 변천, 과도한 압력을 가하고 클라이언트에 대한 반응이 부적절한 환경, 일치되지 않는 상호 기대 혹은 착취관계나 의사소통의 단절과 같은 대인관계라고 보았다. 이를 좀 더 자세히 살펴보면 다음과 같다.

첫째, 생활 변천은 생활주기상의 변화와 관련된 과업에 수반된 문제와 욕구를 발생시킨다. 생활의 변천은 새로운 요구를 부과하며 새로운 과정을 요청한다.

둘째, 환경의 압력은 환경의 제 요소를 활용하거나 영향을 미치는 것에 관련된 과업에 수반되는 문제와 욕구를 발생시킬 수 있다. 환경은 생활의 변천을 지지하거나 방해할 수 있으며, 환경 자체가 긴장의 원천이 될 수도 있다.

셋째, 대인관계는 생활주기상의 변화 혹은 환경적 압력을 대처해 나갈 때 가족이나 집단의 활동을 가로막는 대인적 장애에 수반되는 문제와 욕구를 발생시킬 수 있다. 생활 변천이나 지지적이지 않은 환경을 다루는 데 있어서 대인관계 방식으로 인해 긴장이 야기될 수 있다. 일치되지 않는 상호 기대, 착취적인 관계, 의사소통의 단절이 긴장의 원천이 된다.

생태학적 접근에서는 모든 스트레스 상황이 실제 스트레스를 반드시 유발하는 것은 아니라는 점에 주목한다. 스트레스는 환경의 요구와 적절한 내적·외적 자원으로 그 요구를 충족시킬 수 있는 능력 간의 불균형의 결과라고 볼 수 있다. 또한 스트레스 유발 여부는 개인적·환경적 상황 및 특정 사건에 대한 인지방식에 의해 좌우된다. 따라서 생활 모델에서는 외부 세계를 통제할 수 있는 인지능력을 강조한다. 실제적으로 개인과 환경 간의 적합성은 개인마다 편차가 있다. 억압적인 사회적·물리적 환경 속에서 사람들은 탁월한 적응을 하는 사람, 손상된 기능을 나타내거나 기생적 착취를 하는 사람, 개인적으로 파탄 상태가 되거나 가족이 해체되는 사람 등 다양한 양상을 보인다.

생태체계적 관점에서 개입의 대상은 환경과 상호작용하는 개인, 가족, 지역사회, 전체사회다(김경호, 2010). 개입의 목표는 개인 차원에서는 개인의 대처능력, 즉 성장, 독립성, 자존감, 문제해결 능력 등을 강화하는 것이며, 환경 차원에서는 환경을 개선하기 위한 지역자원 활성화, 지역사회 조직화, 입법 활동, 옹호활동 등으로 개인과 환경 간에 높은 적합성이 이루어지게 하는 것이다. 따라서 생활 모델의 개입방법에는 특정 방법이 없으며, 절충주의적 개입방법으로 개인, 환경, 개인과 환경 간의 상호 교류 영역에 초점을 둔 원조활동을 한다. 생활 모델에 근거한 개입은 개인-환경 관계 강화와 지지가 핵심이며 스트레스 요인을 다루는 과정에서 개인의 대처기술과 환경적 자원이 조화를 이루게 하는 것이다. 사회복지사는 허용, 탐색, 명료화, 동기부여, 안내, 촉진, 조정, 중재, 옹호, 개혁, 조직화, 영향력 행사 등의 기술을 사용한다. 따라서 생활 모델에서는 원조활동 영역이 광범위하고 사회복지사의 역할 또한 조력자, 교육자, 촉진자, 중재자, 옹호자, 조직가, 개혁가로의 역할 확대가 두드러진다.

체계 이론과 마찬가지로 생태학적 관점도 사정과 개입을 위한 일반적인 지침을 제공하지만 구체적인 개입방법까지 포함하고 있지는 않다(Germain & Gitterman, 1996; Mattaini & Meyer, 2002).

5. 실천지혜

사회복지실천 관련 지식의 상당 부분은 과학적 방법에 의해 엄격하게 검증되지 않은 실천지혜로 일컬어지는 지식이다. 『사회복지사전』에서는 실천지혜를, 사회복지사로서 일을 해 나가는 데 있어서 실용적으로 도움이 되는 정보, 전제, 이념, 판단을 일컫는 것으로 정의하고 종종 상식적 판단력과 동일시된다고 설명하고 있다(Barker, 2014). 또한 실천지혜는 실증적 분석이나 체계적 분석을 해 보면 증명이 안 될 수도 있으며 일반적인 이론과 다를 수도 있다고 설명하고 있다.

클라인과 블룸(Klein & Bloom, 1995)은 실천지혜가 단순한 지식 이상을 의미한다고 하였다. 즉, 실천지혜란 클라이언트 상황에 대한 현상학적 이해와 과학적 지식의 사용을 통해 도출된 개인적인 지식이며 가치가 반영된 지식이라는 것이다. 이와 유사하게 골드스타인(Goldstein, 1990)도 실천지혜를 지식, 통찰, 기술, 가치의 증진으로 기술하면서 역량의 관점에서 논의하였다.

사회복지사는 클라이언트와 함께 문제해결을 하는 원조과정과 경험에서 많은 실천 원칙들을 개발해 왔다. 이러한 원칙들이 보통 실천지혜로 간주되는데, 종종 가치를 수반하고 실용적인 지침을 제공한다. 예를 들면, '클라이언트가 있는 지점에서 시작하라.' '클라이언트의 페이스에 맞추어라.'는 사회복지실천의 오래된 원칙으로 클라이언트와 협력하는 것이 중요하다는 가치가 반영되어 있다(Bogo, 2006). 실천지혜로서 '클라이언트가 있는 지점에서 시작하라.'를 클라이언트와의 면접에서 적용해 보자. 클라이언트가 있는 지점에서 시작한다는 것은 클라이언트가 자기 문제나 상황에 관해 가장 전문가라는 것을 인정하면서 클라이언트의 페이스에 맞추어서 면접을 진행한다는 전제를 가진다. 사회복지사는 먼저 클라이언트가 긴장을 풀고 편안함을 느끼도록 분위기를 만든다. 그리고 클라이언트의 이야기를 충분히 경청하면서 클라이언트에게 질문, 의견, 제안을 어떻게 할지 윤곽을 잡는다. 클라이언트의 이야기를 먼저 경청하는 것은 클라이언트의 관점에서 그의 상황과 문제점을 볼 수 있게 하고 클라이언트에 관한 선입견을 없앨 수 있다. 변화해야 하는 사람이 클라이언트이기 때문에 사회복지사의 관점이나 상황 판단이 더 나을지라도 클라이언트가 있는 지점에서 시작하는 것이 면접을 효과적으로 이끌고 궁극적으로 실천의 효과를 더욱 높일 수 있다.

또한 현장에서의 개인적 경험에 근거해서 효과적이라고 믿는 구체적인 업무방식이나 클라이언트와의 관계 형성을 위한 전략들도 실천지혜에 포함될 수 있다. '비협조적인 클라이언트의 경우 정서적 문제를 탐색하기 전에 클라이언트의 구체적 욕구를 먼저 충족시켜 실질적으로 유익한 경험을 하게 하는 것이 중요하다.'와 같은 것이 그러한 예다. 경험이 풍부한 사회복지사는 실질적으로 도움이 될 수 있는 이러한 실천지혜들이 오랜 실무 경험에 의해 잘 축적되어 있다.

앞서 언급한 클라인과 블룸(1995) 그리고 골드스타인(1990)은 실천지혜를 가치와 연결해서 논의하였는데, 실증적 연구를 통해서도 실천지혜는 실천가치의 적용에 도움을 주는 것으로 보고된 바 있다. 한 연구 결과에 의하면 사회복지사는 윤리적 결정을 해야 할 때 실천지혜에 가장 의존하는 것으로 나타났다(Dolgoff & Skolnik, 1996). 이 연구에서는 윤리적 갈등이 있는 6개의 예를 주고 각각의 갈등을 어떠한 방식으로 해결할 것인지 사회복지사들에게 질문하였는데, 실천지혜가 80%로 가장 높았고 그다음이 윤리강령으로 38%였다.

사회과학 영역에서 사회복지학이 유일하게 실천지혜라는 용어를 사용하고 있는 것은 사회복지실천의 특성에서 비롯되는 것으로 생각할 수 있다. 사회복지사는 원인을 모르거나 설명이 안 되는 변수들이 많은 환경에서 실천활동을 해야 한다(Dybicz, 2004). 이론적으로 설명이 안 되거나 복합적인 요인들이 작용하는 문제들이 많고, 관련된 사람과 체계들이 역동적으로 상호작용하는 환경 속에서 과학적 검증을 거쳤다고 일컬어지는 지식의 적용은 현실적인 한계를 드러낼 수 있다. 이러한 점이 과학적으로 엄격하게 검증되지 않은 실천지혜가 효과적인 사회복지실천을 위한 지식 기반에 포함되는 이유 가운데 하나다.

실천지혜의 중요성을 인정하고 그 가치를 존중해야 하지만 동시에 실천지혜의 오류 위험성에 대한 주의도 필요하다. 예를 들어, 중독 분야에서 활동하는 사회복지사는 종종 중독자의 아내를 공동의존자로 설명한다. 공동의존자는 다른 사람의 행동이 자신에게 영향을 미치도록 허락하고 사람의 행동을 통제하는 데 강박적인 사람을 일컫는다. 공동의존 개념은 협조자 역할을 하는 아내가 술이나 약물에 중독된 배우자에게 지나친 관심을 보여 그들을 계속 중독 상태에 머물도록 만든다는 것이다. 공동의존 개념이 널리 알려지고 많은 사회복지사들이 이에 근거해 개입하고 있지만 이에 대해 의심하는 시각도 많다(Collins, 1993). 파괴적이고 학대적인 관계에서 빠져나오지 못하는 이유가 공동의존이라는 병리적 요인 때문이 아니라 사회경제적인 외부 요인일 수도 있다는 것이다.

존슨과 얀카(2010)는 실천지혜가 다양성과 개별화를 존중하고 사람들과 환경 속에서 강점을 파악하는 능력을 포함해야 한다고 강조한다. 유용한 실천지혜를 얻기 위해서 사회복지사는 클라이언트의 삶과 클라이언트와 함께 공유한 경험을 가치 있게 여기고 그 삶과 경험에서 새로운 것을 터득하는 데 개방적이어야 한다. 사회복지사는 개입의 초점을 '무엇이 없는가?'가 아닌 '무엇이 가능한가?'에 두어 클라이언트가 단점이나 한계보다 강점과 능력을 경험하게 돕는 것이 중요하다. 이렇게 함으로써 클라이언트의 역량을 강화할 수 있을 뿐만 아니라 사회복지사 자신이 성장하고 자신의 지식 기반을 강화할 수 있다.

제5장

사회복지실천의 가치와 윤리

1. 사회복지실천과 가치

가치란 개인, 집단 혹은 사회가 지닌 원칙, 목표 혹은 기준으로 정의된다(Gambrill, 2013). 개인이 지향하는 가치는 그 개인의 일상생활에서의 선택과 행동을 좌우하고, 집단이 공유하는 가치는 집단 차원의 선택과 행동의 결정요인이 되며, 사회적 가치는 그 사회가 지키는 원칙이나 추구하는 목표에 반영된다. 전문직 가치는 전문직이 중요하게 생각하는 것의 결집체로, 이는 전문직이 추구하는 목적과 연결된다(우국희 외, 2016). 컴튼과 갤러웨이(Compton & Galaway, 1999)는 사회복지실천 가치가 사회복지사의 일상적 활동에 반영되어 전문직의 실천 방향을 제시해 준다고 하였다. 사회복지실천에서 가치가 강조되는 것은 무엇보다도 클라이언트에게 효과적인 서비스를 제공하고 해를 입히지 않기 위해서다.

존슨과 얀카(Johnson & Yanca, 2007)는 가치가 사회복지실천에 있어서 어떠한 작용을 하는지, 노인 클라이언트를 만나는 사회복지사의 예를 들어 다음과 같이 설명하고 있다.

> "자신이 어떠한 가치를 갖고 있는지 이해하는 것은 특히 노인을 대상으로 일할 때 중요하다. 젊음, 건강, 체력, 육체적 아름다움을 숭배하는 우리 사회에서 노화와 노인에 대한 부정적인 태도가 만연하다. 이러한 점이 노인의 자아존재감에 영향을 미친다. 사회복지사는 이러한 사회적 가치에 영향을 받아서 노인에 대한 부정적인 태도가 노인 클라이언트와의 관계에 어떻게 영향을 미치는지 미처 깨닫지 못할 수 있다. 사회복지사는 노인들은 다 비슷하고, 신뢰할 수 없으며, 새로운 것을 배울 수 없다는 식의 노년에 관한 선입견을 갖지 않도록 주의해야 한다. 연령차별 또는 노인에 대한 차별적인 행동은 가치관에 그 근원이 있다. 이러한 차별은 사회복지실천의 윤리강령에도 위배된다.
>
> 사회복지사는 노인 클라이언트의 자기 결정과 비밀보장에 대한 권리를 무시하지 않도록 주의하고 클라이언트가 원하는 것보다 기관의 규칙과 가족이 원하는 것을 더 중요하게 여기지 않도록 주의해야 한다. 삶의 질과 관련된 문제에 대해서 판단하는 것이 종종 어려울 때가 있지만 노인 클라이언트가 무엇을 삶의 질로 생각하는지 사정평가하고 가능한 한 이를 반영한 서비스를 제공해야 한다.
>
> 노인을 대상으로 일할 때 죽음과 임종에 대한 가치관이 흔히 반영된다. 많은 젊은 사회복지사들이 이러한 영역을 피하려고 하나 노화과정을 다루려면 죽음을 이해하는 것이 필요하다. 사회복지사가 죽음과 관련된 문제를 가진 노인을 돕기 위해서는 자신의 삶에서 죽음에 대해 성찰할 필요가 있으며 이러한 주제에 대해 편안해져야 한다.
>
> 노인을 대상으로 일하는 사회복지사는 사회복지실천 윤리뿐만 아니라

사회적 가치, 자신의 가치관, 클라이언트의 가치관을 모두 고려할 필요가 있다. 이 가치들은 종종 일치하지 않을 수 있다. 노인들이 경험하는 차별 때문에 혹은 노화에 관한 사회적 신화를 믿기 때문에 사회복지사는 종종 감정적으로 된다. 노인 클라이언트를 대상으로 일할 때 사회복지사의 최우선 과제는 그 상황 속에 있는 가치와 관련된 문제점들을 확인하는 것이다."

앞서 설명했듯이 사회복지실천에는 사회복지전문직이 추구하는 가치, 사회적 가치, 사회복지사와 클라이언트의 개인적 가치관 등 다양한 가치 관련 요소들이 작용하게 된다.

유능한 사회복지사가 되려면 무엇보다도 높은 수준의 자아 인식이 필수적이다. 사회복지사는 자신의 개인적 문제와 취약한 영역을 포함하여 자신의 욕구, 감정, 사고, 행동에 대한 자아 인식을 발전시켜야 클라이언트에 대해 객관성을 가지고 반응할 수 있게 된다. 사회복지사의 개인적 감정, 생각, 반응 등과 같은 요소들은 실천가로서의 판단과 활동에 도움이 되기도 하지만 때로 방해가 되기도 한다. 자아 인식이 부족하고 이를 추구하기 위한 동기가 약한 사회복지사는 자신이 클라이언트에게 영향을 미치는 방식에 대해 인식하지 못한 채 행동할 수 있다.

자아 인식은 사회복지사로서 어떻게 행동할지에 관해, 즉 전문적 역할 수행에 있어서든 혹은 개인적 생활에 있어서든 사려 깊은 선택을 하게 한다 (Caspi & Reid, 2002). 우리는 자신이 다른 사람과 다른 개인적 관점을 갖고 있다는 점을 종종 잊어버린 채 세상을 본다. 다음에 제시된 주장들이 이에 대해 생각해 보도록 도울 것이다(Doel & Shardlow, 2005). 우선 다음에 제시된 12가지 주장 중 어느 것에 동의하고 어느 것에 반대하는지 생각해 보라.

- 피는 물보다 진하다.
- 고생 끝에 낙이 있다.

- 여자는 예측 불허다.
- 우리 모두 속마음은 본질적으로 같다.
- 사람들은 책임이 있다고 일깨우는 것을 좋아하지 않는다.
- 일반적으로 사람은 합리적으로 반응한다.
- 남자 동성애자는 여자를 잘 이해한다.
- 지역사회에는 선한 마음을 가진 사람들이 많다.
- 상황이 변해도 사람은 결코 변하지 않는다.
- 남자는 한번에 두 가지 이상의 일을 할 수 없다.
- 아동기가 인생에서 가장 좋은 시기다.
- 상대방의 입장이 되어 보기 전까지 그 사람을 절대 판단하지 말아야 한다.

그리고 이 12가지 주장에 대한 자신의 반응을 다른 사람들의 것과 비교해 보고 다른 사람과의 차이점과 유사점이 자신에 관해 무엇을 말해 주는지 생각해 보라. 세상을 바라보는 개인적 가치관은 고정되어 있는 것이 아니다. 전문가로서 훈련을 받음으로써 자기 자신과 세상을 보는 관점에 대한 이해를 확장시킬 수 있다.

브릴과 레빈(Brill & Levine, 2002)은 유능한 사회복지사의 가치체계에 관해 다음과 같이 제시하고 있다.

- 유능한 사회복지사는 자신의 가치관의 적절성에 관해 어느 정도 알고 있지만 감지하기 어려울 정도로 깊이 내면화되어 있는 가치체계가 있다는 것도 인식해야 한다.
- 유능한 사회복지사는 자신의 편견이 무엇인지 의식하기 위해 가능한 모든 방법을 활용한다. 가장 유용한 도구는 자신이 편집증적으로 다른 사람들을 평가하는지에 민감해지는 것이다. 그는 '항상 밝은색 옷을 입고 시끄럽게 말한다'든가, '잔디를 깎지 않는다'든가, '가족을 부양하지 않

는다'든가, '소득세를 탈세한다'든가, '혼외 임신을 한 것 같다'는 등 우리가 타인들을 단정 지으며 말하는 무수한 예들이 있다. 사회복지사는 자신의 이러한 면들을 의식하고 인정함으로써 편견을 극복하는 한 걸음을 내딛게 된다.

- 유능한 사회복지사는 자기 자신과 자신의 가치관을 객관적이고 합리적으로 평가해야 한다. 자신의 가치관의 근원과 그 가치관에 부합되는 목적을 생각해 보고 이것이 타인에게 어떻게 받아들여지는지 생각해 보아야 한다.
- 유능한 사회복지사는 이러한 평가에 근거해 필요한 경우 자신의 가치관을 변화시켜야 한다. 개인적 생활양식을 결정하는 클라이언트의 가치관이 그의 욕구를 충족시키고 파괴적이지 않으면 사회복지사는 클라이언트의 견해, 즉 자신과의 가치관의 차이를 인정해야 한다.

사회복지사는 이러한 자아 인식을 통해 자신에 대해 더 많이 알게 되고, 자신의 내적인 경험을 더 잘 이해하고 수용하며, 다양한 상황 속에서 일할 수 있는 역량을 증진시키게 된다.

2. 사회복지전문직의 가치

바틀렛(Bartlett, 1970)은 사회복지실천의 공통 기반을 모색하면서 "가치란 선하고 바람직한 것으로 질적인 판단이며, 경험적으로 증명될 수 없다."라고 하였다. 사회복지실천의 규범적 특성은 사회복지실천이 가치중립적일 수 없다는 것을 의미한다.

미국사회복지사협회(NASW, 1999)의 윤리강령 전문에서는 "사회복지전문직의 사명은 일련의 핵심 가치에 근원이 있다. 사회복지전문직의 역사를 통해 실현되어 온 이 핵심 가치들이 사회복지실천의 고유한 목적과 관점의 기초가 된다."라고 밝히고 있다. 사회복지실천의 가치와 윤리를 저술한 스트롬-고트프리드(Strom-Gottfried, 2008)는 사회복지전문직의 가치가 사회복지실천의 기원과 특성을 반영하는 이상(ideal)에 대한 핵심 신념을 일컫는다면서 윤리강령에 근거해 사회복지전문직의 여섯 가지 핵심 가치를 서비스, 사회정의, 개인에 대한 존중과 가치, 인간관계의 중요성, 성실, 능력으로 제시하였다. 바커(Barker, 2014)도 『사회복지사전』에서 사회복지실천의 가치를 미국사회복지사협회 윤리강령에 근거해 이 여섯 가지로 제시하였으며, 갬브릴(Gambrill, 2013)과 글리켄(Glicken, 2007)도 사회복지실천의 핵심 가치를 윤리강령에 근거해 동일하게 여섯 가지로 제시한 바 있다. 여섯 가지 핵심 가치들을 살펴보면 다음과 같다.

첫째, 서비스는 사회복지사의 일차적 목적이 어려움에 처한 사람을 돕고 사회문제에 대처하는 것이라는 윤리적 원칙의 기초가 된다. 사회복지사는 개인적 이익을 떠나서 다른 사람들에게 서비스를 제공한다. 사회복지사는 어려움에 처한 사람을 돕고 사회문제에 대처하기 위해 자신의 지식, 가치, 기술을 활용한다. 사회복지사는 경제적 보상을 기대하지 않은 채 자신의 전문적 기술을 일정 정도 무료로 봉사하도록 권장된다.

둘째, 사회정의는 사회복지사는 사회적 불공평에 도전한다는 윤리적 원칙의 기초가 된다. 사회복지사는 약하고 억압받는 개인, 집단과 함께 그리고 그들을 대신해서 사회 변화를 추구한다. 사회복지사의 사회 변화 노력은 빈곤, 차별, 기타 사회적 불공평 문제에 주로 초점을 맞춘다. 이 활동들은 억압과 문화적·종족적 다양성에 대한 민감성과 지식을 확장하고자 한다. 사회복지사는 필요한 정보, 서비스와 자원에 대한 접근, 기회의 평등, 의사결정에 모든 사람들의 의미 있는 참여를 보장하기 위해 노력한다.

셋째, 개인에 대한 존중과 가치는 사회복지사가 개인 고유의 존엄성과 가치를 존중한다는 윤리적 원칙의 기초가 된다. 사회복지사는 배려하고 존중하면서 개인적 차이와 문화적 · 종족적 다양성을 고려하여 사람을 대한다. 사회복지사는 클라이언트가 사회적으로 책임 있는 자기 결정을 하도록 돕는다. 사회복지사는 클라이언트가 변화하고 자신의 욕구를 충족시키는 능력과 기회를 증진하도록 돕는다. 또한 사회복지사는 클라이언트에 대한 책임과 사회에 대한 책임 모두를 인식한다. 사회복지사는 전문직의 가치, 윤리적 원칙, 윤리적 기준에 일치되는, 사회적으로 신뢰할 수 있는 방식으로 클라이언트의 이익과 사회의 이익 간의 갈등을 해결해야 한다.

넷째, 인간관계의 중요성은 사회복지사가 인간관계의 중요성을 인정한다는 윤리적 원칙의 기초가 된다. 사회복지사는 사람들 간의 관계가 변화를 위한 중요한 매개체임을 알고 사람들을 원조과정에 파트너로 참여시킨다. 사회복지사는 개인, 가족, 집단, 조직, 지역사회의 복지를 촉진하고 회복하며 유지하고 증진시키기 위한 목적으로 사람들 간의 관계를 강화한다.

다섯째, 성실은 사회복지사가 신뢰할 수 있는 태도로 행동해야 한다는 윤리적 원칙의 기초가 된다. 사회복지사는 사회복지전문직의 사명, 가치, 윤리적 원칙, 윤리적 기준을 인식하고 이와 일치하는 방식으로 실천한다. 사회복지사는 정직하고 책임 있게 행동하며 소속되어 있는 조직에 기반하여 윤리적 실천을 한다.

여섯째, 능력은 사회복지사가 충분한 능력을 가진 영역 내에서 실천하며 전문성을 발전시키고 향상시켜야 한다는 윤리적 원칙의 기초가 된다. 사회복지사는 전문적 지식과 기술을 증진시키고 이를 실천에 적용하기 위해 지속적으로 노력하도록 기대된다. 사회복지사는 사회복지전문직의 지식 기반 구축에 기여하도록 노력해야 한다.

팀버레이크, 파버, 그리고 사바티노(Timberlake, Farber, & Sabatino, 2002)는 사회복지사가 개인과 환경 모두와 관련된 역동적 가치 기반을 가지고 개인과 환경의 공유 영역에 관여한다고 가정하고 〈표 5-1〉과 같이 기본 가치를 정리하였다. 이 가치 기반은 모든 사회복지실천에 근본이 되는 필수적인 구

〈표 5-1〉 사회복지실천의 기본 가치

개인	상호 교류	환경
개인의 존엄성과 가치	실천원칙 윤리강령	민주사회 복지사회

출처: Timberlake, E. M., Farber, M. Z., & Sabatino, C. S. (2002). *The general method of social work practice: McMahon's generalist perspective.*

성요소다.

3. 사회복지실천의 가치 갈등과 해결책

실천현장에서 사회복지사는 자신의 개인적 가치, 전문직이 추구하는 가치, 클라이언트의 개인적 가치, 사회의 가치에 의해 영향을 받으며 이러한 가치들 간의 갈등으로 인한 어려움을 윤리적으로 해결해 나가야 한다. 가치와 윤리는 연관되지만 구별되는 개념으로, 가치는 일반적이고 추상적이나 윤리는 가치와 일치되는 행동을 지시하는 행동의 규칙이라고 할 수 있다. 가치가 무엇이 선하고 바람직한가에 관심이 있다면 윤리는 무엇이 옳고 그른가를 다룬다(Loewenberg & Dolgoff, 1996). 그런 점에서 사회변동이 심한 현대사회 속에서 사회복지사는 독특하고 전례 없는 윤리적 쟁점과 도전에 직면할 수 있다.

어떤 측면에서 보면 사회복지전문직이 경험하는 많은 윤리적 쟁점들은 관례적이며 상대적으로 간단하다. 예를 들면, 비밀보장이 된 정보를 공개하기 전에 클라이언트의 동의를 얻어야 하며, 클라이언트의 자기 결정권을 존중하고 법을 준수해야 한다는 것 등이다. 이와 같이 각각은 단순한 일반적 의무지만 이 일반적 의무들조차 서로 충돌하고 윤리적 갈등을 야기할 수 있다. 이러한 상황에 직면할 때 사회복지사는 갈등을 일으키는 의무들 중 어느 것이 우선시되어야 하는지 결정해야 한다.

사회복지사는 다양한 윤리적 갈등에 직면하는데 개인 클라이언트, 가족, 소집단을 대상으로 하는 직접적 실천에서 주로 일어나는 윤리적 갈등을 살펴보면 다음과 같다(Reamer, 2006).

① 비밀보장과 사생활보호

클라이언트의 동의가 없거나 클라이언트가 원하지 않는 정보를 공개할지 여부를 결정해야 할 때 윤리적 갈등이 발생한다. 예를 들어, 클라이언트가 제삼자를 심각하게 위협할 때나 자신을 심하게 다치게 할 때 혹은 아동이나 노인을 학대하거나 방임한 사실이 드러날 때, 이러한 갈등이 발생한다. 사회복지사와 클라이언트 간의 비밀보장 약속은 면책특권에 해당되지 않으므로 사회복지사는 클라이언트에 관한 정보를 공개하도록 법적으로 요청받을 수도 있다. 예를 들어, 클라이언트의 배우자가 자녀양육권 분쟁의 일환으로 상담기록을 요구할 때가 그러한 경우다.

② 클라이언트의 자기 결정권과 전문적 간섭주의

일반적으로 자기 결정권이 존중되지만 사회복지사의 전문적 판단으로 클라이언트의 행동 혹은 잠재적 행동이 클라이언트 자신이나 다른 사람에게 심각하고 긴급한 위험을 초래할 것으로 예상되는 예외적 상황에서 윤리적 갈등이 발생한다. 이러한 경우 전문적 판단에 근거해 개입하는 것이 전문적 간섭주의다. 예를 들어, 클라이언트가 자해하는 것을 막기 위해 클라이언트의 자기 결정권을 제한하는 것을 전문적 간섭주의라고 볼 수 있다.

③ 전문가 경계선과 이해관계 충돌

사회복지사는 클라이언트와의 관계에서 분명한 경계선을 유지하도록 훈련되어 있다. 이해관계의 충돌은 클라이언트에 대한 사회복지사의 서비스나 관계가 다른 클라이언트, 동료, 사회복지사 자신 또는 제삼자와 관련된 결정이나 행동 때문에 타협되어야 하는 경우를 의미하며, 이러한 경우에 갈등이 발생한다. 많은 이해관계 충돌 사례들이 클라이언트와의 경계선 문제 혹은 이중관계, 다중관계를 포함한다. 클라이언트와의 성관계나 사업관계처럼 명백하게 비윤리적인 것도 있으나 모호하고 주의 깊은 분석이 요구되는 이중관계도 있다. 예를 들어, 좁은 지역사회의 사교모임에서 클라이언트를 만나는 것을 피할 수 없는 사회복지사의 경우 이를 이중관계로 간주하고 비윤리적이라고 보기 어렵다.

④ 성실의 의무

기관 소속 사회복지사는 기관장의 결정이나 기관 중심의 실천 활동이 클라이언트에게 유해하다고 여길 때 클라이언트의 이익과 기관의 이익 사이에 윤리적 갈등을 경험하게 되고 누구의 이익이 우선순위가 되어야 할지 선택해야 하는 성실의 의무 관련 문제에 부딪히게 된다. 클라이언트가 준수하도록 되어 있는 기관의 규정 중에 불합리한 내용이 있는데 클라이언트가 그 규정을 위반하고 있는 경우 사회복지사는 클라이언트를 옹호해야 할지, 기관의 규정을 준수할 의무를 다해야 할지에 대한 윤리적 갈등을 해결해야 한다.

⑤ 전문가 가치와 개인적 가치

사회복지사의 개인적 가치가 실천가치 혹은 고용주나 조직의 공식적 입장과 충돌할 경우 갈등이 발생한다. 사회복지사가 중요한 공공정책 쟁점에 대한 고용주의 정치적 결사체나 입장에 반대할 때가 그와 같은 경우다. 또는 사회복지사의 개인적 가치가 클라이언트의 개인적 가치와 충돌할 수도 있다. 클라이언트가 불법적 활동 혹은 비도덕적 행동을 하는 경우에도 가치 충돌이 일어난다.

사회복지사가 지역사회 조직화, 옹호와 사회행동, 사회정책과 계획, 사회복지행정과 같은 간접적 실천에서 주로 경험하는 윤리적 갈등을 살펴보면 다음과 같다(Reamer, 2006).

① 제한된 자원의 할당

사회복지사들은 충분한 자원을 찾고 얻기 위해 노력하지만 제한된 자원으로 인해 이용 가능한 자원이 최선의 할당이 되기 위해서는 종종 어려운 결정을 내려야 한다. 사회복지사는 자원 할당 기준을 자격이 있는 사람들에게 동일하게 할 것인지, 순차적으로 할 것인지, 객관적 욕구에 근거할 것인지, 소수자 우대 조치로 할 것인지 결정해야 한다.

② 정부와 민간 영역의 사회복지 관련 책임

사회복지실천과 정부 간 관계는 어떤 시점에서는 파트너십을 잘 유지하면서 긍정적으로 발전하기도 하고 어떤 시점에서는 정부지원 프로그램이 크게 축소되는 갈등을 겪기도 한다. 이러한 관계는 시민에 대한 정부의 의무와 관련된 윤리적 쟁점을 주로 야기한다. 지역사회 주민들이 거주지 가까운 위치에 사회복지시설이 들어오는 걸 격렬하게 반대하면서 집단행동에 나서는 경우를 생각해 보자.

③ 규정과 법의 준수

사회복지 행정을 맡고 있거나 지역사회 조직화를 하는 사회복지사는 때로 정당하지 않은 규정 및 법과 부딪힌다. 사회복지사의 윤리적 의무가 법, 규정과 충돌할 때 윤리적 갈등이 발생한다. 이러한 경우 사회복지사는 갈등의 해결을 위해 자문, 중재, 로비, 기타 사회 행동을 통한 적극적 조치를 취해야 한다.

④ 조직 차원의 윤리

사회복지 행정가들은 일선 실무자, 관리직인 상급자, 기관 이사회 간에 갈등이 있을 경우 윤리적 갈등 상황에 처하게 된다. 또한 사회복지사들도 노사 갈등 상황에 놓일 수 있다. 사회복지사가 파업에 참여하는 동안 서비스를 받지 못하게 되는 클라이언트 문제를 어떻게 해결할 것인지 윤리적 갈등이 발생하게 된다.

⑤ 연구와 평가

연구와 평가와 관련해서도 많은 갈등이 발생한다. 연구 목적을 위해 통제집단에 배정된 클라이언트에게 서비스를 보류해야 하는 경우, 응답자가 제삼자에게 해를 끼쳤다는 것을 암시하는 리서치 인터뷰에서 드러난 정보를 비밀보장을 깨뜨린 채 공개해야 하는지 여부, 고지된 동의 양식에 서명하는 능력이 의심스러운 응답자를 면접해야 하는지 여부, 응답자에게 영향을 미치는 것을 피하기 위해 연구의 목적을 감추는 것 등이 바로 그러한 갈등이다.

⑥ 속임수

솔직한 의사소통이 전문가와 클라이언트, 전문가 간의 관계에 중요하다고 기본적으로 전제하지만 사회복지 행정가, 계획가, 연구자, 지역사회 조직가는 때로 약간의 속임수가 필요하고 정당화될 수 있다고 믿는다. 예를 들어, 평가를 잘 받기 위해 기관의 서류들을 점검하는 과정에서 빠져 있는 중요한 정보들을 추가하면서 기록을 수정하지 않은 것처럼 위장한다면 이것은 윤리적 문제가 된다.

⑦ 내부 고발

동료의 비윤리적 행동을 사법 당국에 신고해야 하는 의무는 클라이언트와 일반인들을 비윤리적인 전문가로부터 보호하기 위한 조치이나, 고발된 비윤리적 동료는 물론 때로는 신고한 사회복지사에게도 부정적 결과가 뒤따르는 갈등을 야기한다. 사회복지사 윤리강령은 동료의 부적격함을 알게 된 사회복지사는 그 동료를 상담하고 시정 조치를 취하도록 동료를 도와야 한다고 규정하고 있다. 또한 그 동료가 부적격 문제를 해결하기 위한 적정한 조치를 취하지 않는다면 그다음 단계로 규정되어 있는 기관과 협회 등의 조직을 통한 행동을 하도록 되어 있다. 그러나 이러한 규범적 기준과 달리 현실적으로는 부적격 행동을 한 당사자는 물론 기관과 전문직 단체조차 비밀보장이 되어야 하는 클라이언트 정보를 내부 고발자가 폭로했다고 주장하면서 신고한 사회복지사를 역으로 공격하거나 부적격 문제를 공론화하려는 노력을 방해할 수 있다.

가치 갈등의 해결책은 사회복지실천의 윤리적 원칙을 탐색하는 데서 모색해 볼 수 있다. 비스만(Bisman, 1994)은 사회복지실천 관련 문헌에서 오랫동안 논의되어 왔던 윤리적 원칙인 비밀보장, 경고 의무의 강제, 자기 결정 및 고지된 동의라는 네 가지 원칙을 다음과 같이 제시하였다.

첫째, 비밀보장은 사회복지전문직의 핵심이 되는 윤리원칙으로 사회복지사는 클라이언트와의 접촉으로 획득한 정보와 지식을 전문적 목적을 위해서만 사용해야 하며 클라이언트의 사생활을 보호할 책임이 있다. 비밀보장은 전문적 관계에서 신뢰에 기초한 유대가 형성되는 근본 요소로서 클라이언트는 사회복지사가 자신을 해롭게 하거나 배반하기 위해 신뢰를 악용하지 않을 것이라고 확신할 수 있어야 한다.

둘째, 경고 혹은 보호의 의무는 클라이언트가 유해한 행동 혹은 범죄 행동을 할 것이라고 위협할 때 경고의 의무가 비밀보장보다 우선임을 의미한다. 가정폭력, 아동학대, 노인학대, 성학대는 사회복지사가 실제 혹은 잠재적인 학대 피해자에게 현재 상황을 알리거나 학대 피해자의 보호 조치를 취할 필요가 있는 사안이다. 이와 관련해 사회복지실천에서는 비밀보장이 되지 않는 사항들에 관해 클라이언트에게 분명하게 설명하는 것이 기본적이며 이는 클라이언트의 자기 결정권과 고지된 동의 개념과도 관련된다.

셋째, 권리로서 자기 결정은 민주사회의 기본 요소이며 비밀보장과 사생활 보호와 같은 다른 권리들의 토대가 된다. 사회복지실천 윤리에서 자기 결정은 개인의 타고난 존엄성과 가치에 직접적으로 관련된다. 한편, 변화매개자로서 사회복지사의 역할과 활동은 클라이언트의 자기 결정권을 존중하는 윤리와 충돌할 수 있다.

넷째, 자기 결정을 하기 위해서 클라이언트는 고지된 동의를 제공할 수 있어야 한다. 모든 클라이언트가 고지된 내용에 대해 적절한 판단을 할 수 있는 것은 아니다. 미성년자, 정신질환 및 지적장애로 진단받은 일부, 특정한 의학적 상태에 해당되는 클라이언트는 자기 결정에 제약이 가해진다. 이러한 명확한 예외에 해당되지 않는 한 사회복지사는 클라이언트에게 계획된 개입의 특성과 과정에 대해 자세히 알려 주어야 한다.

가치 갈등 중에는 윤리적 원칙의 단순한 적용으로 해결이 쉽지 않은 복잡한 유형들도 있다. 양옥경(1993)은 이러한 가치 갈등의 유형을 가치 상충, 의무 상충, 클라이언트 체계의 다중성, 결과의 모호성, 전문가와 클라이언트 간의 힘의 불균형 등으로 구분하고 있다.

- 가치 상충

가치 상충은 두 가지 또는 그 이상의 경쟁적 가치와 직면했을 때 갈등이 발생하는 것을 말한다. 예를 들어, 클라이언트 개인의 복지 향상을 위해서는 특정한 치료 프로그램을 통해 집중적인 원조를 받는 것이 필요하나 클라이언트의 폭력성과 충동성으로 인해 그 치료 프로그램에 참여하고 있는 다른 클라이언트들의 안전이 위협받을 수 있는 경우, 가치 갈등이 발생한다.

• 의무 상충

의무 상충은 기관에 대한 의무와 클라이언트에 대한 의무 사이의 갈등을 일컫는다. 클라이언트의 이익이 최선의 가치라고는 하나 기관의 한정된 자원으로 인해 클라이언트에게 최선의 서비스를 제공하지 못하는 사례가 많다. 예를 들면, 서비스 대상자 수를 30% 축소시켜야 하는 기관의 방침과 서비스를 받지 못하면 클라이언트의 삶의 질이 크게 저하되는 경우, 사회복지사는 기관에 대한 의무와 클라이언트에 대한 의무 사이에서 가치 갈등을 경험하게 된다.

• 클라이언트 체계의 다중성

클라이언트 체계의 다중성으로 인한 가치 갈등도 흔히 발생한다. 예를 들어, 가정 내에 경증 치매를 앓고 있는 노인에 대한 방임 문제, 부양자인 아들 부부의 수발 문제로 인한 갈등 등 복합적인 문제가 있을 때, 누구의 이익을 최우선적으로 고려하고 어떠한 문제에 먼저 개입해야 하는가를 결정하기란 매우 어렵다. 노인의 관점, 부양자의 관점, 부모 부양에 관한 사회적 규범 등 다양한 가치들의 영향으로 윤리적 갈등이 발생하게 된다.

• 결과의 모호성

사회복지사가 내리게 될 윤리적 결정의 효과가 모호할 때 선택의 딜레마가 야기된다. 결과적으로 이 결정이 최선이 될지, 올바른 윤리적 결정이 어느 것인지 모호한 상황은 흔하다. 예를 들어, 심각한 수준의 신체적 방임으로 신고된 지적장애인 부모의 자녀들을 강제 격리 조치해서 시설에 입소시키는 것이 장차 이들의 삶의 질에 긍정적 결과를 가져올지 혹은 물리적으로는 열악한 환경이었지만 친부모와 함께 사는 것이 결과적으로 더 나았을지 누구도 쉽게 예상할 수 없는 일이다.

• 전문가와 클라이언트 간의 힘의 불균형

힘 또는 권력의 불균형으로 인한 가치 갈등도 발생할 수 있다. 클라이언트는 도움을 요청하는 입장이므로 사회복지사에게 의존하는 관계가 되기 쉽다. 클라이언트의 자기 결정권, 클라이언트 이익의 최우선성, 원조과정에서 클라이언트의 적극적 참여를 원칙으로 하지만 실천현장의 현실과는 괴리가 있는 경우가 흔하다. 연령 및 인지능력의 제한, 보호자 및 후견인의 부재 등으로 클라이언트가 현실적으로 결정이나 선택을 할 수 없는 경우, 전문가에게 의존하는 상황이 된다.

윤리적 원칙에 있어서도 무엇을 우선적으로 고려해야 할지 기준 마련의 필요성이 제기되면서 로웬버그와 돌고프(Loewenberg & Dolgoff, 1996)는 윤리적 기준 선별(Ethical Rules Screen: ERS)과 윤리적 원칙 선별(Ethical Principles Screen: EPS)을 제시하였다. 로웬버그와 돌고프는 윤리적 기준 선별(ERS)을 먼저 사용하고 이 선별이 만족스러운 지침을 제공하지 못할 때 윤리적 원칙 선별(EPS)을 사용해야 한다고 하였다.

■ 윤리적 기준 선별(ERS)

1. 윤리강령 기준 중 어느 것이 적용될 수 있는지 결정하기 위해 윤리강령을 검토한다. 이 기준들이 사회복지사의 개인적 가치체계보다 우선시된다.
2. 한 가지 이상의 기준이 적용된다면 이 기준들을 따른다.
3. 윤리강령을 구체적인 문제에 적용할 수 없거나 여러 윤리강령 기준들이 갈등을 일으키는 지침을 제시하면 윤리적 원칙 선별을 활용한다.

■ 윤리적 원칙 선별(EPS)

1. 생명보호의 원칙
2. 평등과 불평등의 원칙
3. 자율성과 자유의 원칙

4. 최소 손실의 원칙
5. 삶의 질의 원칙
6. 사생활 보호와 비밀보장의 원칙
7. 진실 및 정보공개의 원칙

로웬버그와 돌고프의 윤리적 원칙들을 각각 살펴보면 다음과 같다.

첫 번째, 생명보호의 원칙은 클라이언트의 생명과 다른 사람들의 생명, 즉 모든 사람에게 적용된다. 이 원칙은 모든 다른 의무들보다 우선이다. 대부분의 의사들은 삶의 질, 경제적 비용과 상관없이 생명을 구하고 연장하는 생명보호의 원칙을 따른다. 일반적으로 사회복지사는 개인, 집단, 지역사회의 삶의 질을 향상시키는 것을 더 강조하는 경향이 있는데, 이는 자칫하면 생명보호의 원칙을 간과하게 만들 수 있다. 로버츠(Roberts, 1989)는 혈압이 높은 중년 남성의 예를 들어 이를 논의하였다. 혈압강하제는 생명을 위협하는 혈압을 낮추는 효과가 있었으나 성기능 장애를 초래하는 문제가 있을 때 성생활을 위해 혈압약 복용을 중단하겠다는 클라이언트의 결정을 사회복지사가 지지한다면 이 결정은 윤리적인 것인가? 혈압강하제의 복용 중단은 다섯 번째 윤리적 원칙인 클라이언트의 삶의 질을 증진시킬 수 있으나 첫 번째 윤리적 원칙인 클라이언트의 생명을 단축시킬 수 있다.

두 번째, 평등과 불평등의 원칙은 동등한 사람들은 동등하게, 동등하지 않은 사람들은 그 동등하지 않은 면이 문제와 관련이 있으면 다르게 취급되어야 하는 것을 의미한다. 학대 피해 아동은 가해자인 성인과 동등한 지위에 있지 않기 때문에 피해 아동의 생사가 달린 심각한 학대 사례가 아닌 경우에도 가해자인 성인에 대한 비밀보장과 자율성의 원칙보다 아동을 보호하는 것이 우선시된다.

세 번째, 자율성과 자유의 원칙은 사회복지사가 개인의 자율성, 독립, 자유를 중시하는 실천 결정을 해야 하는 것을 말한다. 자율성 원칙을 적용할 때 위험/이득 비율이 결정을 도울 수 있다. 클라이언트가 직면한 상황이 생명을 위협하는 것이고 개입의 잠재적 이득은 큰 반면, 개입의 위험은 최소한이라면 사회복지사는 클라이언트의 동의가 없어도 개입을 고려할 수 있다. 이러한 상황에서 클라이언트의 거부는 판단 능력이 없는 것으로 간주될 수 있다. 한편, 위험이 크고 잠재적 이득이 최소한이라면 클라이언트의 거부는 당연하며 수용되어야 한다.

네 번째, 최소 손실의 원칙에 따라 사회복지사는 최소한의 손실, 최소한의 영구적 손실과 가장 쉽게 회복될 수 있는 손실을 가져오는 선택을 해야 한다.

다섯 번째, 삶의 질의 원칙은 사회복지사가 개인뿐 아니라 지역사회의 모든 사람들을 위해 더 나은 삶의 질을 촉진하는 선택을 해야 한다는 것을 의미한다.

여섯 번째, 사생활 보호와 비밀보장의 원칙은 사회복지사가 모든 사람의 사생활 보호 권리를 강화하는 실천 결정을 해야 하고 비밀보장을 잘 지켜야 한다는 것을 말한다.

일곱 번째, 진실 및 정보공개의 원칙은 사회복지사는 진실을 말하고 클라이언트와 다른 사람들에게 관련된 정보를 공개하는 실천 결정을 내려야 한다는 것을 의미한다.

윤리적 원칙의 서열은 원칙의 우선순위를 나타내는데, 이 서열은 사회복지사들의 합의에 기초하였다. 한 가지 이상의 원칙이 관련되어 있고 이것이 상이한 결과를 초래할 때 결정을 위해 윤리적 원칙의 선별이 사용된다. 즉, 첫 번째 윤리적 원칙에 근거한 사정평가가 두 번째 윤리적 원칙이나 세 번째 윤리적 원칙보다 더 우선시된다. 사생활 보호와 비밀보장이라는 여섯 번째 윤리적 원칙과 진실 및 정보공개라는 일곱 번째 윤리적 원칙에 동시에 해당되는 경우 여섯 번째 윤리적 원칙이 우선시된다.

리머(Reamer, 2006)는 윤리적 의사결정 절차를 위해 다음과 같은 단계가 필요하다고 보았다.

① 갈등을 일으키는 사회복지실천 가치와 의무를 포함한 윤리적 쟁점들을 확인한다.
② 윤리적 결정에 의해 영향을 받기 쉬운 개인, 집단, 조직을 확인한다.
③ 각각의 윤리적 결정으로 발생하는 이익과 위험이 무엇이며 각각의 윤리적 결정에 관련된 모든 가능한 행동방침과 관련된 사람들에 관해 검토해 본다.
④ 다음의 관련 요소를 고려하여 실행 가능한 각각의 행동방침에 대해 찬성하고 반대하는 이유를 철저하게 검토한다.
- 윤리강령과 법적 원칙
- 윤리 이론 · 원칙 · 지침
- 사회복지실천 이론과 원칙
- 종교적 · 문화적 · 종족적 가치와 정치적 이념, 개인적 가치관

⑤ 기관 직원, 슈퍼바이저, 기관 행정가, 변호사, 윤리학자, 윤리위원회 등 동료들과 전문가들에게 자문을 구한다.
⑥ 결정을 하고 결정과정을 기록한다.
⑦ 결정을 점검하고 평가하며 기록한다.

4. 사회복지실천과 사회복지사 윤리강령

『사회복지사전』에서 윤리란 옳고 그름에 관한 도덕적 원칙과 인식의 체계이며 개인, 집단, 전문직 또는 문화에 의해 실천되는 행동의 원리로 정의한다(Barker, 2014). 전문직은 직업적 전문지식과 전문기술 외에 직업윤리를 필수

적으로 요구한다. 전문직으로서 사회복지사는 관련 지식과 일반교양을 토대로 사회복지제도를 비롯한 전문지식을 습득하고, 전문적 원조기술을 활용할 수 있는 능력을 갖추며, 자기 결정권 존중, 비밀보장 등의 윤리기준에 일치되는 실천을 해야 한다.

사회복지대학원의 인준을 위한 학술적인 수준과 필수과목들을 규정하는 미국사회복지교육협의회의 교육정책과 인준기준(CSWE, 2001)은 가치와 윤리 관련 내용을 학생들에게 제공할 것과, 특히 학생들이 다음의 다섯 가지를 실현하기 위한 지식과 기술을 익히고 졸업하도록 요구하고 있다(Maguire, 2002에서 재인용).

- 자신의 개인적 가치와 개인적 가치의 발달을 확인하고 명확하게 표현한다.
- 윤리적 갈등과 이 갈등이 서비스의 질에 영향을 미치는 방식을 확인하고 분석한다.
- 의사결정의 윤리적 방법들을 평가하고 윤리적 의사결정 과정에 참여한다.
- 윤리적 실천에 대한 책임감을 당연하게 생각한다.
- 사회복지전문직의 가치를 익히고 반영하며 증진시킨다.

맥과이어(Maguire, 2002)는 사회복지전문직 내에서 옳고 그른 것에 관한 명확한 판단을 내리기 어려운 문제들이 있다고 하면서 다음과 같은 의문을 제기하고 있다. 미혼의 젊은 가톨릭 신자의 낙태를 지지하는 것이 윤리적인가? 형에게서 수년간 성적 학대를 받아 정신적 충격을 받은 청소년의 치료비용을 보험회사가 1년에 6회기만 지불한다는 이유로 한정된 치료에 동의하는 것이 윤리적인가? 동성애자 클라이언트의 건강보험이 동성 부부를 그 대상으로 인정하지 않으므로 클라이언트와 평생을 함께하기로 한 파트너의 치료를 거부하는 것이 윤리적인가? 부모가 자녀를 심한 신체적 체벌로 훈육하는 것을 알게 되었거나 혹은 부모가 아들을 전국총기협회의 주말행사에 데려다 주느라 어린 딸을 방임했을 때 그 가족을 아동보호전문기관이나 경찰에 신고하는 것이 윤리적인가? 클라이언트의 가치, 전통, 행동규범이 사회복지사의 가치관 혹은 일반적으로 수용되는 도덕적 규범과 다르다면 어떻게 할 것인가? 이러한 의문들에 명쾌한 답을 얻는 것은 현실적으로 쉽지 않은 일이지만 전문가 윤리에 근거한 판단을 해야 할 것이다.

전문가 윤리는 그 전문가 역할을 수행하는 데 수반하는 특수한 의무를 성문화한 것이다. 비록 윤리강령이 모든 복잡한 윤리적 갈등에 대해 간단명료한 해결책을 제공할 수는 없지만 어려운 윤리적 판단을 해야 할 때 고려할 중요한 쟁점에 관한 개념적 안내를 해 준다(Reamer, 2006). 미국의 경우 사회복지사협회(NASW)의 윤리강령이 윤리적 갈등의 해결에 있어서 기초가 된다. 미국의 사회복지전문직 윤리강령은 1960년에 처음 채택되었고, 1979년에 사회 변화와 도덕적 추세를 반영하여 개정한 새 윤리강령을 채택하였으며, 이를 1990년에 개정하고 1996년에 재개정하였으며, 1999년과 2008년에 또다시 개정하였다.

이 윤리강령 전문은 사회복지전문직의 사명과 핵심 가치를 요약하고 있다. 사회복지전문직의 사명과 핵심 가치는 특히 인간의 복지를 증진하고, 기본적인 욕구 충족을 원조하며, 클라이언트의 역량을 강화하고, 취약하고 억압받는 사람들을 도우며, 사회적 맥락 속에서 개인의 복지를 다루고, 사회정의와 사회 변화를 도모하며, 문화적·종족적 다양성에 대한 민감성을 강화시키는 측면에서 사회복지실천의 지속적인 헌신을 강조하고 있다.

윤리강령의 두 번째 부문은 윤리강령의 주요 기능을 소개하고 있다. 이는 사회복지전문직의 핵심 가치를 확인하고, 사회복지실천의 핵심 가치와 전문직을 위한 구체적 윤리기준을 제공하며, 사회복지사들이 윤리적 쟁점과 갈등을 확인하도록 돕고, 일반인들에 대한 사회복지전문직의 책임성을 유지하도록 하기 위해 윤리적 기준을 제공하고, 사회복지사들을 전문직에 적응시키며 전문직이 구성원들에게 윤리적 기준을 강제하기 위해 사용할 수 있는 기준을 명확히 하는 것을 포함하고 있다.

윤리강령의 세 번째 부문은 전문에 언급된 여섯 가지 핵심 가치 각각에 대해 사회복지실천과 관련된 광범위한 원칙을 제시하고 있다.

윤리강령의 마지막이면서 가장 상세한 부문은 사회복지사의 적절한 행동을 안내하는 구체적인 윤리기준들을 제시하고 있다.

한국사회복지사협회의 윤리강령은 1967년에 처음 채택되었고, 1988년에 제1차 개정이, 1992년에 제2차 개정이, 2001년에 제3차 개정이 이루어졌다. 전문, 윤리기준, 사회복지사 선서로 구성된 새로운 윤리강령은 사회복지사의 전문성 강화와 사회적 가치의 확대, 사회적 책임에 대한 윤리의식 및 행동 방향 설정의 필요성을 강화함으로써 이전의 선언적 윤리강령보다는 실천적 행동강령으로의 전환을 보여 준다.

전문에서는 인본주의, 평등주의 사상, 인간의 존엄성과 가치 존중, 자유권과 생존권의 보장, 사회정의, 평등과 자유, 민주주의 가치 실현 등을 기본 이념으로 선언하고 있다. 그리고 실천적 가치로서 클라이언트 개인의 주체성과 자기 결정권의 보장, 사회복지사의 전문적 지식과 기술의 개발, 전문가로서 능력과 품위 유지의 노력 등을 규정하였다. 윤리강령의 핵심이 되는 윤리기준은 전문가로서의 자세, 전문성 개발을 위한 노력, 경제적 이득에 대한 태도 등 사회복지사의 기본적 윤리기준, 클라이언트에 대한 윤리기준, 동료에 대한 윤리기준, 사회에 대한 윤리기준, 기관에 대한 윤리기준, 사회복지윤리위원회의 구성과 운영을 규정하는 총 6장으로 이루어져 있다.

한국 사회복지사 윤리강령

전문

사회복지사는 인본주의 · 평등주의 사상에 기초하여 모든 인간의 존엄성과 가치를 존중하고 천부의 자유권과 생존권의 보장활동에 헌신한다. 특히 사회적 · 경제적 약자들의 편에 서서 사회정의와 평등, 자유와 민주주의 가치를 실현하는 데 앞장선다. 또한 도움을 필요로 하는 사람들의 사회적 지위와 기능을 향상시키기 위해 저들과 함께 일하며 사회제도 개선과 관련된 제반 활동에 주도적으로 참여한다. 사회복지사는 개인의 주체성과 자기 결정권을 보장하는 데 최선을 다하고 어떠한 여건에서도 개인이 부당하게 희생되는 일이 없도록 한다. 이러한 사명을 실천하기 위하여 전문적 지식과 기술을 개발하고 사회적 가치를 실현하는 전문가로서의 능력과 품위를 유지하기 위해 노력한다. 이에 우리는 클라이언트, 동료, 기관 그리고 지역사회 및 전체사회와 관련된 사회복지사의 행위와 활동을 판단 · 평가하며 인도하는 윤리기준을 다음과 같이 선언하고 이를 준수할 것을 다짐한다.

I. 사회복지사의 기본적 윤리기준

1. 전문가로서의 자세
   1) 사회복지사는 전문가로서의 품위와 자질을 유지하고 자신이 맡고 있는 업무에 대해 책임을 진다.
   2) 사회복지사는 클라이언트의 종교, 인종, 성, 연령, 국적, 결혼 상태, 성 취향, 경제적 지위, 정치적 신념, 정신적 · 신체적 장애, 기타 개인적 선호, 특징, 조건, 지위를 이유로 차별대우를 하지 않는다.
   3) 사회복지사는 전문가로서 성실하고 공정하게 업무를 수행하며 이 과정에서 어떠한 부당한 압력에도 타협하지 않는다.
   4) 사회복지사는 사회정의 실현과 클라이언트의 복지 증진에 헌신하며 이를 위한 환경 조성을 국가와 사회에 요구해야 한다.
   5) 사회복지사는 전문적 가치와 판단에 따라 업무를 수행함에 있어 기관 내외로부터 부당한 간섭이나 압력을 받지 않는다.
   6) 사회복지사는 자신의 이익을 위해 사회복지전문직의 가치와 권위를 훼손해서는 안 된다.

7) 사회복지사는 한국사회복지사협회 등 전문가 단체 활동에 적극 참여하여 사회정의 실현과 사회복지사의 권익 옹호를 위해 노력해야 한다.

2. 전문성 개발을 위한 노력

1) 사회복지사는 클라이언트에게 최상의 서비스를 제공하기 위해 지식과 기술을 개발하는 데 최선을 다하며 이를 활용하고 전파할 책임이 있다.
2) 클라이언트를 대상으로 연구하는 사회복지사는 저들의 권리를 보장하기 위해 자발적이고 고지된 동의를 얻어야 한다.
3) 연구과정에서 얻은 정보는 비밀보장의 원칙에서 다루어져야 하고 이 과정에서 클라이언트는 신체적 · 정신적 불편이나 위험, 위해 등으로부터 보호되어야 한다.
4) 사회복지사는 전문성을 개발하기 위해 노력하되 이를 이유로 서비스의 제공을 소홀히 해서는 안 된다.
5) 사회복지사는 한국사회복지사협회 등이 실시하는 제반 교육에 적극 참여하여야 한다.

3. 경제적 이득에 대한 태도

1) 사회복지사는 클라이언트의 지불 능력에 상관없이 서비스를 제공해야 하며 이를 이유로 차별대우를 해서는 안 된다.
2) 사회복지사는 필요한 경우에 제공된 서비스에 대해 공정하고 합리적으로 이용료를 책정해야 한다.
3) 사회복지사는 업무와 관련하여 정당하지 않은 방법으로 경제적 이득을 취하여서는 안 된다.

II. 사회복지사의 클라이언트에 대한 윤리기준

1. 클라이언트와의 관계

1) 사회복지사는 클라이언트의 권익 옹호를 최우선의 가치로 삼고 행동한다.
2) 사회복지사는 클라이언트에 대하여 인간으로서의 존엄성을 존중해야 하며 전문적 기술과 능력을 최대한 발휘한다.
3) 사회복지사는 클라이언트가 자기 결정권을 최대한 행사할 수 있도록 도와야 하며 저들의 이익을 최대한 대변해야 한다.
4) 사회복지사는 클라이언트의 사생활을 존중하고 보호하며 직무 수행 과정에서 얻은 정보에 대해 철저하게 비밀을 유지해야 한다.

5) 사회복지사는 클라이언트가 받는 서비스의 범위와 내용에 대해 정확하고 충분한 정보를 제공함으로써 알 권리를 인정하고 존중해야 한다.
6) 사회복지사는 문서, 사진, 컴퓨터 파일 등의 형태로 된 클라이언트의 정보에 대해 비밀보장의 한계, 정보를 얻어야 하는 목적 및 활용에 대해 구체적으로 알려야 하며 정보 공개 시에는 동의를 얻어야 한다.
7) 사회복지사는 개인적 이익을 위해 클라이언트와의 전문적 관계를 이용하여서는 안 된다.
8) 사회복지사는 어떠한 상황에서도 클라이언트와 부적절한 성적 관계를 가져서는 안 된다.
9) 사회복지사는 사회복지 증진을 위한 환경 조성에 클라이언트를 동반자로 인정하고 함께 일해야 한다.

2. 동료의 클라이언트와의 관계
1) 사회복지사는 적법하고도 적절한 논의 없이 동료 혹은 다른 기관의 클라이언트와 전문적 관계를 맺어서는 안 된다.
2) 사회복지사는 긴급한 사정으로 인해 동료의 클라이언트를 맡게 된 경우 자신의 의뢰인처럼 관심을 갖고 서비스를 제공한다.

Ⅲ. 사회복지사의 동료에 대한 윤리기준

1. 동료
1) 사회복지사는 존중과 신뢰로서 동료를 대하며 전문가로서의 지위와 인격을 훼손하는 언행을 하지 않는다.
2) 사회복지사는 사회복지전문직의 이익과 권익을 증진시키기 위해 동료와 협력해야 한다.
3) 사회복지사는 동료의 윤리적이고 전문적인 행위를 촉진시켜야 하며 이에 반하는 경우에는 제반 법률규정이나 윤리기준에 따라 대처해야 한다.
4) 사회복지사가 전문적인 판단과 실천이 미흡하여 문제를 야기한 경우에는 적절한 조치를 취하여 클라이언트의 이익을 보호해야 한다.
5) 사회복지사는 전문직 내 다른 구성원이 행한 비윤리적 행위에 대해 제반 법률규정이나 윤리기준에 따라 조치를 취해야 한다.
6) 사회복지사는 동료 및 타 전문직 동료의 직무 가치와 내용을 인정하고 이해하며 상호 간에 민주적인 직무관계를 이루도록 노력해야 한다.

2. 슈퍼바이저

1) 슈퍼바이저는 개인적인 이익의 추구를 위해 자신의 지위를 이용해서는 안 된다.
2) 슈퍼바이저는 전문적 기준에 의해 공정하게 책임을 수행하며 사회복지사, 훈련생 및 실습생에 대한 평가는 저들과 공유해야 한다.
3) 사회복지사는 슈퍼바이저의 전문적 지도와 조언을 존중해야 하며 슈퍼바이저는 사회복지사의 전문적 업무 수행을 도와야 한다.
4) 슈퍼바이저는 사회복지사, 수련생 및 실습생에 대해 인격적 · 성적으로 수치심을 주는 행위를 해서는 안 된다.

Ⅳ. 사회복지사의 사회에 대한 윤리기준

1) 사회복지사는 인권존중과 인간평등을 위해 헌신해야 하며 사회적 약자를 옹호하고 대변하는 일을 주도해야 한다.
2) 사회복지사는 필요한 사회서비스를 개발하기 위한 사회정책의 수립, 발전, 입법, 집행에 적극적으로 참여하고 지원해야 한다.
3) 사회복지사는 사회환경을 개선하고 사회정의를 증진시키기 위한 사회정책의 수립, 발전, 입법, 집행을 요구하고 옹호해야 한다.
4) 사회복지사는 자신이 일하는 지역사회의 문제를 이해하고 그것을 해결하는 일에 적극적으로 참여해야 한다.

Ⅴ. 사회복지사의 기관에 대한 윤리기준

1) 사회복지사는 기관의 정책과 사업 목표의 달성, 서비스의 효율성과 효과성의 증진을 위해 노력함으로써 클라이언트에게 이익이 되도록 해야 한다.
2) 사회복지사는 기관의 부당한 정책이나 요구에 대하여 전문직의 가치와 지식을 근거로 이에 대응하고 즉시 사회복지윤리위원회에 보고해야 한다.
3) 사회복지사는 소속 기관 활동에 적극 참여함으로써 기관의 성장과 발전을 위해 노력해야 한다.

Ⅵ. 사회복지윤리위원회의 구성과 운영

1) 한국사회복지사협회는 사회복지윤리위원회를 구성하여 사회복지윤리 실천의 질적인 향상을 도모하여야 한다.

2) 사회복지윤리위원회는 윤리강령을 위배하거나 침해하는 행위를 접수받아 공식적인 절차를 통해 대처하여야 한다.
3) 사회복지사는 한국사회복지사협회의 윤리적 권고와 결정을 존중하여야 한다.

사회복지사 선서

나는 모든 사람들이 인간다운 삶을 누릴 수 있도록
인간 존엄성과 사회정의의 신념을 바탕으로
개인, 가족, 집단, 조직, 지역사회, 전체사회와 함께한다.
나는 언제나 소외되고 고통받는 사람들의 편에 서서
저들의 인권과 권익을 지키고
사회의 불의와 부정을 거부하면서
개인 이익보다 공공 이익을 앞세운다.
나는 사회복지사 윤리강령을 준수함으로써
도덕성과 책임성을 갖춘 사회복지사로 헌신한다.
나는 나의 자유의지에 따라 명예를 걸고 이를 엄숙하게 선서합니다.

제 6 장

사회복지실천의 기술 기반

1. 사회복지실천과 기술

실천기술은 지식과 가치를 행동으로 전환하는 요소라 할 수 있다. 지식이 행동으로 전환되는 측면을 자동차 운전에 적용해 보면 자동차 운전을 하기 위해서는 먼저 자동차의 구조, 명칭과 원리, 도로교통 법규, 교통신호 체계, 운전요령 등을 배워야 한다. 그러나 이러한 지식 습득만으로 자동차를 운전할 수는 없으며 연습과 실전을 통해 자동차에 익숙해지면서 수월하게 운전할 수 있게 된다. 운전이 몸에 익숙해지는 과정이 기술적 요소를 포함하는 것이다.

사회복지사가 도움을 제공해야 하는 인간의 문제는 다양하고 복잡하기 때문에 이를 다룰 수 있는 실천기술이 필수적이다. 사회복지사가 숙달해야 하는 기술은 인지적 기술과 상호작용 기술이다(CSWE, 2001). 인지적 기술은 환경 속의 인간에 관해 사고하고, 개인과 환경에 관한 이해를 발전시키며, 사용될 지식을 확인하고, 계획 수립과 평가에 이 지식들을 적용하는 기술이다. 예를 들어, 사회복지사는 인간발달 이론과 성격 이론을 클라이언트의 행동을 이해하는 데 사용할 수 있어야 한다. 상호작용 기술은 개인, 집단, 가족, 조직, 지역사회를 대상으로 실천 활동을 할 때 의사소통을 하고, 서로 이해를 하며, 계획을 세우고, 그 계획에 따른 행동을 실행하는 데 사용되는 기술로서 경청과 질문이 기본적인 상호작용 기술에 속한다.

존슨과 얀카(Johnson & Yanca, 2007)는 노인 클라이언트를 만나는 사회복지사가 사용하는 실천기술을 다음과 같이 설명하고 있다.

> "사회복지사가 노인에게 사용하는 기술은 다양하다. 모든 상황에서 사정기술, 문제해결 기술, 계획기술, 관계기술이 필요하지만 노인복지서비스를 개발하고 개별 노인, 노인집단 그리고 노인을 대신하여 노인의 가족이나 지역사회 집단과 함께 일하는 데 특정한 기술이 필요할 수 있다. 어떤 노인들은 감정과 사고를 표현하기 위한 이야기하기 혹은 그림 그리기와 같은 활동을 하게 하는 것이 최선일 수 있다. 또 어떤 노인들은 위기에 처해 있어 즉각적인 개입이 필요할 수 있다. 일부 노인은 지지가 필요할 수 있다. 사회복지사는 욕구, 자원, 클라이언트가 원하는 바에 따라 각 상황에 어떠한 기술을 적용할지 선택한다."

사회복지사에게 기대되는 전문성인 실천기술은 두 가지 측면에서 생각해 볼 수 있다.

첫째, 사회복지사는 지식과 가치에 기초해 다양한 가능성 가운데 최적의 선택을 해야 한다. 이는 지식 및 가치에 기반해 클라이언트의 특별한 상황에 적합한 기법을 선택하는 능력을 말한다. 예를 들면, 클라이언트의 연령과 발달단계에 대한 민감성은 사회복지사가 그 클라이언트와 의사소통하는 가장 적합한 방법을 찾아내거나 클라이언트가 직면한 문제와 도전을 이해하는 데 도움이 된다. 특정한 연령집단을 대할 때 다른 연령대와 차별화되는 더 효과적인 의사소통 수단이 있을 수 있다. 한 예로 어린 아동에게 서비스를 제공할 때는 부모를 통해 도움을 주는 것이 종종 효과적이다. 사회복지사는 부모에게 전달하고 부모가 이를 아이에게 적용하는 것이다.

둘째, 사회복지사는 선택한 기법을 효과적으로 사용할 수 있는 능력이 있어야 한다. 즉, 기술은 이해, 지식, 방법을 기반으로 하는 능력에서 나온다. 실천가는 적절한 사정도구를 사용해 클라이언트의 상황을 사정하고 효과적인 개입기술로 실천 활동을 전개해 나가야 한다. 사회복지사는 개인과 환경을 이해하고 사정하는 데 지식을 주로 사용한다. 사회복지사와 클라이언트는 누가 관여되어야 하는지, 무슨 자원이 제공될 수 있는지, 어떠한 접근이 이루어져야 하는지 등 개입과 관련된 결정을 하고 이에 따라 실행한다. 사회복지사의 면접기술과 의사소통 능력은 사회복지사의 전문적 지식이 클라이언트에게 수용되고 원조를 경험하는 것에 영향을 미친다. 전문적 실천의 효과성이 부분적으로는 클라이언트가 사회복지사에게 문제와 관련된 정보를 적절하게 제공하고 사회복지사의 조언을 받아들이는지에 달려 있기 때문에 의사소통 및 면접기술과 신뢰관계 형성은 매우 중요하다.

팀버레이크, 파버, 그리고 사바티노(Timberlake, Farber, & Sabatino, 2002)는 기본 실천기술을 〈표 6-1〉과 같이 제시하였다.

사회복지사는 목적을 달성하기 위해 특정한 방법의 준거틀 내의 일련의 활동들을 클라이언트 체계, 표적체계, 행동체계에 실행한다. 이 활동들이 사회복지사의 방법과 기술을 의미한다. 사회복지사는 원조과정에서 대인관계 기술을 사용한다. 클라이언트 및 감정에 대한 민감성과 자아의 전문적 활용은 문제해결, 목표 설정 그리고 과업을 규정할 때 전문적 기술의 핵심 요소로 간주된다. 사회복지사는 개방적이고 지지적인 전문적 관계를 통해 클라이언트가 과업을 확인하고 문제해결과 목표 성취를 추구하는 것을 돕는다. 〈표

〈표 6-1〉 사회복지의 기본 실천기술

개인	상호 교류	환경
• 전문적 면접기술 • 참여관찰에 기초한 민족학적 면접기술 • 공감적 반응기술 • 관계 형성 기술 • 강점증진 기술 • 역량강화 기술	클라이언트 중심 기술 • 문제해결 –문제 확인 –자료 수집 –사정/목표 설정 –계획/과업 정의 –개입방법의 선택과 실행 –평가 –종결 • 사례관리 • 위기 개입 • 가족보존 전문가 중심 기술 • 전문적 자아의 활용기술 • 기초지식의 적용기술 • 윤리적 의사결정 기술 • 전문적 기술 –시간 관리 –팀워크 –기록 –연구	사회정치적 기술 • 옹호 • 사회 행동 • 증언 • 단체 교섭 • 조직화 • 홍보 • 시범 • 중재 • 의식 고취 • 폭로 지역개발 기술 • 교육 • 촉진 • 중개 • 역량강화 사회계획 기술 • 테크놀로지(과학기술) • 자료수집 • 분석

출처: Timberlake, E. M., Farber, M. Z., & Sabatino, C. S. (2002). *The general method of social work practice: McMahon's generalist perspective.*

6–1〉에 제시되었듯이 관계기술과 문제해결 기술이 주요 실천기술이 된다. 관계기술과 문제해결 기술은 제9~13장의 실천과정에 관한 내용에서 상세하게 다루어질 것이다.

환경과 관련해 사회복지사는 클라이언트 체계 외의 체계들과 상호작용해야 할 때가 있다. 사회복지사는 클라이언트 체계와 함께 문제해결을 시도하는 것뿐 아니라 특정한 표적체계에 변화를 일으키기 위해서 다른 전문가들, 기관, 조직, 지역사회 성원들과 합류해 행동체계를 형성한다. 사회복지사는 문제의 원인 및 욕구를 해결해 줄 자원을 탐색하면서 목적 성취를 위해 변화가 필요한 환경 속의 표적체계를 확인할 수 있다. 환경 속의 표적체계가 역기능적이고 사회복지사와 클라이언트의 변화 노력의 수용을 거부할 때 관계기술이나 문제해결 기술을 사용하는 것은 부적절하고 비효과적이다. 그런 경우 표적체계를 변화시키기 위한 목적으로 사회정치적 기술을 사용한다.

사회복지사는 클라이언트 체계와 환경 속의 표적체계를 대상으로 하는 활동 외에도 기록, 슈퍼비전 활용, 팀 구성, 효율적이고 효과적인 시간 관리 등 기타 실천기술을 활용한다.

인지적 기술은 지식에 근거한 사고, 이해와 적용이므로 이 장에서는 실천기술 중 상호작용 기술에 초점을 두고자 한다. 클라이언트의 사회적 기능을 향상시키고 문제를 해결하는 데 가장 활용도가 높은 기술은 클라이언트와 효과적이고 효율적인 의사소통을 할 수 있는 면접기술이다. 면접은 클라이언트를 돕기 위한 목표를 가진 활동으로 면접을 통해 사회복지사는 클라이언트의 문제나 욕구를 파악하고 이를 해결하거나 충족시킬 수 있는 개입을 진행한다. 효과적 면접을 진행하기 위해서는 관찰, 경청, 질문, 해석 등의 기술을 적절하게 활용한다. 사회복지실천의 가장 기본적인 수단이자 기술이라고 할 수 있는 면접기술은 제7장에서 별도로 다루고자 한다. 따라서 이 장에서는 클라이언트 체계의 유형이나 실천현장의 분야와 관계없이 모든 실천상황에 있어서 기본이 되는 의사소통, 관계 형성, 문서화를 중심으로 살펴보고자 한다.

의사소통과 관계 형성은 클라이언트 체계뿐 아니라 사회복지사의 행정적 업무, 지역사회조직, 사회계획 관련 활동에도 공통적으로 적용될 수 있다.

사회복지실천의 문서화는 클라이언트와의 상호작용을 기록하는 사례 기록, 기관 내 슈퍼비전, 관리 및 행정 업무로서의 문서화 등이 있다. 사회복지사는 클라이언트와의 상호작용을 수시로 기록하고 서비스 제공 계획, 진행 과정, 결과보고에 이르는 전 과정을 기록하며, 회의록을 포함한 행정 영역의 기록도 해야 한다. 문서화는 클라이언트에 대한 사정과 개입 활동에서 중요한 도구이자 기관의 행정적 업무 관련 기술이며, 윤리적인 문제 제기나 소송 등과 관련해 사회복지사와 기관을 보호하기 위한 도구이기도 하다. 보건 및 정신보건 현장에서 일하는 사회복지사들이 증가하면서 정확하고 완벽한 문서화와 철저한 기록이 효과적인 실천에서 중요하다는 것이 재확인되고 있다(Dziegielewski, Green, & Hawkins, 2002).

사회복지사는 주요 역할을 수행하기 위해 원조과정에서 기본적으로 대인관계 기술인 의사소통 기술을 사용하여 클라이언트 체계와 개방적이고 지지적인 관계를 형성하여 해결해야 할 문제를 확인하고, 목표 성취와 문제해결을 위해 서로 협력하며, 사례 기록을 포함한 문서화 작업을 수행한다.

2. 의사소통

사회복지사의 주요 업무는 클라이언트, 동료, 지역사회 내 여러 자원체계와 의사소통하는 것이다. 의사소통은 어떤 사람이 다른 사람에게 의도적 혹은 비의도적으로 정보를 전달하는 과정으로, 누군가가 다른 누군가의 언어적 혹은 비언어적 행동에 의미를 부여할 때 일어나게 된다. 의사소통과 관련된 정보처리 관점은 외부세계를 표상(representation) 혹은 구성(construction)한다는 표현을 통해 사람들이 외부세계를 있는 그대로 경험하는 것이 아님을 강조한다(김정호, 김선주, 2007). 외부세계는 정보[1]를 처리하는 사람의 특성에

1) 정보는 크게 나누면 감각, 인지, 정서로 구분되며 이들 정보는 서로 밀접하게 연합되어 있다(김정호, 김선주, 2007). 감각은 시각, 청각, 후각, 미각, 체감각 등으로 구분되며 나와 세계에 대한 1차적

따라 다르게 표상되거나 구성될 수 있어서 정보처리 관점에서는 인간의 행동 혹은 반응이 단순히 환경의 자극에 의해서만 결정되지 않고 인간이 그 자극을 처리하는 방식에 의해서 만들어진다고 본다. 즉, 정보처리의 입장에서 볼 때 인간은 환경의 자극에 의해 일방적으로 영향을 받는 존재가 아니라 주어진 자극을 처리하여 정보를 만들며 그 정보에 따라 행동한다는 것이다.

사람들 사이의 의사소통은 개개인의 개성과 생활 경험이 다르기 때문에 메시지의 전달과 수신에도 영향을 받게 된다. 누군가에게는 솔깃한 내용이 다른 누군가에게는 대수롭지 않은 것이 될 수 있고, 어떤 사람에게는 인생의 전환점이 되는 중요한 메시지가 다른 사람에게는 진부한 메시지가 되기도 한다. 사람은 누구나 마음속에 지식, 경험, 의도, 개인적인 편견과 같은 여과장치를 갖고 있다. 이 여과장치가 메시지를 신속하게 파악하는 데 도움이 되기도 하지만 많은 경우 메시지의 의미를 파악하고 적절한 반응을 하는 데 방해가 될 수도 있다. 이러한 방해요소를 완전히 없앨 수는 없지만 그 부정적인 영향을 줄이는 것은 가능하다.

일반적으로 의사소통은 시각, 청각과 같은 감각 기능과 주의, 지각, 기억, 언어, 개념화, 의사결정을 포함한 뇌의 인지 기능에 달려 있지만 그 외에도 의사소통에 영향을 미치는 다음과 같은 요소들이 있다(Sheafor & Horejsi, 2015). 가장 중요한 요소 중 하나는 자아개념이다. 자아개념은 보고 듣는 등

표상 혹은 구성이라고 할 수 있다. 인지는 나와 세계의 개념 혹은 의미에 관한 것이다. 일상적인 용어로는 생각이다. 인지는 심상(images)과 심상보다 더 추상적인 정보인 관념(ideas)으로 이루어져 있으며 이들은 또한 다른 인지를 자신의 일부로 포함하는 방식으로 서로 연결된다. 여러 인지가 모여서 의견, 믿음, 지식 등을 형성한다. 감각이 외부의 직접적인 자극에 의해 구성되는 것이라면 심상은 직접적인 외부자극 없이 마음으로 만드는 것으로 각각의 감각에 해당하는 심상이 있다. 토마토의 모습을 마음으로 그릴 때 경험하는 시각심상 외에도 토마토를 믹서에 가는 소리, 토마토의 맛, 냄새, 감촉 등에 대해서도 같이 적용할 수 있다. 관념은 심상보다 더 추상적이다. 자유, 사랑 등의 개념은 토마토와 달리 구체적 심상을 갖지 않는다. 기쁨, 사랑, 슬픔, 우울, 분노, 죄책감, 부끄러움, 질투 등 인간에게는 다양한 정서의 유형이 있다. 이 정서는 모두 인지와 밀접하게 관련되어 있다.

의 모든 경험은 물론, 다른 사람들로부터 받는 메시지를 해석하는 과정에서 일종의 스크린 혹은 렌즈와 같은 기능을 한다. 부정적인 자아개념을 가진 사람은 종종 방어적이다. 이들은 안전하다고 느끼지 못하고 자신감이 없기 때문에 자신의 생각과 감정을 잘 표현하지 못하고 사람들과 다른 생각을 선뜻 말하지 못하며 사람들의 말에 귀 기울이지 못한다. 방어적인 사람은 지시나 건설적인 비판을 잘 받아들이지 못한다. 또한 메시지를 정확하게 전하고 받아들이는 능력은 정서적 상태와 기대에 의해서 제한되거나 왜곡될 수 있다. 사람들은 불편한 느낌을 회피하고 정서적 욕구를 충족시키기 위해 종종 메시지를 왜곡한다. 그리고 사람은 듣고 싶은 것, 기대하도록 학습된 것, 자기 이익에 부합되는 것을 위주로 듣는 경향이 있다. 상황적 요인 및 사회적 상호작용 관련 요인 또한 언어적·비언어적 의사소통에서 해석에 영향을 미친다. 따라서 메시지를 언제, 어떻게, 어디에서 보냈는지가 사용된 어휘의 언어적 의미만큼 중요하다.

언어적 의사소통은 단순할 것 같지만 결코 단순하지 않다. 의사소통이 메시지를 보내는 전달자와 메시지를 받는 수신자 간의 상호작용이기는 하나 전달자가 말하거나 전하려고 의도한 것과 관계없이 그 언어적·비언어적 행동에 의미를 부여하는 것은 수신자이므로 의사소통은 수신자 중심으로 접근하는 것이 필요하다. 언어적 의사소통에서 사람들은 동일한 어휘를 사용하는 경우에도 추상적인 사고 능력이나 생활 속에서의 경험 등에 따라 개개인마다 상당히 다른 의미로 이해하거나 받아들일 수 있다. 말하는 사람이 자신이 사용하는 단어와 숙어를 통해 무엇이 전해지는지, 그 말이 듣는 사람에게 어떠한 영향을 미치는지 정확히 모를 수도 있다. 사람들은 어떠한 이유에서건 말로 자기 생각이나 느낌을 표현하는 것이 어렵다고 여길 때, 실제 의미를 감추는 방식으로 말을 할 수 있다. 말로 표현하는 것이 고통스럽고 위협적이라면 과잉 반응을 하거나 실제 생각과 반대로 말할 수도 있다.

비언어적 의사소통은 억양, 표정, 침묵, 몸짓과 움직임, 신체적 외양, 몸에서 내는 소리, 태도, 신체적 접촉, 환경 등을 포함한다(Brill & Levine, 2002). 단어의 의미는 억양에 따라 크게 달라질 수 있다. 억양을 달리하면 같은 말이라도 전혀 다른 의미로 전달된다. 표정은 스트레스를 포함해 정서와 태도를 나타내는 지표로 행복, 분노, 복종, 친절, 공격성 등을 나타낸다. 표정과 관련해서는 문화적 차이도 중요하게 고려해야 한다. 침묵은 비언어적 의사소통의 강력한 형태이며 사용되는 맥락에 따라 많은 것을 표현할 수 있다. 침묵은 조용한 참여를 의미하기도 하고, 분노나 절망을 표현하거나 궁지에 몰린 것을 인정하는 것일 수 있다. 몸의 이완이나 긴장, 분주한 움직임, 손톱 물어뜯기, 발의 움직임 등 몸짓과 움직임 역시 태도와 생각을 표현한다. 특히 시선은 사회복지사가 의사소통하고 있는 상대방의 마음이나 정서 상태를 평가하는 데 중요한 요소가 될 수 있다. 물론 문화적 배경이 고려되어야 한다. 특정한 문화나 가족집단에서는 똑바로 쳐다보는 것 혹은 시선을 마주치지 않는 것을 무례하다거나 금기로 여길 수 있다. 신체적 외양은 그 사람의 생각과 인성뿐 아니라 마음과 정서 상태에 관한 메시지를 전한다. 머리 스타일, 화장, 액세서리 착용, 옷차림, 위생 상태 등은 그 사람의 지위, 지성, 취향 등에 관해 많은 정보를 전달한다. 몸에서 내는 소리, 즉 트림, 한숨, 손가락 꺾기, 휘파람 불기, 콧노래하기, 시끄럽거나 조용히 식사하기 등도 자신에 관한 메시지를 전하는 방식이다. 태도도 관찰자에게 많은 의미를 전달하는 요소다. 특별히 신체적 접촉은 비언어적 의사소통에 있어서 강력한 형태다. 친근감을 나타내는 포옹의 경우 신체적 접촉이 긍정적으로 사용되었던 아동에게는 지지의 의미가 될 수 있지만 성적 학대를 경험했던 아동의 경우에는 위험 신호로 전달될 수 있다. 의사소통할 때의 주변 환경도 특정한 의미를 전달할 수 있다. 예를 들어, 클라이언트가 방문한 사회복지사와 대화할 때 텔레비전을 켜 놓는다든지, 사회복지사가 클라이언트를 만나는 동안 걸려오는 전화를 모두 받는 상황은 상대방에게 그를 존중하고 있지 않다는 메시지로 전달된다.

언어적 의사소통은 사회복지실천의 가장 중요한 수단이다. 사회복지사는 직접적 서비스 제공과 관련해 클라이언트와 그리고 간접적 서비스와 관련해 같은 전문가 간에, 기관 내에서 혹은 기관 간에 정보를 교환하거나 행정 업무를 처리하거나 조정을 위해 언어적 의사소통을 사용한다.

비언어적 의사소통 또한 사회복지실천에서 중요한 요소다. 비언어적 의사소통은 특히 원조과정의 초기 단계에서 태도와 느낌을 전달하는 주요 수단이며 이후 단계에서도 지속적으로 태도나 느낌을 전달하는 수단으로 작용한다. 표정, 눈동자의 움직임, 몸짓 등의 비언어적 의사소통은 메시지를 전달하는 데 있어서 언어적 의사소통보다 훨씬 큰 비중을 차지한다. 두 사람 사이의 일반적 의사소통에서 메시지의 약 1/3이 언어적으로, 약 2/3가 비언어적으로 전달되는 것으로 추정된다(Brill & Levine, 2002). 비언어적 단서들이 언어적 의사소통을 뒷받침해 주기도 하지만 언어적으로 전달된 메시지를 부정할 수도 있다는 점에서 원조과정에서의 비언어적 의사소통은 매우 중요한 요소다. 따라서 클라이언트의 비언어적인 메시지를 찾아내는 것은 중요한 기술로서, 클라이언트의 비언어적 의사소통에 대한 민감성과 적절한 대응이 필요하다. 클라이언트는 흔히 자세, 얼굴 표정, 몸짓 등을 통해 감정을 전달한다. 면접시간 내내 클라이언트가 멍해 있거나, 혼란스러워하거나, 고통스러워하거나, 불편해할 수 있다. 이럴 때 사회복지사는 클라이언트의 비언어적인 표현에 담긴 감정을 대화에 적절하게 반영하여 클라이언트의 감정 상태를 잘 이해하고 있다는 것을 전달할 수 있다. 클라이언트의 비언어적인 표현에 초점을 맞춘 실천가의 공감 반응은 클라이언트가 자신의 감정을 탐색하도록 촉진하고 원조관계에 긍정적인 영향을 미친다. 사회복지사는 클라이언트가 표현하는 비언어적 단서들에 주의를 기울여 자신이 클라이언트에게 전한 메시지가 어떻게 받아들여졌는지 판단할 수 있으며, 클라이언트의 비언어적 행동을 관찰하면서 그가 정말 자신의 생각이나 느낌을 솔직하게 이야기하는 것인지 알 수 있다. 한편, 사회복지사는 비언어적 의사소통으로 클라이언트에게 의도하지 않은 메시지를 보내지 않도록 주의해야 한다.

의사소통 기술은 훈련을 통해 향상될 수 있는데, 경청 훈련, 공감 훈련, 나-전달법, 메타커뮤니케이션 등이 있다.

경청이란 말하는 사람의 생각과 감정에 대한 이해를 동반한 듣기 기술이다. 경청 관련 의사소통 기술을 향상시키기 위해서 효과적인 메시지 전달자와 수신자가 되는 교육과 훈련을 받을 수 있다. 이러한 교육과 훈련은 강의와 시연을 통해 이루어진다. 의사소통 과정에서 메시지 전달자는 자신의 메시지가 쉽게 이해되고 정확하게 전달되도록 해야 하며, 메시지 수신자는 전달자가 전하려고 하는 메시지를 정확하게 이해하도록 해야 한다. 이를 위해 메시지 전달과 수신의 규칙을 익힐 필요가 있다.

메시지를 전달할 때의 규칙은 다음과 같다(전재일, 이성희, 김연희, 2015).

- 명확하고 단순한 단어를 사용한다. 분명하고 너무 빠르지 않게 말한다.
- 전달하려고 하는 메시지 내용과 몸짓이 일치해야 한다. 적절한 시선 접촉과 몸짓을 사용한다.
- 너무 많은 정보로 수신자를 압도하지 않는다. 길고 복잡한 메시지는 몇 개의 문장으로 나누어 보다 쉽게 이해할 수 있게 한다.
- 수신자가 잘 이해했는지 확인하기 위해 질문이나 의견 등 피드백을 요구한다.

메시지를 수신할 때의 규칙은 다음과 같다(전재일 외, 2015).

- 말하는 것을 멈추고 듣는다. 말하는 동안에는 들을 수가 없다.
- 메시지 전달자를 편안하게 해 주고 전달자의 불안을 줄이기 위해 노력한다.
- 주의를 집중하여 말이나 행동으로 자신이 듣고 싶어 한다는 것을 나타낸다.

- 말하는 사람을 참을성 있게 대하고 중간에 말을 끊지 않는다.
- 메시지를 더 잘 이해하기 위해서 혹은 전달자가 자신의 메시지를 명확히 하도록 돕기 위해서 질문을 한다.
- 감정을 통제한다. 의사소통에 장애를 일으킬 수 있는 비판이나 논쟁을 하지 않는다.

경청 능력은 실습을 통해 증진될 수 있다. 실습은 상대방의 언어적 표현 속에 내재된 의미를 파악하고 그 의미를 적절하게 반영하여 반응하는 연습을 하게 한다. 이러한 훈련은 다양한 워크북들을 활용해 실시할 수 있다.

공감은 타인이 경험하는 감정을 알고 느끼는 능력으로 동정심이나 단순한 이해가 아니라 그 사람의 입장이 되어 그 상황에서 어떻게 느낄지를 아는 것이다. 공감 반응의 기본은 자기에서 벗어나는 것으로 상대방에 초점을 맞추어야 한다. 공감하기 위해서는 먼저 자신의 자아가 확고해야 한다. 타인의 감정을 느끼지만 그 감정에 함몰되지 않기 위해서는 그것이 자신의 감정이 아니고 다른 사람의 감정이라는 사실을 인식하고 그 감정에서 자신을 한 걸음 떼어 놓을 수 있어야 한다. 즉, 자기를 지키면서 상대방에게 공감하기 위해서 자신의 경계가 확고해야 한다.

공감 훈련은 먼저 적극적 경청과 부정적 의사소통의 차이점을 발견하도록 클라이언트의 실제 대화에 근거해 시행할 수 있다. 공감 혹은 감정이입이 된 상호작용이 이루어지기 위해서는 무엇보다도 경청이 중요하다. 경청은 말하는 사람에게 공감을 전달해 준다. 공감은 상대방의 입장에서 그의 생각과 감정을 존중하고 이해하며 인정하는 것인데, 듣는 사람이 경청을 해 주면 말하는 사람은 자신의 생각과 감정이 충분히 전해졌다는 느낌을 받게 된다.

공감 반응은 일반적 반응(formula responses), 자연스러운 반응(natural responses), 원숙한 공감(advanced empathy) 순으로 연습을 통해 학습이 이루어진다(Neukrug, 2002). 일반적 반응은 클라이언트가 말한 내용을 되뇌어 클라이언트의 감정을 반영하는 것이다. 일반적 반응을 하는 데 익숙해지면 더 자연스러운 대화 톤을 사용하는 공감 반응을 연습한다. 원숙한 공감은 클라이언트의 표현을 넘어서 사회복지사가 클라이언트의 감정을 반영하고 클라이언트가 그 상황을 어떻게 바라보고 있는지를 재구성하는 것을 일컫는다.

공감기술의 이해를 위해서는 공감적 의사소통에 대한 기본적 이해가 필요한데 헵워스와 그의 동료들(Hepworth et al., 2017)이 5단계로 구분한 공감적 의사소통은 다음과 같다.

① 1단계: 낮은 수준의 공감 반응

1단계의 사회복지사는 클라이언트의 감정 중 가장 뚜렷한 감정조차 거의 의식하지 못하거나 이해하지 못하는 의사소통을 한다. 사회복지사의 반응은 클라이언트의 감정과 관련성이 없거나 때로는 클라이언트를 불쾌하게 만들며 의사소통을 촉진하기보다는 방해하고 있다. 이 수준의 사회복지사는 자주 클라이언트를 문제에서 벗어나게 하고, 원조과정을 분열시키면서 주제를 바꾸고, 논쟁하며, 성급한 조언을 하고 심지어는 강연을 하는 등 의사소통에 방해가 되는 비효과적인 표현을 한다. 이러한 사회복지사는 비언어적 반응도 클라이언트가 말하는 내용과 분위기에 잘 못 맞춘다. 사회복지사가 이러한 낮은 수준의 공감 반응을 보일 때 클라이언트는 혼란스럽고 방어적으로 된다. 이러한 경우 클라이언트는 피상적인 것들을 이야기하고, 논쟁하며, 반대하고, 주제를 바꾸며, 침묵해 버리는 식으로 반응한다.

② 2단계: 비교적 낮은 수준의 공감 반응

2단계의 사회복지사는 클라이언트의 표면적 메시지에는 반응하지만 그 메시지에 담긴 감정이나 실제 상황을 틀리게 파악한다. 이 수준의 사회복지사는 감정을 부적절하게 희석시키거나 부정확하게 해석한다. 클라이언트의 감정 표현에 적절하게 공감하지 못하는 반응은 사회복지사 자신의 관점에서 상황을 보는 데서 비롯될 수 있다. 이 수준의 공감 반응은 부정확하지만 클라이언트를 이해하려는 사회복지사의 노력을 전달하고 있어서 클라이언트와의 의사소통이나 문제해결을 완전히 방해하지는 않는다.

③ 3단계: 상호 교환 수준의 공감 반응

3단계에 있는 사회복지사의 언어적 반응과 비언어적 반응은 클라이언트 메시지의 실제 내용과 표면상의 감정이나 현재 상태를 정확하게 반영하면서 이해를 전달하고 명확한 표현들을 클라이언트와 상호 교환할 수 있다. 상호 교환 수준의 반응은 표면상의 공감 그 이상도, 이하도 아니다. 클라이언트 메시지의 실제 내용을 정확하게 이해하고 인정하는 것은 바람직하지만 필수적이지는 않으며 3단계 수준의 반응은 클라이언트가 보다 탐색적이고 문제 중심적인 반응을 하도록 촉진한다.

④ 4단계: 비교적 높은 수준의 공감 반응

4단계의 사회복지사는 클라이언트의 숨겨진 저변의 감정이나 문제의 숨겨진 측면을 정확하게 규명하면서 좀 더 깊이 있는 진전이 이루어진다. 사회복지사의 4단계 수준의 반응은 클라이언트가 보다 깊은 감정과 미처 파악하지 못한 행동의 의미나 목적을 탐색하게 하면서 클라이언트 메시지의 미묘하거나 숨겨진 의미를 파악하도록 이끈다. 4단계의 공감 반응은 클라이언트의 자아 인식을 증진하는 데 목적이 있다.

⑤ 5단계: 높은 수준의 공감 반응

5단계의 사회복지사는 감정적 함축성을 반영하고 클라이언트의 순간적인 경험에 맞는 목소리와 표현의 강도를 사용하여 클라이언트의 표면적인 감정과 숨겨진 감정의 범위와 강도, 의미에 정확하게 반응한다. 높은 수준의 공감 반응을 하는 사회복지사는 클라이언트의 현재 감정과 경험을 이전에 표현했던 감정이나 경험과 연결시키거나 잠재된 패턴, 주제 또는 목적을 정확하게 확인할 수 있다. 또한 개인적 성장을 위한 방향을 제시하고 실행을 추진하는 클라이언트 메시지에 담겨 있는 함축된 목적을 확인할 수 있다. 이와 같은 높은 수준에서 공감적으로 반응하는 것은 광범위하고 심도 있게 클라이언트의 감정과 문제 탐색을 촉진한다.

사회복지사는 5단계로 구분된 공감적 의사소통 수준에서 적어도 3단계 이상의 공감적 의사소통을 하는 것이 필요한데, 이러한 훈련은 다양한 워크북을 활용해 시도할 수 있다.

나-전달법은 의사소통의 효과성을 높이는 메시지 구성의 한 형태다. 나-전달법은 직면과 갈등 상황에서 특히 유용한 의사소통 방법으로 평가되며 다음의 세 부분으로 이루어진다(Sheafor & Horejsi, 2015).

- 특정 행동에 대한 간결하지만 명확한 묘사
- 특정 행동으로 인해 경험된 감정의 묘사
- 특정 행동으로 인한 실제적 영향의 묘사

나-전달법은 효과적인 의사소통을 하는 메시지 구조로서 직접적이고 명확하게 의사표현을 하면서 메시지를 받아들이는 사람이 방어적이지 않도록 하는 방법이다. 즉, 다른 사람을 평가하고 해석하는 형태가 아니라 자신이 느끼는 감정과 경험을 표현하는 것이다. 자신의 감정을 특정한 상황이나 행동과 연결시키는 나-전달법의 공식은 "네가 x 상황에서 y 행동을 할 때 나는 z를 느낀다."라고 말하는 것이다. 나-전달법은 갈등 혹은 논쟁을 하는 상황에서 서로 비난하거나 책임을 따지는 무익한 말싸움이 되지 않도록 하면서 분노, 실망, 혼란 등의 감정을 적절하게 전달할 수 있다. 나-전달법은 특정 행동이나 말을 간결하고 분명하게 묘사하고 그와 관련된 영향과 감정을 표현하는 데 초점을 두기 때문에 상대방에게 심리적으로 상처를 주거나 혹은 결론이 없는 말다툼으로 끝나는 것을 막을 수 있다. 나-전달법 역시 워크북을 활용해 행동 혹은 행동으로 인한 영향과 감정을 표현하는 연습을 할 수 있다.

메타커뮤니케이션(metacommunication)은 의사소통에 관한 의사소통을 말한다. 즉, 역기능적 의사소통을 개선하기 위해서 서로 간의 의사소통 패턴을 논의하고, 행동적 반응과 정서적 반응을 분석하며, 이러한 상호작용 방식이 대인관계와 의사소통에 미치는 영향을 고려하게 하는 것이다(Hepworth et al., 2006). 메타커뮤니케이션은 언어적 내용과 비언어적 내용으로 이루어진다. 메시지의 내용은 메시지의 의미와 관련된 사람들 간의 관계를 보다 분명하게 하는 억양과 몸짓을 통해 확증된다. 메타커뮤니케이션 기술은 메시지의 의미를 확인함으로써 불필요한 오해를 없애고 무례하거나 불쾌한 의사소통을 시정하도록 피드백을 주기 때문에 효과적 의사소통에 중요한 역할을 한다. 또한 대인관계에서 갈등이 있는 경우 메타커뮤니케이션을 함으로써 적대감과 분열을 최소화시키는 수준으로 완화할 수 있다. 따라서 사회복지사의 중요한 역할은 클라이언트가 효과적으로 메타커뮤니케이션을 할 수 있도록 학습시키는 것이다. 효과적인 메타커뮤니케이션을 하도록 돕는 것은 모든 클라이언트 체계에 중요하지만 특히 불일치하고 이중구속 메시지를 빈번하게 사용하는, 역기능적 의사소통 패턴을 보이는 가족에게 개입할 때 필수적이다. 이러한 가족은 대부분 의미를 명확히 하지 않거나 자신들의 메시지가 서로에게 미치는 영향에 거의 주의를 기울이지 않는다.

〈사례 6-1〉은 14세의 딸과 딸의 대변인 역할을 하는 어머니 사이의 의사소통을 향상시키기 위해 메타커뮤니케이션을 사용한 사례다(Hepworth et al., 2006).

사례 6-1

사회복지사: 체육 수업에서 어떻게 했는지 말해 주겠니? 체육관에서 힘들었다고 알고 있는데…….

어머니: 다른 아이들 앞에서 옷을 갈아입고 샤워하는 일이 저 애한테는 아주 힘들어요. 저도 중학생 때 그런 경험을 겪었기 때문에 그것이 어떤 것인지 알아요. (딸은 목걸이를 매만지면서 바닥을 내려다본다.)

사회복지사: 죄송합니다만, 어머니, 무슨 일이 있었는지 따님한테 듣고 싶군요. (딸의 대변인 역할을 하는 어머니를 말리기 위한 개입)

딸: (고개를 약간 들며) 조금 나아진 것 같아요. 체육 선생님도 저에게 간섭하지 않으셨어요. 사실은 지난주에 선생님께서 아주 다정하게 대해 주셨어요. 그리고 저는……. (갑자기 어머니가 끼어든다.)

어머니: 얘, 더 나아진 게 아니야. (딸을 독립된 존재로서 인정하지 않으면서) 네가 샤워할 때 모든 사람들이 너를 뚫어지게 쳐다본다고 느끼면서…….

사회복지사: (어머니에게) 체육 수업에서 다른 아이들과 함께 샤워하는 것에 관해 따님이 어떻게 느끼는지 본인에게 듣고 싶어요. (딸에게) 어머니의 의견을 들었지만 네 경험이 어떤지는 몰라.

딸: 사실은 어머니가 말한 것과 같지는 않아요. 2주 전까지는 나빴지만 친구들을 좀 사귀었고 샤워도 함께해요. 지금은 그다지 나쁘지 않아요.

어머니: 하지만 네가…… 말했잖아.

사회복지사: (다른 반박하는 메시지를 막기 위하여 개입한다.) 어머니께서 처음 너 대신 말했을 때 너는 괴로운 듯이 바닥을 보고 있었어. 어머니께서 너 대신 말할 때 어떻게 느끼는지 어머니께 말할 수 있겠니? (메타커뮤니케이션을 격려한다.)

딸: 때로는 신경 안 써요. 하지만 어머니가 항상 제가 어떻게 느끼는지 알지는 못해요. 어머니는 자신의 감정과 제 감정을 뒤섞어요. 그것이 저를 혼란시켜요. 저 스스로 말하고 싶어요.

어머니: 하지만 얘, 나는 도와주려고 그래. 네가 얼마나 힘든지 아니까. 내 말 이해하지, 그렇지 않니?

딸: 그래요. 그러나 지나치게 그러지 않기를 바라거든요.

사회복지사: (어머니에게) 도와주려고 한다는 것 잘 알고 있습니다. 하지만 따님이 말하는 것이 무엇이라고 들으셨나요? (어머니의 지각을 확인하기 위해 메타커뮤니케이션을 사용한다.)

어머니: 내가 그 애가 어떻게 느끼는지 말하는 것을 원치 않는다고요.

사회복지사: 네, 따님은 자신이 독자적인 사람이기를 원한다고 말하고 있어요. 그게 맞니? (의미를 확인하기 위해 메타커뮤니케이션을 사용한다.)

(두 사람 모두에게) 지금 우리가 말한 것들은 따님이 성장하도록 도울 뿐 아니라 두 사람의 의사소통을 향상시키는 데 매우 중요합니다.

(어머니에게) 도우려고 의도했지만 따님의 감정에 관해 어머님이 가정하는 것들은 때때로 부정확합니다. 따님을 이해하고 싶으면 안다고 가정하기보다 어떻게 느끼는지 물어봐야 할 것입니다.

(딸에게) 어머니께서 이해하도록 돕고 싶으면 어머니가 너 대신 말씀하시고 있다고 알려 드려. 그리고 네 진짜 감정을 마음속에 담아 두지 말고 어머니께 말씀 드려야 해. 지금 네가 어떻게 느끼는지 어머니께 잘 말씀 드렸어. 이렇게 하는 것이 두 사람 모두에게 어렵다는 걸 알고 있어요.

이 사례에서 사회복지사는 메타커뮤니케이션을 적용해 어머니와 딸의 상호작용이 평소처럼 부정적인 과정을 밟지 않도록 적극적으로 개입하였다. 즉, 어머니가 딸의 대변인으로 행동하는 것을 허락하지 않고 어머니의 행동이 딸에게 어떻게 영향을 미치는지에 관해 두 사람이 메타커뮤니케이션을 하게 해 의사소통 패턴이 수정되도록 하였다.

3. 관계 형성

클라이언트는 사회복지사와 의미 있는 관계를 맺을 때 사회복지사의 의견을 수용하고, 새로운 사고와 감정 및 행동방식을 시도함으로써 이전의 대처방식과 대인관계 방식을 변화시킬 가능성이 높아진다.

클라이언트와 사회복지사는 원조관계가 시작되었다는 느낌을 경험할 수 있어야 한다. 사회복지사는 클라이언트가 어떤 사람인지, 클라이언트의 문제가 무엇인지, 그의 삶이 어떠한지에 관해 개괄적으로 파악함과 동시에 자신이 도움이 될 수 있을 것이라는 느낌을 가질 수 있어야 한다. 또한 사회복지사와 클라이언트는 클라이언트를 위해 함께 고민하고자 하는 의지를 공유해야 한다. 원조관계의 목적은 클라이언트가 사회복지사를 안전하고 이해해주며 공감적이고 도움이 될 수 있는 전문지식이 있는 사람으로 경험하게 하는 것이다(Turner, 2008). 사회복지사와 신뢰관계가 형성되면 클라이언트는 자신이 이해받고 있다고 느끼고 사회복지사와 함께 어려움을 헤쳐 나갈 수 있는 효과적인 방법을 찾게 될 것이라는 희망을 갖게 된다.

사람들의 관계 형성은 의사소통을 통해 주로 이루어진다. 의사소통 구조로 보면 언어는 드러난 일부에 불과하고 비언어적 표현과 반응이 훨씬 큰 비중을 차지한다. 관계 형성에는 의사소통 기술이 기본적 요소이나 앞에서의 논의와 중복을 피하기 위해서 이 절에서는 관계 형성 관련 지식, 가치, 기술 등에 관해 다소 광범위한 논의를 할 것이다.

1) 관계 형성과 사회복지사의 자아 인식[2)]

클라이언트와의 관계 형성은 사회복지사의 자아 인식을 기본 전제로 한다. 사회복지사의 자아 인식은 자신과 목표에 관하여 깊이 숙고하고, 자신을 믿고 존중하며, 한발 물러서서 자신을 복잡한 원조활동의 중요한 한 부분으로 관찰할 수 있는 능력을 말한다(엄명용, 김성천, 오혜경, 윤혜미, 2005). 사회복지사의 중요한 도구 중 하나는 바로 자기 자신이기 때문에 그 도구를 효과적으로 사용하기 위해 자아 인식을 위한 끊임없는 노력이 필요하다. 사회복지사는 개인적으로 자신이 무엇을 추구하는지, 어떻게 자신을 표현하는지, 다른 사람들에게 어떻게 보이는지, 어떠한 버릇이 있는지 등 자신에 대해 잘 알아야 한다. 자신에 대해 앎으로써 사회복지사 자신과 클라이언트의 차이를 인식할 수 있으며, 사회복지사 자신의 개인적 욕구나 관심을 클라이언트의 욕구나 관심과 구분할 수 있다. 이는 자신의 가치관, 태도, 관심사 등에 대해 의식적으로 사고하고 성찰하는 자성적 자세를 요구한다. 또한 자신에 대해 끊임없이 탐구하기 위해서는 먼저 자신을 있는 그대로 편안하게 수용할 수 있어야 한다.

클라이언트에 대한 사회복지사의 반응은 그 자신의 태도, 기대, 신념, 가치, 편견에 의해서 영향을 받을 수 있다(Goldstein & Noonan, 1999). 이로 인해 사회복지사는 자기와 비슷한 클라이언트는 동일시하고 자기와 다른 클라이언트에 대해서는 거리를 두거나 무관심하거나 심판적으로 반응할 수 있다. 때문에 사회복지사의 태도, 기대, 신념, 가치, 편견이 클라이언트를 어떻게 인식하고 클라이언트와의 관계 형성에 어떻게 영향을 미치는지 의식하는 것은 매우 중요하다. 모든 클라이언트를 수용하고 존중하는 것이 사회복지사의 중요한 전문직 가치이기 때문에 자신이 클라이언트를 수용하고 존중한다고 생각하기 쉬우나 사회복지사도 특정 진단 병명이나 문제, 인종, 종족 배경, 사회계층, 종교, 성별, 성 정체성, 기타 다양한 특성을 가진 클라이언트에 대해 선입견을 가질 수 있다. 사회복지사는 차이를 수용하려고 노력하면서

2) 제5장에서 사회복지사의 개인적 가치관에 대한 자아 인식을 다루었지만 이 절에서는 클라이언트와의 관계 형성과 관련된 자아 인식에 초점을 둘 것이다.

자신에게 그러한 태도가 있다는 것을 부정하지 말고 자신의 고정관념과 부정적 태도를 인식하는 것이 필요하다. 이처럼 사회복지사가 자신의 한계를 인정할 때 클라이언트를 돕는 과정에서 자신을 적절하게 조절할 수 있으며 클라이언트와 함께 차이점을 다루고 그 영향을 파악할 수 있다.

브릴과 레빈(Brill & Levine, 2002)은 사회복지사가 자기 자신에 대해 편안해질 수 있는 것은 다음 요소들에 근거한다고 제시하였다.

- 강점과 약점을 가지고 실수할 수 있는 개인으로서의 자신에 대한 인식과 이를 수용하는 능력
- 자신에 대해 완벽함을 요구하지 않으며 다른 사람들에게도 이를 기대하지 않는 유연한 적응 패턴의 개발
- 사회집단과 전체사회의 부정적 태도와 행동까지 포함하여 생활 경험 속에서 중요한 사람들의 부정적 태도와 행동이 미치는 영향을 깨닫고 이에 대처하는 능력
- 자아 상태(self-liking)가 고정적이지도, 불변하지도 않는다는 사실의 수용

사회복지사의 자아 인식은 다양한 기회를 통해 촉진될 수 있다. 슈퍼비전 또는 사례 회의가 가장 중요한 경로다. 슈퍼바이저나 동료들은 사회복지사의 개인적 가치관, 태도, 관심 등이 클라이언트와의 관계 형성에 어떠한 영향을 미치는지, 원조 능력에 어떻게 영향을 미치는지 피드백을 줄 수 있다. 사회복지사가 자신을 더 잘 알기 위해서는 슈퍼바이저나 동료들의 피드백에 개방적이어야 한다. 경우에 따라서는 가족이나 친구, 클라이언트와의 상호작용을 통해서도 자아 인식이 촉진될 수 있다.

자신을 이해하는 또 다른 방법은 인간 행동에 대해 이론과 지식을 적용해 보는 것이다. 인간 행동을 설명하는 심리학적 · 사회학적 · 문화인류학적 · 정신의학적 지식 등은 사회복지사가 자신을 이해하는 데 도움이 된다.

또한 각자가 갖고 있는 개인적 욕구와 원조전문직과 관련된 동기에 대한 심도 있는 자아 인식은 사회복지사 자신에 대한 이해를 향상시키고 궁극적으로는 클라이언트에게 미칠 수 있는 부정적인 영향을 여과시킬 수 있다.

코리와 코리(Corey & Corey, 2016)는 원조자가 되기를 원하는 사람의 전형적인 욕구와 동기를 다음과 같이 제시하였다.

① 누군가에게 영향을 미치고자 하는 욕구

많은 원조자들이 세상을 더 살기 좋은 곳으로 만들고 싶다는 이타주의적 바람을 공언하지만 자신의 욕구를 충족시키기 위해서 원조전문직에 입문했다고 인정하는 경우는 드물다. 그러나 자신이 중요한 사람이고 사람들을 회복시킬 원조 능력이 있다는 것을 확신하려고 하는 것이 바로 누군가에게 영향을 미치고자 하는 욕구인 것이다. 클라이언트가 변화하는 데 관심이 없거나 원조를 원하지 않을 때 원조자의 영향을 미치고자 하는 욕구는 좌절된다. 이러한 욕구가 강한 사람은 자신의 전체 가치가 다른 사람의 삶에 영향을 미치고자 하는 욕구에 속박되지 않도록 주의해야 한다.

② 보답하기 위한 욕구

어떠한 역할모델을 본받고 싶은 바람이 종종 원조자가 되고자 하는 결정에 영향을 미친다. 그 역할모델은 교사이거나 치료자일 수 있다. 예를 들면, 한때 상담을 받은 많은 클라이언트들이 상담자가 되겠다고 결정한다.

③ 다른 사람을 돌보고자 하는 욕구

이는 타고난 원조자라는 말을 듣는 사람의 욕구다. 원조자 중에는 어렸을 때부터 가족이나 친구들의 문제 혹은 고민거리를 들어 주며 원조자 역할을 해 왔다고 하는 사람들이 있다. 이러한 사람은 자신도 자기 이야기를 들어 주고 자기 상황을 이해해 줄 사람이 필요하다는 것을 잊어버린 채 다른 사람만을 돌보기 쉽다. 이들은 도움이 필요할 때 도움을 요청하는 것을 배우지 못한다면 개인적으로 혹은 전문가로서 쉽게 소진되거나 정서적으로 고갈될 수 있다. 타인을 돌보는 일과 자신을 돌보는 일의 균형을 유지하는 것은 매우 중요하다.

④ 자기 문제와 관련된 욕구

동기의 전부는 아니지만 적어도 일부는 개인적 문제를 해결하기 위해서 원조전문직 종사자가 되기를 희망할 수 있다. 다른 사람을 돕고자 하는 욕구는 종종 자신의 문제를 해결하고자 하는 욕구에서 나온다. 예를 들어, 학대받는 결혼생활을 경험한 여성이 구타당하는 여성들을 돕는 상담자가 된다거나, 어린 시절 학대받은 경험이 있는 사람이 학대 피해 아동이나 청소년을 돕는 데 특별한 관심을 갖는 경우다. 자기 문제와 관련된 관심에서 비롯된 원조 욕구가 자신과 클라이언트에게 장애요소가 될 수도 있으므로 원조자는 자신의 개인적 문제에 관한 자아 인식이 필요하다.

⑤ 누군가에게 필요한 사람이 되고자 하는 욕구

이러한 욕구가 없는 원조자는 드물다. 이 욕구가 충족되는 것은 원조자로서 받는 가장 큰 보상 가운데 하나다. 그러나 이 욕구가 항상 우선시된다면 클라이언트의 욕구보다 원조자의 욕구를 충족시키려고 하고 클라이언트의 욕구를 정확하게 보지 못하는 오류를 범할 수 있다. 자신이 필요한 사람이라고 느끼기 위해 클라이언트에게 의존하게 되면 원조자의 자기 가치는 약해질 수밖에 없다. 많은 클라이언트들이 원조자의 노력에 대한 감사를 표현하지 않는 것이 오늘날의 현실이다. 타인을 위해서 자신이 한 일에 대해 감사받기를 원하는 것은 인간으로서 자연스러우나 자신이 가치 있다고 느끼기 위해서 반드시 다른 사람의 인정을 받아야만 한다고 생각하는 것은 상당히 위험하다.

⑥ 명성과 지위를 얻고자 하는 욕구

원조전문가가 만나는 클라이언트들은 주로 불우한 사람들로, 보호관찰 중에 있는 사람, 중독 문제가 있는 사람, 가난한 사람 등 어려운 처지에 있는 사람들이다. 따라서 클라이언트로 인해 원조자에게 명성과 지위가 주어지지는 않는다. 사실 사회에서는 원조자를 존중조차 하지 않을 수도 있다. 그렇기 때문에 다른 사람들에 의한 명성이나 지위로 자신의 가치를 측정하기보다 자기 내면에서 스스로에게 내리는 평가가 더욱 중요하다. 한편, 클라이언트나 동료들로부터 존중받는 직장에서 일할 수도 있는데, 이러한 상황 속에서는 긍지를 가지는 한편, 겸손해야만 한다. 자존심을 굳건하게 지키려면 명성 욕구를 충족시키기 위해 자신이 정말 가치 있는 사람이라는 확신을 줄 다른 사람을 찾기보다는 객관적인 입장에서 자신의 내면을 보는 일이 보다 중요하다.

⑦ 답을 주고자 하는 욕구

원조전문직을 택하는 사람 중에는 다른 사람들에게 조언과 올바른 답을 주고자 하는 강한 욕구를 가진 사람들이 있다. 이러한 욕구를 가진 사람은 클라이언트가 자신이 원하는 방향으로 움직일 때 만족을 느낀다. 그러나 원조자의 답이 클라이언트를 위한 최선이 아닐 수도 있다. 원조자의 목적은 클라이언트에게 방향을 제시하고 클라이언트 스스로 자신이 취할 행동을 발견할 수 있게 돕는 것이다.

⑧ 타인을 통제하고자 하는 욕구

다른 사람들에게 조언과 답을 주고자 하는 욕구와 관련해 다른 사람을 통제하려는 욕구가 있다. 우리 대부분이 자기통제 욕구가 어느 정도 있으며 때로 다른 사람을 통제하려는 욕구를 가진다. 일부 사람들은 다른 사람이 생각하고 느끼며 행동하는 것을 통제하려는 강한 욕구를 갖고 있다. 그러나 통제하려고 하면 할수록 상대방은 통제에 저항하는 다양한 방법을 찾아내려고 애쓰게 된다. 일부 원조자들은 돕는다는 구실로 통제 욕구를 위장하지만 사람들을 더 많이 통제할 때 어떠한 결과가 발생하는지 성찰해 보면 어떻게 하는 것이 바람직할지 분명해질 것이다. 원조자는 원조의 목적이 다른 사람들의 인생을 통제하려는 것인가 아니면 다른 사람들에게 그들의 삶을 스스로 효과적으로 통제하도록 가르치는 것인가를 성찰해 보아야 한다.

이상에서 제시된 욕구들에 대한 자아 인식이 강조되는 것은 사회복지사의 개인적 욕구가 실천 활동과 클라이언트에게 부정적인 영향을 미치지 않도록 주의하기 위해서다.

사회복지사는 자기 자신, 자신의 기본적 욕구와 그 욕구를 충족하는 방법을 살펴보면서 다음의 요소들을 잊지 않아야 한다(Brill & Levine, 2002).

- 모든 사람은 안전과 의존에 대한 욕구를 가지고 있다.
- 모든 사람은 성장과 독립에 대한 욕구를 가지고 있다.
- 모든 사람은 독특한 개인이며 각각의 생활 영역에서 독특한 발달 잠재력을 가지고 있다.
- 개인이 가진 잠재력의 다양한 측면들이 역동적 상호관계로 전체를 구성하며 어떠한 한 측면이 다른 측면들과 별개로 생각될 수 없다.

자신의 내면에 이러한 욕구들이 있다는 것을 인식할 수 있는 사회복지사는 그 욕구들을 충족하는 방식에 대해서도 잘 안다. 사회복지사 자신의 욕구에 대한 성찰이 필요한 것은 클라이언트의 욕구가 아닌 사회복지사 자신의 욕구 충족을 위해 원조관계를 이용하는 것을 피하기 위해서다. 개인적 삶에서 자신의 욕구를 충족하지 못하는 사회복지사는 클라이언트를 조종하거나, 과도하게 의존하게 만들거나, 힘, 위신 또는 자아 성취의 욕구를 충족시키기 위해 클라이언트를 이용할 수 있다.

2) 관계의 속성과 관계 형성 기술

클라이언트와 상호작용하는 사회복지사의 목적이 클라이언트와 어떤 관계를 만들어 나가야 하는지, 어떤 메시지를 의사소통할지를 결정한다(Sheafor & Horejsi, 2015). 개인과 가족에게 직접적 서비스를 전달하는 사회복지사는 원조과정의 결과에 긍정적으로 영향을 미치는 요소들을 통해 전문적 원조관계를 형성해야 한다. 즉, 따뜻함, 수용, 공감, 관심, 진실함을 보이고 전달한다. 반면, 위원회의 위원, 단체의 대표들 혹은 의회 의원 등에게 간접적 서비스를 전달하는 사회복지사는 비교적 공식적인 관계를 형성하고 정확성, 명료성, 목표 중심의 의사소통을 강조한다. 여기서는 직접적 서비스를 제공하는 원조관계를 중심으로 그 속성을 논의할 것이다.

펄먼(Perlman, 1979)은 원조관계의 속성을 따뜻함, 수용, 공감, 관심, 진실함이라고 제시하였다.

(1) 따뜻함

따뜻함은 기쁨이나 연민으로 다른 사람을 이해하기 위해 자연스럽게 다가가는 속성으로 다른 사람에 대해 활발하고 적극적인 관심을 보이는 것을 의미한다. 따뜻함은 사회복지사의 태도에서 핵심 요소다. 클라이언트를 대할 때 따뜻한 마음에서 나오는 관심과 배려는 어떤 실천기술보다 클라이언트의 마음을 움직이고 변화하도록 도울 수 있다. 사회복지사는 기본적으로 따뜻한 성품이나 성향을 가져야 한다. 따뜻함은 인간에 대한 애정이며 동시대를 살아가는 사람에 대해 갖는 인간적인 마음이다. 따뜻함은 언어보다 비언어적으로 표현되고 전달된다.

(2) 수용

수용은 상대방의 현재 상태를 있는 그대로 받아들이는 것을 의미한다. 수용이 있는 그대로의 상대방을 받아들이는 것이라 해서 그 사람에 대한 기대가 없다는 것을 의미하는 것은 아니다. 많은 문헌에서 원조관계와 관련해 비심판적이어야 한다고 강조하는데, 비심판적이란 비난을 하지 않는다는 것을 의미하는 것이지, 판단을 해서는 안 된다는 뜻이 아니다. 사회적으로 수용될 수 없고 심지어는 자기 스스로도 수용할 수 없는 일을 다른 사람에게 했거나 말했던 사람에게 사회복지사가 이 일들이 아무것도 아닌 것처럼 말한다면 이는 잘못된 것이다. 생각하고 느끼는 것과 실제 행동하는 것은 구별되어야 한다. 강력한 적개심을 느끼는 것과 적개심을 느껴서 다른 사람을 해친 행동은 다른 것이다. 그러나 행동이 부정적으로 판단될 때조차 클라이언트가 그 시점에서 심리적으로 불안정해서 더 좋은 선택을 할 수 없었다는 식의 의도를 감안하여 클라이언트를 수용하는 것이 가능하다.

(3) 공감

공감은 마치 자신이 다른 사람의 입장이 된 것처럼, 그와 함께 그리고 그의 마음속에 들어간 것처럼 느끼는 것을 말한다. 공감은 자연스럽게 되거나 혹은 상대방의 말을 경청하고 적절하게 반응하면서 이루어질 수 있다. 어떤 사람들은 선천적으로 공감을 잘한다. 비록 그렇지 못하더라도 공감 훈련을 통해 공감기술을 배우고 다른 사람의 감정에 대한 의식과 민감성을 증진시키는 것이 가능하다. 공감과 동정의 차이점은 공감의 경우 객관성을 잃지 않는다는 점이다. 클라이언트를 돕는 역할을 수행하는 사회복지사는 자신의 주관성을 깨닫고 관리하며 통제하는 객관성을 잃지 않아야 한다.

(4) 관심

관심은 다른 사람에게 무엇인가를 제공하고 보호하며 보살핀다는 측면에서 사랑에 대한 실천이다. 전문적 원조관계에서 관심은 도움을 청하는 클라이언트의 복지에 대한 관심이다. 전문적 관계에서의 관심과 일반적인 관계에서의 관심은 다르다. 사회복지사는 자신이 돕고 있는 개인뿐 아니라 클라이언트의 문제로 인해 영향을 받는 다른 사람들에 대해서도 관심을 가진다.

(5) 진실함

진실함은 꾸밈이 없는 것을 뜻한다. 원조관계에서 사회복지사는 클라이언트에게 진실하고 성실하며 믿을 수 있는 사람으로 느껴져야 한다. 불안이 심한 클라이언트에게 과도하게 안심시키는 말은 오히려 진실하지 않은 것으로 전달될 수 있다. 진심이 전달되기 위해서는 오히려 상대방이 느끼는 절망의 바닥에서 어려움에 처한 그와 함께하는 것이 필요하다. 클라이언트와 진실한 관계가 되려면 원조자는 자신이 모든 것을 알 수는 없으며 때로는 해결방법을 찾기 위한 시간이 좀 더 필요하다는 것을 인정할 수 있어야 한다.

펄먼이 제시한 관계의 속성들은 서로 중복된다. 개념적으로는 분리될 수 있지만 실제의 전문적 관계에 있어서는 다양한 조합과 강도로 합쳐져 전체로 표현된다. 원조관계의 속성을 감안할 때 타고난 본성 혹은 기질이 관계 형성 능력의 일부가 될 수 있으나 동시에 이러한 역량은 기술의 학습과 훈련으로 증진될 수 있다. 효과적인 관계기술은 클라이언트의 신뢰를 얻고, 클라이언트를 적극적으로 참여하게 하며, 중도 탈락을 피할 수 있는 가능성을 높여 준다(Patterson & Forgatch, 1985).

갬브릴(Gambrill, 2013)은 관계 형성에 기여하는 유용한 기술들을 다음과 같이 제시했는데, 대부분 의사소통 기술에 해당된다.

- 개인적 생각과 감정의 공유
- 클라이언트의 감정 이해
- 금기 사안에 처한 클라이언트 지지
- 목적에 관한 피드백 제공

- 클라이언트의 감정에 대한 언어적 공감
- 클라이언트의 관심사 세분화
- 정보 제공
- 역할 명료화
- 개방적인 감정 표현
- 강점 지지
- 품격 있게 대하기
- 경청과 정확한 해석으로 정확한 사정평가
- 효과적인 소통 기술 사용
- 공통된 이해관계를 만족시킬 방법 모색
- 다른 사람들의 행동과 조화를 이루는 행동
- 적절한 요구

4. 문서화

사회복지실천 사례에서 개입과정을 기록해야 하는 현실적으로 중요한 이유는 다음과 같다(Kagle, 2002).

첫째, 기록의 가장 중요한 이유는 책임성이다. 책임성은 사례를 다루는 사람이 어떠한 결정이나 행동을 취해야 하는 사람들에게 유용한 정보를 제공하는 것을 의미한다. 기록은 사회복지사와 기관에만 필요한 것이 아니라 기록을 통해 클라이언트와 클라이언트를 대리하는 사람들, 후원자, 법원, 다른 서비스 제공자, 서비스를 계획하고 재정 지원하며 공급하고 평가하는 사람들에게도 정보가 제공된다.

둘째, 기록은 사회복지실천을 지원할 수 있다. 기록은 클라이언트에 대한 정보, 서비스 계획, 중요한 문서에 대해 즉시 알 수 있도록 해 준다. 따라서 기록은 클라이언트의 목표와 관련하여 개입과정의 진전을 점검하는 근거가 되고 사례에 대한 슈퍼비전과 자문의 기초가 된다.

셋째, 기록은 사회복지실천을 향상시킬 수 있다. 기록과정을 통해 사회복지사는 선택하고 정리하여 결정과 행동의 근거를 마련하며 서비스를 점검하고 평가한다. 기록은 클라이언트와 상황에 대한 사정, 서비스 계획의 실현 가능성과 적합성, 목표 달성의 장애요소와 목표 달성으로의 진전을 보여 준다. 이를 통해 사회복지사는 목표, 계획, 의도된 결과를 검토하고 변경할 수 있게 된다.

1) 문서화의 기능

사회복지실천의 문서화는 사정 및 계획, 서비스 전달, 서비스의 지속 및 조화, 슈퍼비전, 서비스 평가, 책임성이라는 여섯 가지 주요 기능을 갖는다 (Kagle, 1995; Luepker & Norton, 2002; Reamer, 2003).

첫째, 문서화는 사정 및 계획 수립 관련 업무에 필수적이다. 임상적인 맥락에서 사례와 관계된 모든 사실과 환경에 대한 명확하고 종합적인 문서화는 필수적이다. 사회복지사의 심사숙고를 통해 면밀하게 수집된 정보는 임상적 추론과 개입계획을 적절하게 세우는 데 기초가 된다. 부실한 기록은 부적절한 계획 및 개입, 결정적인 판단 착오, 클라이언트에게 좋지 못한 결과 등을 초래할 수 있다.

둘째, 종합적인 기록은 임상적 개입, 지역사회와 기관에 기반을 둔 서비스 및 개입의 적절한 전달을 위해 필수적이다. 철저한 문서화는 임상적 개입을 포함하든 혹은 포함하지 않든 질 높은 서비스를 설계하고 전달하기 위해서 필수적이며, 지역사회 문제들을 다루기 위해서 주민들을 조직하거나 슈퍼비전 또는 기관 행정가의 인력 및 프로그램의 관리와 평가를 위한 토대를 제공한다.

셋째, 문서화는 서비스의 전문성과 여러 전문직 영역 간의 협력과 조정을 촉진시킨다. 예를 들어, 병원, 학교 및 교정시설에서 근무하는 사회복지사는 종종 의사, 간호사, 상담자, 교사, 행정가 등 다른 분야의 전문가들과 함께 정보를 공유하고 서비스를 조정한다. 임상 장면에서 문서화는 직원들이 클라이언트의 욕구에 관해서 최근의 상세한 정보를 알 수 있도록 한다. 행정적 기록은 프로그램 및 기관 내의 슈퍼바이저, 관리자 및 행정가들 간의 조정을 촉진한다.

넷째, 슈퍼비전의 문서화 또한 필요하다. 법적 대리책임과 사용자 책임의 원칙 아래 행정가 및 기관뿐 아니라 슈퍼바이저도 기록에서 결점이 있는 슈퍼비전을 한 것으로 드러나면 실수와 태만에 대한 책임을 질 수 있다.

다섯째, 문서화는 임상적인 평가와 프로그램 평가 등 서비스 평가를 하는 데 필요한 자료를 제공해 준다. 원조과정 전반에 걸친 자료와 정보가 기록되어야 하며, 사회복지사는 프로그램의 성실성을 유지하기 위해서 기록에 꾸준한 노력을 기울여야 한다.

여섯째, 클라이언트, 보험계약서, 기관 간 협력, 소송, 자격증 관련 위원회 및 윤리위원회, 이용심사 조직은 정기적으로 사회복지사가 제공하는 서비스, 참여한 회의, 제공한 슈퍼비전 및 제공받은 자문 등에 대한 상세한 내용을 기록에 포함하도록 요구한다. 이러한 새로운 요구들은 책임성이라는 목적에 맞는 문서의 내용 작성을 의미한다.

리머(Reamer, 2005)는 문서화와 사례 기록과 관련된 위험관리 지침을 문서의 내용, 언어 및 용어, 진실성, 기록 및 문서의 접근성이라는 네 가지 범주로 정리하여 제시하였다.

첫째, 사회복지사는 적절한 내용을 문서화하기 위해 여러 가지를 고려해야 한다. 문서의 일차적 기능은 모든 관련자들에게 도움이 되고 이들을 보호하기 위한 것이다. 기록의 내용은 지나치게 많거나 혹은 부족한 정보가 되지 않도록 균형을 취하면서 면밀하게 작성되어야 한다. 문서의 내용이 너무 많거나 적은 경우 또는 잘못된 내용일 때 클라이언트에게 유해할 수 있으며 사회복지사를 책임성 관련 위험에 처하게 할 수 있다. 사례를 기록할 때 사회복지사가 가장 우선적으로 고려해야 하는 규칙은 서비스 전달을 촉진하고 윤리 관련 문제 제기나 소송으로부터 자신을 보호하기 위해 충분한 내용을 포함시켜야 한다는 점이다.

임상 장면에서 반드시 문서화되어야 할 내용은 다음과 같다(Moline, Williams, & Austin, 1998; Reamer, 2001).

- 사회력, 사정 및 치료계획
- 고지된 동의 절차
- 클라이언트와의 접촉 유형, 일시
- 제삼자와의 접촉 일시
- 다른 전문가의 자문
- 의사결정 및 제공된 서비스
- 중요한 사건
- 설명, 권고, 조언 및 전문가 의뢰
- 약속 불이행 및 취소
- 과거 또는 현재의 심리적 · 정신과적 · 의학적 평가
- 비용, 청구 금액, 지불 금액에 관한 정보
- 서비스 종료
- 최종적인 사정평가
- 기타 관련 문서

둘째, 문서의 표현법은 내용 자체만큼이나 중요하다. 엉성하고 비전문적인 표현은 사회복지사, 슈퍼바이저, 기관에 큰 문제를 야기한다. 사회복지사

는 명료한 용어를 사용하여 자신이 도출하는 결론의 근거가 되도록 기록을 해야 한다. 명료하게 표현하기 위해서는 분명하고 구체적이며 모호하지 않고 정확하게 표현해야 한다. 그리고 전문가들이 사용하는 특수용어, 속어, 축약어를 사용하지 않아야 한다.

셋째, 문서의 신뢰성을 입증할 수 있어야 한다. 클라이언트에 대한 적정한 사정평가를 했는지, 경계는 적절하게 유지되었는지, 서비스의 종결은 시의적절하게 이루어졌는지, 필요한 자문을 받았는지, 혹은 적절한 슈퍼비전을 제공했는지 등과 같은 사회복지사의 행동에 대한 적절성 논란이 발생할 때 사례 기록과 행정적 문건들이 중요한 증거 자료가 된다. 꼼꼼한 문서 작업 없이 이러한 상황에 방어하기란 어렵다. 꼼꼼한 것만으로는 충분하지 않고 문서의 신뢰성을 객관적으로 나타낼 수 있도록 해야 한다. 기록 시간 역시 중요한 요소가 된다. 기록의 지연은 문서의 신뢰성에 의문을 제기할 수 있기 때문이다. 심지어 기록한 시기가 법적인 의미를 가질 수도 있다. 기록되어야 할 사안에 대해서는 면접 동안, 면접 후 즉시 혹은 24시간 이내에 기록하는 것이 이상적이다. 또한 예측성의 문서 작성은 옳지 않다. 시간 절약과 문서 작업의 편의성을 위해 개입이나 실행에 앞서 기록을 하는 경우가 가끔 있는데, 이러한 행동은 문서의 신뢰성을 훼손시키는 일이 될 수 있다. 문서를 판독 가능하고 문법적으로 맞게 작성하는 것도 문서의 신뢰성 확보에 중요하다. 사회복지사도 인간이기 때문에 실수할 수 있다. 그러나 신뢰성이 훼손되는 것을 막기 위해 실수를 덮으려 해서는 안 된다. 오류가 발견되었으면 오류를 인정하고 수정하는 것이 신뢰성의 훼손을 막는다.

넷째, 기록과 문서의 공개 및 보안에 있어 비밀보장 원칙과 관련해 윤리적 문제가 일어나지 않도록 세심한 주의가 필요하다. 사회복지사는 일반적으로 사례 기록 및 문서가 비밀보장이 된다고 가정한다. 그러나 현실적으로 완벽하게 비밀보장이 되는 사례 기록은 없다. 법률, 규정, 계약 및 법원 규칙에 따라 필요한 경우, 문서의 공개를 요구하거나 허가하고 있기 때문이다. 또한 사회복지사는 기밀의 기록과 문서를 보관하기 위한 컴퓨터 사용과 관련된 보안 위험성을 인식할 필요가 있다. 사회복지사는 기록과 문서가 노출될 수 있는 상황들에 대해 잘 알고 있어야 한다. 사회복지사는 소환에 대응하는 법과 적용 가능한 법 및 규정을 알고 있어야 하며, 승인받지 않고는 접근할 수 없는 안전한 곳에 기록을 보관해야 한다.

2) 사회복지실천 기록의 활용과 기록방법

사회복지실천의 기록은 실천 활동 일시와 장소, 목표, 활동 내용, 사회복지사의 의견, 다음 활동계획 등을 기본적으로 포함한다. 일반적으로는 주요 사항들을 간단하게 메모해 두었다가 면접이나 활동이 종료된 후에 사후 기록을 하게 되는데, 기록의 객관성과 논리성을 위해 기록을 미루지 않아야 한다. 클라이언트의 동의하에 녹음이나 녹화를 할 수도 있다. 기록된 내용은 클라이언트의 동의 없이는 공개되지 않는 비밀보장 원칙이 적용된다.

사회복지실천 기록은 다음과 같이 다양하게 활용될 수 있다(Kagle, 1995).

- 클라이언트의 욕구 확인
- 서비스 내용의 보고
- 담당자 혹은 담당자 부재 시 대리인에게 사례 관련 연속성의 유지
- 전문가 간 의사소통의 원활화
- 클라이언트와의 정보 공유
- 슈퍼비전, 자문, 동료 검토의 원활화
- 서비스의 과정과 효과의 점검
- 학생과 다른 전문가들에 대한 교육
- 행정 업무를 위한 자료 제공
- 연구조사 자료로 제공

기록의 유형은 기본기록, 과정기록, 이야기체 기록과 구조적 기록으로 구분될 수 있다. 기본기록은 기본적인 신상정보, 면접일시, 클라이언트의 주요 문제, 목적, 개입계획, 클라이언트의 반응, 탐색이 필요한 영역, 클라이언트를 위해 필요한 활동과 종결 상태를 포함하는 간결한 기록 양식이다. 과정기록은 면접과정 중에 일어난 모든 일을 상세하게 기록하는 방법으로 교육 및 훈련의 목적으로는 유용하나 시간이 많이 소요되는 단점이 있다. 이야기체 기록은 일지 형식 혹은 단계별 기술로 객관적 사실이나 사건을 있는 그대로 기술하는 서술체, 시간적 순서에 의한 압축 서술체나 문제별 또는 표제별 기술을 하는 요약체, 클라이언트의 문제나 문제에 대한 태도, 감정에 관해 사회복지사가 해석한 것을 설명하는 설명체로 나뉠 수 있다. 이야기체 기록도 시간이 많이 소요되는 단점이 있다. 구조적 기록은 문서화를 위한 기본 양식에 근거해 기록하는 방법으로 일반적으로 문제 중심 기록을 한다. 문제 중심 기록은 클라이언트를 총체적으로 보지 못하고 간결한 정보 중심으로 구성되어 기계적이라는 단점이 지적된다.

보편적인 문서 기록방식 중 하나가 문제 중심 기록(Problem-Oriented Recording: POR)이며 문제 중심의 기록 중 주관적-객관적 사정계획(Subjective-Objective Assessment Plan: SOAP)이 일반적으로 사용된다(Dziegielewski, 2006).

- S 문제에 관해 클라이언트가 느끼고 말하는 것, 클라이언트의 서비스 요청과 관련된 내용을 기록한다.
- O 문제와 관련해 관찰할 수 있고 측정 가능한 내용을 기록하는데, 관찰을 통해 클라이언트에 초점을 둔 문제 관련 증상이나 행동을 기술하고 표준화된 사정도구로 측정한 심리적 · 사회적 기능을 기록한다. 일부 기관에서는 인용의 형식을 통해 클라이언트의 진술을 내용에 포함시키고 있다.
- A 클라이언트가 가진 문제들에 대한 사정평가를 기록한다.

P 치료목적이 어떻게 이행될지, 앞으로의 개입 영역, 필요한 서비스 의뢰 내용 등을 기록한다.

SOAP의 변형인 SOAPIE는 확장된 기록방법으로 I(Implementation)와 E(Evaluation)가 추가된 것이며 이에 대한 설명은 다음과 같다(Dziegielewski, 2002).

I 제공된 서비스의 실행 관련 사항을 기록한다. 정확히 언제, 어떻게, 누가 서비스를 실행했는지 기록한다.
E 서비스 제공에 대한 평가를 기록한다.

일부 기관에서는 SOAPIE의 수정판인 SOAPIER을 사용하는데, R(Reaction)은 제공된 개입에 대한 클라이언트의 반응을 기록하는 것이다.

문제 중심 기록의 또 다른 유형은 자료, 사정 및 계획(Data, Assessment and Plan: DAP) 형식이다(Dziegielewski, 2002). D에는 객관적인 클라이언트 자료와 진술로 제시된 문제와 치료적 접촉의 초점과 관련된 내용이 기록된다. A에는 다축 요소로 구성한 진단적 사정과 개입, 서비스와 개입에 대한 클라이언트의 반응, 치료 목적과 목표에 있어서 클라이언트의 전반적인 진전에 대한 사회복지사의 사정평가를 기록한다. P에는 제시된 문제와 관련되고 클라이언트나 사회복지사에 의해 수행되어야 하는 모든 과업, 행동 또는 계획에 대한 구체적인 정보가 기록된다. 또한 P에는 다음 회기에 탐색되어야 할 문제, 예상되는 문제들에 대한 정보, 다음 약속의 구체적 날짜와 시간 등이 기록되어야 한다. SOAP와 유사하게 DAP도 약간의 변형이 있다. 상담 전문가들은 DAPE라는 수정된 양식을 사용하기도 하는데, 이 수정판에서 E는 교육 및 평가와 관련된 항목이다.

사회복지실천에서 광범위하게 사용되는 기록방법들은 다음 문헌들을 참조할 수 있다.

▣ 문제 중심 기록

Kagle, J. D. (1995). *Social work records* (2nd ed.). Long Grove, IL: Waveland Press.

▣ 과정기록

Wilson, S. (1980). *Recording: Guideline for social workers*. New York: Free Press.

▣ 이야기체 기록

Zuckerman, E. (1997). *The paper office: Forms, guidelines, and resources* (2nd ed.). New York: Guilford Press.

▣ 양식

Zuckerman, E. (1997). *The paper office: Forms, guidelines, and resources* (2nd ed.). New York: Guilford Press.

▣ 컴퓨터 소프트웨어

Beaver Creek Software, The Therapist. www.beaverlog.com

〈표 6-2〉는 모든 기록에 포함되어야 하는 정보와 클라이언트의 특정한 상황에 따라 기록에 포함될 수 있는 부가 정보를 구분하여 제시하였다(Kagle, 2002).

〈표 6-2〉 기록에 포함되어야 하는 정보

	모든 기록에 포함되어야 하는 필수 정보	상황에 따라 기록에 포함될 수 있는 부가 정보
접수 요약	• 접수양식 기재 내용 • 고지된 동의 • 서비스 개시 이유: 욕구, 요청 • 주요 관련자와 역할: 클라이언트, 가족, 기관, 지역사회 구성원	• 의뢰원 • 서비스 수급자격 • 이전에 이용했던 서비스 • 관련 기관 • 사회력
사정	• 클라이언트와 상황의 기술 • 정보의 출처: 직접적 관찰, 클라이언트의 자기 보고, 보고서, 기록, 다른 서비스 제공자 • 위험사정 • 강점사정 • 사회복지사의 사정: 정보의 종합, 클라이언트 상황의 평가, 평가 근거 기준 • 클라이언트의 가치관과 선호 • 주요 결정, 활동	• 개인적 정보: 발달, 인지, 행동, 정서, 교육, 고용, 재정, 영적 측면 • 대인관계: 결혼, 가족, 친구, 동료 • 사회적 측면: 인종, 종족 정체성, 문화, 지역사회 • 기관 관련: 학교, 법원, 교정기관, 사회기관, 직장 • 물리적 환경: 주택, 이웃, 교통 • 현재의 의료, 정신보건, 교육, 일, 법과 관련된 어려움 • 아동학대/방임, 노인학대/방임, 자살, 자기 학대, 가정폭력, 지역사회 폭력 • 아동학대/방임 보고서 • 물질 사용과 남용 • 정신건강, 물질 남용 관련 개입 • 장점, 능력, 자원 • DSM-IV 진단
서비스 계획	• 계약: 목적, 방법, 목표로 정한 성과에 대한 사회복지사와 클라이언트의 동의 내용 • 목적 • 서비스 계획: 목적 달성을 위해 수행되어야 할 특정한 활동 • 제공된 서비스의 위험 및 이익의 증거를 포함해 그 사례와 관련된 모든 결정과 활동의 이론적 근거	• 접촉 빈도, 다른 사람의 참여, 종결 일자에 대한 동의 • 금액 청구와 지급 • 목적 달성 지표 • 최소, 최대의 실현 가능한 성과 • 종결을 정당화하는 최소한의 수용 가능한 성과 • 의료적 평가, 기타 평가를 위한 의뢰 • 부가적 치료, 서비스를 위한 의뢰 • 정보 공개에 대한 동의

중간보고 기록	• 모든 접촉의 기록: 날짜, 시간, 참석자 • 클라이언트와 상황의 중요한 변화 –새로운 중요한 정보, 최신 정보 –목적, 목표, 계획의 변화 –정기적 요약	• 접촉, 결정, 취한 조치의 기술 • 목표 관련 진행 지표와 평가 • 계획 실행의 진전과 장애
응급 상황	• 응급 상황의 유형: 자살, 폭력 위협 • 발생한 내용, 장소, 관련자 • 상황에 대한 기술 • 클라이언트와 상황의 사정 • 취해진 조치 • 사후관리 • 앞으로의 조치	• 슈퍼바이저의 검토와 승인
종결 요약	• 종결 시 클라이언트와 상황의 상태: 목적, 계획, 성과 • 종결 이유 • 사후관리 시점에서의 상태	• 접수 이후 클라이언트와 상황의 요약과 검토 • 의뢰 • 일정한 간격의 사후관리 계획

출처: Kagle, J. D. (2002). Record-keeping. In A. R. Roberts & G. J. Greene (Eds.), *Social worker's desk reference.*

제 7 장

사회복지면접론

1. 사회복지면접의 목적

사회복지사는 면접이 일 혹은 업무의 핵심 수단이 되는 직업으로, 사회복지사의 이미지 중 하나가 누군가와 대화하는 모습일 정도로 업무의 가장 큰 부분이 사람들과 대화로 문제의 해결을 돕는 것이다.

사회복지면접은 인간의 행동과 반응에 대한 전문적 지식과 인간관계 기술을 가진 사회복지사가 클라이언트와 그의 문제를 이해하고 원조한다는 목적을 가지고 의도적으로 이끌어 나가는 전문적 대화로 정의된다(김연옥, 최해경 역, 2006). 터너(Turner, 2008)는 면접이 지식에 기반한 예술이라고 표현하였다. 피아노 연주자나 화가가 음악이나 그림의 이론과 기법에 관해 많은 것을 배우지만 독창적인 연주와 작품으로 표현하듯이, 사회복지사도 면접에 관한 이론이나 기법을 학습하지만 점차 창조적으로 자기 스타일의 면접으로 발전시키게 된다는 것이다.

모든 면접에 적용할 수 있는 완벽한 면접의 지침은 없으나 인간의 공통적인 심리적 특성에 대한 깊은 이해와 다양한 상황에 대한 풍부한 경험은 면접을 성공적으로 이끄는 토대가 된다. 이러한 지식과 경험은 클라이언트와의 대화에서 초점을 잡을 수 있게 하고, 불필요한 정보 및 자료를 배제시키며, 효과적인 의사소통에 필요한 적절한 한계를 설정할 수 있게 하여 면접의 효율성을 높인다.

먼저, 사회복지면접에서 유의해야 할 지침을 살펴보면 다음과 같다(김연옥, 최해경 역, 2006).

- 충분한 정보 수집 후 개입이 이루어져야 한다. 문제 상황에 대한 충분한 이해가 이루어지지 않은 상태에서 개입하면 효과적인 문제해결을 할 수 없는 것은 물론, 클라이언트의 실망과 분노를 초래하게 된다.
- 면접의 목적을 직설적으로 이행하는 것은 좋지 못하다. 특히 민감한 사항일수록 조급하게 파헤치려 하면 클라이언트의 저항을 불러일으키기 쉽다. 클라이언트가 자신의 문제를 자유롭게 말하도록 격려함으로써 더 쉽게 목적을 달성할 수 있다.
- 원조와 원조를 위해 정보를 수집하는 차원에서의 면접은 기관의 정책과 프로그램의 범주를 반영한다. 이 범주 중에서 클라이언트의 개별적인 상황에 따라 원조를 결정한다.
- 면접양식에 의해 진행할 경우에 그 질문의 의도와 의미를 면접자가 잘 파악하여 유연하게 사용해야 한다. 예를 들어, 급성의 증상이 핵심 문제일 경우에는 성장기의 생활력 혹은 가족력보다 현재의 증상을 전후로 한 질문을 우선순위로 해야 한다.
- 클라이언트에게 면접에서의 질문이 그들의 욕구 혹은 문제해결과 관련됨을 인식시켜야 한다. 설명이 없다면 클라이언트는 왜 이런 질문을 하

는지 이해하지 못하고 불만스러울 수 있다.

- 자발적 면접인 경우는 클라이언트가 스스로 자신의 문제와 면접의 목적을 말하게 하는 것이 바람직하고 비자발적 면접인 경우도 직접적으로 면접에 임하는 목적을 물어보는 것이 좋다.
- 사회복지사는 제공할 수 있는 서비스의 한계를 규정한 기관의 정책과 프로그램을 고려해야 한다. 한계를 넘어서는 클라이언트는 타 기관에 의뢰해야 한다.
- 클라이언트는 불안으로 문제를 제대로 파악하거나 명확하게 설명하지 못할 수도 있다. 클라이언트가 긴장을 풀고 문제를 허심탄회하게 털어놓도록 격려하고 혼란스러운 생각과 느낌을 정리할 수 있도록 도와야 한다.
- 지나칠 정도로 깊이 파고들어가는 것은 위험하다. 사회복지사가 다룰 수 없는 내용은 제외해야 한다.
- 면접의 전 과정에서 어느 정도는 유연해야 한다.

헵워스와 그의 동료들(Hepworth et al., 2017)은 면접의 궁극적 목적이 클라이언트의 삶의 질 향상과 성장을 위해서 문제를 해결하고 이에 필요한 전략이나 행동을 모색하려고 정보를 주고받는 것이라 하였다. 사회복지사의 관점에서 사회복지면접은 과업이나 기능을 수행하기 위해 필요한 정보를 얻거나 클라이언트의 욕구를 충족하고 문제를 해결하기 위해 대화로 개입하는 것이다.

사회복지실천에서 면접의 종류는 사회력 조사와 같은 정보 수집을 위한 면접, 사정평가를 위한 면접, 클라이언트의 변화를 돕거나 환경 변화를 목적으로 하는 개입 단계의 면접 등 원조과정의 단계에 따라서 구분할 수 있다. 사회복지면접의 궁극적인 목적이 공유된다고 해도 단계별로 면접의 목적이 다를 수 있다. 접수 단계에서는 신뢰관계를 형성하는 것이 중요한 목적이 될 것이다. 자료 수집 단계의 면접은 유용한 정보를 가능한 한 많이 얻는 것이 목적이 될 수 있다. 사정 단계의 면접은 개입계획을 수립해야 하기 때문에 자료 수집을 위한 면접보다 훨씬 더 목적 지향적으로 된다. 개입 단계에서는 통찰, 행동수정, 인지적 왜곡의 변화 등 클라이언트 체계의 문제해결 혹은 변화에 목적이 있다. 사회복지사는 면접의 궁극적 목적을 바탕으로 세부적인 면접 목표에 따라 단계적으로 면접을 진행하게 된다.

2. 면접방법

구체적인 면접방법에서 중요한 요소들에는 경청, 질문하기, 말하기, 관찰, 해석, 사적 질문에 답하기, 지도력 혹은 방향성 등이 있다(엄명용 외, 2016; Gambrill, 2013; Zaki & Mangold, 1972).

1) 경청

클라이언트의 말을 들어 주는 것은 사회복지사의 주요 활동 중 하나다. 관심을 행동으로 나타낼 수 있는 가장 간단한 방법이 말을 들어 주는 것이다. 말을 들어 주는 것은 유용한 치료 개입의 핵심적 특징이다(정명숙 역, 2007). 배우자한테 신체적으로 폭행을 당했거나 정서적·언어적으로 학대를 당한 여성, 끔찍한 사고나 질병으로 가족을 잃은 사람, 치매 환자 혹은 중증 장애인을 장기적으로 돌보고 있는 가족보호자 등은 자신의 경험, 감정, 억압된 정서에 대해 말하는 것을 들어 주는 것만으로도 도움이 된다고 말한다. 클라이언트의 말을 경청하는 것의 가치를 다음 〈사례 7-1〉[1]에서 살펴보자.

---

1) 이 사례의 원출처는 Kinney, J., Haapala, D., & Booth, C. (1991). *Keeping families together: The homebuilders model.* New York: Aldine de Gruyter로 갬브릴(Gambrill, 2013)에서 재인용하였으며 우리나라 이름으로 변경하였다.

〈사례 7-1〉은 면접에서 경청이 중요한 정보를 얻는 방법이면서 동시에 원조관계를 진전시키고 클라이언트의 역량을 강화시켜 치료적 변화가 일어나도록 하는 과정을 잘 보여 주고 있다.

사례 7-1

제시된 문제는 다섯 살인 민용의 문제행동이다. 민용의 어머니는 민용이 불을 지르고, 물건을 파손하며, 한밤중에 동네를 휘젓고 다니며 냉장고 안의 음식을 강탈하는 등 거의 통제가 불가능하다고 불평하였다. 민용은 가만히 앉아 있지 못하고 어머니의 요청은 한 가지도 따르지 못하는 듯 보였다.

이 가족의 문제는 이것만이 아니었다. 민용은 태어나면서부터 학대와 방임에 시달렸으며, 유아일 때 세 번이나 발육 부전으로 입원을 했다. 이번에 아동보호전문기관에 의뢰되기 이전에 부모의 방임으로 신고된 것이 적어도 여덟 번이나 된다. 민용은 어머니의 비협조 때문에 주간치료 프로그램에서도 쫓겨났다.

이 사례를 맡은 사회복지사로서 민용의 부모를 비난하지 않을 수 없었다. 민용의 어머니는 민용의 행동에 대해서만 불평할 뿐 사회복지사인 내가 제시한 제안에 대해 수용할 의사가 없었고 별다른 반응을 보이지 않았다. 민용의 아버지는 집에서 살고 있지 않으며 어쩌다 한 번 면접에 참석했고 참석해도 소극적이었다. 설상가상으로 우리가 개입한 첫 주에 민용의 외할머니가 심각한 수술을 받기 위해 병원에 입원하면서 어머니가 민용이 문제에 집중하는 것을 더 어렵게 만들었다.

이러한 상황 속에서 나는 여러 가지 변화가 일어난 그날을 분명히 기억한다. 나는 내가 느끼는 좌절감과 비협조적이라고 느끼는 것에 대해 민용의 어머니에게 직면시키려 했다. 그러나 나의 의도와는 달리 민용이 어머니가 가족 안에서 자녀로서 어떻게 살아왔는지, 자신의 엄마와 형제들의 문제에 얼마나 많은 원조 요청을 받으며 살아왔는지 등 민용의 어머니가 말하는 것을 들어 주게 되었다. 나는 그녀에 대한 연민을 느꼈으며 내 판단이 얼마나 피상적이었는지 깨달았다.

그 후에 비록 갑작스럽거나 극적이지는 않았지만 상황이 바뀌었다. 나는 민용의 어머니와 인생 목표에 관해 더 많은 대화를 나누었고 어느 날 유아교육을 공부하고 싶어 하는 그녀를 전문대학에 데리고 갔다. 이후 민용은 주간보호와 학교 프로그램을 우수하게 마쳤으며 그의 행동은 거의 정상 범주로 돌아오기 시작했다. 여러 달이 지난 후 다른 클라이언트를 만나기 위해 민용의 학교를 방문하였다가 민용의 선생님을 만날 기회가 있었다. 선생님은 민용이가 잘하고 있을 뿐 아니라 학급에서 리더십을 발휘하고 있다고 말했다. 또한 민용의 부모가 재결합할 정도로 가까워졌다는 소식도 들었다. 민용의 어머니는 평가에서 "사회복지사가 매우 지지적이다. 그가 우리를 회복시켜 주어 우리는 매우 가까워졌다."라고 기록하였다.

이 면접을 통해 내가 얻은 교훈은 클라이언트에 대한 증거가 아무리 도덕적으로 나쁘게 보이더라도 우리는 누구도 심판할 수 없다는 것이다.

경청은 말하는 사람이 사용하는 어휘, 억양, 신체언어 등을 함께 파악하는 것이다. 경청하는 면접자는 말하는 사람의 의도, 시선의 의미, 멈춤까지 파악하면서 듣는다. 사실 듣기에 집중하는 것은 어려운 일이다. 우리의 마음은 종종 다른 일들로 바쁘다. 상대방의 인상, 사실의 해석, 해야 할 이야기에 대한 생각 외에도 다른 일상적인 생각들로 머릿속이 복잡하다. 우리가 다른 사람의 말을 들을 때는 선입견이나 편견이 개입될 수 있다. 즉, 각자의 방식으로 여과된 청취를 하게 된다. 성별, 인종, 지위, 종교적 신념, 생활양식 등에 따른 개인적 · 문화적 여과망이 작동하게 되는 것이다. 따라서 듣는 데 집중하기 위해서는 이러한 방해요소들의 작용을 최소화시키는 데 주의를 기울여야 한다.

경청은 단순한 듣기가 아닌 상대방의 사고와 감정을 이해하기 위한 적극적인 청취활동이다. 좋은 면접자는 맥락적 경청을 한다. 맥락적 경청은 말의 이면에 숨겨진 것, 실제 관점, 말하는 사람의 삶 속에 들어 있거나 삶을 배경으로 하여 나타난 사실들을 듣는 것이다. 경청하는 면접자는 클라이언트의 이야기를 둘러싼 전후관계를 파악한다. 경청의 가장 큰 의미는 클라이언트가 생활하고 활동하며 존재하는 맥락에 의해 영향을 받는 개인으로서 하는 말을 듣는 것이다.

경청에서 주의할 한 가지는 침묵에 당황하지 않는 것이다. 경험이 없는 면접자는 침묵을 질문과 의견으로 깨뜨려야 한다고 오해하기 쉽다. 그러나 침묵은 많은 기능을 갖고 있다. 새로운 주제로 전환하거나, 클라이언트가 중요한 사건을 떠올리는 시간을 갖게 하거나, 말한 것에 관해 다시 생각하거나, 무엇을 말할지 결정하는 과정이 될 수 있다. 침묵은 많은 경우 자연스러운 멈춤이다. 침묵이 면접을 통제하거나 불쾌한 주제에 관해 말하는 것을 피하기 위한 시도일 때도 있다. 무엇을 말해야 할지 불확실하거나 다른 사람이 말하게 하고 싶은 것을 반영하는 것일 수도 있다. 클라이언트가 침묵하는 경우는 생각을 정리해 표현하기 위해, 강렬한 감정을 진정시키기 위해, 혹은 정말 할 말이 없어서일 수도 있다. 이러한 침묵은 존중되어야 한다. 그러나 클라이언트가 너무 많은 말을 한 것같이 느껴서 갑자기 말을 중단해 버리는 경우처럼 침묵을 깨뜨려야 할 상황도 있다. 자신에 대해 너무 많은 말을 한 후에 클라이언트는 불안을 나타내기 쉽다. 이러한 불안이 다루어지지 않으면 고백적인 면접 후 클라이언트가 적대감을 보이거나 다음 면접 약속을 어기는 일이 일어날 수 있다.

사회복지사는 여러 경로로 경청하고 있음을 클라이언트에게 전달할 수 있다. 관심 어린 표정을 비롯해 고개의 끄덕임, '그래요' 등의 음성반응, 적절한 질문 등을 통해 클라이언트는 사회복지사가 경청하고 있음을 느낄 수 있다. 클라이언트의 말을 경청하고 있다는 것을 전달하려면 의견이나 질문으로 요점을 파악했다는 것을 표현하거나 놓치기 쉬운 중요한 일면에 대해 의견을 보태어 반응을 보이면 된다. 반응을 보이지 않으면 관심이 없는 것으로 보이기 쉽다.

2) 질문하기

사회복지면접에서는 주로 구체적으로 필요한 정보를 얻기 위해 질문을 한다. 면접은 질문을 하고 그 대답을 듣는 단순한 행위가 아닌 사람과 사람 사이의 상호작용이기 때문에 질문하는 태도나 어조가 질문의 내용을 전달하는 단어보다 더 중요하다. 이는 간단한 실험으로 확인할 수 있다. 다양한 표정과 억양으로 "최근에 아이의 학교에 간 적이 있습니까?"라고 질문하고 질문에 응답하는 입장에서 어떻게 느끼는지를 들어 보는 실험을 해 보면 질문이 단순히 단어의 조합이 아니라는 것을 알 수 있다.

일반적으로 질문방식은 개방형과 폐쇄형으로 구분된다(Hepworth et al., 2017; Ivey & Ivey, 2003; Kadushin & Kadushin, 1997). 개방형 질문은 클라이언트가 선택해서 설명하고 논의하며 대답하도록 하는 질문방식이다. 따라서 개방형 질문에서 클라이언트는 자신이 중요하다고 여기는 정보를 이야기하고 의미 있게 생각하는 문제에 초점을 맞출 수 있다. 개방형 질문은 클라이언트가 자신의 생각과 감정을 탐색할 수 있게 해 준다.

면접의 특정 시점에서 의도적으로 사용할 수 있는 개방형 질문들은 다음과 같다(Bogo, 2006).

- 무슨 일로 여기 오게 되었습니까? (면접을 처음 시작할 때 사용한다.)
- 새로 발생한 문제(클라이언트가 문제로 확인한 영역)와 관련해 상황을 어렵게 만드는 것이 무엇입니까? (클라이언트가 제시한 문제에 대해 상세하게 이야기하도록 하기 위해 사용한다.)
- 지금은 어떻습니까? (과거와 현재 시점을 관련시켜 문제를 탐색하기 위해 사용한다.)
- 과거에는 새로운 상황에 대해 어떻게 반응했습니까? (특징적 반응 패턴과 잠재적 강점에 관한 정보를 끌어내기 위해 사용한다.)

- 제가 이해하는 것을 도와주면 좋겠는데, 당신에 관해 알아야 하는 것이 무엇이 더 있지요? (중요한 정보를 도출하기 위해, 특히 첫 면접을 마무리할 때 사용한다.)
- 오늘 무슨 이야기를 하고 싶습니까? 가장 긴급한 것이 무엇입니까? (면접 시작에서, 특히 초기 단계에서 사용한다.)
- 지난주 우리가 나눈 이야기에 관해 그 뒤에 더 생각해 본 것이 있나요? (지난주 면접 내용과 연결하기 위해 사용한다.)

간단한 개방형 질문들은 클라이언트가 자유롭게 말하거나 특정한 주제에 대해 말하도록 촉진용으로 사용될 수 있다(Bogo, 2006).

- 이 일에 관해 좀 더 말해 줄 수 있습니까?
- 그것은 어떠했습니까?
- 이러한 상황이 일어나는 동안 무엇을 느꼈나요?
- 이러한 상황이 일어나는 동안 무엇을 생각했나요?
- 이 상황에 대한 사람들(클라이언트의 삶에 중요한 사람들)의 반응은 어땠나요?
- 이 상황에서 당신이 보이는 태도에 대한 사람들(클라이언트의 삶에 중요한 사람들)의 반응은 어땠나요?

폐쇄형 질문은 주로 사실적 정보를 얻기 위해 사용된다. 폐쇄형 질문은 클라이언트와 그 상황에 관해 정확한 사실을 알기 위해, 특히 초기 단계에서 유용하다. 폐쇄형 질문은 초기 단계에서 좀 더 많이 활용되는 경향이 있으나 구체적인 내용을 명료화하고 누락된 정보를 보충하기 위해 원조과정 전반에 걸쳐 사용될 수 있다. 폐쇄형 질문은 서비스 수급자격이나 필요한 개입 유형을 사회복지사가 결정해야 하는 상황에서 흔히 사용된다. 예를 들어, 사회복지사는 재가서비스의 수급자격을 결정하기 위해서 클라이언트의 신체적 기능, 의학적 상태, 일상생활 활동을 수행하는 능력에 관한 많은 폐쇄형 질문들을 사용한다. 폐쇄형 질문은 클라이언트가 자신의 상황에 압도되어 있거나, 불안이 심하거나, 어디서부터 말을 시작해야 할지 모르겠다고 할 때 유용하게 사용된다. 면접이 초점을 잃거나 클라이언트의 이야기가 관련은 있지만 덜 적절한 주제로 이탈한 경우에도 폐쇄형 질문이 유용하다.

개방형 질문은 폐쇄형 질문보다 더 많은 정보를 얻는 데 도움이 된다. 상황에 따라 개방형 질문과 폐쇄형 질문 중 어느 형태가 적절한지를 고려해야 한다. 개방형 질문의 활용이 일반적으로 중요하나 폐쇄형 질문이 필요한 경우가 있다. 예를 들어, 클라이언트가 "더 이상 집에 있기가 힘들어요. 지난주 어느 날은 밤에 차를 타고 나가 어딘가 처박고 전부 끝내고 싶었어요."라고 말하는 경우 "지금 상황에 대해 어떻게 할 계획인가요?" 혹은 "왜 집을 안 떠나나요?"와 같은 개방형 질문보다 "실제 자살을 시도해 보았나요?"와 같은 폐쇄형 질문으로 현 상황의 위험 정도를 평가하는 것이 적절하다.

조금 더 상세하고 구체적으로 이야기하도록 돕는 개방형 질문은 클라이언트에 관한 추가 정보 수집에 도움이 된다. "그 일에 관해 좀 더 상세히 말해 주시겠습니까?" 혹은 "구체적으로 어떠한 상황에서 감정이 폭발하는지 가장 최근의 상황을 말해 주시겠습니까?"와 같이 추가적으로 상세한 내용을 파악하거나 명료화하기 위한 질문을 할 수 있다.

개방형 질문을 할 때는 '왜'를 묻는 질문을 과다하게 사용하지 않도록 주의해야 한다(Coulshed & Orme, 1998). 사람들은 종종 이유를 알지 못한 채 자신과 자신의 상황을 더 분명히 이해하기 위해 도움을 요청한다. 이러한 경우 '왜'보다 '무슨 일' 혹은 '무엇'으로 질문하는 것이 바람직한데, 예를 들면 노인 클라이언트에게 외출하는 것을 왜 두려워하는지 묻는 대신에 외출하면 무슨 일이 발생할 것으로 생각하는지를 묻는 것이다.

이상적인 해결책을 말하도록 질문하는 것, 즉 '가정해 본다면'으로 시작하는 가정형 질문은 추가적으로 많은 정보를 얻게 해 준다. 이러한 질문은 또한 클라이언트가 앞으로 일어날 상황으로 가정하고 있는 것에 직면시킬 수도 있다. 예를 들면, 위탁보호 중인 청소년이 위탁가정에서 일어난 갈등 때문에 집을 떠나겠다고 위협하는 상황에서 "집을 떠났다고 가정해 보면 어떨 것이라고 생각하니?"라고 질문하여 탐색해 보게 함으로써 위탁부모가 자기에게 무슨 일이 일어나든 신경 쓰지 않을 것이라는 걱정 혹은 두려움을 탐색하게 하는 것이다(Coulshed & Orme, 1998). 가족치료 영역에서 개발된 순환적 질문도 유용한 질문방법이다. 순환적 질문은 위협적이지 않은 방법으로 클라이언트 체계와 관련된 사람들의 관점을 직접적으로 표현할 수 있게 하는 질문기법이다. 예를 들면, "엄마가 언니와 한바탕하고 있는 동안 아빠는 무엇을 하고 계셨니?"와 같은 식으로 질문하는 것이다.

질문이 무의식적 동기나 감정을 파악하는 것 자체에 초점이 맞추어지면 클라이언트로 하여금 소외감을 느끼게 하고 클라이언트 자신이 분석되고 있음을 알아채게 만든다. 또한 개인적 호기심으로 필요 이상으로 많은 질문을 하는 것도 바람직하지 않다. 일반적으로 질문을 너무 적게 하면 탐색해야 할 영역을 충분히 파악할 수 없으며 너무 많은 질문은 클라이언트를 혼란스럽게 할 수 있다. 사회복지사는 유도적인 질문이나 단답형 답변을 이끌어 내는 질문을 피해야 한다. 질문 속도는 클라이언트의 페이스에 맞추도록 한다. 너무 천천히 질문하는 것은 관심이나 이해의 부족으로 비칠 수 있는 반면, 너무 빠른 질문은 중요한 단서를 놓칠 수 있고, 클라이언트를 혼란시키며, 클라이언트의 말에 흥미가 없는 것처럼 보인다.

3) 말하기

면접에서 사회복지사는 관련된 문제를 논의하거나 정보나 조언을 주기 위해 말을 한다. 관련 문제에 관한 말하기는 주로 요약과 내용 혹은 감정을 반영한다. 사회복지사는 클라이언트가 말하는 내용이 명확하지 않을 때, 혹은 면접 시작에서 이전 면접과정의 주요 내용을 정리하거나 면접 종료 시 그날 면접에서 있었던 일을 정리할 때 요약을 활용한다. 내용 반영은 클라이언트의 이야기를 부연 설명하거나 요약하는 것을 말한다. 예를 들어, 클라이언트가 "집안 문제 때문에 이 모든 문제가 생긴 것 같아요."라고 말한 내용을 반영하는 사회복지사의 반응은 "본인의 문제가 집안 문제에서 비롯되었다고 생각하는군요."와 같은 것이다. 이러한 내용 반영은 클라이언트가 말하고 있는 것을 사회복지사가 이해하고 있다는 것을 전달한다. 또 내용 반영을 통해 클라이언트의 사고와 감정을 정리해 주고 인식을 점검해 보는 계기를 제공할 수도 있다. 감정 반영은 클라이언트의 감정을 파악해 적절한 정서적 표현으로 그 감정을 반영해 주는 것이다. 특히 언어화되지 못한 클라이언트의 감정을 반영해 주는 것이 중요하다. 사회복지사의 말하기는 가능한 한 클라이언트의 표현방식을 포함하여 클라이언트가 이해할 수 있는 용어로 구성되어야 한다. 예를 들어, "수동적 공격성 성격장애군요."가 아니라 "지각해서 야단맞음으로써 선생님의 마음을 아프게 하고 싶었군요."와 같이 말하는 것이다.

사회복지사는 클라이언트의 말을 경청하고 그 내용이나 감정에 반응하는 과정에서 클라이언트의 이야기에 대한 자신의 경험, 생각과 감정을 표현하는 자기 노출을 할 수 있다. 사회복지사가 자신에 관한 이야기를 하는 것에는 여러 가지 목적이 있다. 개인적 경험을 이야기하는 것은 클라이언트의 경험이나 감정에 대한 이해를 전달함으로써 관계를 긍정적으로 진전시킬 수 있고 상황을 보는 새로운 방식과 가능한 선택을 설명하기 위해 사용될 수 있다.

특정한 클라이언트에게 사적인 사건이나 개인적 감정을 이야기하는 자기 노출은 사회복지사의 동기와 암시적 의미와 관련해 검토되어야 한다. 검토할 때 다음의 질문들이 유용할 수 있다(Bogo, 2006).

- 사회복지사는 자기 노출이 공감을 전달하고, 유대를 증진시키며, 클라

이언트가 행동을 취하도록 동기화시킬 것이라고 믿는가?

- 자기 노출이 사회복지사와 클라이언트 간의 유사성을 강조하거나 힘의 차이를 줄이려는 시도에서 비롯되고 그러한 목적을 달성할 것으로 보는가?

사회복지사의 자기 노출이 부적절한 경우도 있다. 자기 노출이 클라이언트와 관계없는 사회복지사의 개인적이고 정서적인 욕구 또는 관계 욕구를 충족시키기 위한 목적이 있는 경우다. 예[2]를 들어 보자. 젊은 여자 사회복지사는 만성 정신장애인 주간보호 프로그램에 참여하는 우울증 환자인 중년 남자 클라이언트가 자기 집안이 대단하다고 자랑하는 이야기를 들으며 짜증이 났다. 사회복지사는 그에게 자신의 부모님 또한 그의 가족과 같은 동네에 살고 같은 종교단체와 사회단체의 성원이라고 말하였다. 사회복지사의 말은 클라이언트와의 공통점을 드러내는 것으로 볼 수도 있지만 그 이면에는 클라이언트가 중하위 계층인 사회복지사보다 자신의 계층이 더 우월하다고 과시하는 것으로 생각한 사회복지사의 인식에서 이러한 자기 노출이 이루어진 것이다. 사회복지사의 자기 노출로 인해 클라이언트가 비밀보장에 관해 걱정하게 된다면 이는 클라이언트에게 도움이 안 되는 자기 노출이다. 이 클라이언트는 자신이 우울증 환자라는 것을 수치스럽게 여겼고 자존감이 낮았다. 가족 배경에 관한 클라이언트의 과시는 그의 낮은 자존감을 회복하려는 시도이자 사람들에게 자신이 정신병 환자 이상이라는 메시지를 전달하려는 것이었다. 이 사례에서와 같은 사회복지사의 자기 노출은 전형적으로 부적절한 경우다.

사회복지사의 너무 적은 자기 노출은 거리감을 만들고 너무 많은 자기 노출은 클라이언트를 당황스럽게 하거나 자기 노출에 대한 압박으로 다가올 수

---

2) 이는 보고(Bogo, 2006)에서 자기 노출을 설명하면서 예로 제시한 것이다.

있다(Hill & Knox, 2002). 클라이언트에게 도움이 될 수 있는 맥락에서의 자기 노출이 바람직하며 사적 대화가 되지 않도록 해야 한다. 즉, 사회복지사의 자기 노출은 클라이언트에게 도움이 되는 경우에 한해서만 그 타당성이 인정될 수 있다.

사회복지사는 클라이언트의 문제해결을 돕기 위해 종종 정보나 조언을 제공한다. 많은 경우 클라이언트에게 직접적인 조언을 하는 것은 무익할 수 있다. 오히려 클라이언트에게 필요한 것은 혼돈으로부터 벗어나기 위한 도움, 즉 그들의 상황을 판단하는 데 도움이 되는 부가적인 정보를 제공함으로써 스스로 결정하도록 격려해 주는 것이다. 직접적 조언이 필요한 경우도 물론 있다. 예컨대, "내가 어떻게 해야 한다고 생각합니까?"라고 절박하게 묻는 클라이언트에게는 직접적 조언이 필요할 수 있다. 이렇게 하는 것이 클라이언트에 대한 관심과 도움이 되고자 하는 뜻을 나타내는 상징이 될 수 있기 때문이다. 클라이언트에게 최대한의 자기 결정을 허용해야 하나 필요한 도움을 주지 않고 보류하는 것이 되어서는 안 되기 때문에 직접적 조언을 요구하는 클라이언트에게는 적절한 조언을 해 줄 수 있다.

4) 관찰

면접의 모든 측면이 관찰하는 것이라고 할 수 있지만 여기서는 면접 대상자의 비언어적인 측면, 말하는 방식이나 모순된 내용과 같은 부분에 대한 관찰에 초점을 두고자 한다.

사회복지사는 면접에서 앉은 자세, 표정, 음성의 고저 등 비언어적 측면을 관찰함으로써 클라이언트에 대한 정보를 파악할 수 있다. 신체 자세와 비언어적 몸짓 등은 감정을 드러내는 중요한 단서가 된다.

또한 사회복지사는 클라이언트의 시작과 종결하는 말에 주목할 필요가 있다. 클라이언트가 처음에 자기 문제를 설명하는 과정에서 문제를 보는 시각과 원조를 구하는 태도가 드러난다. 적극적으로 원조를 요청하는 것인지 아니면 수동적으로 방관자적 입장을 취하고 있는지, 혹은 신뢰하고 있는지 아니면 불신에 가득 차 있는지가 나타난다. 예를 들어, "집사람이 선생님께서 저를 도와주실 수 있을 것이라고 해서 왔습니다."라는 말로 면접을 시작하는 클라이언트는 그 자신보다 배우자가 원조 요청에 적극적임을 알려 준다. 종결 시 클라이언트가 하는 말은 면접의 의미를 함축하거나 자신의 문제해결 능력을 나타낸다. 만약 클라이언트가 "이제 필요한 정보를 얻었으니 안심이 좀 됩니다."라고 말한다면 이는 면접이 긍정적이었다는 피드백과 함께 문제해결의 실마리를 찾았다는 자신감을 내포한다.

대화 중 화제를 바꾸는 주제의 전환이나 반복도 관찰의 대상이다. 클라이언트는 너무 많은 말을 했다고 생각하여 더 이상 자신을 드러내지 않기를 바랄 때나 계속하기가 괴롭다는 표시로, 혹은 표면상으로는 다른 이야기지만 무의식 속에서 관련이 있는 이야기일 경우 화제를 돌리려 한다. 일정한 주제를 반복하거나 같은 주제를 우회적으로 되풀이하는 것은 그 주제가 클라이언트에게 중요하다는 의미다. 말의 내용 불일치도 중요한 관찰 대상이다. 클라이언트의 말이 모순되거나 의미가 불분명할 때가 있는데, 이는 양가감정, 혼란, 죄책감으로 인한 결과이기 쉽다.

이러한 관찰 결과는 클라이언트의 특성, 자기표현 능력, 문제해결 역량 등 클라이언트에 대한 이해를 증진시킬 수 있는 중요한 정보를 제공해 준다.

5) 해석

사회복지사는 면접 시 클라이언트가 행동과 대화를 통해 보여 주는 상황 저변에 대한 많은 단서를 해석할 수 있어야 한다. 해석은 과거의 감추어진 의미가 아닌 현재의 행동, 사고, 감정과 관련된 요소에 초점을 두어야 한다. 클라이언트의 어려움의 근저에 있는 결정적 요인을 파악하기 위해 사회복지사는 가설을 만들고, 검증하고, 대부분을 기각하고, 새로운 가설을 만들고, 검증하기를 반복하는 과정에서 해석을 하게 된다. 사회복지사가 해석한 내용을 클라이언트에게 말하는 것은 대부분의 경우 부적절하다.

원칙적으로 클라이언트는 자신의 페이스로 결론에 도달해야 한다. 사회복지사는 근원적 요인들을 해석한 후 그 해석에 기초한 질문과 의견을 통해 클라이언트가 그 요인들을 깨닫도록 도울 수 있다. 예를 들어, 말하기를 두려워하는 클라이언트에게 "어머니가 늘 그렇듯이 내가 당신을 비난할까 봐 두려워하는군요."와 같은 이야기를 하는 것이다. 혹은 클라이언트에게 좀 더 상세하게 충분히 말하도록 격려함으로써 클라이언트 스스로 깨닫도록 돕는다.

사회복지사와 클라이언트 간의 전문적 원조관계가 안정된 경우에는 클라이언트에게 직접 해석을 전달할 수도 있다. 해석은 클라이언트로 하여금 사건들 간의 관계를 이해하고, 문제가 되는 감정과 행동을 다른 관점에서 고려하며, 실제 생활에서 더 효과적으로 행동하도록 도울 수 있다. 해석을 직접 전달할 때는 적당한 시기 선택에 대한 감각이 필요하다.

6) 사적 질문에 답하기

클라이언트의 사적 질문에 대답을 해야 하는 경우 질문을 하는 이면의 이유를 가늠해서 적절한 반응을 해야 한다. 클라이언트는 예의상 사적 질문을 할 수 있다. 또한 사적 질문은 사회복지사와 클라이언트 간의 친밀한 관계 형성의 시작을 나타내거나 클라이언트가 의논하고 싶은 자신의 문제를 꺼내는 한 방법일 수 있다.

사적 질문에는 간결하고 솔직한 대답이 바람직하며 대답한 다음에는 클라이언트가 즉시 그 자신에게로 주의를 돌리게 한다. 클라이언트의 문제에 대해서만 이야기하는 것이 가장 도움이 될 수 있을 것이라고 솔직하게 말함으로써 사적 관계로 진전되지 않도록 한다. 사적인 질문을 왜 하는지 되묻거나 지나치게 길게 대답하지 않도록 주의한다.

7) 지도력 혹은 방향성

숙련된 사회복지사는 면접에서 지도력을 보인다. 즉, 숙련된 면접자는 기관의 기능과 정책, 자기가 도울 수 있는 영역을 염두에 두면서 클라이언트가 생각하는 바를 자유롭게 말하도록 허용하는 방향성이 있는 면접을 진행한다.

숙련된 면접자는 처음에 클라이언트가 충분히 상세하게 자기 욕구를 표현하도록 질문함으로써 클라이언트를 이해하고 자신이 클라이언트를 도울 수 있는지 또는 다른 사람에게 의뢰하는 것이 필요한지를 판단한다. 그는 언제 경청해야 하고, 언제 말해야 하는지, 무엇을 관찰할지 등을 결정하면서 면접을 무리 없이 이끌어 간다.

3. 면접에서 직면기술의 활용

직면기술의 사용은 클라이언트를 방어적으로 만들 위험성이 높지만 면접에서 시의적절하게 사용되면 변화의 전환점을 만들어 줄 수 있는 강력한 도구다. 면접에서의 직면은 주로 질문이나 의견의 형태를 취해 시도된다.

사회복지사가 사용하는 직면기술은 자기 직면을 촉진하는 것부터 단호한 직면에 이르기까지 연속선상에 있다(Hepworth et al., 2017). 자신의 행동과 가치 사이의 관계를 성찰해 보게 하는 질문만으로 클라이언트는 종종 자기 직면을 할 수 있다. 이러한 직면은 클라이언트를 존중하면서 조심스럽게 시도되므로 클라이언트의 저항을 야기하지 않는다. 클라이언트는 자기 탐색으로 자신과 자신의 문제에 대해 확장된 인식을 하면서 스스로 모순과 불일치를 인정하고 직면할 수 있다. 이처럼 클라이언트 스스로 자기 직면을 하는 것은 덜 위험하고 클라이언트의 통찰을 통합하는 데 저항이 문제되지 않기 때문에 사회복지사가 주도하는 직면보다 바람직하다. 클라이언트가 자기 직면을 사용하는 정도는 매우 다양하다. 정서적으로 성숙하고 내적으로 성찰하는 사람은 자주 자기 직면을 할 수 있다. 반면, 자신의 감정을 잘 모르고, 자신이 다른 사람들에게 미치는 영향을 잘 의식하지 못하며, 어려움에 부딪히면 다른 사람이나 환경을 비난하는 사람은 자기 직면을 할 가능성이 매우 낮다.

귀납적 질문은 사회복지사가 시도하는 적극적인 직면으로 클라이언트로 하여금 스스로의 사고, 가치, 신념과 행동 간의 잠재적인 모순을 생각해 보게 한다. 이러한 질문은 클라이언트를 존중하는 태도를 바탕으로 하여 전달되어야 한다. 클라이언트의 문제와 관련해 사실에 초점을 둔 질문이 효과적인 직면을 도울 수 있다. 예를 들어, 약물 의존 문제가 있는 클라이언트에게 "술에 대해서는 무력한가요?"라고 묻는 것은 클라이언트가 자신을 알코올중독자로 간주하도록 요구하는 것이다. 반면, "기억을 상실한 적이 있습니까?" "술을 마실 때 다른 사람에게 어떤 문제에 대해 이야기를 꺼내는 것이 더 쉽습니까?" "마시기 시작하면 쉽게 중단할 수 없습니까?" 등의 귀납적 질문은 음주가 주의를 필요로 하는 문제라는 가능성을 제기할 뿐 클라이언트를 위협하는 질문은 아니다.

긴급한 위험 상황에서는 귀납적 질문으로 촉진되는 자기 직면보다 문제를 일으키는 사고, 계획, 가치, 신념 간의 관계를 선언적 형태로 말하는 단호한 직면을 사용해야 한다. 단호한 직면은 클라이언트에게 문제가 되는 사고, 계획, 가치와 신념 간의 관계를 서술 형태로 말하는 것이다. 단호한 직면은 클라이언트가 사회복지사의 말을 비판, 모욕 또는 거부로 해석할 수 있기 때문에 위험 부담이 큰 기법이다. 역설적으로 직면의 필요성이 높은 클라이언트일수록 이러한 반응을 보인다. 이러한 클라이언트는 거의 자기 직면을 하지 않는다. 단호한 직면이 효과적이기 위해서는, ① 관심의 표현, ② 클라이언트의 목적, 신념 또는 소신의 묘사, ③ 목적, 신념 또는 소신과 일치하지 않거나 모순되는 행동 또는 행동의 부재, ④ 모순된 행동으로 인해 일어날 수 있는 부정적 결과 등 네 가지 요소가 포함되어야 한다. 단호한 직면을 사용하는 것은 클라이언트를 방어적으로 만들거나 관계가 소원해질 위험이 있기 때문에 클라이언트가 직면의 동기를 오해할 가능성을 줄이기 위해서는 관심과 도움을 주려는 의도를 표현하는 것이 필수적이다. 이러한 의도를 강조하는 데는 어조가 중요하다. 사회복지사가 따뜻하고 관심 있는 어조로 직면을 전달하면 클라이언트는 공격받는 느낌을 훨씬 덜 받는다.

직면의 사용은 적절한 시기와 정교한 기술을 필요로 한다. 사회복지사는 직면을 사용할 때 도움을 주려는 의도와 선의를 전달하기 위한 특별한 노력을 해야 한다. 그렇지 않으면 클라이언트의 적대감을 유발하거나 클라이언트를 화나게 만들고 관계가 소원해질 수 있다. 시기적으로나 기술적으로 부적절한 직면 때문에 클라이언트는 불안, 수치심, 죄책감으로 압도될 수 있다.

직면을 효과적으로 사용하기 위한 지침은 다음과 같다(Hepworth et al., 2017).

- 법률 위반 및 클라이언트 자신이나 타인에 대한 긴박한 위험과 관련된 문제일 때는 원조관계가 시작된 지 얼마 안 되는 초기라도 직면을 시도해야 한다. 직면이 원조관계의 발전을 저해할 수 있으나 자신과 타인에 대한 위험이 원조관계에 미치는 영향보다 더 중요하다.
- 가능하다면 효과적인 원조관계가 수립될 때까지 직면을 피한다. 클라이언트가 자신의 목적 달성을 방해하는 행동을 하더라도 자신과 타인에게 위급한 상황이 아니라면 신뢰 기반이 만들어졌을 때 클라이언트는 직면에 더 긍정적인 반응을 한다.
- 직면을 남발하지 않는다. 직면은 클라이언트가 다른 개입방법들에 반응하지 않을 때 택하는 강력한 기법이다. 직면을 신중하게 선택해야 하는 또 다른 이유는 일부 클라이언트의 경우 바람직하지 않은 이유로 강력

한 직면에 순종하기 때문이다. 클라이언트는 사회복지사를 기쁘게 하려고 일시적으로 행동을 수정할 수 있다. 그러나 사회복지사의 기대에 부응하기 위해서 변화하는 것은 실제 성장에는 금기라 할 수 있는 복종과 의존을 초래한다.

- 따뜻함, 보살핌, 관심을 전제로 하는 환경 속에서 직면을 전달한다. 사회복지사가 진실하게 공감 어린 관심을 갖고 직면을 시키면 클라이언트는 직면 속에 의도된 도움이 되는 요소를 더 인식하기 쉽다.
- 가능할 때마다 클라이언트의 자기 직면을 격려한다. 사회복지사는 클라이언트가 간과했을 수 있는 문제점, 행동 또는 불일치에 주의를 기울이게 하고 그 상황을 좀 더 분석할 수 있도록 자기 직면을 격려한다.
- 클라이언트가 극심한 정서적 긴장 상태에 있을 때는 직면을 사용하지 않는다. 이때는 직면보다 지지적 기법이 적절하다.
- 직면 이후에는 공감 반응이 이어져야 한다. 클라이언트는 숙련된 직면에 대해서조차도 화가 날 수 있기 때문에 클라이언트의 반응을 탐색하고 그들의 감정에 공감적으로 반응하는 것이 중요하다.
- 클라이언트가 일정 수준의 불안을 보이면서 직면에 반응할 것을 예상해야 한다. 불안 또는 불균형은 건설적인 변화를 일으키는 치료적 목적을 가진다.
- 직면 후 즉각적인 변화를 기대하지 않는다. 비록 인식이 변화로 가는 길을 만들더라도 클라이언트는 통찰을 얻은 직후 바로 변화하지는 못한다. 클라이언트가 충분히 직면을 수용할 때조차 변화는 점차적으로 일어난다.

4. 효과적 면접을 위한 구조적 요소

면접이 이루어지는 장소, 면접 시간, 면접 기록, 비밀보장과 같은 구조적 요소는 사회복지면접의 효과성에 영향을 미치는 중요한 요소다.

물리적 환경은 면접의 전체적 흐름을 결정할 수 있다. 면접이 최대한 효과적으로 진행되기 위해서는 클라이언트에게 편안한 환경, 집중된 관심, 면접 동안 자기 생각을 편안하게 말할 수 있는 충분한 시간이 필요하다. 면접의 공식성과 전문성은 특히 비자발적인 클라이언트 체계의 협력을 얻고 저항을 줄이는 데 필요조건이므로 이러한 측면을 지원하는 구조적 요소들이 중요하다.

사무실 면접이 일반적이나 클라이언트의 사정에 따라 가정방문이나 기관 외부에서 면접을 할 수도 있어 유동적이다. 면접 장소는 사회복지사와 클라이언트의 프라이버시가 보장되고, 편안하며, 긴장을 완화시키는 분위기를 가진 곳이 적절하다. 대화 내용을 다른 사람이 들을 수 없도록 면접 공간을 마련하고, 면접 중에는 휴대전화를 꺼 놓고 사무실 전화도 다른 사무실로 돌려놓으며, 면접 중임을 알리는 표시를 문에 걸어 두는 등 클라이언트가 배려 받고 존중 받는 분위기 속에 면접에 집중할 수 있도록 해야 한다. 면접 장소는 정리정돈이 되어 있어야 하며, 과도하게 많은 사회복지사의 개인적 물건들이 클라이언트의 눈에 띄지 않도록 한다. 또한 클라이언트와 관련된 파일을 비롯한 자료의 보관 상태가 비밀보장에 대한 우려를 발생시키지 않도록 해야 한다. 벽의 색깔과 그림, 전반적 실내장식은 따뜻함과 안정감을 줄 수 있어야 한다. 가구와 비품 등도 면접 장소의 분위기를 고려하여 선택하는 것이 좋다. 옷걸이, 거울, 필기도구, 서류양식 등은 접근이 용이한 위치에 배치되어 있어야 한다. 면접 분위기 조성에는 조명이 중요한데, 클라이언트에 따라 조명 강도가 조절 가능하도록 하면 편리하다. 화장실은 편리한 곳에 위치해야 하며 클라이언트에게 미리 위치를 알려 주도록 한다. 면접을 위한 물리적 환경이 객관적으로 열악한 경우 이에 대한 언급을 해 주는 것이 클라이언트에게 존중을 받고 있다는 느낌을 줄 수 있다.

사회복지사가 어디에 앉는 것이 면접의 효과를 높일 수 있는지에 대한 견해는 다양하다. 일반적으로는 탁자를 사이에 두고 클라이언트와 마주 앉거나 90도 각도로 앉는 자리 배치가 권장된다. 사회복지사가 책상 앞에 앉아서 면접을 하는 것은 클라이언트에게 권위적으로 보일 수 있으므로 피해야 한다고 하지만, 일부 클라이언트에게는 책상이 안전한 방벽처럼 느껴질 수 있기 때문에 클라이언트에 따라 융통성 있게 조절하는 것이 필요하다는 의견도 있다(Turner, 2008). 편안한 의자의 제공은 클라이언트의 긴장을 완화시키고 면접의 집중도를 높일 수 있다.

면접은 약속에 의해 시간이 정해지고 그 시간은 원칙적으로 지켜져야 한다. 기관 외부에서 면접이 이루어진다면 사회복지사는 클라이언트에게 편하고 방해되지 않는 시간을 선택한다. 면접 중에 사회복지사는 가능하면 전화나 다른 업무를 차단하고 클라이언트에게 집중해야 한다. 면접을 위한 적정 시간은 면접의 목적과 상황에 따라 다를 수 있기 때문에 일률적으로 말할 수 없지만 일반적으로 한 회기당 한 시간을 초과하면 면접의 집중력을 떨어뜨리는 것으로 간주된다. 클라이언트의 주의 집중 능력이나 의사소통 능력에 따라 면접 시간은 조절되어야 한다. 면접에 소요되는 시간에 대해 사전에 클라이언트에게 알려 주는 것이 효과적인 면접 진행을 위해 필요하다. 또한 사회복지사가 면접에 대해 차분하게 검토하고 다음 면접을 준비하는 시간을 충분히 가질 수 있는 면접 간격이 필요하다. 1회 면접이 아닌 경우 다음 면접 시간을 미리 약속하는 것이 바람직하다.

면접의 기록은 사정을 위한 기초 자료로, 개입의 모니터링과 평가를 위해, 슈퍼비전을 받기 위해 사용되는 등 중요한 기능을 한다. 면접을 기록하는 일은 중요하지만 면접을 하면서 그 내용을 일일이 필기하는 것은 면접에 방해가 된다. 이러한 경우 클라이언트는 충분한 관심을 받지 못한다고 느끼거나 산만해질 수 있고, 사회복지사 역시 기록하는 데 급급해 면접의 진행과정에서 집중력이 떨어진다. 이름, 주소, 연령, 가족 사항, 직업 등과 같은 기본적인 인적 사항에 대해서는 클라이언트도 면접 중에 적는 것을 당연시하며 이러한 기록을 위한 일시적인 면접 중단을 불편해하지는 않는다. 다만, 전문적

대화에 해당되는 면접 내용은 중요한 단어를 간단히 메모하는 데 그쳐야 한다. 경험이 쌓이면서 한두 개의 단어로 대화의 전체적 국면을 상기할 수 있게 되므로 면접 기록에 대한 부담이 적어진다. 면접 기록은 클라이언트의 동의하에 녹음 혹은 녹화로 대체할 수도 있다.

면접의 구조적 요건 중 비밀보장은 면접을 맡은 사회복지사뿐 아니라 기관 직원 전체의 책임이다. 기록된 자원의 물리적 보호, 고지된 동의 없이 제삼자에게 정보를 제공하지 않음을 클라이언트에게 보장해야 한다. 클라이언트는 법이 공개를 강제하는 때를 제외하고는 사회복지사나 사회복지기관이 기록 혹은 기록에서 얻은 정보를 다른 목적으로 이용하는 것을 거절할 수 있다.

제 8 장

관계론

1. 원조관계의 개념

보고(Bogo, 2006)는 전문적 사회복지실천 관계를 다음과 같이 세 가지 특성으로 제시하였다.

첫째, 클라이언트 중심의 관계다. 원조관계의 목적은 클라이언트에게 서비스를 제공하는 것이다. 즉, 사회복지사의 업무는 클라이언트가 중심이며 클라이언트가 자신의 문제에 관해 이야기를 하고, 욕구를 확인하며, 현재의 문제를 해결하기 위해 무엇을 할지 생각하도록 돕는 데 초점이 있는 것이다. 이 점이 서로의 이익과 욕구가 충족되는 것을 기대하는 일반적 상호관계와 다르다. 클라이언트의 강점과 적응 능력으로부터 사회복지사가 배움과 영감을 얻기도 하지만 이는 업무의 목적이 아닌 산물일 뿐이다. 사회복지사의 역할은 클라이언트에게 유익하도록 자신의 지식과 전문성을 사용하는 것이다.

둘째, 사회복지사는 자신의 개인적 특성과 전문성이 실천의 결과에 영향을 미칠 수 있다는 점을 인식한다. 사회복지사는 자아 인식을 통해 자신의 내적 상태와 개인적 반응이 자신의 성격으로 인한 것인지, 혹은 클라이언트와의 상호작용에 대한 반응인지를 구별한다. 사회복지사의 개인적 특성은 원조과정에 영향을 미치는 중요한 요소 중 하나로 사회복지사의 개인적 가치관과 문제가 클라이언트를 돕는 원조과정에 부정적인 영향을 미칠 수 있다. 따라서 사회복지사의 끊임없는 자아 인식이 클라이언트 중심의 실천을 가능하게 한다. 사회복지사의 자아 인식만으로 충분하지 않은 경우 슈퍼비전과 자문이 필요하다.

셋째, 사회복지사는 의도적으로 반응을 보인다. 예를 들어, 사회복지사의 의견은 현재의 원조과정과 바람직한 결과를 어떻게 성취할 수 있는가에 관한 생각에서 나온다. 사회복지사는 클라이언트가 원조관계를 도움이 되고 자신의 목표에 초점을 맞춘 것으로 느끼는지에 주목하며 이를 면접과 개입과정에 참조한다. 이와 같이 전문적 관계란 친구나 가족과의 상호작용에서 나타나는 계획되지 않은 자연스러운 반응과는 다른 특징을 갖는다.

비스만(Bisman, 1994)은 실천에서의 관계를 사회복지사와 클라이언트 간의 믿음에 기초한 유대(belief bonding)로 보았는데, 그 유대의 세 가지 주요 요소는 사회복지사의 능력에 대한 믿음, 상황 속에서 변화를 구체화하는 클라이언트의 능력에 대한 믿음, 클라이언트의 가치에 대한 믿음이다. 첫째, 사회복지사와 클라이언트 모두 사회복지사가 클라이언트를 도울 수 있다고 믿어야 한다. 이는 사회복지사가 클라이언트의 문제를 완벽하게 해결하거나 클라이언트의 모든 질문에 답을 줄 수 있다는 의미가 아니라 사회복지사의 직무 수행 능력을 신뢰하는 것을 말한다. 둘째, 사회복지사와 클라이언트 모두 클라이언트의 변화 능력에 대한 믿음을 가질 필요가 있다. 사회복지사는 클라이언트가 자신과 상황에 대해 무엇인가를 할 수 있으며 변화를 구체화할 수 있는 그의 능력을 믿는다는 메시지를 클라이언트에게 전달한다. 사회복지사는 클라이언트 스스로 변화를 도모할 수 있다는 믿음을 전달하지만 때때로 새로운 전망에 관한 통찰력과 그 실현은 사회복지사의 도움을 필요로 할 수 있다. 셋째, 사회복지사와 클라이언트는 한 개인으로서 클라이언트의 가치에 대한 믿음이 있어야 한다. 사회복지사의 과업은 클라이언트에게 그가 중요한 사람이고 사회복지사가 그를 존중하며 헌신하고 있다는 메시지와 함께 배려와 관심을 전달하는 것이다.

펄먼(Perlman, 1979)은 전문적 원조관계의 특성을 다섯 가지로 제시하였다. 첫째, 전문적 관계는 인정되고 합의된 목적을 위해 형성된다. 인정되고 합의된 목적이란 클라이언트가 필요로 하고 원하며 성취할 것으로 기대하는 것을 사회복지사와 클라이언트가 서로 분명히 하고, 다음 단계에서 무엇을 기대하며, 각자 무슨 일에 관여할 것인지 이해하는 것을 의미한다. 둘째, 전문적 관계는 시간 제한적이다. 전문적 관계는 그 목적이 달성되거나 클라이언트의 동기, 능력, 원조자의 자원이 허용하는 한도에 도달하면 종결된다. 셋째, 전문적 관계는 클라이언트를 위한 것이다. 클라이언트를 위한 것이란 클라이언트의 욕구가 중심이 된다는 것을 의미한다. 넷째, 전문적 관계는 권위를 지닌다. 전문가의 권위란 지식과 전문성을 의미한다. 한편, 이에 수반되는 책임이 있는데 그 책임은 전문적 판단에 대해서다. 다섯째, 전문적 관계는 통제된 관계다. 여기서 통제란 클라이언트에 대해서나 클라이언트에 의한 것이 아니라 원조자 자신과 원조의 방식에 대한 원조자의 통제다.

한편, 비에스텍(Biestek, 1957)은 역동적 상호작용을 관계의 본질로 보았는데, "관계란 사회복지사와 클라이언트 간의 태도와 감정의 역동적 상호작용이며 클라이언트가 환경에 보다 잘 적응하도록 하려는 목적을 갖고 있다."고 정의하였다. 이 정의대로 사회복지실천에서의 관계는 클라이언트와 사회복지사 간에, 혹은 사회자원들과의 교류를 가능하게 하는 연결 통로로서 클라이언트와 그를 둘러싸고 있는 환경 속에서 보다 잘 적응하도록 개인의 능력과 지역사회 자원을 적절히 동원하고 활용할 수 있도록 돕는 관계를 뜻한다.

이 통로를 통해 개인의 능력과 사회자원이 동원되고 면접, 조사, 사정 그리고 전문적인 개입 등이 이루어지는 것이다.

원조관계도 일종의 대인관계이므로 전문가 관점에서뿐 아니라 클라이언트 편에서 원조관계를 생각해 볼 필요도 있다. 골드스타인과 누넌(Goldstein & Noonan, 1999)은 사회복지사와 클라이언트 관계의 요소 가운데 실효성 있는 협조(working alliance)라는 개념을 제시하고 있다. 실효성 있는 협조란 클라이언트가 도움을 받고자 하는 문제에 대해 사회복지사와 공동으로 문제해결을 위해 노력하겠다는 클라이언트의 의지와 능력을 의미한다. 실효성 있는 협조를 위해서는 클라이언트가 사회복지사를 원조 적임자로 인정하고 그들이 공동으로 설정한 목표를 성취하기 위해 클라이언트가 지속적으로 협력하는 것을 필요로 한다. 실효성 있는 협조는 클라이언트가 사회복지사 혹은 원조과정에 대해 부정적인 감정이 있거나, 문제를 제기하거나, 회의적인 반응을 보일 때조차 클라이언트로 하여금 지속적으로 문제해결을 시도하도록 하는 데 필수적이다. 실효성 있는 협조를 점검하고 유지하기 위해서는 사회복지사가 클라이언트에게 현재 문제해결에 어느 정도의 진전이 있다고 생각하는지 질문하는 것이 필요하다. 이러한 질문은 클라이언트가 개입과정에 대한 생각을 사회복지사와 공유하는 기회가 되고, 결과적으로 도움이 되는 조정을 허용하며, 사회복지사와 클라이언트 모두에게 실천 활동의 목적과 초점을 상기시킨다.

2. 전문적인 원조관계의 기본 요소

많은 문헌들에서 원조관계의 특성을 다루고 있는데, 가장 자주 논의된 내용은 다음과 같다(Johnson & Yanca, 2010).

• 타인에 대한 관심

따뜻함, 진심에서 우러나오는 호감, 친절, 지지를 나타내는 태도와 클라이언트에 대한 흥미를 말한다. 타인에 대한 관심은 상황 속의 개인을 이해하고자 하는 진실한 바람을 전달한다.

• 헌신과 의무

원조 상황에 대한 책임감을 말한다. 신뢰성과 일관성도 관련된다. 사회복지사는 고통과 즐거움, 좌절과 헌신이 수반되는 타인의 세계로 들어가려는 의지가 있어야 한다.

• 수용

클라이언트에 대한 현실적인 신뢰와 클라이언트의 감정에 대한 존중뿐 아니라 클라이언트에 대해 비심판적이고 비난하지 않는 사회복지사의 태도를 말한다. 이는 클라이언트가 자신의 문제를 해결할 수 있고 자신의 삶을 책임질 수 있다는 믿음을 가질 때 가능하다.

• 공감

사회복지사가 클라이언트에게 관심이 있으며, 클라이언트의 생각을 알고, 클라이언트가 하는 말을 알아들으며, 경청하고, 이해하고 있음을 클라이언트에게 전하는 능력을 말한다.

• 명확한 의사소통

클라이언트에게 보내는 메시지를 클라이언트가 충분히 이해할 수 있도록 의사소통하는 능력을 말한다.

• 진실성

사회복지사 자신과 자신의 감정에 대한 정직성, 사회복지사의 경험 및 감정을 클라이언트의 경험 및 감정과 분리하는 능력을 말한다. 사회복지사의 진실성은 클라이언트에게 자신이 원하는 존재가 될 수 있도록 허용한다. 클라이언트가 사회복지사의 의사소통을 이해하고 편안하다고 느낄 때 그 원조관계는 진실성이 있다.

• 권위와 권한

사회복지사는 클라이언트가 자신의 문제 상황을 해결하기를 원하므로 자신에 대한 책임감을 갖고 최선을 다해 노력할 것이라고 기대한다. 이는 클라이언트가 현재의 기능 수준을 넘어서도록 격려하고 상담과 자원을 제공하여 목표를 이룰 수 있게 하는 것을 의미한다. 또한 클라이언트 스스로 할 수 있는 것을 하도록 강조하는 것이다. 사회복지사의 지식과 기술이 이러한 권위와 권한의 기반이 된다. 클라이언트는 사회복지사의 권위와 권한이 자신을 지배하거나 통제하기 위해서 사용되는 것이 아니라, 클라이언트의 욕구와 클라이언트 주변의 다른 사람들의 욕구가 상호 간에 유익한 방식으로 충족되도록 돕기 위한 것임을 알아야 한다.

• 목적

원조관계는 사회복지사와 클라이언트 모두가 추구하는 목적을 가진다. 컴튼과 갤러웨이(Compton & Galaway, 1999)는 원조관계의 특성 가운데 가장 중요한 것이 목적이라고 강조하였다.

로저스(Rogers, 1957)는 원조관계 수립의 핵심적 조건으로 무조건적인 긍정적 관심, 공감, 일치성을 제시하였다. 이와 유사하게 헵워스와 그의 동료들(Hepworth et al., 2017)도 존중, 공감, 진실성을 원조관계의 핵심 조건으로 제시하고 있다. 로저스가 말한 무조건적인 긍정적 관심과 일치성은 헵워스와 그의 동료들이 제시하는 존중, 진실성 개념과 같은 맥락이다. 클라이언트에 대한 존중과 공감이 효과적인 원조관계를 발전시키는 데 필수적이라는 것은 반론의 여지가 없지만, 사회복지사의 개방성이나 자기 노출과 같은 진실성과 관련된 요소에 대해서는 이견이 있다. 심리역동적 접근을 선호하는 사회복지사는 클라이언트와의 적절한 거리 유지를 강조한다. 반면, 인본주의적 입장을 취하는 사회복지사는 개방적이고 진실한 관계의 의미와 중요성을 주장한다.

헵워스와 그의 동료들(2017)이 제시한 세 요소를 중심으로 원조관계의 형성을 살펴보면 다음과 같다.

1) 클라이언트에 대한 존중

클라이언트에 대한 존중은 사회복지실천의 기본적 가치다. 인간에 대한 존중은 인간 그 자체에 대한 존중이며 그가 어떤 사람인가와 관계가 없다. 모든 인간은 그들의 과거 혹은 현재의 행동, 신념, 생활양식 또는 사회적 지위와 관계없이 고유한 가치를 지닌다. 클라이언트를 변화과정에 파트너로 참여하게 하는 데는 사회복지사가 인간의 존엄성 가치를 내면화하는 것이 매우 중요하다. 사회복지실천 현장은 사회복지사들이 필수적으로 민감하게 접근해야 할 다양성과 관련된 많은 이슈들이 있다. 사회복지사는 차별, 경제적 박탈, 억압, 학대를 받을 위험이 높은 인구집단에 속한 클라이언트를 대하면서 인간의 다양성을 수용하고 적절한 실천방법을 민감하게 적용함으로써 인간 존중의 태도를 보여야 한다. 또한 사회복지사가 만나게 되는 클라이언트 가운데 상당수는 원조 받는 것을 원하지 않는 비자발적인 클라이언트이거나, 사회적으로 비난받는 행동 문제를 갖고 있거나, 독립된 생활을 영위하지 못하는 의존성이 높은 사람들이다. 배우자를 장 파열로 입원하게 만든 가정폭력 가해자, 입원과 퇴원을 수없이 반복하고 있는 알코올 중독자 등 사회복지사들이 현실 속에서 만나는 클라이언트들은 일반적으로 존중하기 어려운 대상일 수 있다. 그러나 사회복지사는 클라이언트와 그들의 문제를 이해하기 위한 지식, 개인적 가치가 전문직 가치와 충돌하는 상황에 대한 자아 인식과 성찰, 클라이언트가 존중받는다는 느낌을 받도록 하는 언어적 · 비언어적 의사소통 기술 등을 토대로 클라이언트를 존중해야 한다.

클라이언트에 대한 존중이 전달되기 위해서는 클라이언트 자신이 수용되었다는 느낌을 받을 수 있어야 하는데, 수용은 주의 깊은 경청, 감정에 대한 민감한 반응, 흥미와 관심을 전달하는 표정, 억양과 몸짓, 정중한 예의와 편의 배려 등으로 전달된다. 클라이언트는 사회복지사로부터 자신이 충분히 수용되고 있다고 느끼고 사회복지사의 선의와 도와주려는 의지가 전해질 때 비로소 개인적인 문제를 이야기하고 드러내기 어려운 감정을 표현하게 된다. 비자발적 클라이언트나 사회적 규범에 위배되는 문제를 가진 클라이언트는 사회복지사로부터 심판이나 비난을 받지 않을까 민감할 수밖에 없다. 비자발적 클라이언트인 경우에는 수용이 사회복지사 및 실천 활동의 핵심 특성이 되어야 한다. 사회복지사의 역할은 클라이언트의 문제에 대해 심판하거나, 그들이 선한지 혹은 나쁜지, 가치가 있는지 혹은 없는지, 유죄인지 혹은 무죄인지를 결정하는 것이 아니라 클라이언트와 그들의 어려움을 이해하고 문제해결을 할 수 있도록 돕는 것이다.

클라이언트에 대한 수용은 클라이언트에 대한 이해를 기반으로 할 때 가능하다. 사회복지사는 클라이언트를 게으른, 무책임한, 일탈적인, 역기능적인, 문란한 등과 같은 낙인에 근거해 인식하기보다 고통 속에 있는 한 사람으로 여겨야 한다. 사회복지사가 클라이언트에 관해 더 많이 알게 될수록 많은 클라이언트들이 그동안 다양한 형태의 박탈로 고통을 받았으며 학대, 거부 또는 착취의 희생자이며 그 결과 낮은 자존감을 갖게 되었음을 알 수 있다. 클라이언트는 사회복지사에게 아직 알려지지 않은 능력과 자질을 가진 사람이라는 점을 기억해야 한다. 사회복지사의 지속적인 존중과 수용으로 클라이언트는 자존감을 높이고, 변화하며, 자신의 복지를 증진시키기 위한 능력을 발휘할 수 있다.

수용과 긍정적 관심에 관한 많은 논의들은 사회복지사가 비록 클라이언트의 특정한 행동을 승인할 수 없더라도 클라이언트를 있는 그대로 받아들이고 인간으로서 그의 가치를 존중해야 한다는 것을 강조한다. 이 입장을 취하기 위해서는 두 가지 쟁점이 명료화되어야 한다(Bogo, 2006). 하나는 그 사람의 행동이 아닌 인간으로서의 가치를 존중하는 것이고, 다른 하나는 사회복지사의 자아 인식 노력이다. 실천 이론에서는 수용이 사회복지사가 클라이언트의 부정적 행동을 승인하고 용서하며 좋아하거나 동의하는 것을 의미하지 않는다는 것을 분명히 한다. 비심판적 입장을 취하는 것은 개인이 갖고 있는 근본적인 인간 본성과 관련된 것이다. 비심판적 자세를 유지하는 사회복지사의 능력은 부단한 자아 인식에 달려 있다. 우리가 갖고 있는 개인적 · 사회적 속성들이 관계를 형성하는 데 영향을 미치는 것은 자연스러운 현상이다. 누구나 사람을 만나게 되면 끊임없이 그 사람에 대해 판단하려 한다. 사회복지사는 자신의 사회적 위치, 특권과 장애 등에 대한 자아 인식을 통해 긍정적 관심, 수용, 존중, 비심판적 자세를 취하는 관계의 중요성과 자신의 개인적 취약성을 이해할 수 있다.

수용은 모든 사람이 자신의 이야기를 하고 이해받으며 도움을 받을 권리가 있다는 신념에 근거한다(Heinonen & Spearman, 2001). 이 신념에 따라 사회복지사는 사람들의 가치를 있는 그대로 존중하며(Perlman, 1979), 클라이언트를 한 인간으로서 인정하고 긍정하며(Murphy & Dillon, 2003), 온화한 선의를 보여 준다(Woods & Hollis, 2000).

사회복지사가 편견을 가지고 있어서 자신의 개인적 가치관에 반대되는 사람들을 수용하지 못한다면 부정적인 감정이 그대로 드러나면서 클라이언트를 돕는 데 효과성이 감소된다. 개방성과 수용에 대한 능력을 증대시키려면 자신과 현저하게 다른 신념, 생활양식, 행동 특성을 갖는 사람들과의 교제를 통해 그들의 독특함을 경험하면서 자신을 풍요롭게 하는 기회로 여기는 것이 도움이 될 수 있다. 개방적인 사람은 이러한 차이를 재충전과 자극으로 여기고 사람들을 동기화시키는 힘을 더 잘 이해하기 위한 상호작용의 기회로 활용한다.

2) 공감

사회복지사가 클라이언트를 돕기 위해서는 클라이언트의 행동을 결정하는 그의 내적 경험에 대한 이해가 필수적이다. 사회복지사는 클라이언트의 내적 경험을 이해하였음을 전달하기 위해 언어적·비언어적으로 반응을 한다.

공감하는 것은 참여자와 관찰자가 되는 것이다(Bogo, 2006). 참여자로서 공감한다는 것은 클라이언트의 주관적 관점을 경험하고 느끼는 것이며, 관찰자로서 공감한다는 것은 클라이언트의 감정으로부터 클라이언트 상황을 더 잘 이해할 수 있도록 충분히 분리되어 있는 것을 의미한다. 이와 유사하게 공감은 자신의 자아를 잃지 않은 채 다른 사람의 경험 속에 몰두하는 능력으로 정의된다(Murphy & Dillon, 2003). 공감은 두 가지 목적을 가지는데, 클라이언트와 그의 경험에 집중함으로써 유대가 형성되고, 클라이언트에 관한 심층 정보가 수집될 수 있다. 공감은 마음으로 클라이언트와 함께 있어 주는 것이다. 분노한 클라이언트는 종종 그 분노를 다른 사람에게 쏟는다. 공감하는 사회복지사는 분노 감정을 촉발시킨 사람에 관한 이야기를 나누기보다는 감정 자체를 다루는 데 집중한다. 클라이언트가 자신의 감정을 직면하고 그 감정을 말할 수 있도록 돕는 것이다.

원조과정을 용이하게 하는 공감의 두 가지 요소는 이해와 의사소통이다. 사회복지사는 대화를 통해 클라이언트의 생각과 감정을 먼저 인정해 준 다음 클라이언트에 대한 이해를 전달한다. 이해하는 과정에서 사회복지사의 직관, 성찰, 의견이 동원된다. 공감은 의사소통에 의해 클라이언트에게 전해지므로 공감적 의사소통 능력은 중요한 관계 형성 기술에 포함된다. 공감적 의사소통은 클라이언트의 감정을 정확하고 민감하게 지각하고 그 순간 클라이언트가 경험한 것을 적절하게 표현함으로써 사회복지사의 이해를 전달하는 능력이다.

공감적 의사소통은 원조관계를 발전시키고 유지하며 사회복지사가 클라이언트의 삶에 정서적으로 중요한 존재가 되고 영향을 미치는 데 중요한 역할을 한다. 비자발적인 클라이언트일지라도 공감을 해 주면 클라이언트가 지각하는 위협 수준이 낮아지고, 방어를 감소시키며, 관심과 돕고자 하는 의도가 전달되고, 행동 변화로 이어지는 분위기가 조성될 수 있다. 많은 클라이언트가 자원과 기회가 제한된 환경 속에서 살고 있다. 따라서 문제를 둘러싼 사회적 · 경제적 맥락에 대한 사회복지사의 공감은 개인적 경험에 대한 공감과 더불어 중요하다.

공감적 의사소통은 사회복지사가 클라이언트의 세계와 경험을 인식하는 것을 시도한다는 점에서 '다른 사람의 입장이 되어 보는 것'에 비유된다. 원치 않는 의뢰로 인해 압박감을 느끼는 클라이언트에 대해 공감할 수 있는 사회복지사는 그의 입장에서 그 느낌을 이해할 수 있다. 동시에 사회복지사는 클라이언트의 세계 밖에 있어야 하며 클라이언트의 두려움, 분노, 기쁨, 상처가 어떤 의미와 중요성을 갖는지 감지했을 때조차 이 감정들에 압도되지 않아야 한다. 클라이언트와 '함께 있는 것'은 관점을 잃지 않은 채 클라이언트가 경험하는 감정에 함몰되지 않고 그의 정서 상태에 초점을 두는 것을 의미한다. 공감적 의사소통과 같이 분리와 객관성을 유지하는 것은 원조과정에서 필수적이다. 사회복지사가 클라이언트의 감정과 입장을 맹목적으로 받아들일 때, 사회복지사는 중요한 객관적 관점을 잃을 뿐 아니라 원조 능력도 잃게 된다.

한편, 공감의 개념이 문화 및 사회정치적 맥락을 고려하지 못한다는 비판이 있다(Keefe, 1980). 단순히 클라이언트가 느끼는 대로 느끼려고 노력한다고 해서 경험과 문화가 크게 다른 사람에 대하여 어떻게 진정한 이해가 가능할 수 있는지 의문을 제기하는 것이다(Devore & Schlesinger, 1996; Green, 1995). 이들은 클라이언트의 행동, 사고, 감정의 문화적 맥락에 관해 알지 못한 채 사회복지사가 클라이언트의 경험을 이해하기 위해 자신의 개인적 · 문화적 준거틀을 무의식중에 사용하는 것을 경고한다. 클라이언트의 배경, 현재의 관계와 생활 경험 그리고 내재화된 문화 속에서 클라이언트를 이해해야 한다는 것이다. 이러한 비판을 고려해 사회복지사는 자신의 가치, 태도, 판단을 인식하고 이러한 면들이 자신의 개인적 · 문화적 신념체계의 일부이고 실천 활동에 직간접적으로 작용할 수 있다는 점에 민감해야 한다.

3) 진실성

원조관계에서 진실성은 개방적이고 진심이며 성실함을 의미하며, 전문가로서 진심에서 우러난 행동을 실천함으로써 직분을 다하는 것을 일컫는다. 진실성은 클라이언트에 초점을 두고 원조활동을 전개하는 것을 의미한다. 진실성의 또 다른 측면은 책임 있고 방어적이지 않은 태도로 정직한 것과 관련이 있다. 사회복지사가 기관의 관료주의적 결정이나 법원 명령으로 내려진 결정을 클라이언트에게 전달해야 하고 이 내용이 클라이언트에게 실망스러울 경우 자신의 감정에 대해 정직하게 인정하면서 전한다면 진실성이 전달될 수 있다(Bogo, 2006). 진실성은 또한 자신의 한계를 아는 것을 포함한다. 만일 사회복지사가 어떤 질문에 대답할 수 없으면 모호하거나 부정확한 응답을 하는 것보다 잘 모른다고 솔직하게 말하고 달리 정보를 얻게 해야 한다.

일반적으로 진실성은 자연스럽고, 거짓이 없으며, 자연 발생적이고, 개방적이며, 순수한 태도로 이야기하고, 자신을 드러내는 것으로 정의된다. 진실하다는 것은 인간적이고 꾸미지 않으며 표현이 자연스러운 것을 말한다. 이는 사회복지사의 말이 실제 감정 및 사고와 일치되는 것을 의미한다. 일치는 사회복지사의 행동, 감정, 태도 간의 일관성을 의미한다. 예를 들어, 사회복지사가 클라이언트를 따뜻하게 대하고 관심을 보인다면, 이러한 감정은 면접 장면에서 친절하고 흥미를 보이는 태도로 클라이언트의 복지에 관해 묻거나 의견을 제시함으로써 나타날 것이며, 클라이언트는 진심에서 우러난 진정한 관계를 경험하게 된다.

진실한 사회복지사는 자신의 감정에 대해 책임질 줄 아는데, 이는 자신의 감정을 부인하거나 클라이언트가 그 같은 감정을 일으켰다고 탓하지 않으며 감정을 잘 표현할 수 있는 것을 말한다. 진실성은 또한 방어적이지 않고 클라이언트에 대한 자신의 실수를 인정할 정도로 인간적인 것을 의미한다. 클라이언트가 방어적이지 않고 솔직하게 이야기해 줄 것을 기대한다면 사회복지사는 자신이 먼저 인간적인 면과 개방성을 보여 줄 수 있어야 하며 전문적 기술의 가면 뒤에 숨는 것을 피해야 한다.

진실하게 말한다는 것이 감정을 무조건 노출하는 것을 의미하지는 않는다. 때로 사회복지사는 클라이언트에 관한 부정적인 감정과 판단을 갖게 될 때 진실성과 전문가로서의 경계 간에 갈등하게 된다. 사회복지사는 원조 목적에 도움이 된다고 판단될 때만 자신의 감정이나 경험을 이야기하는 것이 적절하다. 진실하게 이야기하는 목적은 클라이언트의 성장을 촉진시키기 위한 것이지 사회복지사 자신의 정직성을 보여 주려는 것이 아니기 때문이다.

사회복지사가 진실성을 가지고 반응해야 할 상황은 구체적으로 다음의 두 가지인데, 사회복지사 자신에 관련된 개인적 정보를 클라이언트로부터 요청받는 경우와, 자신의 인식과 반응을 이야기하는 것이 클라이언트에게 도움이 된다고 전문적으로 판단한 경우다.

첫째, 사회복지사의 개인적 정보에 대한 클라이언트의 요구는 특정한 질문을 하는 동기를 파악하여 자기 노출의 적절성을 판단해야 한다. 클라이언트가 단순히 사회복지사에 대한 정보를 얻으려는 자연스러운 요구일 경우 사회복지사의 자기 노출은 보통 적절하다. 종종 클라이언트는 관심사나 감정을 숨긴 채 질문을 할 수도 있다. 그러한 경우 표면적으로 묻는 것에 즉각적인 응답을 하면 클라이언트의 관심사나 감정을 탐색하고 해결할 수 있는 문을 닫아 버리게 된다. 클라이언트의 질문이 정보에 대한 자연스러운 욕구에 의한 것인지, 혹은 감추어진 관심사나 감정에 의해 동기화된 것인지 구별하는 것은 때로 매우 어렵다. 개인적인 질문을 하는 클라이언트의 동기에 관해 의문이 있을 때는 의견이나 감정을 드러내기 전에 개방형 질문이나 공감 반응을 한다. 이렇게 반응하면 클라이언트가 자신의 근본적인 관심사를 끄집어낼 가능성을 높인다. 진실해야 하기 때문에 클라이언트의 모든 질문에 대답해야만 하는 것은 아니다. 개인적인 질문에 대답하는 것이 불편하다거나 그렇게 하는 것이 바람직하지 않다고 여긴다면 편안한 마음으로 거절해야 한다. 이러한 경우 대답을 하지 않는 이유를 직접 설명한다.

둘째, 사회복지사의 판단에 의해 개인적 경험, 인식, 감정 등을 드러내는 것은 클라이언트에게 도움이 되는 상황으로 제한되어야 한다. 사회복지사는 클라이언트를 위해 필요하다고 판단된 경우에 한해서 자신의 인식, 생각, 감정, 반응, 과거의 경험 등을 이야기한다. 사회복지사의 자기 노출은 절제해서 사용되어야 하며, 간결해야 하고, 클라이언트의 관심사에 관련되어야 하며, 시의적절해야 한다.

3. 사회복지실천의 관계 원칙: 비에스텍의 7대 원칙

비에스텍(1957)이 제시한 관계론은 처음에 개별사회사업의 원칙으로 제시되었으나 점차 모든 체계의 수준에 적용 가능한 관계 원칙으로 받아들여지고 있다. 존슨과 얀카(Johnson & Yanca, 2010)는 비에스텍의 관계 원칙과 각각의 원칙을 활용하는 데 있어서 사회복지사의 역할이 사회복지사와 클라이언트 간의 상호작용 또는 행동체계에서 사회복지사의 책임을 설명한다고 보았다.

1) 개별화

개별화의 원칙은 각 클라이언트의 고유한 특성을 인정하고 이해하며 실천 원리와 방법을 차별적으로 사용하는 것을 의미한다. 사회복지사는 편견 없는 태도로 업무를 수행할 때, 인간의 다양성에 대한 지식을 적용할 때, 클라이언트를 더 잘 이해하기 위해 경청하고 관찰할 때, 클라이언트의 눈높이에 맞출 때, 클라이언트에게 공감할 때 개별화 원칙을 적용한다.

클라이언트와의 면접에서 개별화 원칙을 적용하는 예를 살펴보자. 남편의 실직을 비롯한 여러 가지 가족 내 문제로 어려움을 겪고 있는 클라이언트는 예상치 못한 임신으로 인한 고민을 면접에서 이야기하고 있다. 클라이언트는 "여기에다 임신까지. 어제 병원에서 두 달째라고 진단받았어요. 천주교 신자는 교회법상 낙태를 하면 안 되는데……."라고 말하였다. 개별화 원칙을 적용하는 사회복지사의 반응은 "당신의 생각은 어떠한가요?" 혹은 "낙태에 관해 당신은 어떻게 느낍니까?"와 같은 반응을 한다. 반면, 이 원칙을 적용하지 못한 사회복지사는 "천주교 신자니까 낙태는 불가능하겠군요." 혹은 "그러면 낙태는 논외군요. 입양에 관해서는 어떻게 생각하세요?"와 같은 반응을 하게 된다.

클라이언트를 개별화하기 위해 사회복지사는 무엇보다도 편견, 선입견, 고정관념으로부터 자유로워야 한다. 연령, 성별, 직업, 종교 등에 근거한 편견, 선입견, 고정관념 등은 클라이언트를 다른 사람들과 구별되는 고유한 특성을 가지고 있는 개인으로 파악해야 하는 사회복지사의 지각력을 현저하게 떨어뜨린다. 개별화를 잘하기 위해서는 인간 행동에 관한 지식을 많이 알고 활용할 수 있어야 한다. 인간 행동에 대한 이론적 지식은 개인을 이해하고 원조하기 위한 기본적인 토대다. 클라이언트를 개별화하기 위해서는 클라이언트가 가급적 많은 이야기를 할 수 있게 하고 사회복지사는 이를 잘 경청하고 관찰해야 한다. 사회복지사의 경청 능력과 관찰 능력은 개별화에 필요한 클라이언트의 구체적 특성을 파악할 수 있게 한다. 사회복지사는 클라이언트의 눈높이에 맞추려는 노력이 필요하다. 클라이언트가 있는 지점에서 시작하며 클라이언트의 수준에 맞춰 개입하는 것이 개별화인 것이다. 사정과 개입과정에 클라이언트가 충분히 참여할 수 있도록 하는 것은 클라이언트로 하여금 한 개인으로서 존중을 받고, 가치 있는 존재로서 인정받고 있음을 깨닫게 해 준다. 개별화는 감정에 대한 민감성과 반응을 필요로 하므로 사회복지사는 클라이언트의 감정을 민감하게 파악하고 이해하는 공감 능력을 발휘해야 한다. 클라이언트에 대한 개별화는 신체적 · 지적 · 정서적 · 사회적 요소뿐만 아니라 이 요소들 간의 상호작용과 더불어 앞으로의 전망까지 고려해야 하므로 사회복지사는 클라이언트의 개인적 측면뿐 아니라 환경적 측면까지 총체적으로 고려하여야 한다. 개별화가 클라이언트에게 전달되기 위해서는 약속 시간 엄수, 면접을 위한 철저한 사전 준비, 클라이언트의 편의를 고려한 면접 장소 등 세심한 배려 또한 필요하다.

2) 목적이 있는 감정 표현

목적이 있는 감정 표현은 자신의 감정, 특히 부정적인 감정을 자유롭게 표현하고 싶은 클라이언트의 욕구와 관련된다. 사회복지사는 클라이언트에게 편안한 환경을 조성해 주고자 할 때, 도움이 되고 싶다는 것을 표현할 때, 클라이언트가 감정을 표현할 수 있도록 격려하고 클라이언트의 감정 표현을 듣고자 할 때, 그리고 클라이언트의 상황을 충분히 이해하기 전에 조언과 해결책을 제공하지 않으려 할 때 목적이 있는 감정 표현의 원칙을 활용한다.

클라이언트의 자유로운 감정 표현은 클라이언트를 돕는 데 여러 가지 이점이 있다. 감정을 표현함으로써 억압이나 긴장에서 벗어나면 클라이언트는 긍정적인 행동을 할 수 있다. 또한 클라이언트의 자유로운 감정 표현은 정확한 자료 수집과 사정, 개입을 할 수 있도록 클라이언트의 문제나 클라이언트 자체를 더 잘 이해하게 해 준다. 특히 클라이언트의 자유로운 감정 표현을 통해 그가 가지고 있는 강점과 약점을 파악해 적절한 사정을 하는 데 도움이 된다. 결과적으로 클라이언트는 자기 문제를 명확하고 객관적으로 인식할 수 있도록 도움을 받을 수 있다. 또한 문제와 관련시켜 클라이언트의 감정을 경청하는 자체가 심리사회적 지지가 된다. 경우에 따라서는 클라이언트의 부정적 감정 자체가 문제일 수 있다. 이러한 경우, 자신의 감정을 개방하는 것만으로도 문제해결이 필요하다는 점을 인식하는 첫걸음이 된다. 또한 클라이언트의 감정 표현과 이에 대한 사회복지사의 경청은 사회복지사와 클라이언트 간의 원조관계를 긍정적인 방향으로 진전시킬 수 있다.

사회복지사는 클라이언트로 하여금 자신의 감정을 자유롭게 표현할 수 있도록 안정된 환경을 조성해야 한다. 감정을 표현하도록 격려하고, 감정의 흐름을 이해하며, 전체적인 감정을 파악하고, 양가감정의 보편성에 대해 알려 주며, 안심을 시킨다. 사회복지사는 허용적인 태도로 편안한 분위기를 조성하고, 클라이언트가 자신의 방식대로 이야기할 수 있게 한다. 또한 클라이언트의 부정적 생각과 감정에 대해 비난하지 않는다는 것을 느끼도록 한다. 감정을 표현하는 방법과 수단의 적절한 활용도 필요한데, 클라이언트로 하여금 감정과 행동의 차이점에 대해 알게 하고 감정 표현에 적합한 시간과 장소를 선택한다.

사회복지사는 클라이언트의 자유로운 감정 표현을 돕기 위해 정서적 지지를 제공한다. 특히 원조과정의 초기 단계에서는 정서적 지지가 클라이언트의 저항을 완화시킬 수 있다. 사회복지사는 의도적으로 클라이언트의 감정을 환기시키기 위해 노력하는데 클라이언트의 감정을 환기시키는 것이 원조과정에서 긍정적인 기능을 하는 경우가 많기 때문이다.

3) 통제된 정서적 반응

통제된 정서적 반응은 클라이언트의 감정에 대한 민감성, 클라이언트의 감정의 의미에 대한 이해, 클라이언트의 감정에 대한 목적이 있는 적절한 반응 등을 말한다.

사회복지사는 클라이언트의 욕구에 대한 자신의 반응을 통제하기 위해 자아 인식을 활용하면서 의도적으로 클라이언트의 감정에 반응할 때 통제된 정서적 반응의 원칙을 사용한다.

통제된 정서적 반응을 위해 사회복지사는 클라이언트의 감정에 대해 민감해야 한다. 감정에 대한 민감성은 언어적 · 비언어적 감정 표현을 잘 관찰하는 것과 경청하는 데서 발휘된다. 사회복지사의 민감성은 클라이언트가 무엇을 생각하고 무엇을 행하고자 하는지 감각적으로 파악하고 적절하게 대처하는 것을 의미한다(김만두 역, 1992).

또한 통제된 정서적 반응을 하기 위해서는 클라이언트의 감정의 의미에 대한 공감적 이해가 필요하다. 사회복지사는 클라이언트의 감정을 이해하기 위해서 클라이언트와 그의 문제를 관련시켜 공감적 이해를 지속적으로 추구해야 한다. 특히 공감적 이해를 위해서는 클라이언트와의 의사소통에서 표면적 내용뿐 아니라 잠재적 내용에도 반응할 수 있어야 한다(엄명용 외, 2016). 사회복지사는 클라이언트의 경험이 그에게 어떠한 영향을 미치고 있는지 그 의미를 민감하고 정확하게 이해하고 그의 세계를 클라이언트 입장에서 이해해야 한다. 한편, 통제된 정서적 관여를 위해서 사회복지사는 자신의 감정을 자각하고 이것이 미치는 영향에 대해서 성찰해야 한다.

클라이언트에 대해 목적이 있는 적절한 반응이란 사회복지사의 정서적 반응이 원조의 목적의식과 자아 인식에 의하여 부단히 통제되고 조정되는 반응이어야 함을 의미한다. 사회복지사의 목적이 있는 적절한 반응이란 목적과 방향성을 지닌 반응이면서도 내면에서 우러나오는 것이어야 한다.

4) 수용

수용은 클라이언트를 있는 그대로 인식하고 대하는 것을 말한다. 이 원칙은 클라이언트의 강점과 한계, 마음이 맞는 특성과 맞지 않는 특성, 긍정적 감정과 부정적 감정, 건설적 혹은 파괴적 태도와 행동을 모두 인정하고 활용하는 것이다. 수용의 목적은 클라이언트를 돕는 데 있으며 수용은 사회복지사가 속한 사회복지기관의 기능상의 한계 내에서 이루어진다.

수용은 사회복지사가 클라이언트의 견해, 가치관, 현실 인식 등에 대해 전적으로 동의하거나 인정한다는 의미가 아니다. 수용은 클라이언트의 언어와 사고 체계로 클라이언트의 말과 행동을 해석하는 것으로 표현된다. 퇴원한 직후 재발한 알코올 중독 클라이언트와의 면접에서 수용 원칙을 적용한 예를 살펴보자. 클라이언트는 또다시 술을 마셨다는 자괴심을 나타내며 "결국 또 이렇게 돼 버렸어요. 사소한 문제만 생겨도 술부터 찾아요."라고 말하고 있다. 수용 원칙을 적용한 사회복지사는 "문제가 있으면 술이 필요하다고 느끼는군요." 혹은 "술이 어떤 식으로 도움을 주나요?"와 같은 반응을 한다. 그러나 수용 원칙을 적용하지 못하는 사회복지사는 "술을 마시는 것으로는 문제를 해결하지 못해요. 그렇지 않나요?" 혹은 "현명하지 못한 일이에요." "의지가 더 강해져야겠군요."와 같이 클라이언트를 심판하거나 비난하는 반응을 하기 쉽다.

수용적인 태도를 갖기 위해서는 동일한 상황에 대한 반응이 개인에 따라 큰 차이가 있다는 것을 깨닫는 것이 중요하다. 참을 수 없는 상황에 대한 개인차를 생각해 보라. 사회복지사는 자신의 기준으로는 용납하기 어려운 행동들에 대해서 자연스럽게 비난하게 되는 것을 통제할 수 있어야 한다.

수용을 위해서 사회복지사는 클라이언트와의 가치관 차이를 극복해야 한다. 사회복지사의 가치관이 클라이언트의 있는 그대로의 모습을 수용하는 것에 장애가 되어서는 안 된다. 또한 수용과 동의의 차이를 인식하는 것도 중요하다. 수용이 사람마다 다를 수 있다는 권리를 허용하는 것이라고 해서 사회적 문제를 일으키는 행동까지 허용한다는 것은 아니다. 수용은 행동으로 표출한 감정을 허용하는 것이지, 그 행동을 인정하는 것이 아니다. 수용은 사고와 감정에 대해서는 허용하지만 행동을 허용하지는 않는다. 수용은 사회복지사의 비심판적 태도를 수반한다. 클라이언트의 변화를 위해서 클라이언트의 사고와 감정, 행동에 대한 비난이 섞이지 않은 평가가 필요하기 때문이다. 비난을 통해서는 아무것도 해결하지 못하며 클라이언트의 방어에 부딪히게 될 뿐이다.

사회복지사의 인간 행동에 관한 불충분한 지식은 수용에 걸림돌이 될 수 있다. 그 밖에 자아 인식이 부족해서 사회복지사 자신의 감정을 알지 못하는 것, 편견과 선입견, 클라이언트에 대한 존중의 결여 등도 수용을 저해하는 또 다른 요인들이다.

정서적인 이해가 동반되지 않은 지적인 이해만으로는 수용이 어렵다. 정서나 감정을 안다는 것만으로는 충분하지 않으며 그것의 실재, 그 정도와 질을 감지할 수 있어야 한다. 사람들의 객관적 · 주관적 문제에 이론적 지식을 끊임없이 적용시켜 봄으로써 정서적인 이해를 높일 수 있다.

효과적인 수용을 위해 클라이언트에 대한 폭넓은 이해가 필수적이다. 있는 그대로의 클라이언트를 받아들이는 것은 클라이언트의 잠재적 힘과 새로운 성장 가능성을 신뢰하는 데서 출발해 클라이언트의 존재, 즉 전부를 받아들이는 것을 말한다. 더불어 수용은 클라이언트의 능력에 대한 사회복지사의 신뢰를 바탕으로 한다.

5) 비심판적 태도

비심판적인 태도의 원칙은 클라이언트가 가진 문제의 원인이나 욕구에 대한 유죄, 결백 혹은 클라이언트의 책임 정도를 가리지 않는다는 신념에 근거한다.

클라이언트에 대한 도덕적 판단은 무익하거나 때로는 원조관계에 위협을 줄 정도로 위험하다. 면접에서 비심판적 태도의 원칙을 적용한 예를 살펴보자. 열네 살과 열두 살 된 전 부인의 자녀 둘을 키우고 있는 클라이언트는 재혼 후 몇 년 동안 가까워지려는 노력을 했지만 변함없이 냉담한 아이들에게 지쳐 있다. 절망감과 좌절감이 심한 클라이언트는 "그 아이들을 이해하고 더 기다려야 한다는 것을 머리로는 이해해요. 그렇지만 선생님이라면 아무런 반응도 없는 이렇게 차가운 아이들을 사랑할 수 있겠어요?"라고 말하였다. 비심판적 태도의 원칙을 적용하는 사회복지사는 "그동안 노력을 많이 하셨는데, 아이들의 태도가 매우 실망스러웠군요."라고 반응한다. 반면에 이 원칙을 적용하지 못하는 사회복지사는 "그 아이들은 아직 어린 나이이고 당신은 어른이잖아요. 재혼가정이 아니어도 그 또래 아이들은 보통 부모와 거리감이 있어요."와 같은 반응을 하기 쉽다.

심판을 보류하는 것이 사회복지사가 불법적인, 비도덕적인, 학대적인, 착취적인 혹은 무책임한 행동을 용서하거나 인정하는 것을 의미하지 않는다. 다른 사람들과 마찬가지로 사회복지사도 개인적 가치관이 있으며, 학대, 강간, 착취와 같은 행동에 분노를 느낀다. 그러나 사회복지사는 이러한 클라이언트를 비난하지 않으면서 그들이 어려움을 해결할 수 있도록 도와야 한다. 실제로 많은 예에서 클라이언트가 자신이 내린 결정의 결과에 대해 인식하고 이에 따라 자신의 행동을 수정하려고 노력할 때 비로소 변화가 가능하다는 것을 볼 수 있다. 비난과 책임 소재를 명확히 하는 것의 차이는 후자는 사회복지사의 긍정적인 의도에서 비롯되었기 때문에 클라이언트의 변화에 유용할 수 있지만 전자는 처벌적이라는 사실에 있다.

사회복지사는 객관적으로 검증할 수 없는 사안에 대해 옳고 그름을 판단하기보다 클라이언트를 이해하고 행동의 원인을 규명하는 데 초점을 두어야 한다. 비심판적인 태도를 보이는 사회복지사를 대하는 클라이언트는 자신의 문제에 대해 비난받을 것을 두려워하지 않고 이야기할 수가 있다. 사회복지사의 비심판적 태도는 그의 말투와 태도를 통해 간접적으로 전달된다. 클라이언트의 행동과 말에 대해 편견과 선입견을 가지고 성급하게 결론을 내리거나 다른 사람과 비교하거나 일정한 유형으로 분류하는 것은 비심판적 태도를 전달하는 데 장애가 된다. 비심판적 태도를 유지하기 위해 사회복지사는 개인과 그의 행동을 구분해야 한다. 즉, 사회복지사는 개인에 대한 이해를 표명하면서도 그의 행동을 비판할 수 있다.

6) 클라이언트의 자기 결정

자기 결정의 원칙은 사회복지실천 과정에서 스스로 선택하고 결정할 자유에 대한 클라이언트의 권리와 욕구를 인정하는 것이다. 사회복지사는 클라이언트가 자신의 문제와 욕구에 대해 분명한 관점을 갖도록 돕고, 적절한 지역사회 자원들을 알려 주며, 사회복지사와 클라이언트가 함께 협력할 수 있는 환경을 만드는 데 이 원칙을 적용한다.

자기 결정의 원칙을 적용하는 예를 살펴보자. 이혼하였으나 위자료는 물론 자녀 양육비조차 전남편으로부터 기대할 수 없는 클라이언트는 취업과 관련해 극도로 혼란스러운 태도를 보이고 있다. 클라이언트는 "잘 모르겠어요. 아이를 어린이집에 맡기고 직업을 구해 돈을 벌어야 자립할 수 있을 텐데…… 아직 세 살도 안 된 아이에게 그렇게 하는 것은 안 좋을 것 같고……." 라고 말하였다. 자기 결정의 원칙을 적용하는 사회복지사라면 "어떻게 해야 할지 혼란스럽지요? 최선책을 찾는 것은 늘 어렵습니다."라고 반응할 수 있다. 반면에 이 원칙을 적용하지 못하는 사회복지사는 "제 생각에는 그대로 집에 있는 것이 더 나을 것 같군요. 아이도 너무 어리고……." 혹은 "직장을 가져도 아이에게 나쁘지 않을 거예요. 대책 없이 아이만 바라보고 있으면 오히려 아이에게도 스트레스를 줄 수 있어요."라고 반응할 수 있다.

자기 결정을 할 수 있도록 돕기 위해 사회복지사는 클라이언트로 하여금 자신의 문제와 욕구를 전체적인 관점에서 관찰하고 이해할 수 있도록 돕는다. 사회복지사는 클라이언트에게 지역사회 자원들에 관해 알려 주고, 클라이언트의 내면에 잠재된 자원을 발견하고 활용할 수 있도록 자극을 주며, 사회복지실천 전 과정에 적극적으로 참여할 수 있도록 돕고, 수용적인 태도로 자기 자신과 자신의 문제에 대해서 보다 깊이 이해할 수 있도록 돕는다.

클라이언트의 자기 결정을 위해 사회복지사는 자신이 문제해결의 주도권을 갖는 것을 피해야 하며, 클라이언트의 사회적 · 정서적 생활에 지나친 개입을 하지 않도록 한다. 직간접적으로 클라이언트를 조종하거나 강제적으로 설득하는 것도 피해야 한다. 도움을 요청하는 데 있어 일부 클라이언트는 원조과정에 관해 바람직하지 않은 생각을 가지고 있을 수 있다. 예를 들어, 강제로 서비스에 참여한 클라이언트는 자신이 다른 사람의 뜻에 따라 움직이는 것을 두려워한다. 또한 어떤 클라이언트는 사회복지사에게 자신의 문제를 떠맡아 일방적으로 해결해 줄 부모 역할을 기대한다. 반대로 사회복지사에게 지나치게 의존하는 것을 불안해하는 클라이언트도 있다. 이러한 클라이언트에게 자기 결정의 원칙을 어떻게 적용할 것인지 생각해 보자.

클라이언트의 유형에 관계없이 사회복지사는 원조과정에서 클라이언트의 자기 결정을 인정해 주고, 클라이언트가 자신의 강점과 역량을 활용하도록 도와야 한다. 클라이언트의 기능이 손상된 경우라도 클라이언트의 자기 결정을 가능한 한 최대화시키기 위해 사회복지사는 노력해야 한다. 그러나 자기 결정에 관한 논의는 각 클라이언트의 상황에 따라 개별화되어야 한다. 클라이언트의 자기 결정권은 결정을 내릴 수 있는 클라이언트의 능력, 법률이나 윤리 측면에서의 제한, 사회복지기관의 기능에 따라 제한될 수 있다.

7) 비밀보장

비밀보장은 클라이언트의 허락 없이 클라이언트에 관한 정보를 공개하지 못하도록 통제하는 것을 말한다. 이는 전문적인 관계에서 드러난 클라이언트의 개인 정보에 대해 비밀보장을 하는 클라이언트의 권리에 대한 것이다. 비밀보장이 지켜지지 않으면 전문적 원조관계는 성립될 수 없다. 비밀보장 원칙이 지켜진다는 믿음을 가질 때, 클라이언트는 방어기제를 사용해서 자신을 왜곡하는 일이 적어지고 사회복지사와의 의사소통이 촉진될 수 있다.

비밀보장 원칙을 지킬 수 없는 예외 상황이 있기 때문에 사회복지사는 클라이언트에게 비밀보장의 한계와 전문적 혹은 법적 의무의 범위 내에서 사회복지사와 클라이언트의 권리의 한계를 충분히 설명해야 한다. 법적 요구에 의해 클라이언트에 관한 정보가 공유되어야 한다면 클라이언트에게 미리 고지되어야 한다. 예를 들어, 사회복지사가 아동이나 노인 학대의 신고 의무를 수행하기 위해 클라이언트가 면접에서 이야기한 내용을 신고 내용에 포함해야 하는 경우, 사전에 클라이언트에게 이를 알려야 한다. 비밀보장은 클라이언트 자신의 내부적 갈등, 타인의 권리와의 충돌, 사회복지사의 권리와의 충돌, 사회복지기관의 권리와의 충돌, 사회의 권리와의 충돌로 인해 제한받을 수 있다.

이와 같이 비에스텍의 관계 원칙은 사회복지사와 클라이언트의 관계에 대한 지침이다. 그러나 비에스텍은 관계 형성에서 클라이언트가 수행하는 역할을 고려하지 않았다. 한편, 비에스텍이 제시한 관계 원칙들이 사회 환경이라는 맥락을 도외시하고 전통적 가치들에 기반하였다는 비판이 있다. 도미넬리(Dominelli, 2004)는 비에스텍의 원칙이 사회복지실천의 사회적 맥락을 무시하고 있고 지나치게 미시적 수준의 원조관계에 대한 원칙이어서, 중간 수준과 거시적 수준의 기회와 제약을 이해하는 사회복지사의 역량을 제한할 수 있다고 지적하였다.

비에스텍이 60년 전에 제시한 관계의 원칙이 지금까지 지속될 수 있었던 것은 비판을 수용하여 실천현장에서 수정·보완하여 적용하였기 때문이다. 예를 들어, 개별화의 원칙은 아직까지 지켜지고 있다. 사회복지전문직은 전통적으로 개인이 겪는 어려움의 원인을 개인적 병리 혹은 구조적 불평등이라는 이분법적 방법으로 구분하였으나 초점을 개인에게 둠으로써 개인이 속해 있는 사회적 맥락을 간과했다는 비판을 받았다. 그러나 '환경 속의 인간' 시각을 적용하면서 개별화의 원칙도 이 시각을 반영하고 있다. 자기 결정의 원칙도 지속적인 영향을 미치고 있는데 자기 결정은 역량강화라는 용어로 개념이 확대되었다. 역량강화 개념은 클라이언트가 자신의 삶을 통제하는 과정에 초점을 둔다.

4. 변화를 방해하는 관계 요소

클라이언트와 사회복지사는 각자 다른 성격 특성과 관계 맺는 방식을 갖고 있으며 이는 원조과정에서 드러난다(Goldstein & Noonan, 1999). 이러한 측면들은 문제해결 혹은 변화를 가져오는 데 촉진 요인 또는 방해 요인으로 작용할 수 있다. 긍정적으로 작용하면 클라이언트와 사회복지사는 공유하거나 가치를 두는 특성에 근거하여 서로 가까워질 수 있다. 부정적으로 작용하면 클라이언트는 사회복지사의 성격, 행동, 주변 환경에 대해 역기능적으로 반응할 수 있으며, 사회복지사의 경우도 특정 클라이언트의 특성, 행동, 태도가 거슬리거나 위협적이거나 공격적이라고 여길 수 있다.

사회복지사와 클라이언트 간의 관계에서 클라이언트의 변화를 방해할 수 있는 요소들을 전이와 역전이를 중심으로 살펴보면 다음과 같다(Goldstein & Noonan, 1999; Hepworth et al., 2017).

클라이언트는 원조과정에 과거의 경험, 관계 맺는 방식, 충족되지 못한 욕구와 소망, 내적 갈등 등을 가진 채 참여한다. 전이는 클라이언트 자신의 과거 경험이나 성격에서 비롯되는 사회복지사에 대한 태도, 감정, 행동을 의미한다. 즉, 사회복지사에 대한 비현실적인 인식과 반응이 전이 반응인 것이다. 전이 반응은 긍정적이거나 부정적일 수 있으며, 변화를 촉진하거나 방해할 수 있다. 종종 전이 반응은 원조과정의 진전을 저해할 뿐 아니라 다른 대인관계에도 어려움을 낳는다. 한편, 전이 반응은 클라이언트가 사람들과 관계 맺는 방식과 관련해 중요한 정보를 줄 수 있다. 전이 반응에는 대인관계 혹은 주변 체계들과의 관계에서 어려움을 갖게 만드는 과잉 일반화되고 왜곡된 지각이 관련된다. 강한 긍정적 전이 반응이나 부정적 전이 반응은 실제적 협조를 어렵게 만든다. 클라이언트는 자신이 왜곡한 현실을 실제의 현실로 믿거나 강렬한 감정과 욕구에 압도된다. 혹은 욕구 충족을 위한 요구가 좌절되었을 때 분노하게 된다.

전이 반응은 클라이언트가 문제를 해결해 나가는 것을 방해하기도 하지만 원조관계에서 성장을 위한 기회가 되기도 한다. 원조관계는 클라이언트의 대인관계 패턴, 조건화된 지각과 감정의 패턴이 드러나는 사회적 관계의 축소판이다. 이러한 맥락에서 클라이언트는 다른 관계에서 자신을 괴롭히고 실패하게 만들었던 것과 동일한 상호작용을 원조관계에서 재현할 수 있다. 사회복지사는 클라이언트가 자신의 과잉 일반화된 투사, 왜곡된 신념이나 태도 등을 통찰할 수 있도록 도울 수 있다.

원조과정 동안 사회복지사와 관련된 전이 반응이 발생하는 정도에는 편차가 있다. 시간 제한이 있는 과업 중심적인 개입에서는 현재의 관심사에 초점을 두기 때문에 전이 반응이 최소화될 수 있다. 반면에 개입이 과거에 초점을 두고 있고 심리 내적 과정의 심층 분석을 포함할 때 전이 반응은 활성화될 수 있다. 전이 반응은 집단으로 이루어진 클라이언트 체계에서도 나타날 수 있다. 집단을 이끄는 사회복지사를 비롯한 다른 구성원과의 상호작용에 의해 전이 반응이 촉발될 수 있다.

전이 반응이 과거에서 비롯되었다 해도 이러한 반응은 '지금 그리고 여기'에서 나타난 것이다. 그러므로 클라이언트가 전이 반응의 근원에 대한 통찰력을 얻도록 하기 위해 과거에 초점을 두는 것으로 전이 반응을 가장 잘 해결할 수 있는 것은 아니다. 과거 경험으로 인한 반응이 현재에 나타났기 때문에 오히려 현재의 부정확하고 왜곡된 지각을 검토함으로써 전이 반응은 해결될 수 있다. 물론 클라이언트가 과거의 경험과 상황을 떠올리며 과거로 잠시 돌아가는 것이 종종 유익한 정서적 순화를 촉진하고, 자신이 가지고 있는 사고, 감정, 행동 패턴의 근원을 이해하는 데 도움을 줄 수도 있다. 클라이언트가 신체적 학대나 성적 학대와 같은 외상성 스트레스를 경험했을 경우에는 이를 심층적으로 탐색하는 것이 그 경험의 부정적 영향을 이해하고 회복하는 데 필수적이다. 이러한 상황을 제외하고 과거 경험에 광범위하게 초점을 두는 것은 사회복지실천이 현재의 문제해결에서 벗어나게 하기 때문에 바람직하지 않다. 게다가 비현실적인 감정, 지각, 신념의 오래된 근원에 초점을 두는 것이 '지금 그리고 여기'라는 관점에서 그 타당성을 파악하는 것보다 더 효과적이라는 증거가 없다.

헵워스와 그의 동료들(Hepworth et al., 2017)은 사회복지사가 클라이언트의 전이 반응에 대처하는 지침을 다음과 같이 제시하였다.

- 클라이언트의 반응이 비현실적이지 않으며 그 반응이 사회복지사의 행동 때문일 수 있다는 가능성을 열어 놓는다. 클라이언트의 행동이 현실적인 것으로 드러나면 사회복지사는 자신의 행동에 책임을 지고 진실하게 반응해야 한다.
- 전이 반응이 분노, 적개심, 두려움, 사회적 거리감, 권위 등을 느꼈던 사람과의 과거 혹은 현재의 경험에 대한 평가로 자극될 수 있다는 사실을 알아야 한다. 그런 인식을 무시하고, 최소화하거나 바꾸려고 하기보다

는 인정해 주는 것이 중요하다.

- 클라이언트가 과거 자신에게 중요했던 사람들이 보였던 역기능적 방식의 반응을 사회복지사에게 기대할 경우, 사회복지사는 다른 방식으로 반응하는 것이 중요하며 그렇게 함으로써 그 기대의 부당성을 입증한다. 클라이언트의 기대와 상반되는 반응은 일시적으로 불균형을 만들지만 클라이언트가 사회복지사를 과거 속의 인물과 구분하게 만든다.
- 비현실적 감정이 언제, 어떻게 나타나는지 탐색하여 왜곡된 지각의 원인을 클라이언트가 인식하도록 돕는다. 이를 위해서 비현실적 감정과 관련된 선행사건들과 의미의 특성들을 주의 깊게 탐색한다. 사회복지사의 감정을 바로 드러내어 왜곡된 지각을 수정하려고 시도하지 않아야 한다. 문제가 되는 감정들을 우선 탐색함으로써 클라이언트 자신이 과잉 일반화하고 과거 경험에 근거한 잘못된 의미 부여와 타당하지 않은 가정을 하는 것에 대해 인식하도록 돕는다. 이러한 인식이 앞으로 클라이언트로 하여금 왜곡된 지각에 기인한 감정이나 반응과 현실에 근거한 감정이나 반응을 구별할 수 있게 한다.
- 클라이언트가 자신의 감정의 비현실적 특성을 구분하고 이러한 감정을 유발한 왜곡에 대해 인식한 후에 비로소 사회복지사의 실제 감정을 이야기해야 한다. 이는 화가 나고 상처 받았고 분노가 치밀고 거부당했다고 느끼는 클라이언트에게 재보증의 원천이 될 수 있다.
- 사회복지사는 문제가 되는 감정을 검토한 후에 클라이언트가 다른 관계에서도 유사한 반응을 경험했는지 여부를 생각해 보도록 돕는다. 이러한 탐색을 통해 클라이언트는 다른 관계들에서 어려움을 낳았던 왜곡의 패턴을 깨달을 수 있다.

사회복지사 또한 원조관계를 손상시킬 수 있는 비합리적인 적대적 반응을 클라이언트에게 보일 수 있다. 전이에 상응하는 이러한 반응은 역전이로 일컬어진다. 역전이는 사회복지사 자신의 특성에서 비롯된 클라이언트에 대한 태도, 감정, 행동을 일컫는다. 클라이언트와 마찬가지로 사회복지사 역시 자신의 경험, 관계 맺는 방식, 충족되지 못한 욕구와 소망, 내적 갈등 등을 가지고 원조과정에 임하게 된다. 클라이언트의 전이와 마찬가지로 사회복지사의 역전이도 긍정적이거나 부정적일 수 있고 원조과정을 촉진하거나 방해할 수 있다.

사회복지사의 자아 인식은 감정, 반응, 인식 그리고 행동의 원천을 발견하기 위해서 스스로 분석적으로 대화하는 것이라 할 수 있다. 자아 인식은 사회복지사가 클라이언트와 관계하는 데 현실적인 관점을 취하거나 되찾도록 돕는다. 사회복지사는 자신이 한 인간으로서 클라이언트에 대해 비합리적인 감정이나 반응을 보이거나 행동할 수 있음을 인정해야 한다. 중요한 것은 사회복지사 자신의 반응을 확인하고 이해하며 자제하고자 노력함으로써 자신의 반응이 원조과정에서 유해한 방식으로 클라이언트에게 전달되지 않도록 하는 것이다. 사회복지사가 자신의 역전이를 인정하고 이해하면 이것이 클라이언트에 대한 반응에 작용할 가능성은 적어진다. 자제와 제한이 때로 어렵고 미처 인식하지 못하거나 충동적으로 행동하는 경우가 있다. 이러한 경우 자신이 실수했다거나 민감하지 못했다고 정직하고 개방적으로 의사소통하는 것이, 사회복지사의 실수나 민감성 부족으로 인한 부정적 영향을 완화시키는 데 도움이 되며 사회복지사의 인간미를 보여 줄 수 있다.

슈퍼비전과 자문은 역전이 반응을 확인하고 관리하도록 도울 수 있다. 클라이언트가 자기 문제에 너무 밀착되어 있어서 때때로 문제를 객관적으로 보지 못하고 사회복지사의 도움으로 이를 보게 되는 것과 마찬가지로, 사회복지사도 동료나 자문가 또는 슈퍼바이저의 편향되지 않은 관점으로 클라이언트와의 관계를 보는 것이 도움이 될 수 있다.

제 9 장

사회복지실천 과정[1]: 접수

1. 접수의 주요 목표와 과업

접수는 원조과정의 첫 단계로서 사회복지사와 잠재적 클라이언트가 처음 만나 잠재적 클라이언트의 문제 혹은 욕구를 확인하면서 그가 서비스를 제공받을 수 있는 적합한 클라이언트인지 여부를 결정하는 과정을 의미한다. 사회복지사는 원조 제공 여부 결정의 중요한 요소로 잠재적 클라이언트의 문제

1) 사전적 의미로 과정은 결과까지의 일련의 흐름이나 어떤 결과를 얻기 위한 일련의 단계를 말한다. 사회복지실천의 과정은 클라이언트와 사회복지사가 클라이언트의 문제를 해결하고 공동의 목적을 달성하기 위해 거치는 일련의 단계들로 정의된다(최혜지 외, 2013). 국내에서 사회복지실천의 과정은 초기 단계, 개입 단계, 평가와 종결 단계와 같은 세 단계로 구분한 김기태(2007), 접수, 자료 수집 및 사정, 목표 설정 및 계약, 개입, 평가 및 종결의 다섯 단계로 보다 세분화한 양옥경 등(2010), 접수, 사정, 계획, 개입, 평가 및 종결의 다섯 단계로 구분한 최혜지 등(2013)처럼 다양하게 제시된다. 이 책에서는 접수, 자료 수집, 사정, 개입, 평가와 종결의 다섯 단계로 구분한다.

혹은 욕구가 기관의 정책과 자원에 부합되는지 여부를 판단해야 한다. 또한 사회복지사와 잠재적 클라이언트는 원조과정에서 기대하는 바가 무엇인지를 명확히 해야 한다. 원조 제공 여부는 원조를 요청하는 클라이언트의 목적뿐 아니라 기관의 목적, 기능, 자원의 맥락 속에서 결정된다. 기관의 목적과 기능에 비추어 클라이언트에게 적합한 서비스가 제공될 수 있다고 판단될 때 다음 원조과정이 계속되며, 그렇지 않은 경우에는 종결 혹은 다른 기관으로의 의뢰가 이루어지게 된다.

따라서 이 단계의 주요 목표는 잠재적 클라이언트의 문제 혹은 욕구와 원조에 대한 기대가 기관의 목적과 기능에 부합되는지를 판단해 원조 제공 여부를 결정하고 클라이언트가 이후의 원조과정에 적극적으로 참여하도록 기반을 조성하는 것이다.

이러한 목표 달성을 위해 사회복지사가 수행할 일차적 과업은 잠재적 클라이언트의 문제와 욕구를 분명하게 확인하는 것이다. 이와 더불어 잠재적 클라이언트의 원조에 대한 기대를 파악해야 한다.

또 다른 주요 과업은 사회복지사와 클라이언트 간의 신뢰관계 형성과 동기부여다. 원조의 전 과정에 걸쳐 클라이언트의 참여는 사회복지실천의 성과를 좌우하는 중요한 요소인데, 특히 접수 단계에서 사회복지사와 클라이언트 간의 신뢰관계 구축은 클라이언트의 적극적 참여[2]에 결정적인 영향을 미칠 수 있다. 클라이언트가 사회복지사와 대면하면서 받은 첫인상은 클라이언트가 사회복지사와 사회복지기관을 인식하는 방식에 큰 영향을 줄 수 있다. 처음 만나서 대화하는 상황 속에서 클라이언트가 사회복지사와 기관에 대해 긍정적인 기대와 믿음을 갖게 되면 적극적인 참여가 촉진될 수 있다. 반면에 클라이언트의 신뢰 및 변화 동기가 약하거나 아예 없다면 변화를 위한 원조

2) 신뢰관계 외에도 클라이언트의 특성, 문제의 특성, 이용 가능한 자원, 주변 사람들의 반응과 같은 환경적 요소 등 다양한 요인이 클라이언트의 참여에 영향을 미친다.

활동은 효과를 거둘 수 없다. 원조활동의 성패는 많은 부분에서 변화에 대한 클라이언트의 동기에 달려 있으므로 클라이언트를 원조과정에 적극적으로 참여시키기 위해서 동기를 유발하는 것이 접수 단계의 주요 과제 가운데 하나다.

2. 시작하기

대부분의 잠재적 클라이언트는 이전에 나름대로 자신의 문제를 해결하기 위해 다각도로 시도해 보았지만 그 노력이 수포로 돌아가 실망과 좌절을 경험한 채 사회복지기관에 오게 된 사람들이다. 또한 자신은 원하지 않지만 타의에 의해 사회복지기관에 오게 되는 사람들도 많다. 이러한 실정이라 접수 단계에서 잠재적 클라이언트가 사회복지사와 원조과정에 대해 의심하는 것은 일반적이다. 따라서 사회복지사는 클라이언트가 실천가를 찾아오기 이전에 경험하고 겪었을 과정에 대해 이해해야 한다. 이는 일종의 예비적 이해(tuning in)라고 볼 수 있다.

슐먼(Shulman, 1979)은 예비적 이해에서 고려해야 할 네 가지 중요한 요소들을 다음과 같이 제시하였다.

- 예비적 이해는 지적인 과정이라기보다는 정서적 과정이어야 한다.
- 사회복지사의 감정 또한 탐색되어야 한다.
- 예비적 이해는 여러 수준에서 이루어지게 된다. 예를 들어, 비행청소년 거주시설에서 일하는 사회복지사는 일차적으로 청소년에 대한 일반적 범주를 이해하려는 노력을 하고, 다음 수준에서는 법을 위반한 문제를 지닌 특정한 클라이언트의 사고와 감정에 대해 이해하며, 그다음 수준에서는 이 클라이언트가 처해 있는 특정한 단계에 관해 이해하려는 노

력을 할 수 있다.

- 예비적 이해는 임시적이어야 한다. 사회복지사가 클라이언트를 직접 만나기 전에 갖게 된 클라이언트에 관한 예비적 이해는 클라이언트가 실제로 생각하고 느끼는 것과 다를 수 있다. 예비적 이해가 임시적이어야 하는 이유는 여기에 있다.

사회복지사는 클라이언트와 관련된 문제를 실제로 다루기에 앞서 준비하는 과정 속에서 클라이언트의 욕구, 자원, 문화에 관해 가능한 한 많은 것을 알기 위한 노력이 필요하다. 이 과정에서 인간의 다양성에 대한 감수성이 요구되는데, 사회복지사는 클라이언트의 연령, 성별, 성 정체성, 문화 등 여러 가지 다양성 변수를 인식해야 한다. 클라이언트에 대해서뿐만 아니라 사회복지사 자신의 감정, 욕구, 자원, 문화에 관해서도 민감한 자아 인식이 필요하다.

잠재적 클라이언트와 처음 만나는 사회복지사는 클라이언트에 대한 관심과 그의 상황을 이해하고자 하는 마음을 전달하는 데 일차적 관심이 있다. 이러한 입장은 언어적 · 비언어적으로 전달될 수 있다. 사회복지사는 분위기를 편안하게 만들기 위해 날씨에 관해 말하거나 클라이언트가 찾아오는 데 어려움은 없었는지와 같은 가벼운 질문으로 대화를 시작할 수 있다. 혹은 클라이언트가 기관 건물의 외관에 대한 느낌이나 주차 문제 혹은 교통난으로 인한 어려움 등에 대해 먼저 말문을 여는 것에 사회복지사가 반응하는 것으로 시작될 수도 있다. 처음 만남에서 공식성 또는 비공식성의 정도는 문제의 성격, 원조 요청의 자발성 여부와 같은 요소들에 따라 달라진다.

서로에 대한 간단한 소개 후에 원조를 요청하게 된 이유에 대한 언급이 이루어지게 되는데, 이 과정에서 종종 문제에 관한 이야기가 같이 거론될 수 있다. 사회복지사가 개입의 필요성이 있다고 생각하여 클라이언트를 만나게 되는 경우에는 보통 사회복지사가 그 배경을 설명하게 된다. 반면에 클라이언트 또는 다른 의뢰체계에 의해 만나게 된 경우에는 사회복지사가 클라이언트 또는 의뢰체계에 원조를 신청하게 된 이유를 말하도록 요청해서 그 이유를 듣는다. 그리고 비자발적인 클라이언트의 경우는 원치 않았던 상황에 처하게 된 클라이언트의 감정과 현실에 초점을 맞춘다.

각각의 상황 속에서 사회복지사가 처음에 어떻게 시작하는지 살펴보자.

◐ 사회복지사의 판단에 의해 클라이언트를 만나게 된 경우

사회복지사: 안녕하세요, ○○○ 씨. 저는 서구 정신건강복지센터에서 주간보호 프로그램을 담당하고 있는 ×××사회복지사입니다. ○○○ 씨가 낮 시간에 어떻게 생활하고 있는지 궁금해서 이야기를 나누기 위해 방문하였습니다.

◐ 클라이언트가 사회복지사와 만나기를 원한 경우

사회복지사: 안녕하세요? 저는 정신건강사회복지사인 ×××입니다. 저를 만나고 싶어 하신 것으로 알고 있습니다.

클라이언트: 네, 저는 ○○○인데요, 제가 외래로 치료를 받고 있는 대학병원의 선생님께서 직업재활과 관련해서 선생님께 의논해 보라고 하시더군요.

◐ 비자발적인 클라이언트의 경우

클라이언트: (화가 나는 것을 참을 수 없다는 표정으로 사회복지사를 외면한 채 앉아 있다.)

사회복지사: ○○○ 씨, 원하지 않는데 여기 오게 되어서 화가 나신 점 이해합니다. 그런데 부모님께서 이미 말씀하신 것으로 알고 있는데, 우리 센터의 서비스를 거부하면 현실적으로 가족과의 갈등이 더 심각해질 수 있습니다. 부모님과 대학병원 선생님이 결정했고 본인은 선

> 택의 여지가 전혀 없던 것처럼 생각되겠지만, ○○○ 씨는 오늘 센터에 오셨고 그것은 자신의 상황에 대해 부모님과 합의점을 찾고 싶은 마음이 있는 것으로 받아들여집니다. 어떻게 도울 수 있을지 그 방법을 함께 찾기 위해 오늘 우리가 만난 것이지요. 이 시간을 어떻게 활용할지는 ○○○ 씨의 선택에 달려 있습니다.

클라이언트 중에는 자발적으로 원조 요청을 한 것이 아니라 원조를 요청하지 않을 경우 겪게 될 부정적 결과 때문에 어쩔 수 없이 오거나, 혹은 법원 명령이나 다른 서비스를 받기 위한 조건으로 원조 요청을 하는 사람들이 있다. 예를 들어, 법원의 수강명령으로 프로그램에 참여해야 하는 클라이언트의 경우, 왜 자신이 의뢰되었는지 충분히 이해하지 못한 채 참여하기도 한다. 이러한 클라이언트와 원조관계를 형성하기 위해서는 두 가지 쟁점을 검토하는 것이 필수적이다(Bogo, 2006). 첫째, 클라이언트의 관점으로부터 상황이 검토되어야 하며 사회복지사는 클라이언트의 혼란을 인정해 줄 필요가 있다. 둘째, 사회복지사는 법원 명령이 어떠한 내용이고, 무엇이 기대되며, 불복할 경우 어떠한 결과가 초래되는지를 분명하게 전해야 한다. 사회복지사가 자신의 역할, 서비스의 내용, 모든 관련 당사자들의 기대에 대해 명확하고 솔직할수록 클라이언트의 신뢰를 얻을 가능성이 높다.

비자발적 클라이언트 중에는 사회복지사와 원조과정에 대해 불신하거나 과거에 부정적인 경험을 했던 사람들이 적지 않다. 비자발적 클라이언트는 일반적으로 문제해결 동기와 의지가 약한 편이다. 사회복지사는 동기부여가 안 된 비자발적 클라이언트를 처음 대할 때, 클라이언트의 선택권을 가능한 한 최대화하고자 노력하는 한편, 자기 결정권의 침해에 대한 클라이언트의 불편한 감정을 인정해 주는 것이 필요하다.

접수 단계에서 사회복지사가 해야 하는 또 다른 중요한 활동은 원조과정에 대한 구조화다. 원조과정의 구조화는 사회복지사가 원조과정을 구체적으로 설명해 주는 것을 말한다. 사회복지사는 자신의 역할과 기관의 기능을 클라이언트에게 명확하게 설명해야 한다. 사회복지사는 클라이언트가 사회복지기관이나 사회복지사에 관해 이미 잘 알고 있을 것으로 쉽게 단정하는 경향이 있다. 그러나 클라이언트는 종종 사회복지사가 무슨 일을 하는 사람인지, 사회복지기관이 어떻게 도움을 제공하는지에 대해 잘 알지 못하거나 잘못된 정보를 갖고 있을 수 있다. 따라서 접수 단계에서 사회복지사의 역할과 기관의 기능에 대한 설명, 즉 사회복지사와 기관이 클라이언트를 어떻게 도울 수 있는지를 설명해 주는 것이 필요하다. 이 과정에서 사회복지사는 클라이언트가 어떠한 기대를 갖고 있는지 알아봄으로써 클라이언트가 적극적으로 원조과정에 참여할 수 있도록 돕는다. 이러한 설명과 대화를 통해 클라이언트는 자신이 무엇을 기대할 수 있고, 자신의 역할은 무엇인지 명확하게 인식하게 된다.

이러한 구조화 과정이 생략되면 클라이언트는 자신이 무엇을 기대할 수 있는지 잘 알지 못한 채 사회복지사에 관한 선입견을 그대로 가질 수 있다. 클라이언트 체계가 처음 사회복지사를 만나기 전에 가질 수 있는 기대를 다음의 사례들[3]을 통해 살펴보자.

3) 이 사례들은 갬브릴(Gambrill, 2013)에서 인용한 것으로 이름과 우리나라 실정에 맞지 않는 일부 내용을 변경하였다.

사례 9-1

소연은 기관에 도착했을 때 돌아서서 집으로 가고 싶어졌다. 무슨 일이 벌어질까? 사회복지사에게 무슨 말을 해야 할까? 사회복지사는 남자친구와의 성관계를 시시콜콜하게 알고 싶어 할까? 내가 더 조심하지 않은 것을 어리석다고 생각하지 않을까? 낙태에 관해 생각한다고 비난할까? 아이를 낳아 혼자 키우겠다고 하면 비난할까? 이제 소연은 문 앞에 서 있다. 아프다고 말하고 돌아가고 싶었지만…… 소연은 안으로 들어간다.

책상 앞에 한 여성이 앉아 있다가 기분 좋게 인사를 하고 어떻게 오게 되었는지 묻는다. 소연은 면접 약속을 하고 왔다고 이야기한다. 그녀는 “알겠습니다.”라고 말하고 소연에게 전에 온 적이 있는지를 물었다. 소연은 “아니요.”라고 말했다. 또다시 집에 가고 싶어졌다. 그 여성은 “이 양식을 작성해 주시겠어요? 1분이면 될 겁니다.”라고 말하였다. 또다시 소연을 고민스럽게 한다. 소연은 어머니에게 이 사실을 알리지는 않을까 염려스러웠다. 소연은 양식을 보고 연령, 학년, 주소와 전화번호 같은 아주 기본적인 정보만 적게 되어 있는 것을 알게 된다. 소연은 양식을 작성하고 대기실에 앉아 있다. 소연은 자신에게 천 번쯤 되묻는다. ‘나는 무엇을 원하는가?’ 답은 하나였다. ‘나는 낙태를 원한다.’ 소연은 지금 아기를 돌보는 자신을 상상할 수가 없다.

사례 9-2

사회복지사와의 면접은 맞벌이 부부 김병일 씨 가족의 사정에 맞춰 오후 7시로 정해졌다. 부부는 면접에 관해 생각하면 마음이 불편했다. 아마 이 모든 혼란이 자신들의 잘못 때문일 것이다. 맞벌이로 일하면서 부모 노릇을 제대로 못한 탓이다. 아들이 두 살 때 높은 데서 떨어졌기 때문에 간질이 발병했을지도 모른다. 아들이 떨어지기 전에 붙잡을 수 있었다면……. 새롭게 시도해 볼 수 있는 것이 무엇인가? 그들은 이제까지 아들에게 엄격한 태도로 약을 먹게 하려고 시도하였다. 그러나 아들은 약을 먹지 않으려 했다. 아마 사회복지사가 약을 먹게 할 수 있을지도 모른다. 사회복지사가 아들을 고쳐 제대로 행동할 수 있게 될지도 모른다.

아들은 사회복지사를 만나러 가는 것을 내켜 하지 않으면서 마지못해 함께 가는 것에 동의했다. 아들은 두려웠다. 상담교사는 자신을 만날 때마다 소리만 질러 댔다. "너는 왜 다른 학생들처럼 할 수 없니? 뭐가 문제니? 왜 약을 먹지 않니?" 그는 음란한 행동을 하면서 그 행동이 재미있고 누구도 해치지 않는다고 생각한다. 다른 사람들은 왜 이 즐거움을 모르는지……. 사회복지사 또한 모를 것이다. 그는 부모님을 따라갈 것이지만 자신이 나쁜 아이라고 인정하지는 않을 것이다. 부모님이 조금만 더 잘해 주었더라도 이런 일은 일어나지 않았을 것이다. 부모님은 큰아들이 대학생활을 어떻게 한다는 둥 항상 잘난 형에 대해서만 관심이 있는 듯 보였다. '부모는 왜 나를 그냥 내버려두지 않는가?' 그는 때때로 아버지에게 화가 치밀었다.

사례 9-3

조복례 할머니는 두 살 된 외손녀를 키우고 있다. 딸은 알코올 중독이라 할머니가 실제 양육자다. 그녀는 시간제로 일하고 있고 현재 우울증이 심해져 정신과 약을 복용하고 있다. 그녀는 자신의 나이에 아이를 키우는 것을 감당할 수 없다고 느끼며 피로감과 우울감을 호소한다. 조복례 할머니는 조손가정 조부모들을 위해 원조를 제공하는 기관에 의뢰되었다. 그녀는 손녀를 돌보는 일에서 휴식을 얻고 싶고 손녀의 양육과 관련해 도움이 될 만한 자원 연계를 희망하고 있다.

이 사례들에서 나타나듯 어떤 클라이언트는 과연 도움을 받을 수 있을지 의심이 가득한 채 기관을 찾아오고, 또 어떤 클라이언트는 사회복지사가 마술을 부리듯 문제를 해결해 줄 수 있을 것이라는 비현실적 기대를 갖고 오기도 하며, 일부 클라이언트는 비교적 현실적인 기대를 가지고 찾아온다. 클라이언트의 원조에 대한 기대를 알아보는 것은 오해를 바로잡는 기회가 될 수 있다.

접수 단계에서는 원조과정 구조화의 일환으로서 비밀보장의 한계에 관해서도 클라이언트 체계에 분명하게 설명해야 한다.

3. 문제 확인

접수 단계에서 사회복지사는 클라이언트 체계가 주된 관심을 갖고 있는 문제 혹은 욕구를 확인한다. 클라이언트가 자발적으로 혹은 비자발적으로 도움을 요청하는 문제들은 ① 사회환경적 결핍으로 인한 문제, ② 생애사건과 상황, ③ 대인관계, ④ 유전 · 체질 · 건강 요인, ⑤ 성격 특성, 관계 패턴, 취약성 등 다섯 가지 영역에서 유래될 수 있다(Goldstein & Noonan, 1999).

어떤 특정한 문제는 두 가지 이상의 영역 혹은 여러 영역에 걸쳐 있다. 이 문제들은 갑자기 최근에 발생하였을 수도 있고, 만성적 문제일 수도 있으며, 쉽게 개입에 반응할 수도 있고, 변화되기 어려운 문제일 수도 있다. 많은 경우 클라이언트가 가져오는 문제는 개인과 환경 간의 적합성 부족으로 인해 일어난다. 예를 들어, 학습장애 문제가 있는 아동이 담임교사나 학교 측이 장애 아동의 특별한 욕구에 대해 전혀 관심이 없는 학교에 다니면 장애아 통합교육을 실시하고 있는 학교에 다니는 경우보다 학교생활에서 훨씬 더 어려움을 겪을 수 있다.

골드스타인과 누넌(Goldstein & Noonan, 1999)이 설명한 다섯 가지 문제 관련 영역은 다음과 같다.

① 사회환경적 결핍으로 인한 문제

고용, 소득보장, 주택, 교육, 신체적 안전, 여가 등과 관련해 불충분하거나 부적절한 자원은 학습 관련 문제, 학업 중단, 사회적 역할 수행 및 잠재력의 실현 등 삶에서 만족을 얻을 기회의 감소, 허약한 신체와 정신건강, 폭력과 반사회적 행동 등을 초래할 수 있다. 또한 특정한 집단의 욕구에 불공평하거나 민감하지 못한 법과 사회정책, 특정 집단과 지역에 필요한 자원의 부족, 그리고 유색인과 이민자, 특정 종족과 종교적 배경을 가진 사람들, 여성, 동성애자, 노인, 아동, 정신질환자 등에 대한 편견, 차별, 억압, 폭력을 허용하거나 자극하는 사회 그 자체가 개인 문제의 원인이 될 수 있다.

② 생애사건과 상황

스트레스가 심한 생애사건과 상황은 개인이 직면하는 문제의 주요 원인이다. 청소년기, 중년기, 노년기, 결혼, 이혼, 실업, 노숙, 이민, 이주와 같은 생애주기 전반에 걸친 발달적 변천과 역할의 변화가 여기에 포함된다. 또 죽음, 질병, 강간, 구타, 근친강간, 기타 유형의 폭력과 같은 정신적 충격을 주는 위기 및 홍수, 화재, 허리케인, 비행기 충돌 사고, 테러리스트의 공격과 같은 실제 재난이 개인 문제의 직접적 원인이 되기도 한다. 이러한 사건들은 개인의 대처능력을 시험하고, 안정 상태를 혼란스럽게 하며, 심각한 기능 저하를 초래할 수 있다.

③ 대인관계

부모자녀 관계, 부부 갈등 및 가족 갈등, 사회적 고립, 친구 · 또래 · 직장동료 · 고용인 · 고용주 · 교사를 상대하는 어려움과 같은 대인관계 문제는 어려움이 자주 발생하는 영역이다. 때때로 이러한 문제는 그 자체가 실직, 자원의 부족, 이주, 스트레스가 심한 사건, 억압적 분위기나 여건과 같은 외적 요인이 반영된 결과다. 또 대인관계 문제는 생애주기 단계의 충돌, 갈등을 일으키거나 불충분하게 이해되는 욕구, 잘못된 의사소통, 유연하지 못한 부적응적 관계 패턴을 초래할 수 있다.

④ **유전 · 체질 · 건강 요인**

개인은 유전적 요인과 체질적 요인, 신체질환과 정신질환에서 비롯된 문제들을 가질 수 있다. 신경 손상, 신체장애, 인지적 결함은 특별한 욕구와 취약성을 갖게 하거나 개인의 효과적 대처능력을 제한할 수 있다. 예를 들어, 심장발작을 경험했던 사람이나 조울증 병력이 있고 반복적인 입원을 했던 사람은 자신의 미래에 대해 무력감 또는 두려움이 생길 수 있다.

⑤ **성격 특성, 관계 패턴, 취약성**

개인의 성격 특성, 내적 갈등, 손상된 자아 기능과 인지능력, 부적응적 대인관계 패턴, 낮은 자존감, 자아 및 정체성 혼란 등은 병적 증상, 대인관계 갈등, 정체성 문제, 자기파괴적 행동, 전반적인 불안감과 우울, 교육 · 직업 · 관계 · 인생 목표 추구와 관련된 문제를 초래할 수 있다. 또한 아동기의 성적 · 신체적 학대와 방임, 가족 내 물질 남용과 폭력, 질병과 장애, 부모의 이혼, 죽음 등은 성격에 장기적인 영향을 미칠 수 있는 문제 요소다.

〈사례 9-4〉는 사회복지사가 처음 만나는 클라이언트의 문제를 확인하는 과정을 보여 주는 사례[4]다.

사례 9-4

클라이언트는 다니고 있는 교회 목사의 권유로 사회복지사를 방문하였다. 클라이언트의 남편은 갑자기 수술을 받게 되었으나 담당 의사는 남편이 바로 직장에 복귀할 수 있다고 하였다. 그런데 하필이면 남편이 입원해 있는 동안 회사가 다른 회사에 인수되었고 남편은 새로운 경영진이 자신을 좋아하지 않는다고 불안해했다. 클라이언트의 남편이 복직하려고 했

4) 이 사례는 팀버레이크, 파버, 그리고 사바티노(Timberlake, Farber, & Sabatino, 2002)에서 인용한 것으로 우리나라 실정에 맞도록 일부 내용을 변경하였다.

을 때 회사에서는 더 이상 그가 필요 없다고 했고 결국 해고되었다. 실직 후 남편은 마음이 약해져서 예전처럼 일을 할 수 있을지 모르겠다면서 자신감을 잃어버렸다. 클라이언트는 남편의 실업급여가 끊기고 식구들이 정부보조금을 받아 생활하게 되면서 남편이 점점 엉망이 되어 간다고 하소연했다. 클라이언트는 남편이 술을 많이 마시고 그녀가 시간제 일을 시작하면서 부부 싸움이 잦아졌다고 말했다. 최근에는 아이들도 학교생활에 문제가 있는데, 학교사회복지사는 부모들이 너무 엄하게 훈육하는 것이 아닌지 우려하고 있다고 한다.

사회복지사: 무슨 이야기부터 하고 싶은가요?

클라이언트: 잘 모르겠어요. 지금은 아무것도 제대로 돌아가고 있지 않는 것 같고 어떻게 설명해야 할지 모르겠어요.

사회복지사: 이야기를 시작하는 것이 쉽지 않다는 거 잘 압니다. 오늘 오시는 데 어려움은 없으셨나요?

클라이언트: 일이 끝나고 바로 왔어요. 남편이 여기 온 것을 알면 화낼 거예요. 하지만 저는 지난 몇 달 동안처럼 계속 그렇게 살 수는 없어요.

사회복지사: 현재 많이 고통스러우신 것 같군요.

클라이언트: 집에서 일어나는 모든 일에 화가 나요. 제가 견디기에는 너무 엄청나요.

사회복지사: 많은 가정 문제를 어떻게 해결해야 좋을지 몰라 화가 나시는군요.

클라이언트: 예. 아이들과 남편을 사랑해요. 그런데 모든 것이 잘못되어 가고 있어요. 남편은 실직 후에 변했어요. 그는 일도 하지 않고 도리어 제가 일하는 것에 화를 내요. 아이들을 굶게 할 수는 없잖아요. 오전에 세탁소에서 다림질을 하는데, 조금이나마 생활에 보탬이 돼요. 정부보조금이 충분하지 않거든요. 남편은 그런 것에는 관심이 없어요. 남편을 어떻게 대해야 좋을지 모르겠어요. 최근에는 술만 마셔요.

사회복지사: 부인께서 자녀들과 남편을 사랑하는 것을 잘 알겠어요. 남편을 더 이상 이해할 수 없고 남편께서 부인이 노력하는 것을 이해하지 못하는 것에 많이 혼란스러운 것 같은데, 제 말이 맞나요?

클라이언트: 예. 그런데 남편은 남자라는 의식이 강해요. 일을 할 수 없다는 것이 기분 나쁜 거예요. 남편을 비난하고 싶지는 않아요.

사회복지사: 남편을 이해하려고 정말 많이 노력하는군요.

클라이언트: 예, 그런데 문제는 남편만이 아니에요. 아이들이 요즘 들어 자주 많이 아프고 학교에서는 애들이 변했다고 말해요. 요즘 제가 애들한테 신경을 좀 더 쓰고 있어 좋아지고는 있어요. 하지만 우리가 사는 곳도 점점 형편없어지고 있고 집주인은 신경도 안 써요. 깨끗이 하려고 애쓰지만 남편이 종일 집에 있다 보니…… 아이들, 남편과 싸우는데 지쳤어요.

사회복지사: 지금 부인이 겪고 있는 여러 가지 문제들을 잘 들었습니다. 남편이 직업을 찾지 못하고 있고, 부인께서는 남편의 음주가 걱정스럽고, 아이들이 자주 아프고, 최근에 학교에서 어려움이 있고, 살고 계신 곳이 만족스럽지 못하고, 식구들이 화목하지 못하다고 하셨는데, 혼자서 이 모든 문제를 해결할 수 없기 때문에 압도되는 느낌인 것을 이해할 수 있습니다.

클라이언트: (머리를 흔들며 흐느끼기 시작한다.) 어떻게 해 볼 수가 없어요. 너무 엄청나서…… 도움이 필요해요.

사회복지사: 부인께서 상황을 바꿀 수 없기 때문에 무력감을 느끼고 문제해결에 도움을 원한다는 것을 잘 알겠습니다. 원하는 것이 무엇이지요?

클라이언트: 상황이 달라질 수 있다면…… 남편이 직장에 복귀했으면 해요. 그이는 그 일을 좋아했고 우리는 화목했어요. 애들이 아프지 않고 학교생활을 잘해 나갔으면 좋겠어요. 예전처럼 되기를 원해요. 그런데 어떻게 해야 되지요? 지금은 상황이 너무 나빠요. 해결책이 있었으면…….

사회복지사: 부인과 함께 해결책을 찾고 싶은데요, 우리가 이 모든 문제를 당장 해결할 수는 없겠지만, 무엇을 시도해 보는 것이 좋을지 하나하나 생각해 볼 수 있습니다. 우선 제가 이 상황을 충분히 이해할 수 있게 좀 더 설명을 해 주시면 어떨까요?

이 사례에서 클라이언트는 남편의 실직부터 가족이 화목하지 못한 것에 이르기까지 다양한 문제들을 호소하고 있다. 사회복지사는 클라이언트의 관점에서 무엇이 문제인지를 확인한다. 클라이언트가 호소하고 있는 문제들은 생애사건과 상황, 대인관계, 건강 요인 등 여러 영역에서 유래되고 있으며 이 요소들의 상호작용으로 인해 클라이언트는 압도당한 감정으로 고통스러워하고 있다. 사회복지사는 클라이언트가 제시하는 문제를 경청한 후 클라이언트가 원조에서 기대하는 바가 무엇인지 알고자 시도한다.

4. 신뢰관계의 구축

사람들은 문제 혹은 욕구가 있을 때 사회복지기관에 오게 된다. 자발적으로 원조를 요청하는 클라이언트조차 희망과 함께 두려움을 갖고 원조과정을 시작하는 것이 일반적이다. 클라이언트가 사회복지사를 찾을 때의 감정 상태는 종종 그들이 가진 문제의 성격을 반영한다. 펄먼(Perlman, 1979)은 이를 두려움, 불안과 불안정, 분노와 죄책감, 열등한 사람으로 간주되고 사회적 실패자로 취급받는 느낌, 지지와 정서적 안정과 역할 보장의 상실, 희망이 없고 무력한 데서 비롯되는 절망, 과중된 스트레스로 인한 에너지의 고갈, 의사표현을 제대로 못하고 비난받거나 부당하게 취급되는 느낌, 의존에 대한 두려움이라고 하였다.

비자발적 클라이언트의 감정은 더 강렬할 수 있다. 이들이 취하는 가장 일반적인 방식 중에는 부정(denial), 투사(projection), 적개심(antagonism), 거리두기(distancing) 등이 있다(Perlman, 1979). 부정은 자신이 아무 문제가 없고, 문제가 있어도 스스로 해결할 수 있으며, 스스로 해결할 수 없더라도 이 문제에 대해 전혀 알고 싶지 않다고 주장하는 것이다. 투사는 문제가 존재하는 것을 인정하나, 이 문제는 자신이 아닌 다른 사람이 일으킨 것이고, 다른 사람이 그만두거나 다르게 행동하면 문제가 해결될 것으로 여기는 것이다. 적개심은 공격을 최선의 방어로 여겨 도움이 필요하다고 여겨지거나 자신이 바라는 도움이 제공되지 않는 것에 화를 내는 것을 말한다. 적개심은 적대적인 말과 행동으로 혹은 말보다 더 지독한 묵비권으로 표출될 수 있다. 분노가 표출되는 또 다른 방식인 거리 두기는 문제와 자신을 심리적으로 떼어 놓는 것으로 문제와 관련된 자신의 감정이나 책임감을 외면하는 것을 의미한다.

비자발적 클라이언트와 정서적 유대를 형성하는 것에 관해 일부 학자들은 강제적 서비스의 사회 통제적 측면 때문에 이들에게 협조적이고 긍정적인 태도로 참여할 것을 기대하는 것은 비현실적이라고 주장하며, 신뢰관계나 개방성을 목표로 하기보다 실용적인 협력관계를 형성할 것을 권한다(Cingolani, 1984; Slonim-Nevo, 1996). 그러나 경험이 많은 실천가는 입장이 조금 다르다. 25년간 법원명령 클라이언트를 만나 온 보라시(Borash, 2002)는 클라이언트를 참여시키고 클라이언트와의 유대를 발전시키기 위한 방법으로 클라이언트의 초기 저항과 적대감에 관해 공감해 줄 것을 제언한다.

클라이언트가 자기 문제를 드러내도록 돕기 위해서는 사회복지사와의 관계가 안전하다는 믿음이 필요하다. 신뢰관계의 형성은 언어적 · 비언어적으로 클라이언트에게 관심을 기울이는 사회복지사의 집중하는 자세와 행동에 관련된 것이다. 사회복지실천의 가장 오래된 실천지혜는 '클라이언트가 있는 지점에서 시작하라.'다. 비자발적인 클라이언트가 사회복지기관에 오게 된 경우 다음에 제시된 두 가지 시도를 권한다(Perlman, 1979).

첫째, 비자발적 클라이언트의 저항에 대한 인정과 수용을 말로 전달한다. 이는 클라이언트가 부정적인 감정을 표현하고 싶은 것을 사회복지사가 이해하고 이를 수용할 수 있음을 클라이언트에게 이야기하는 것이다.

둘째, 왜 그가 여기 보내졌는지 그의 생각을 말하도록 요청한다. 현실을 명료화하고, 오해를 바로잡고, 자신이 원하지 않았던 의뢰에 관한 느낌과 태도의 표현과 반응의 기회를 갖는 것이다.

사회복지사와 클라이언트는 협력적 관계 속에서 책임을 공유한다. 사회복지사와 클라이언트는 바라는 결과를 성취하기 위해 함께 노력하는데, 사회복지사는 협력적 관계를 고취하기 위해 다음과 같은 활동을 한다(Gambrill, 2013).

- 클라이언트와 클라이언트의 행동에 영향을 미치는 중요한 사람들이 가치 있게 여기는 목적과 목표에 초점을 둔다.
- 제시된 절차에 관해 클라이언트의 피드백을 요청한다.
- 문화적 차이를 고려한다.
- 참여에 클라이언트가 전념해 줄 것을 요청한다.
- 클라이언트의 강점을 지지한다.
- 무엇이 잘 진행되고 있는지 클라이언트에게 알려 준다.
- 클라이언트의 제안과 피드백에 관심을 보인다.
- 클라이언트와 사회복지사가 회기와 회기 사이에 수행해야 할 과제에 대해 합의한다.

클라이언트가 목표를 성취하기 위해서는 클라이언트의 행동에 영향을 미치는 중요한 사람들도 함께 노력해야만 한다. 사회복지사는 클라이언트와 그에게 중요한 사람들을 함께 만나서 그들이 서로의 행동에 어떻게 영향을 미치는지 살펴볼 것을 제안하고 이를 시도한다. 이들을 함께 살펴보는 것은 이들이 어떻게 상호작용하는지 관찰하는 기회가 된다.

협력적 원조관계를 형성하는 것은 상호 신뢰와 존중을 필요로 한다. 사회복지사가 클라이언트의 어려움에 관심을 보이는 것이 신뢰 형성의 출발점이다. 사회복지사가 같은 시대를 살아가는 한 사람으로서 클라이언트를 자신과 동등한 인격체로 대하는 것이 클라이언트의 흥분을 가라앉힐 수 있는 고도의 공감 반응이다(Gambrill, 2013).

5. 클라이언트의 동기에 영향을 미치는 요인

동기란 문제의 어떠한 측면에 대해 해결점을 찾고자 하는 욕구와 의지를 포함하는 개념이다(Goldstein & Noonan, 1999). 사회복지사의 역할은 클라이언트의 동기를 촉진하는 것이며 클라이언트의 동기는 사회복지사가 어떠한 태도와 행동을 보이는가에 의해 영향을 받을 수 있다. 클라이언트가 낮은 수준의 동기를 보일 때 사회복지사는 그 이유를 파악하여 클라이언트가 원조과정에 참여 의지를 가질 수 있도록 노력해야 한다.

클라이언트의 동기에 영향을 미치는 요인들은 클라이언트가 느끼는 불편함과 희망, 자발적 혹은 비자발적 참여, 원조 요청에 대한 과거의 경험, 원조과정에 관한 기대, 문제해결에 소요되는 시간, 에너지와 자원을 원조과정에 투입하는 능력 등이다(Goldstein & Noonan, 1999).

① 불편함과 희망

불편함만 있는 것은 무관심과 체념을 초래할 수 있으며, 클라이언트의 동기는 불편함과 희망이라는 밀고 당기는 힘에 의해 생긴다(Perlman, 1979). 자신의 문제로 인해 클라이언트가 느끼게 되는 불편함과 희망의 정도는 클라이언트마다 상당히 다르며 문제의 성격이나 심각성, 인생에 대한 기대와 기본적 태도, 개인적 배경과 경험, 자아개념과 자존감이 미치는 영향에 따라 결정된다. 사회복지사는 클라이언트가 불편을 느끼는 부분이 무엇인지 찾아내고 클라이언트가 이 불편함을 해소할 수 있다는 희망을 갖게 해야 한다.

② 자발적 참여와 비자발적 참여

클라이언트의 원조 요청이 자발적인지 혹은 비자발적인지 여부는 동기에 영향을 미치기 쉽다. 자발적 클라이언트는 무엇인가 변화를 원하는 것이 있어 찾아온다. 그럼에도 불구하고 변화가 의미하는 것 때문에 변화하는 것에 대해 양가감정을 보일 수 있다. 클라이언트는 미지의 것을 두려워할 수 있으며, 익숙한 것에 대해 더 안전하다고 느끼거나, 변화의 결과에 대해 두려울 수 있다. 또한 사회복지사가 클라이언트가 요청하는 즉각적인 도움을 주지 못하거나 클라이언트의 행동을 변화시키는 데 클라이언트의 욕구에 초점을 두어 문제를 재규정할 수 없는 경우, 자발적 클라이언트의 동기가 약화될 수 있다.

원조를 거부할 경우 부정적인 결과가 초래된다는 위협을 받고 다른 사람에 의해 강제적 혹은 비자발적으로 참여하게 된 클라이언트는 종종 동기부여가 되지 못한 채 사회복지사를 만나며 자신을 이러한 침해로부터 보호하기 위해 계속 그 입장을 고수하려 한다. 그러나 사회복지사가 문제에 개입하면서 클라이언트에게서 긍정적인 측면을 끌어낼 수 있다면 클라이언트의 동기는 강해질 수 있다.

③ 원조 요청에 대한 과거의 경험

클라이언트의 동기에 영향을 미치는 또 다른 중요한 요인은 원조 관련 과거의 경험이다. 부정적 경험은 종종 원조 요청에 방해가 되는 반면, 긍정적인 경험은 클라이언트가 기꺼이 도움을 청하게 만든다. 사회복지사는 때로 클라이언트의 삶에 대해 힘을 가지고 있거나 통제할 수 있는 사람들과 관련되기 때문에 클라이언트는 사회복지사를 두려워하고 분노하며 적대감을 가지고 만날 수 있다. 원조과정에 대한 클라이언트의 과거 경험은 반드시 파악되고 적절하게 다루어져야 한다.

④ 원조과정에 대한 기대

클라이언트는 원조과정 또는 해결책과 관련해 자신이 무엇을 원하는지와 원조과정의 특성에 대한 각각 다른 기대를 갖고 찾아온다. 예를 들어, 클라이언트들은 증상 해소, 자원, 조언, 정보, 상담 등 원하는 바가 각각 다르다. 경청과 수용, 격려와 지지에 대해서도 역시 각각 다른 기대를 가질 수 있다. 문제해결, 대인관계 갈등 해결, 자아 이해를 도울 수 있는 원조자에 대한 기대도 저마다 다르다. 어떤 클라이언트는 즉각적 원조를 기대하고, 또 어떤 클라이언트는 보다 신중한 원조과정을 기대한다. 문제를 알아서 해결해 줄 권위 있는 전문가를 기대하는 클라이언트가 있는가 하면, 보다 상호적인 참여과정을 원하는 클라이언트가 있다. 이와 같이 클라이언트는 원조과정과 관련해 매우 다양한 욕구와 기대를 가진다.

한편, 많은 클라이언트는 자신이 무엇을 기대하고 있는지, 어떠한 기대를 받고 있는지에 대해 분명하게 이해하지 못하는 경우도 있다. 사회복지사는 클라이언트 자신이 무엇을 기대하는지 설명할 수 있도록 돕고, 이 기대가 개입과정에서 어떻게 충족될 수 있는지를 설명해 주어야 한다.

⑤ 시간, 에너지와 자원을 원조과정에 투입하는 능력

원조과정에 참여하는 데는 시간과 에너지가 소요되며 불편이 동반될 수 있다. 모든 클라이언트가 원조를 받기 위해 시간을 내거나 서비스를 활용할 만한 정서적 자원, 경제력, 사회적 지지를 갖고 있는 것은 아니다. 기관이 지리적으로 접근하기 어렵거나 근무 시간 등의 이유로 원조과정의 참여에 불편함을 겪을 수 있다. 이러한 요인들은 모두 클라이언트의 동기에 영향을 미치는 현실적인 요인으로 개입계획을 수립할 때 고려해야 한다.

클라이언트의 동기부여의 장애요인인 원조에 대한 저항감을 해결하는 것이 접수 단계의 주요 과제다. 사회복지사는 변화에 대한 클라이언트의 저항감에 주의를 기울여야 한다. 원조과정은 클라이언트가 지금까지 갖고 있던 익숙한 생각, 태도, 행동 등에 변화를 야기하고 이것이 클라이언트에게는 나름의 균형을 와해시키는 위협이 될 수 있어 여기서 파생되는 두려움이 원조에 대한 저항감으로 나타나게 된다. 이러한 저항감은 변화에 대한 두려움과 변화를 바라는 마음이 동시에 존재하는 양가감정으로 인한 반응이기도 하다. 저항감은 비자발적 클라이언트의 경우 더욱 강하게 나타난다.

원조과정의 초기에 클라이언트가 보이는 저항은 클라이언트의 혼란, 두려움, 무기력의 표현일 수도 있지만 사회복지사의 능숙하지 못한 면접이나 관계 형성 기술에 대한 부정적인 반응일 수도 있다. 또한 사회복지사의 권위적 태도, 전문용어 남용, 도덕적으로 심판하는 태도 등이 클라이언트의 수치심, 열등감 등을 자극해 저항감을 유발하기도 한다. 사회복지사는 저항감의 원인을 파악하기 위해 클라이언트의 반응을 주의 깊게 관찰하고 이를 해소하기 위해 노력을 해야 한다.

클라이언트가 원조과정에 협력할 것인지 여부는 궁극적으로는 클라이언트가 결정할 부분이다. 사회복지사는 클라이언트를 참여시키기 위해 최선을 다해야 하지만 최종 결정은 클라이언트가 하는 것이며 그 결과에 대해 감수하는 이도 클라이언트다. 이 과정에서 사회복지사는 클라이언트의 결정에 수반되는 긍정적 · 부정적 결과에 대해 알려 주어야 한다.

제 10 장
사회복지실천 과정: 자료 수집

1. 자료 수집의 주요 목표와 과업

자료 수집은 클라이언트의 문제를 이해하고 분석하며 해결하는 데 필요한 자료를 모으는 과정을 일컫는다. 자료 수집 활동은 시작부터 종결에 이르기까지 원조과정 전체에서 이루어지지만, 이 장에서는 가장 집중적으로 자료 수집이 이루어지는 단계, 즉 사정을 위한 자료 수집 활동에 초점을 두고자 한다.

자료 수집의 주요 목표는 사회복지사가 사정평가를 할 수 있도록 도움이 되는 자료를 광범위하게 모으는 것이다. 이 목표를 달성하기 위한 구체적 과업으로 사회복지사는 문제, 개인, 환경으로 범주화될 수 있는 자료들을 수집한다(Timberlake, Farber, & Sabatino, 2002). 즉, 사회복지사는 생태체계적 관점을 가지고 제시된 문제, 그 문제에 관련된 개인, 그리고 환경 속에 내재하는 개인과 문제, 잠재적 혹은 실질적 자원과 제약을 파악한다.

골드스타인과 누넌(Goldstein & Noonan, 1999)은 자료 수집에서 사회복지사는 다음과 같이 상호 관련된 다섯 가지 측면의 클라이언트 상황에 초점을 두어야 한다고 제시하였다.

- 호소 문제, 즉 클라이언트가 도움을 구하는 이유
- 호소 문제와 관련된 다른 문제 또는 표면적으로 드러나지 않은 문제의 범위
- 문제의 원인이 되거나 문제를 악화시키는 과거와 현재의 생물심리사회적 상황(biopsychosocial situation)
- 문제해결에 대한 동기와 원조과정에 대한 기대
- 클라이언트를 원조하는 데 동원할 수 있는 클라이언트의 내적 역량, 강점, 외부 자원

여기서 사회복지사가 수집하는 자료는 궁극적으로 클라이언트의 문제의 원인에 대한 설명을 제공해 주는 정보들이다. 수집된 자료들을 주제 중심으로 구조화하면 광범위한 배경 정보들이 정리된다. 클라이언트의 이야기, 클라이언트의 비언어적 행동, 클라이언트가 작성한 서류, 주변 사람들로부터의 부수적 정보, 심리검사 등 검사 결과와 기록, 클라이언트 주변 사람과의 상호작용 관찰 내용, 클라이언트와 직접 상호작용하면서 느끼는 사회복지사의 감정 등 다양한 출처로부터 얻은 자료들을 클라이언트의 개인력, 가족력, 지적 · 정서적 · 신체적 · 행동적 능력, 문제해결 능력 그리고 클라이언트의 강점과 약점, 한계 등으로 재구성할 수 있다.

2. 자료 수집을 위한 정보의 출처

사정을 위한 자료 수집에서 다양한 정보의 출처들이 따로 혹은 병행하여 사용될 수 있는데, 일반적으로 활용되는 자료 수집방법은 다음과 같다(Hepworth et al., 2017).

- 클라이언트가 작성한 기본 정보
- 면접을 통해 얻은 정보들, 즉 클라이언트의 문제와 그동안의 사건 경과, 견해, 생각 등
- 비언어적 행동에 대한 직접적 관찰
- 부부, 가족 구성원, 집단 구성원 간의 상호작용에 대한 직접적 관찰
- 친척, 친구, 의사, 교사, 고용주, 다른 전문가들로부터의 정보
- 검사 혹은 평가도구
- 클라이언트와의 직접적 상호작용에 근거한 사회복지사의 개인적 경험

각각의 자료 수집방법을 설명하면 다음과 같다.

① 자기 보고

자료 수집에 있어서 정보 제공의 가장 중요한 출처는 클라이언트다. 자료 수집방법 중 클라이언트의 자기 보고에 해당되는 것은 클라이언트가 작성하는 기본 정보와 면접을 통해 얻은 클라이언트 관련 정보다. 자기 보고의 이점은 자료 수집이 쉽고 자료의 범위를 융통성 있게 조절할 수 있는 점이다.

기본 정보 수집은 초기 면접지의 구조화된 양식을 사용한다. 초기 면접지에 포함되는 정보들은 다음과 같다(엄명용, 김성천, 오혜경, 윤혜미, 2011).

- 클라이언트의 기본 정보: 이름, 성별, 나이, 결혼관계, 주소, 전화번호, 직업 등
- 가족관계: 동거 중인 가족을 중심으로 가족 구성원의 이름, 나이, 직업, 교육 수준, 종교, 관계 등
- 주요 문제: 클라이언트가 사회복지사에게 도움을 청하는 문제가 무엇이며 언제부터 어떠한 과정을 거쳐 지속되었는지에 관한 내용
- 기관에 오게 된 동기
- 의뢰 이유: 타 기관 혹은 가족에 의한 의뢰일 경우
- 이전의 사회복지서비스 경험: 과거에 어떤 사회복지기관에서 어떤 서비스를 받았는지에 대한 내용

초기 면접지를 통해 수집된 자료들은 이후 클라이언트와의 면접을 준비할 때 필요한 정보가 될 수 있다.

자기 보고 형태의 자료 수집은 클라이언트와의 면접을 통해 주로 이루어진다. 문제 상황에 관한 자료를 수집하기 위해 사회복지사는 경청하고, 질문하며, 명료화하고, 더 구체적인 내용을 요청하며, 사고와 감정을 반영해 주고, 알기 쉽게 바꾸어 말하고, 요약해 주는 등 클라이언트가 상세하게 설명하고 탐색하도록 돕는다. 문제의 원인에 관한 클라이언트 나름의 생각, 미래에 대한 계획, 지난 일들에 관한 클라이언트의 이야기를 통해 자료를 모은다.

클라이언트의 삶과 문제에 관해서는 클라이언트가 전문가라는 생각을 가지고 클라이언트의 관점을 이해하는 것이 필수적이다. 그렇기 때문에 다양한 배경의 클라이언트와 효과적인 실천 활동을 하는 사회복지사는 클라이언트에게 “당신이 중요하다고 생각하는 것 가운데 제가 미처 물어보지 않은 것이 있다면 무엇입니까? 제가 무엇을 놓치고 있습니까?”와 같은 질문을 한다(Clark, 2003). 클라이언트와의 면접에서 자료 수집을 성공적으로 하기 위해서는 클라이언트의 말과 감정을 존중하고, 공감해 주며, 심층적으로 파악하고,

면접자가 이해한 것이 정확한지 클라이언트에게 확인해 보는 것이 중요하다.

클라이언트는 자기 관찰 내용을 보고할 수도 있다. 자기관찰을 하는 클라이언트는 일지에 자신의 증상이나 특정한 시간, 사건 또는 어려움과 관련된 사고, 감정, 행동 등을 기록한다. 자기 관찰의 장점은 자기 관찰 그 자체가 클라이언트로 하여금 스스로의 패턴에 주목하게 하고 그 결과 클라이언트는 자신의 상황에 대한 통찰력을 얻을 수 있다는 점이다.

언어적 표현 능력이 제한되어 있는 아동 클라이언트와의 면접에서는 표현을 도울 수 있는 인형, 놀이도구 등을 사용해 필요한 정보를 얻을 수 있다.

자기 보고의 정확성 평가는 다음의 질문들을 통해 점검할 수 있다(Gambrill, 2013).

- 자료 수집 상황이 솔직한 응답을 가능하게 하는가?
- 클라이언트는 정보를 가지고 있는가?
- 클라이언트가 질문을 이해할 수 있는가?
- 클라이언트는 질문에 답하는 데 필요한 언어적 기술 능력이 있는가?
- 면접자는 자신의 편견에 대해 잘 인지하고, 그것에 영향을 받지 않을 만큼 숙련되어 있는가?

클라이언트가 기억의 오류, 편견, 불신, 제한된 자아 인식 등의 이유로 정확한 상황을 적절하게 설명하지 못하는 경우 다른 자료 수집방법으로 보완해야 한다.

② 비언어적 행동에 대한 직접적 관찰

비언어적 행동에 대한 직접적 관찰은 분노, 고뇌, 곤혹, 두려움 같은 정서적 상태와 반응에 관한 정보를 제공한다. 이러한 자료를 얻기 위해 사회복지사는 클라이언트의 억양, 눈물, 꽉 쥔 주먹, 목소리의 떨림, 손 떨림, 꽉 다문입, 깨문 입술, 표정의 변화, 몸짓 등 비언어적 단서에 주의를 기울여야 한다. 사회복지사는 이러한 클라이언트의 비언어적 행동을 현재 다루는 주제에 연결시킨다.

③ 상호작용의 관찰

상호작용에 대한 관찰은 자연스러운 상황에서 이루어질 수 있다. 특히 가정방문은 간접적인 설명에 근거하지 않고 가족의 어려움을 직접 파악할 수 있는 유용한 관찰 기회가 된다. 클라이언트의 생활환경 관찰을 통해 문제와 자원이 드러날 수 있다. 상호작용의 관찰의 중요성을 〈사례 10-1〉[1]을 통해 살펴보자.

사례 10-1

11세의 영호는 이웃집의 차고에 불을 질러 교정시설로 보내졌고 2년 후에 퇴소해 집으로 돌아왔다. 적응은 쉽지 않았다. 영호는 두 남동생과 싸움이 잦았고 엄마는 아이들을 감당하기가 어려웠다. 야간 일을 하는 아버지는 자신의 성질을 못 이길 것이 두려워 아이들을 훈육하는 것을 꺼려 했다. 여름방학 동안 세 아들이 집에 머무르는 시간이 길어지면서 긴장이 고조되었다. 어느 날 오후 아이들이 밖에서 놀다가 영호와 민호(9세) 사이에 큰 싸움이 벌어졌다. 영호가 동생의 목을 조르기 시작했을 때 이웃 주민이 경찰을 불렀다. 경찰은 영호의 어머니를 동반해서 영호를 정신과 응급실로 데려갔다. 병원에서는 위기 개입 사회복지사에게 이 사례를 위임했고 담당 사회복지사는 영호와 어머니를 집에 데려다주었다. 다음날 아침 사회복지사는 영호의 가족을 만나기 위해 다시 방문하였다.

---

1) 이 사례의 원출처는 Leavitt, S., & McGowan, B. (1991). Transfering the principles of intensive family preservation services to different fields of practice. In E. M. Tracy, D. A. Haapala, J. Kinney, & P. J. Pecora (Eds.), *Intensive family preservation services: An instructional sourcebook*. Cleveland: Case Western Reserve University, Mandel School of Applied Social Services로 갬브릴(Gambrill, 2013)에서 재인용하였으며 우리나라 실정에 맞게 일부 내용을 변경하였다.

사회복지사는 6주에 걸쳐 거의 이틀에 한 번 영호 가족과 만났고 그들의 일상을 관찰할 수 있었다. 그는 영호가 동생들과의 싸움을 늘 먼저 시작하지는 않는다는 것을 발견했다. 사실 동생 민호가 먼저 자주 말다툼을 걸어 왔고 영호에 대해 비난하였다. 민호는 형이 교정시설에 있는 동안 장남 역할을 맡아 했는데 형이 돌아옴으로써 이를 포기해야 하는 것에 기분이 나빴다. 사회복지사는 항상 영호가 먼저 싸움을 거는 것이 아니라는 사실을 어머니에게 알려 주고 어머니가 영호뿐 아니라 세 아이를 함께 훈육하도록 하였다. 또한 어머니에게는 양육 능력이 있으며 필요한 것은 자신이 아이들을 통솔할 수 있다는 믿음이라고 상기시켜 주었다. 사회복지사는 싸움이 일어났을 때 이를 다룰 수 있다는 어머니의 자신감을 향상시키는 데 주력하였다.

〈사례 10-1〉에서 나타나듯 관찰을 통해 문제의 원인, 강점 및 자원에 관한 간과될 수도 있었던 중요한 정보가 수집될 수 있다.

사회복지사는 언어적 보고가 아닌 직접적으로 상호작용을 관찰하기 위해 실연을 요청할 수 있다. 클라이언트는 실제 그 일이 일어났을 때처럼 같은 단어, 몸짓과 억양을 사용해 당시의 상황을 그대로 정확하게 재현하도록 지시받는다. 한편, 실연은 부부나 가족이 의사결정, 계획 수립, 역할 타협, 자녀 훈육 등에 관련된 상황에서 어떻게 상호작용하는지 살펴보기 위해 인위적 상황에서 사용될 수도 있다. 실연의 또 다른 형태는 인형, 놀이도구의 사용 및 놀이치료 등을 통한 상징적 상호작용의 활용을 포함한다.

직접적 관찰은 관찰자의 지각 오류가 있을 수 있기 때문에 각별한 주의가 필요하다. 따라서 사회복지사는 자신이 직접 관찰한 내용과 다른 출처로부터 얻은 정보가 어느 정도 일치하는지 살펴볼 필요가 있다.

④ 친척, 친구, 의사, 교사, 고용주, 다른 전문가들로부터의 정보

사회복지사가 부수적 정보가 필요하다고 결정해 이 정보들을 얻고자 할 때 클라이언트와 관련된 자료 수집은 클라이언트에게 알리고 허락을 받아야 한다. 사회복지사는 찾고자 하는 정보가 있는 곳에 클라이언트가 서명한 정보 공개 동의서를 제시하고 정보를 얻어야 한다. 사회복지사는 정보를 요구하거나 정보 공개 동의서에 서명을 받기 전에 클라이언트에게 어떠한 종류의 정보가 필요하고 왜 그 정보가 필요한가에 대한 상세한 설명을 해야 한다. 단, 출생증명서, 결혼증명서, 사망증명서 등 공공문서를 통해 정보를 얻는 경우에는 클라이언트의 허락을 받을 필요가 없다.

부수적 정보원을 통해 얻은 자료의 타당성을 검토할 때는 클라이언트와의 관계의 특성과 그것이 정보를 제공한 사람의 관점에 영향을 미쳤을 측면을 고려하는 것이 중요하다. 이러한 정보들도 다른 출처로부터 얻은 정보들과 같이 검토과정이 요구된다.

⑤ 검사 혹은 평가도구

수집되는 자료의 정보 출처 중에는 심리검사, 선별도구, 사정도구 등 다양한 측정도구들이 있다. 구조화된 자료 수집을 위한 면접에서 검사 또는 사정도구를 사용할 수 있다. 지능검사, 신경심리학적 검사, 투사적 검사와 같은 일부 검사들은 특수 훈련을 받은 심리학자 등 전문가에 의해 실시된다. 사회복지사는 이러한 검사 결과를 사정을 위한 자료로 활용할 수 있다.

일부 도구들은 사회복지사들이 사용할 수 있게 설계되었다. 우울, 자존감, 스트레스, 불안, 동료관계, 공포증, 결혼 만족도 관련 검사 도구를 비롯한 다양한 임상적 현상들을 측정하는 도구들이 사용될 수 있으며, 클라이언트의 강점과 욕구를 확인하는 데 사용되는 도구들도 다양하게 개발되어 있다.

검사 혹은 평가도구의 발달은 문제, 개인, 환경에 관한 자료 수집에 큰 기여를 하고 있다. 사회복지실천 영역에서 보편적으로 활용되는 측정도구들은 다음의 도서들을 참조할 수 있다.

- 고려대학교 부설 행동과학연구소(1999). **심리척도 핸드북 1**. 서울: 학지사.
- 고려대학교 부설 행동과학연구소(2000). **심리척도 핸드북 2**. 서울: 학지사.
- 서초구립반포종합사회복지관, 서울대학교실천사회복지연구회(2007). **실천가와 연구자를 위한 사회복지척도집(제2판)**. 서울: 나눔의집.
- 정태신(2010). **사회복지 활용 척도집**. 광주: 지성계.
- Corcoran, K., & Fischer, J. (2013). *Measures for clinical practice: A source book Vol. 1: Couples, families, and children* (5th ed.). New York: Free Press.
- Corcoran, K., & Fischer, J. (2013). *Measures for clinical practice: A source book Vol. 2: Adults* (5th ed.). New York: Free Press.

이처럼 검사 및 평가도구들이 자료 수집에 편리한 측면이 있기는 하지만 많은 도구가 신뢰도와 타당도에 한계가 있고, 일부 클라이언트에게는 사용이 부적합한 제약이 있으므로 주의를 기울여서 사용해야 한다.

⑥ 클라이언트와의 직접적 상호작용에 근거한 사회복지사의 개인적 경험

사회복지사는 클라이언트에 따라 각각 다른 반응을 보일 수 있는데, 사회복지사 자신의 반응에 대한 통찰은 다른 사람들이 클라이언트에게 어떻게 반응하는지 파악하는 데 도움을 줄 수 있다. 예를 들어, 사회복지사가 클라이언트를 위축되어 있는, 매력적인, 의존적인, 따뜻한, 교묘하게 조종하는, 유혹적인, 단호한, 거만한 또는 결연한 사람으로 인식할 때 이러한 인상이 클라이언트에 대한 반응에 영향을 미칠 수 있다. 다른 사람이 자신을 이용하고 늘 불합리한 요구를 한다고 말하는 클라이언트에게서 사회복지사는 그가 자신을 피해자로 규정하면서 사회복지사를 조종하려고 한다고 느낄 수 있다. 이러한 경험은 다른 사람이 자기를 이용하려 한다는 클라이언트의 불만의 본질에 관한 단서를 제공해 준다. 그러나 이러한 정보들은 각별한 주의가 요구된다. 클라이언트는 다른 사람들을 대하는 것처럼 사회복지사를 대하지 않을 수 있고 첫인상과 다르게 행동할 수도 있다. 또한 클라이언트에 대한 사회복지사의 지각과 반응도 사회복지사의 독특한 생활 경험에 의해 왜곡되었을 수 있다.

한편, 자료 수집은 다각화(triangulation) 방법, 즉 여러 방법을 함께 사용하는 것이 권장된다(Nugent, 2008). 예를 들면, 클라이언트에게 자기 보고 척도를 완성하게 하고, 클라이언트를 오랫동안 치료한 정신과의사로부터 필요한 정보를 얻으며, 클라이언트의 가족 구성원들의 상호작용을 관찰한다.

갬브릴(Gambrill, 2013)은 사정 자료 수집에서 흔히 발생하는 오류를 다음과 같이 제시하였다.

- 관련 없는 자료 수집
- 선입견을 지지하는 자료의 선택적 수집
- 타당도가 낮은 표준화된 측정도구의 사용
- 환경적 요소의 역할 간과
- 자료 출처의 정당성과 수용성에 영향을 미치는 문화적 차이의 간과
- 문제와 선택을 명백하게 하기 위해 필요한 실생활이나 역할극에서의 행동 관찰 기회를 무시함
- 자료 수집에서 클라이언트의 행동에 영향을 미치는 중요한 사람들을 제외함
- 문제를 명료화하지 않는 자료의 모호성
- 관심의 대상인 행동과 관련되어 발생한 사건, 선행사건, 결과를 기술하지 않음
- 다른 전문가들이 말한 근거가 미흡한 의견을 신뢰함
- 사례 기록에 제시된 근거 없는 자료를 신뢰함

- 선행사건이나 결과가 관심의 대상인 행동에 영향을 미치는지 검증을 하지 않음
- 경미한 단점 때문에 가치 있는 평가도구를 사용하지 않음
- 편파적이고 대표성 없는 표본의 사용

자료 수집과정에서 이와 같은 오류가 일어나지 않도록 세심한 주의가 필요하다. 또한 사회복지사는 자료를 수집하는 과정에서 사실과 추정을 구분할 수 있어야 한다(Timberlake, Farber, & Sabatino, 2002). 사회복지사가 보고 듣는 것에 대한 해석은 그 자신의 준거틀, 과거 경험, 가치, 욕구 그리고 감정 등에 의해 영향을 받는다[2]는 사실을 항상 유념해야 한다. 또한 사회복지사는 무의식적인 연상을 통하여 어떤 말이나 묘사 혹은 사건을 다른 것들과 유사한 것으로 판단할 수도 있는데, 그러한 결정이 실제로는 정확하지 않을 수 있다.

3. 문제 관련 자료 수집

문제는 사회복지사와 클라이언트가 다루기로 합의한 욕구, 관심사, 어려움을 의미한다. 충족되어야 할 욕구가 무엇인지 혹은 제일 먼저 다루어야 하는 문제가 무엇인지를 결정하기에 앞서 사회복지사와 클라이언트는 각 문제의 범위, 지속 기간 그리고 심각성에 대하여 분명히 이해할 필요가 있다.

클라이언트가 호소하는 문제를 이해하는 과정은 클라이언트와 함께 다음의 네 가지 사항을 이야기하면서 시작된다(Goldstein & Noonan, 1999).

2) 추론상의 오류는 부적절한 관찰방법, 관찰 차원에서 편견이 개입된 편파적인 자료 등으로 인해 흔히 발생한다. 예를 들어, 연령, 성별 등에 대한 선입견과 고정관념은 관찰에 편견을 갖게 할 뿐 아니라 해석에 있어서도 편견으로 작용하게 된다.

- 문제의 내력, 배경, 의미, 결과를 포함하여 도움을 필요로 하는 문제에 대해 설명하게 한다.
- 도움을 필요로 하는 이유와 도움을 구하는 것에 대한 소감을 이야기하게 한다.
- 문제해결을 위해 그동안 시도한 노력을 이야기하게 한다.
- 문제의 원인에 관해 생각해 보고 해결책을 모색하는 데 있어 클라이언트가 어떠한 능력을 갖고 있는지에 관해 서로 이야기한다.

보고(Bogo, 2006)는 문제 관련 자료를 다음의 질문을 통해 얻을 수 있다고 하였다.

- 문제가 무엇이고, 누가 관련되며, 어디에서 발생하는가?
- 문제가 발생한 기간과 문제의 심각성은 어느 정도인가?
- 문제가 클라이언트의 삶에 광범위하게 영향을 미치고 있는가?
- 클라이언트는 왜 지금 도움을 요청하는가?
- 무엇이 문제를 촉진시키는가?
- 무엇이 문제를 유지시키는가?
- 의뢰된 경우라면, 누가, 어떠한 이유로 의뢰했는가?
- 이전에 기관과 접촉이 있었는가, 전문적 원조를 받은 경험이 있는가?
- 클라이언트는 지금까지 문제를 해결하기 위해 어떤 시도들을 해 왔는가?
- 클라이언트는 가능한 해결책이 무엇이라고 생각하는가?

예를 들어, 알코올 중독 문제에 관한 면접에서 포함될 수 있는 주제는 음주 문제가 시작된 시점부터 현재까지의 진행과정, 음주 패턴, 음주 환경과 행동, 선호하는 술, 병력, 음주 동기, 문제음주의 영향, 변화에 대한 동기 등이 있다.

사회복지사의 원조를 필요로 하는 문제들은 많은 요소들이 복잡하게 관련되어 있는 경우가 대부분이다. 문제의 원인이 개인 또는 환경에만 있는 경우는 드물다(Hepworth et al., 2017). 예를 들어, 부모는 십대 자녀가 무뚝뚝하고 대화를 거부한다고 자녀 탓을 하면서 자녀와 소통이 안 된다고 불평한다. 반대로 자녀는 부모가 끊임없이 잔소리를 하고, 가르치려 하거나 비판을 하기 때문에 부모와 이야기하는 것이 무의미하다고 불평한다. 상대방에 대한 각자의 불평은 나름대로 자신의 입장에서는 정당할지 모르지만, 이들은 무의식중에 역기능적 상호작용을 하고 그것을 유지하는 방식으로 행동하고 있다. 어느 편의 행동도 의사소통 단절의 유일한 원인이 아니고 상호작용 패턴이 어려움을 야기하는 것이어서, 각자의 행동은 문제의 원인이면서 결과인 것이다.

사회복지사는 클라이언트가 자신의 문제에 압도당한 나머지 그것을 어디서부터 풀어야 하는지 알지 못하는 경우를 종종 보게 된다. 때로 클라이언트는 무엇이 잘못되었는지에 관해 막연하고 단편적인 생각을 갖고 있다. 그러나 문제는 대개 다면적이고 복합적이다. 따라서 사회복지사는 문제의 세분화, 즉 클라이언트가 다룰 수 있을 만큼의 작은 문제들로 문제를 세분화하도록 도와주어야 한다. 이 과정에서 시급성과 중요성에 따라 여러 가지 문제 또는 한 가지 문제 속의 여러 요소를 놓고 우선순위를 정하는 작업이 포함된다. 이러한 세분화 작업이 클라이언트의 무력감과 혼란을 감소시키고 통제감과 희망을 준다.

4. 개인 관련 자료 수집

자료 수집에 있어서 또 다른 주요 범주는 문제를 겪고 있는 클라이언트에 관한 정보다. 개인과 관련해서는 클라이언트가 스트레스에 어떻게 반응하는지, 반응이 어느 정도 내적 혹은 외적으로 지향하고 있는지 이해하는 것이 중요하다(Bogo, 2006). 예를 들어, 어떤 사람은 환경의 요구에 자신이 적응하고 부딪치면서 자신의 행동과 감정을 변화시킨다. 반면, 어떤 사람은 정신적으로 압도되어 버리고, 엄청난 부정적인 감정을 경험하며, 그 상황을 피해 버린다. 또 어떤 사람은 인간관계나 사회적·물리적 환경을 변화시키는 데 초점을 두어 자신의 욕구를 적절하게 충족시킨다.

여기서 관심의 초점은 문제를 지니고 있는 개인의 대처능력이다(Timberlake, Farber, & Sabatino, 2002). 개인의 대처능력을 파악하기 위해 다음과 같은 질문들을 해 볼 수 있다. 클라이언트는 어느 정도까지 기능을 유지 혹은 증진시킬 수 있는가? 현재의 문제 혹은 이와 유사했던 과거의 문제에 대하여 어떻게 대처해 왔으며 또 대처할 수 있었는가? 클라이언트는 문제와 관련하여 어느 정도의 육체적·심리적·지적·경제적·정신적 힘을 가지고 있는가?

사회복지사는 대처능력 외에 추가적으로 문제해결에 대한 클라이언트의 동기화 수준을 나타내는 단서를 찾는다(Timberlake, Farber, & Sabatino, 2002). 문제해결 동기에 관한 자료를 수집할 수 있는 질문들은 다음과 같다. 클라이언트는 상황의 변화 혹은 문제해결을 향한 갈망을 표현하는가? 클라이언트는 여건이 변화될 수 있다는 희망을 가지고 있는가? 문제와 직접적으로 관련되거나 변화의 추진력이 될 수 있는 긴장, 열망, 공포 혹은 억압 등의 감정을 느끼고 있는가? 어디서부터 시작하기를 바라는가? 왜 거기에서 시작하기를 바라는가? 특정한 상황이 변화될 수 있다는 희망을 가지고 있지 않다면 그 이유는 무엇인가? 이러한 클라이언트를 어떻게 동기화할 수 있는가? 클라이언트가 가치를 두고 있는 것 또는 원하는 것은 무엇인가?

클라이언트의 강점과 능력을 문제해결에 활용하려면 사회복지사는 클라이언트의 강점과 능력에 대한 정보를 수집해야 한다. 클라이언트가 변화 가능성이 거의 없는 상황에 처해 있을 때 강점과 능력을 파악하는 것은 쉽지 않다. 그러나 때로는 클라이언트가 도움을 요청한다는 사실 자체만으로도 강점이 될 수 있다. 퇴원하자마자 재발하는 알코올 중독 클라이언트라 하더라도 자신과 가족이 겪는 고통을 조금이라도 경감시키고자 하는 의지가 있다면 그것이 강점이 될 수 있다. 전반적으로 자아 기능이 손상된 클라이언트라도 손상되지 않은 기능 영역이 부분적으로 남아 있어 능력의 기반이 될 수 있다. 예를 들어, 품행장애 청소년 클라이언트가 전반적으로 충동 조절이 안 되지만 자신이 저지르는 행동의 결과를 예측하는 능력은 뛰어날 수 있다. 사회복지사는 이 클라이언트가 자신의 행동이 초래할 수 있는 고통스러운 현실에 초점을 두도록 원조함으로써 행동에 대한 통제력을 향상시킬 수 있다.

보고(2006)는 개인 관련 자료 수집을 위해 다음과 같은 질문들을 제시하였다.

- 주요 역할, 발달단계와 관련해서, 직장 또는 학교에서, 문화적 기대의 맥락 속에서 과거와 현재의 클라이언트 기능의 특성은 무엇인가?
- 클라이언트는 적정한 주택, 소득, 직업, 교통편, 영양 상태, 의복, 여가생활을 갖추고 있는가?
- 클라이언트의 건강 상태는 어떠한가? 심각한 건강 문제가 있고 규칙적으로 약을 복용하고 있는가?
- 정신과 진단이 있었는지 여부를 포함해 클라이언트의 정신건강 상태는 어떠한가?
- 클라이언트의 음주 또는 약물 사용의 특성은 무엇인가?
- 인지 기능, 판단, 지적 능력과 문제해결 능력은 어떠한가? 클라이언트의 현실에 대한 견해, 태도, 가정, 문화 경험 그리고 생활 경험의 맥락 속에서 자신과 타인에 관한 핵심 신념은 무엇인가?
- 자신의 문제, 중요한 관계, 사회복지사에 대한 정서적 표현은 어떠한가?
- 클라이언트의 가족 구성원, 친밀한 관계를 맺고 있는 사람들, 친구들에 대한 대인관계 기능은 어떠한가? 클라이언트는 다른 사람들의 욕구를 이해하고, 주고받을 줄 알며, 대인관계에 자신감이 있는가?
- 스트레스에 어떻게 대처하고 갈등을 어떻게 해결하는가?

- 클라이언트는 일상생활 속의 가족, 동료, 이웃 주민과의 관계에서 폭력 혹은 폭력 위협을 경험하는가?
- 현재 클라이언트에게 영향을 미치고 있는 학대, 정신적 충격, 강제 격리 수용, 수감과 같은 중대한 생활 경험이 있는가?

5. 환경 관련 자료 수집

자료 수집의 기본 범주 중 세 번째는 개인 및 문제를 둘러싸고 있는 환경이다. 환경적 요인이나 특성 또는 체계는 자원이 될 수 있다. 공식적 · 비공식적 자원을 확인하기 위해 사회복지사는 클라이언트 체계뿐만 아니라 환경 내의 체계에서도 자료를 수집한다. 지금까지 무엇을 시도해 보았는가? 지금까지 이 문제에 대한 도움을 구하기 위해 누구 혹은 어느 곳을 방문했는가? 탐색은 클라이언트의 근접 환경, 즉 가족, 친구와 같은 비공식적인 자원을 살펴보는 것부터 확대된 사회 환경 속의 공공 · 민간 차원의 공식적인 자원에 대한 조사에 이르기까지 광범위하게 이루어진다. 환경 관련 자료 수집을 위해 사회복지사는 이 시점에서 '클라이언트 체계의 욕구를 충족시키기 위해 적절하고 가용한 자원은 무엇인가?'라는 질문을 한다.

사회복지사는 이 같은 자료 수집을 통해 개인에게 부정적인 영향을 미치거나 문제해결에 도움을 줄 수 있는 환경 내 체계나 상황에 관한 정보를 얻는다(Timberlake, Farber, & Sabatino, 2002). 이는 가족, 친구, 이웃과 같은 비공식적 체계일 수도 있고 학교, 병원, 기관과 같은 공식적 체계일 수도 있다. 클라이언트의 문제는 개인과 환경 간의 상호작용이나 상호 의존으로 인해 야기되었거나 심각해진 것일 수 있다. 또한 보다 구체적으로 환경 내의 어떤 체계가 관련되어 있으며 그 체계들이 어떻게 개인의 성장이나 기능 수행을 증진 또는 저해하는 것인지 살펴보아야 한다.

사회적 지지에 대한 자료 수집은 클라이언트의 문제해결을 위해 개입해야 할 영역과 동원 가능한 자원의 획득을 위해 필요하다. 사회적 지지체계는 개인의 사회적 기능 수준을 좌우하는 중요한 요소다. 사회적 지지 체계를 파악하면 무엇이 문제 상황을 만들고 악화시키는지, 혹은 클라이언트의 삶을 변화시키기 위해 무엇이 필요한지에 대한 정보를 얻을 수 있다.

사회적 지지체계로부터 얻을 수 있는 도움은 다음과 같다(Hepworth et al., 2017).

- 안전감과 소속감을 주는 친밀한 관계를 맺은 사람들로부터 받는 애정
- 관심과 가치를 공유한 사람들과의 관계망에 속함으로써 얻는 사회적 통합
- 역경을 이겨 내도록 자극을 주어 개인을 성장시키는 기회
- 질병, 불능 혹은 심각한 장애로 인해 자립할 수 없는 개인에 대한 신체적 보살핌
- 가족과 동료들로부터 받는 개인적 가치의 인정과 이로 인한 자존감의 향상
- 주로 혈연관계로부터 얻는 확실한 한편이라는 느낌
- 위기와 어려움에 대처해야 하는 경우의 상담, 아동보호, 재정적 원조 및 기타 원조

흔히 사회적 지지체계의 긍정적 측면에 초점을 둔 자료 수집이 이루어지나 사회적 지지체계가 클라이언트 체계의 기능상 문제를 일으키거나 지속시킬 수도 있다. 예를 들어, 과잉보호하는 부모는 자녀들의 능력, 자율성, 책임감의 발달을 저해할 수 있으며 반사회적인 또래집단은 집단 구성원들에게 소속감을 주는 한편, 폭력과 범죄 성향을 조장할 수 있다.

환경과 관련해 사회복지사는 미시적 · 중간 · 거시적 수준에서 존재하는 문제와 잠재적 강점에 관한 자료 수집을 추구한다(Bogo, 2006). 미시적 수준

은 가족 구성원 간의 관계, 친구관계, 직장에서의 인간관계와 같은 클라이언트의 중요한 대인관계를 일컫는다. 중간 수준은 이웃과 지역사회의 특성, 직장에서의 기대와 분위기, 관련 있는 사회서비스 및 보건서비스의 전달체계를 통해 이용 가능한 프로그램과 서비스를 일컫는다. 거시적 수준은 보건, 교육 또는 사회서비스 정책, 클라이언트의 개인적 특성으로 인해 그가 접하게 되는 태도, 장벽, 기회와 같이 클라이언트에게 영향을 주는 사회적·구조적 힘을 일컫는다.

보고(2006)는 환경 관련 자료의 수집을 위해 다음과 같은 질문들을 제시하였다.

- 클라이언트 환경의 특성은 무엇인가?
- 주요 대인관계와 체계는 누구인가? (예: 친밀한 관계, 핵가족과 확대가족, 친구, 직장 동료, 이웃 주민, 지역사회, 종교 단체, 기타 사회적 관계망, 보건, 교육, 사법체계와 사회서비스 체계)
- 심리적 역동 패턴, 제휴, 갈등과 갈등 해결 방식, 의사결정 패턴, 지지와 같은 차원에서 중요한 대인관계 특성은 무엇인가?
- 클라이언트의 삶에서 어떤 문화적·사회적 요소들이 중요한가?
- 주요 사회제도 및 서비스 프로그램에 대한 클라이언트의 경험은 어떠한가? 클라이언트는 차별과 소외를 경험한 적이 있는가?

클라이언트의 환경에 대한 자료 수집은 개별적 상황을 고려해 클라이언트의 문제 또는 욕구와 관련 있는 측면에 초점을 두어야 한다. 클라이언트의 생활주기, 신체·정신 건강, 흥미, 포부, 자원에 따라 환경의 적정성이 좌우되기 때문이다(Hepworth et al., 2017). 예를 들어, 물리적 환경이 열악하면 악화될 수 있는 천식을 앓고 있는 자녀가 없다면 공기가 조금 쾌적하지 않은 지역에 사는 것에 대해 가족들이 크게 염려하는 일은 없을 것이다.

제 11장

사회복지실천 과정: 사정

1. 사정의 주요 목표와 과업

사정[1]은 자료들을 해석하고 의미를 부여해서 실천적 개입을 위한 함의를 도출해 내는 활동이다. 즉, 문제를 규정하여 실천의 방향을 결정하는 것으로 구체적으로는 문제가 무엇인지, 어떤 원인 때문인지, 그 문제를 해결하거나 감소시키기 위해 무엇이 변화되어야 하는지에 대해 대답을 하는 것이다. 사

1) 사정의 정의는 다양하다. 클라이언트의 문제에 관해 수집된 정보나 자료를 해석하는 것으로 정의되기도 하고(Nugent, Sieppert, & Hudson, 2001), 클라이언트와 그의 욕구와 강점에 관한 명확한 서술을 하기 위해 정보를 수집하고 분석하며 종합하는 사회복지사와 클라이언트 간에 일어나는 상호작용으로 개념화되기도 하며(Hepworth et al., 2017), 전체적인 원조 프로그램을 개발하기 위해 정보를 수집하고 처리하는 데 사용되는 절차와 도구로 이루어지는 것으로 정의되기도 한다(Cormier & Nuriyus, 2003).

정은 수집된 자료를 토대로 하므로 순서상으로는 자료 수집이 사정에 선행되지만 사회복지사는 자료를 수집하면서 분석하고 분석과정에서 필요한 정보를 다시 수집하므로 실제로는 자료 수집과 사정이 동시에 순환적으로 행해진다고 볼 수 있다. 사정이 목표 설정과 개입계획을 포함하기 때문에 선택된 개입의 효과와 궁극적인 개입 목적의 달성은 사정의 정확성에 크게 의존한다. 결국 개입의 적절성과 효과는 사정의 정확성에 달려 있는 것이다.[2)]

자료 수집 활동처럼 사정도 원조과정 전반에 걸쳐 이루어진다. 종결 시점에서도 사회복지사는 사정활동을 하는데 클라이언트의 종결에 대한 준비 정도를 평가하고, 종결 후 어려움을 야기할 수 있는 문제들을 검토하며, 종결에 대한 클라이언트의 감정을 확인하고, 클라이언트가 향상된 기능을 유지하도록 원조하기 위한 전략을 수립하는 활동을 한다. 그러나 이 장에서는 실천과정 중에 사회복지사의 사정활동이 집중되는 시기에 초점을 두고 논의하고자 한다.

사정 단계의 첫 번째 목표는 클라이언트의 문제 혹은 욕구와 관련된 다양한 출처에서 제공된 많은 정보들을 의미 있게 만드는 것이다. 두 번째 목표는 다음 단계인 개입을 위한 계획을 수립하는 작업이다.

첫 번째 목표와 관련된 사회복지사의 과업은 자료 정리와 해석이다. 사회복지사는 수집한 정보를 분류하고 새롭게 알게 된 사실들의 의미와 관련성에 관해 판단한다. 사정과 자료 수집은 밀접한 관련이 있는데, 자료 수집이 추론을 위해 객관적인 혹은 주관적인 정보들을 얻는 활동이라면, 사정은 수집된 자료들과 관련해 해석하고 추론하는 지적인 활동인 것이다(Timberlake, Farber, & Sabatino, 2002).

---

2) 예외 상황도 있는데 사정이 완료되기 전에 사회복지사가 개입해야만 하는 경우도 있다. 예를 들어, 클라이언트는 접수 단계에서 충족되어야 할 긴급한 욕구를 가지고 있을 수 있다. 이러한 위기 상황에서는 클라이언트와 함께 사정과정의 일환으로 개입계획을 수립하는 절차를 밟을 시간이 없으며 위기 상황을 진정시키거나 해결하기 위해 즉시 행동을 취해야 한다.

두 번째 목표와 관련된 과업은 다루어야 할 표적 문제들을 선정하고, 구체적인 개입 목표를 설정하며, 목표 달성을 위한 개입활동을 구성하는 일이다. 개입 목표는 클라이언트가 현재의 상황에서 변화되기 바라는 방향이 반영된 의미 있는 것이어야 하며, 클라이언트의 동기와 자원을 고려해서 성취 가능하고 현실적인 것이어야 한다.

2. 사정의 특성

사정과정은 접수 단계 및 자료 수집 단계의 문제 확인보다 문제의 성격과 원인을 심층적으로 이해하는 과정이다. 문제 확인은 클라이언트가 제시한 문제에 기초하나, 문제 규정은 문제에 대한 사회복지사의 평가에 비중이 실린다고 볼 수 있다.

문제 규정에서 포함하는 것은 클라이언트의 욕구에 대한 사정이다. 욕구 사정은 욕구의 존재, 충족 여부, 욕구가 표현되는 방식, 욕구와 욕구 표현 방식의 정당성 여부에 대해 이루어진다. 존슨과 얀카(Johnson & Yanka, 2010)는 개인이나 사회체계가 그 상황에서 합당한 기대 범위 내에서 기능하기 위해서는 욕구가 필수적이라고 정의하면서 객관적 욕구뿐 아니라 주관적 욕구를 반영하는 사회복지실천을 주장하였다. 일반적으로 사회복지사를 비롯한 다른 사람에 의해 확인된 객관적 욕구에 사회복지실천의 초점을 두게 되는데, 이에 못지않게 클라이언트가 확인한 주관적 욕구도 중요하다는 것이다. 사회복지사는 자신의 전문적 지식과 전문적 가치체계를 적용하여 때로 클라이언트의 주관적 욕구 중 관련이 없어 보이거나 현실적이지 않은 욕구를 배제할 수 있으나, 원칙적으로는 클라이언트와 그와 관련된 사람들의 주관적 욕구가 함께 고려되어야 한다. 이러한 실천이 '클라이언트가 있는 지점에서 시작하라.'는 기본적인 사회복지실천의 원칙에 부합한다.

존슨과 얀카(2010)는 사정의 주요 특성을 다음과 같이 제시하였다.

- 사정은 사회복지사의 클라이언트에 대한 이해의 과정이자 결과다. 사회력(social history)은 사정이 완성된 결과다.
- 사정은 지속적으로 이루어진다. 초기 단계에 사정이 주로 이루어지나, 이후 단계에서도 클라이언트의 욕구에 관해 재고할 사항이 있거나 체계들 간의 상호 교류에 개입해야 할 일이 있을 때는 다시 사정을 하게 된다. 클라이언트와 사회복지사가 원조과정에 함께 참여하면서 새로운 정보를 얻을 수 있고 새로운 이해가 발생하기도 한다. 그러면 이것이 진행 중인 사정의 일부가 된다.
- 사정은 환경 속의 클라이언트를 이해하는 것과, 계획과 행동의 토대를 제공하는 것에 초점을 두는 두 가지 측면이 있다.
- 사정은 클라이언트와 사회복지사가 참여하는 상호 간의 과정이다. 클라이언트는 자신의 능력을 최대한 발휘하여 사정의 모든 면에 관여할 수 있어야 한다. 사정에서 사회복지사와 클라이언트의 상호작용 과정을 활용하는 것은 클라이언트의 자존감을 인정해 주고 그가 생각하고 믿는 것이 중요하다는 사실을 확인시켜 주므로, 클라이언트의 역량을 강화시키는 한 방법이 될 수 있다. 이러한 경험을 통해서 클라이언트는 자신이 소극적인 원조 수혜자가 아니라 원조과정에서 중요한 파트너라는 점을 깨닫게 된다.
- 사정과정에는 순서가 있다. 먼저, 상황에 대해 관찰하고 이해를 위해 필요한 정보를 검토한다. 이어서 관련 정보를 수집하고 그 정보들의 의미에 대한 설명이 이어진다. 또한 사실들과 여러 요소들의 의미를 전체 상황을 이해하기 위해 종합한다.
- 수평적이고 수직적인 탐색이 중요하다. 사정의 초기 단계에서는 상황을 수평적으로 바라보는 것이 유용하다. 모든 관련 부분들, 상호작용, 관계

를 확인하기 위해 상황을 폭넓게 검토한다. 이러한 수평적 탐색의 목적은 욕구 충족의 장애물과 욕구 충족을 위해 사용될 수 있는 생태체계의 강점과 자원을 결정하기 위해서다. 이후에 그 상황이나 욕구 충족에 가장 중요하다고 확인된 부분들을 수직적으로 혹은 심층적으로 검토한다. 사회복지사는 수평적인 접근이 언제 가장 적절하고 수직적인 접근이 언제 이루어져야 하는지 결정할 수 있어야 한다.

- 지식 기반은 이해를 하는 데 사용된다. 사회복지사는 자신의 지식 기반을 환경 속의 클라이언트를 이해하는 수단으로 사용한다. 개인에 대한 이해는 인간발달과 다양성의 요소들을 참조하고, 가족을 이해하기 위해서는 가족구조와 가족과정에 관한 지식이 필요하다. 또한 기관을 이해하는 것은 관료적 구조에 관한 지식을 참조하고, 지역사회의 이해는 경제학, 정치학 등의 지식이 필요하다. 생태체계의 이해는 체계 이론과 체계 간의 구성요소, 에너지, 정보 교환에 대한 지식을 필요로 한다.
- 사정은 생활 속의 욕구들을 확인하고 그 욕구들의 의미와 패턴을 설명한다. 사정은 욕구와 욕구 충족의 장애물을 상세하게 설명하면서 생활주기 전반에 걸친 성장과 변화의 과정에 주목한다.
- 사정은 클라이언트와 생태 환경의 강점을 확인하고 개입과정에서 그 강점을 강화하고자 한다. 인간의 능력은 한정되어 있지 않고 강점을 통해 성장한다. 클라이언트와 함께 목적, 목표, 성공 가능성이 높은 과업을 설정하기 위해서는 신체적 · 정신적 · 정서적 · 행동적 강점에 대한 철저한 사정을 해야 한다. 클라이언트의 강점에 대한 확인은 클라이언트가 가지고 있는 자원과 욕구를 충족하기 위해 사용될 수 있는 환경 또는 상황 속의 자원을 규명하는 것을 요구한다.
- 사정은 개별화된 것이다. 인간의 상황은 복잡하며 정확하게 동일한 상황은 없다. 따라서 모든 사정이 다르며, 이는 클라이언트의 특징적인 상황과 관련이 있다. 이는 사회복지사가 자신과 다른 인종이나 사회문화

적 배경을 가진 인구 집단과 일할 때 특히 그렇다. 사회복지사의 관점이 아닌 클라이언트의 관점에서 그 상황과 상황의 의미를 이해하는 것이 핵심이다.

- 판단이 중요하다. 사정에서는 많은 결정들이 내려져야 한다. 이 결정들은 어떠한 측면이 초점이 되어야 하는지, 지식 기반의 어떤 부분을 적용할지, 클라이언트를 어떻게 참여시킬지, 관심사나 욕구를 어떻게 정의할지 등을 포함한다. 이 결정의 본질이 사정 내용과 그 내용의 해석에 크게 영향을 미친다. 사건들의 중요성에 대한 클라이언트의 의견은 주의 깊게 평가되어야 한다. 사회복지사가 자신의 준거틀을 기준으로 중요하지 않다고 판단한 것이 클라이언트에게는 매우 중요할 수 있다. 혹은 반대일 수도 있다.
- 이해를 하는 데는 한계가 있으므로 사정이 완벽할 수는 없다. 어떤 상황을 완전히 이해하는 것은 불가능하며 이해를 위한 시간이 요구된다. 곤란에 처한 클라이언트는 대개 신속한 원조를 필요로 한다. 사회복지사는 원조를 제공하기 위해 어떤 이해가 필요한지 결정해야 하고 원조를 제공하면서 생기게 되는 새로운 이해를 의식해야 한다. 사회복지사는 제한된 이해에 근거하는 사정의 불확실성을 받아들여야 하고 사정이 연속적 과정이라는 점을 기억해야 한다.

3. 사정도구

클라이언트의 문제해결 혹은 욕구 충족을 위한 적절한 개입방법을 모색하기 위해서는 다양한 사정도구에 대한 충분한 이해가 필수적이다. 사회복지사가 활용하는 사정도구로는 사회복지 영역의 대표적 사정도구인 PIE(Person in Environment) 분류체계와 정신보건사회복지 영역에서 주로 사용하는 정신장애 진단 및 통계편람(DSM-5), 가계도와 생태도, 사회적 지지체계 관련 사정도구 등이 있다.

1) PIE 분류체계

칼스와 원드레이(Karls & Wandrei, 1992)에 의해 개발된 PIE는 클라이언트의 사회적 기능 수행[3]의 문제를 서술하고 부호화[4]하는 것으로 18세 이상 개인의 사회적 기능 수행의 문제에 국한되어 사용할 수 있다. 클라이언트의 역할 수행이 클라이언트 자신이나 다른 사람들에게 문제가 되거나 환경의 문제가 클라이언트의 사회적 기능 수행에 부정적인 영향을 미칠 때 사회복지사의 개입이 요구된다. 사회적 기능 수행의 문제는 사회적 역할 수행과 관련되며 또한 클라이언트가 생활하고 있는 사회나 지역사회, 즉 환경의 문제에 의해 영향을 받는다. 이 분류체계는 사회적 역할과 환경의 문제를 서술하고 부호화하는 한편, 클라이언트의 강점에도 초점을 둔다. 또한 문제의 심각성 및 지속 기간을 표시하는 지표와 함께 클라이언트의 문제 처리 능력을 알려 주는 대처기술 지표를 사용한다.

PIE 분류체계는 정신장애 진단 및 통계편람과 흔히 비교되는데, 정신장애 진단 및 통계편람이 질병 모델에 근거하고 있다면, PIE는 사회적 기능 측면에서 경험하는 문제를 확인하고 분류하는 전체적 모델(holistic model)로 간주된다.[5]

---

3) 사회적 기능 수행이란 일상생활에 필요한 활동을 하고 하위문화 혹은 지역사회에서 요구하는 사회적인 주요 역할을 수행하는 능력을 말한다.

4) PIE 부호는『The PIE manual』(Karls & Wandrei, 1994)을 참조한다.

5) 이와 같은 PIE 개발자의 유용성 주장에도 불구하고 갬브릴(Gambrill, 2013)에 따르면 정신장애 진단 및 통계편람(DSM)에 제기되는 타당성 문제에 대한 우려(Kutchins & Kirk, 1997)는 PIE 분류체계도 해당된다.

PIE는 네 가지 요인으로 구성되며 각 요인이 클라이언트의 문제 상황의 특성을 나타낸다. 요인 I(사회적 역할 기능의 문제)과 요인 II(환경적 문제)가 주축이고, 요인 III(정신건강 문제)과 요인 IV(신체건강 문제)가 더해져 문제군의 진술이 완성된다(Karls, 2002).

PIE의 기본 구조는 〈표 11-1〉과 같다(Karls & Wandrei, 1994).

〈표 11-1〉 PIE 기본 구조

구분	내용
요인 I: 사회적 역할 기능의 문제	• 사회적 역할 관련 문제 영역(4개 영역) • 역할 문제의 유형(9개 유형) • 심각성(6점 척도) • 지속 기간(6점 척도) • 대처 능력(6점 척도)
요인 II: 환경적 문제	• 문제가 존재한다고 확인된 사회체계(6가지 체계) • 각 사회체계 내에서의 문제 유형(3~11개 유형) • 심각성(6점 척도) • 지속 기간(6점 척도)
요인 III: 정신건강 문제	• DSM-IV의 I축에 의한 임상적인 증상 • DSM-IV의 II축에 의한 성격 및 발달장애
요인 IV: 신체건강 문제	• DSM-IV의 III축과 ICD-9에 의해 전문의의 진단을 받은 질병 • 클라이언트 혹은 다른 사람들에 의해 보고된 기타 건강상의 문제

요인 I의 사회적 역할 기능상의 클라이언트 문제는 다음과 같은 다섯 가지 요소를 갖는다.

① 문제가 발생하는 사회적 상호작용 영역 또는 사회적 역할에 관한 진술
  • 가족 관련 역할: 부모, 배우자, 자녀, 형제, 기타

- 일반 대인관계상의 역할: 연인, 친구, 이웃, 성원, 기타
- 직업 관련 역할: 임금노동자, 가사노동자, 자원봉사자, 학생, 기타
- 기타 특별한 상황에 따른 역할: 소비자, 입원환자/클라이언트, 외래환자/클라이언트, 보호관찰 대상자/가석방자, 수감자, 합법적 이민자, 불법 이민자, 난민, 기타

② 문제의 유형 기술: 신체적 · 심리적 힘의 남용, 양가감정, 책임, 의존, 상실, 고립, 피해, 혼합형, 기타

③ 문제의 심각성은 1~6으로 구분해 표시한다. 심각성의 구분은 〈표 11-2〉와 같다.

〈표 11-2〉 문제의 심각성 지표

1 = 문제없음	클라이언트와 사회복지사 모두 문제가 아니라고 본다. 개입은 불필요하다.
2 = 낮은 심각성	클라이언트는 문제가 아니라고 여기나 사회복지사는 문제라고 여긴다. 개입이 필수적인 것은 아니나 필요한 경우도 있다.
3 = 약간 심각함	문제가 클라이언트의 기능에 영향을 미치지만 사회적 기능 수행에 손상을 줄 만큼 심각하지는 않다. 개입이 필요하다.
4 = 높은 심각성	문제가 일상생활에 급격한 변화를 일으킬 정도로 심각하지는 않지만 클라이언트는 스트레스를 경험하고 있다. 조기 개입이 필요하다.
5 = 매우 심각함	문제가 주요 영역 또는 여러 영역의 사회적 기능 혹은 환경에 변화를 줄 만큼 심각하다. 즉각적 개입이 필요하다.
6 = 극도로 심각함	문제가 개인이 통제할 수 없을 만큼 극도로 심각하다. 즉각적이고 직접적인 개입이 필요하다.

④ 문제의 지속 기간을 1~6으로 구분해 표시한다. 지속 기간의 각 범주는 다음과 같다.

- 1=5년 이상
- 2=1년 이상~5년 미만
- 3=6개월 이상~1년 미만
- 4=1개월 이상~6개월 미만
- 5=2주 이상~4주 미만
- 6=2주 미만

⑤ 문제에 대처하는 클라이언트의 신체적 · 정신적 · 심리적 강점을 1~6으로 구분해 임상적 판단을 한다. 대처 능력의 구분은 〈표 11-3〉과 같다.

〈표 11-3〉 대처 능력 지표

1 = 탁월함	어려운 상황에 대처하는 클라이언트의 문제해결 능력, 자립행동, 자아 강도, 통찰, 지적 능력의 사용 등 대처기술이 탁월함
2 = 평균 이상임	대처기술이 다른 사람들과 비교하여 우수함
3 = 적당함	문제해결 능력, 자립행동, 적당한 자아 강도, 통찰력, 지적 능력을 가지고 있음
4 = 다소 부적당함	문제해결 능력을 가지고 있으나 당면한 문제를 해결하기 위해 독립적으로 행동하고 자아, 통찰력, 지적 능력을 사용하는 데 다소 어려움이 있음
5 = 부적당함	문제해결 능력을 약간 가지고 있으나 당면한 문제를 충분히 해결하지 못하며 독립적으로 행동하지 못하고 최소한의 자아 강도, 통찰력, 지적 능력을 가지고 있음
6 = 대처기술 부재	문제해결 능력이 거의 또는 전혀 없고, 자립행동 능력이 없으며 자아 강도, 통찰력, 지적 능력이 불충분함

요인 II는 환경적인 문제를 확인한다. 환경은 한 개인이 생활하고 있는 물리적 · 사회적 맥락을 모두 일컬으며 자연적 · 인위적 환경을 모두 포함한다. PIE는 클라이언트의 환경체계 관련 문제를 다음과 같이 여섯 가지로 구분한다.

- 경제적/기본 욕구체계: 식품, 주거, 고용, 경제적 자원, 교통편 및 접근 가능성 문제
- 교육 및 훈련체계: 교육/훈련기관과 정책 관련 문제 혹은 결함
- 사법 및 법체계: 경찰과 법원 관련 문제
- 건강 · 복지 · 안전체계: 병원, 외래진료, 공공안전 서비스, 사회적 서비스 관련 문제
- 민간단체 체계: 종교단체와 지역사회 지지집단에서의 문제
- 정서적 지지체계: 개인이 다양하게 갖고 있는 원조망에서의 문제

환경체계 문제의 각 유형은 PIE 매뉴얼에 정의되고 부호화된 3~11개의 하위유형을 포함한다(Karls & Wandrei, 1994). 예를 들어, 지역사회에서 거처할 곳이 적절하지 않은 클라이언트는 경제적/기본 욕구체계 중 주거 관련 문제, 주거지의 부재, 기준 이하이거나 부적당한 주거 혹은 폭력에 대한 안전체계 문제로써 안전하지 않은 이웃이나 주변의 범죄로 기술되는 하위유형의 문제가 있는 것이다. 요인 II의 각 문제의 심각성과 지속 기간은 요인 I과 같은 기준으로 구분된다.

요인 III은 DSM의 I축과 II축, 그리고 그 부호를 사용해 클라이언트의 정신건강 문제를 나타내며 임상적 장애와 진단의 출처를 기술한다.

요인 IV는 의사에 의해 진단되었거나, 클라이언트가 보고하였거나, 다른 사람이 보고한 신체건강 문제를 나타낸다.

PIE[6]를 적용해 다음 〈사례 11-1〉[7]에 대한 사정을 시도해 보자.

---

6) PIE를 사용한 사정 결과의 기록과 도표 작성은 소프트웨어의 사용으로 훨씬 편리해졌다(Karls & Wandrei, 2000).

7) 이 사례는 이용창(2005)에서 제시한 사례를 인용했다.

사례 11-1

클라이언트는 45세로 두 딸이 있고 70세인 노모를 모시고 살고 있다. 클라이언트와 남편은 큰딸이 초등학교 4학년 때 남편의 도박과 알코올 문제로 이혼하였으며 그 이후로 클라이언트가 자녀의 양육을 담당해 왔다. 클라이언트의 큰딸은 현재 고등학교 3학년으로 ○○고등학교에 재학 중이며 활발한 성격을 가지고 있다. 둘째 딸은 18세로 지적장애 1급과 시각장애 2급의 중복장애를 가지고 있다. 그녀는 안구진탕이라는 시각장애를 갖고 있어 3개월에 한 번씩 강남 ○○병원을 통원하며 진료를 받고 있으며 사시도 있으나 300만 원 정도의 수술비만 있으면 사시수술을 받을 수 있다. 그녀는 현재 특수학교에 재학 중이나 아직까지 글을 모른다. 클라이언트는 둘째 딸의 졸업 후 진로에 대해 걱정하고 있다.

클라이언트의 노모는 위와 장에 혹이 생겨 병원에 입원하였으나 치료가 불가능하여 퇴원한 상태다. 클라이언트는 ○○의료원 구내식당에서 일하면서 가계를 꾸려 가고 있다. 그녀는 직장을 갖고 있어서 기초생활보장 수급자로 보호를 받지 못하고 있다. 가계를 책임지고 있는 클라이언트는 한 달 전 직장에서 넘어져 심한 통증이 있으나 병원치료를 받을 경우 직장을 그만두어야 할 여건이어서 곤란한 상황에 처해 있다. 현재 지역사회에서 받고 있는 서비스는 인근 복지관에서 둘째 딸의 미술 학원비와 빵을 후원받고 있는 것이 전부다.

〈표 11-4〉 PIE 사정 결과

요인	분류	내용
F1	1130.513 1370.533	• 부모 역할: 책임 / 심각성 매우 높음 / 5년 이상 / 보통의 대처기술 • 자녀 역할: 희생 / 심각성 매우 높음 / 6개월 이상~1년 이하 / 보통의 대처기술
F2	5402.41	• 생계 이외의 서비스 제공을 위한 지역사회 내 자원 부족 / 심각성 높음 / 5년 이상
F3		해당 사항 없음
F4		어깨 탈골

PIE 분류체계로 사정한 결과, 이 클라이언트의 가족 내 역할은 부모 역할과 자녀 역할에서 부담이 크고 그 심각성이 매우 높은 편이다. 클라이언트는 배우자 없이 중복장애가 있는 자녀와 치료 불능의 노모를 돌봐야 하는 역할 관련 문제뿐 아니라 경제적/기본 욕구체계, 건강 · 복지 · 안전체계, 민간단체 체계 등 환경 차원에서도 문제가 있다. 직장생활을 하고 있지만 낙상으로 인해 신체건강에 문제가 있는 상황에서 시각장애가 있는 딸과 치료 불능의 노모를 간병해야 하는 어려운 형편에 처해 있어, 도움이 될 수 있는 지역사회 내 자원의 개발과 연계가 절실하다.

2) 정신장애 진단 및 통계편람

정신장애 진단 및 통계편람(Diagnostic and Statistical Manual of Mental Disorders: DSM-5)은 정신건강과 관련해 광범위하게 인정받고 있는 주요 진단체계로서 주로 정신보건사회복지 영역에서 활용된다.

DSM-5는 정신장애를 20가지 범주로 구분하였다(권석만, 2013; 권준수 역, 2015).

① 신경발달장애: 지적장애, 의사소통장애, 자폐 등 전반적 발달장애, 학습장애, 주의력 결핍 및 과잉행동장애 등이 해당된다.
② 조현병 스펙트럼 및 기타 정신병적 장애: 조현병, 정신분열형 장애, 분열성 정동장애 등이 포함된다.
③ 우울장애: 주요 우울장애, 지속성 우울장애 등이 포함된다.
④ 양극성 및 관련 장애: 조증 상태와 우울증 상태가 교차되어 반복적으로 나타난다.
⑤ 불안장애: 공포증, 공황장애, 범불안장애 등이 해당된다.
⑥ 강박 및 관련 장애: 강박적 집착, 반복적 사고와 행동을 한다.

⑦ 외상 및 스트레스 관련 장애: 외상후 스트레스 장애, 급성 스트레스 장애 등이 포함된다.

⑧ 해리장애: 해리성 기억상실증, 이인화장애 등이 포함된다.

⑨ 신체증상 및 관련 장애: 전환장애, 신체증상장애, 질병불안장애 등이 해당된다.

⑩ 급식 및 섭식장애: 신경성 식욕부진증, 신경성 폭식증 등이 포함된다.

⑪ 배설장애: 배설과 관련된 부적절한 행동을 한다.

⑫ 수면-각성장애: 불면장애, 과다수면장애 등이 포함된다.

⑬ 성기능 부전: 남성 성욕감퇴 장애, 여성 성적 관심 흥분 장애 등이 포함된다.

⑭ 성별 불쾌감: 생물학적 성과의 불일치로 인한 고통을 의미한다.

⑮ 파괴적, 충동조절 및 품행장애: 적대적 반항장애, 품행장애, 도벽증, 방화증, 간헐적 폭발 장애 등이 포함된다.

⑯ 물질 관련 및 중독장애: 물질사용장애, 물질중독, 물질금단 등 물질 관련 장애와 도박 등 비물질 관련 장애가 포함된다.

⑰ 신경인지장애: 주요 신경인지장애, 경도 신경인지장애, 섬망 등이 포함된다.

⑱ 성격장애: 반사회적 성격장애, 편집성 성격장애, 강박적 성격장애 등이 해당된다.

⑲ 변태 성욕 장애: 관음장애, 노출장애, 성적 가학장애, 성적 피학대장애, 아동성애 장애 등이 포함된다.

⑳ 기타 정신장애: 신체적 질병으로 인한 정신장애 등이 포함된다.

DSM-5는 임상적 유용성, 타당성이 부족하다는 비판을 받은 DSM-IV의 다축체계를 폐기하고 차원적 평가를 도입한 혼합모델을 제시하였다. DSM-IV까지는 정신장애를 범주적으로 분류하였는데 범주적 분류는 이상행동이 정상행동과 질적으로 구분되며, 흔히 특정 원인에 의한 것이기 때문에 정상행동과 명백한 차이점을 보인다는 가정에 근거한다. 그러나 정도의 차이를 가진 연속적 실체인 정신장애를 정상과 이상으로 분류하는 것이 현실에 맞지 않다는 비판을 받아들여 DSM-5에서는 차원적 평가를 도입했다. 차원적 분류는 정상행동과 이상행동의 구분이 부적응성의 정도 차이일 뿐 질적인 차이는 없다는 가정에 근거하여 환자의 주 증상과 다양한 공병 증상을 심각도 차원에서 평가한다.

3) 가계도와 생태도

가계도는 사람을 표시하는 기호, 관계를 표현하는 선, 개인 관련 주요 정보를 사용하여 3세대 이상의 가족에 나타나는 결혼, 이혼, 출생, 사망, 입양 등 중요한 생활사건과 성별, 연령, 교육 수준, 직업 등 인구사회학적 정보들을 나타낸다. 가계도는 종이에 직접 그리거나 가계도를 그리는 컴퓨터 프로그램을 사용해 만들 수 있다.

가계도에서 사용하는 상징들(McGoldrick, Gerson, & Shellenberger, 1999)은 [그림 11-1]과 같다.

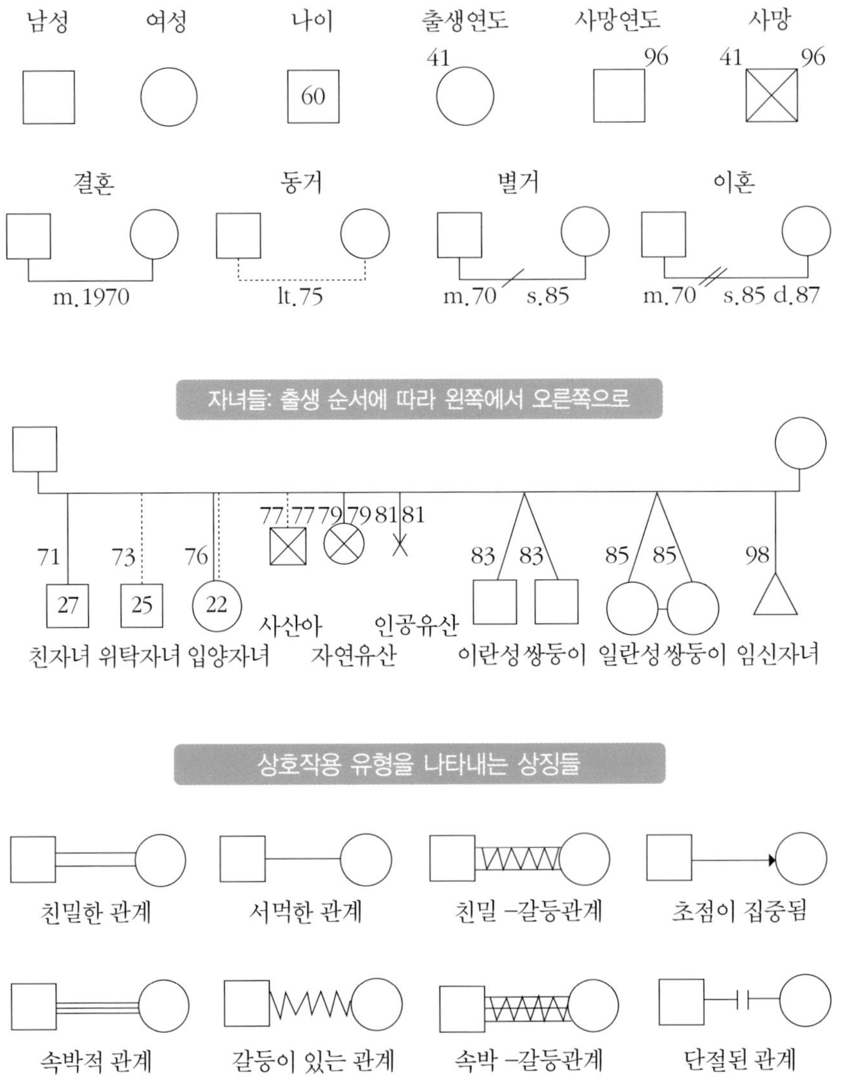

[그림 11-1] 가계도에서 사용하는 상징

[그림 11-2]는 각자 원가족에서 부모 중 한 사람이 알코올 중독 문제가 있고 본인은 가족 내에서 과중한 책임을 맡았던 자녀라는 공통점을 가진 부부의 가계도다. 이처럼 가계도는 일정 기간의 가족력를 파악하는 데 매우 유용

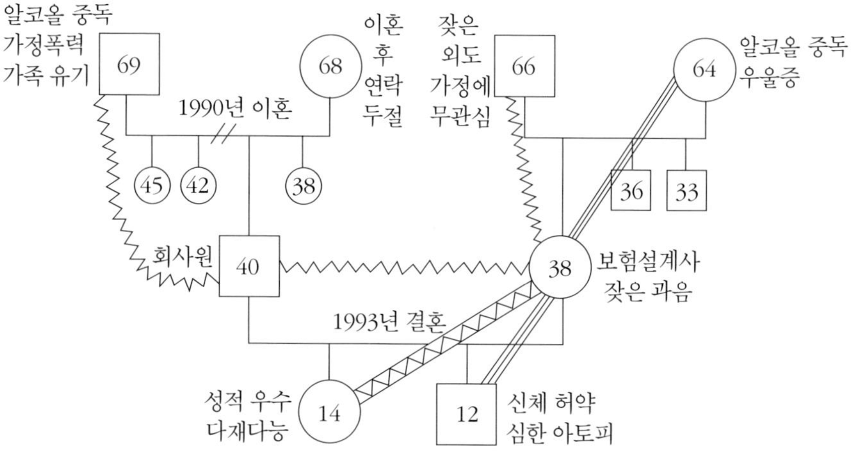

[그림 11-2] 가계도(예)

한 사정도구다. 가계도는 가족 구성원들의 출생과 사망, 중요한 특성 및 생활사건, 관계 등 개인과 그 가족과 관련된 연대기적 정보를 제공해 준다. 사회복지사는 가계도를 통해 개인과 가족 내에서 반복되어 나타나는 유형이나 사건들을 발견할 수 있다. 가계도는 가족관계나 기능을 도식화함으로써 클라이언트가 원가족 혹은 생성가족과 어떠한 관계를 형성하고 있는지 파악하도록 돕는다.

사회복지사와 클라이언트는 가계도를 네 가지 차원에서 분석한다(김혜란, 홍선미, 공계순, 2008). 첫째, 가족의 구성과 구조를 분석한다. 이혼, 재혼 등 결혼 상태와 형제 순위, 자녀에 대한 부모의 기대와 태도 등을 분석한다. 둘째, 가족의 생애주기를 분석한다. 가족이 생애주기에 따른 변화에 성공적으로 적응해 왔는지를 검토한다. 셋째, 세대 간에 유형의 반복이 있는지 분석한다. 적응 유연성, 강점, 창조성 등의 적응적 유형과 가정폭력, 알코올 남용, 자살 등 부적응적 유형, 그리고 상호작용에서 친밀감, 소원함, 단절, 갈등, 삼각관계 등이 세대 간에 반복되는지 검토한다. 넷째, 가족 구성원들의 역할과 기능이 균형을 이루고 있는지 분석한다. 부부간, 형제자매 간에 혹은 능력이나 부모의 편애, 가족 가치 등에서 차이가 있는 가족 구성원 간에 힘의 균형이 어떻게 이루어지고 있는지, 불균형이 있는 경우 가족이 이 문제를 어떻게 해결하는지, 균형을 이루기 위해 가족 구성원들이 어떻게 변화해야 하는지 등에 대해 검토한다.

생태도는 개인 혹은 가족의 외부에 있는 관련된 환경적 요소들을 확인하여 체계화하는 사정도구다. 사회복지사는 클라이언트 체계의 문제해결 혹은 욕구 충족을 돕기 위해 클라이언트 체계가 환경과 어떻게 상호작용하는지 살펴보고자 할 때 생태도를 사용한다. 클라이언트 체계와 주변 환경과의 관계는 관계의 내용과 방향을 나타내는 여러 가지 형태의 선으로 표현된다. 실선이 굵을수록 강한 긍정적 관계를 나타내고 점선은 약한 관계를 의미하며 실선 위에 사선을 그린 것은 갈등적인 관계를 나타낸다. 자원과 에너지의 흐름은 화살표로 나타낸다. 클라이언트 체계의 상황에서 의미 있는 체계들과의 관계를 시각적으로 표현한 생태도는 표적 문제와 이에 대한 개입계획을 세우는 데 유용하다.

[그림 11-3]은 로어 씨 가족의 생태도다(Hartman & Laird, 1983). 이는 중년의 로어 씨 부부가 가족 내 돌봄과 관련된 큰 부담을 가지고 있음을 분명하게 보여 준다. 로어 씨의 어머니가 사망한 후 혼자된 아버지는 건강이 매우 나쁘며 가족으로부터 일방적인 도움을 받고 있으나 갈등이 있는 상황이다. 80대인 로어 부인의 친정부모는 두 분 모두 더 이상 운전을 하지 못하기 때문에 일상생활에서 로어 씨 가족에게서 많은 도움을 필요로 한다. 로어 부인은 결혼해서 아들 하나가 있는 딸에게도 일방적인 도움을 주고 있는 상황이다. 로어 부인은 돌봄에 대한 부담이 크지만 지역사회 서비스를 이용하지 않은 채 가족 내에서 도움을 주고 있는데, 이 생태도는 가족의 부담을 완화시키기 위해서는 다양한 공식적·비공식적 자원을 활용하는 새로운 시도가 필요하다는 것을 분명하게 보여 준다.

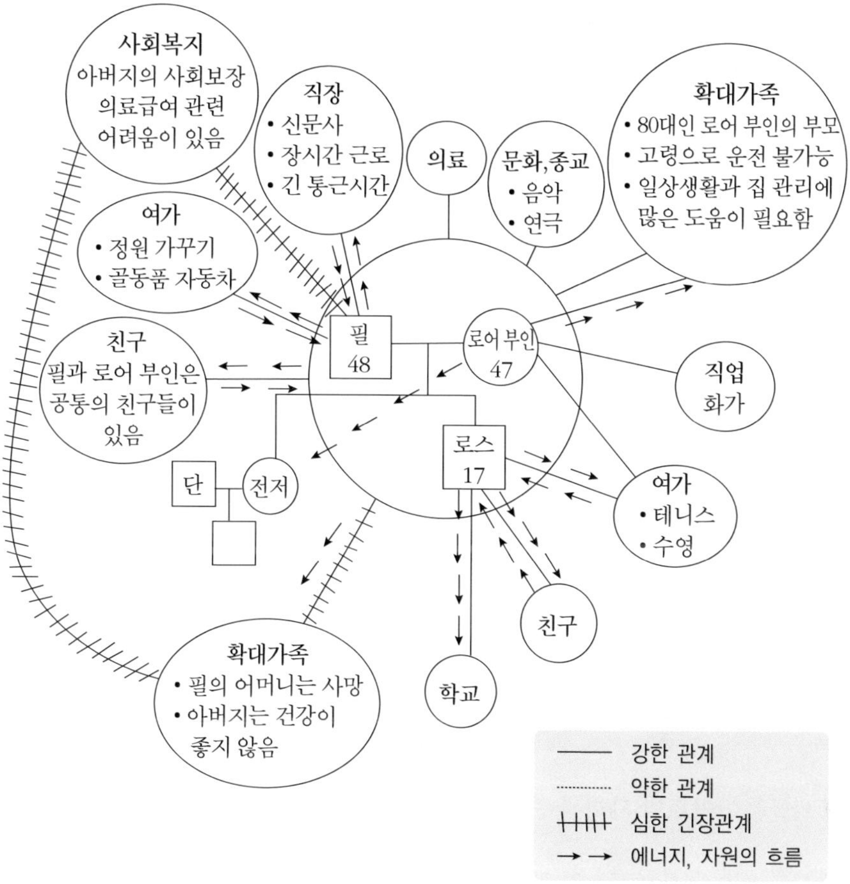

[그림 11-3] 로어 씨 가족의 생태도(예)

사회복지사와 클라이언트는 생태도를 세 가지 차원에서 분석한다(김혜란 외, 2008). 첫째, 생태학적 환경에서 가족을 전체적으로 이해한다. 가족이 이용할 수 있는 주요 자원들이 무엇인지, 전혀 없거나 있지만 부족한 자원이나 지지는 무엇인지, 가족과 환경 간 관계의 본질은 무엇인지 등을 이해한다. 둘째, 가족과 환경 간의 경계에 대해 이해한다. 에너지 혹은 자원의 투입과 산출의 흐름이 쌍방적인지, 환경에서 가족으로 일방적인지, 가족에서 환경으로 일방적인지 이해한다. 셋째, 가족 내부에 대해 이해한다. 가족 구성원들이 외부체계들과 어떻게 연결되어 있는지, 일부 가족 구성원이 환경으로부터 단절되어 있는지, 가족 구성원 중 누가 주변 환경과 긴장관계에 있는지, 가족이 함께 혹은 개별적으로 다른 체계들과 상호작용하는지 등에 대해 이해한다.

4) 사회적 지지체계 사정도구

클라이언트의 사회적 지지체계가 무엇이고 이 사회적 지지체계가 클라이언트의 문제와 관련해 혹은 문제를 극복하는 클라이언트의 능력과 관련해 어떤 역할을 하는지는 필수 사정 항목이다.

사회복지사에게 유용한 사회적 지지체계 사정도구로는 사회적 관계망 그리드(Social Network Grid)(Tracy & Wittaker, 1990)가 있다. 이 사정도구는 다음과 같은 정보를 포함한다.

- 클라이언트의 사회적 관계망 속의 주요 인물
- 지지가 있는 생활 영역
- 각 개인이 제공하는 지지의 구체적 유형
- 지지 제공자의 중요도
- 지지가 상호적인지 일방적인지 여부
- 개인적 친밀도
- 접촉 빈도
- 관계 기간

4. 사정의 과정과 결과

1) 사실, 관찰, 판단의 구분

사정은 환경이라는 맥락 속에서 클라이언트를 설명하는 일련의 가설들을 만드는 것으로 정의될 수 있다(Bisman, 1994). 이러한 과정에서 사회복지사는 사실, 관찰, 판단을 구분하고 사회복지사와 클라이언트 간의 차이로 인한 문제에 주의를 기울인다.

사실이란 고용, 건강, 섭식 및 수면 패턴, 주거 형태, 가족관계, 사회적 지지, 계층, 문화적 배경 등에 관한 구체적 정보와 실제 발생하고 있는 사건을 말한다.

관찰은 사회복지사가 클라이언트와 상호작용하는 동안 인식하는 단서들을 일컫는다. 이 단서들은 흔히 비언어적이며 클라이언트의 정서, 옷차림, 억양, 몸짓에서 나온다. 이때 클라이언트에 대한 관찰뿐 아니라 사회복지사 자신의 감정과 반응에 대한 관찰도 중요하다. 사회복지사는 자신의 감정을 성찰하여 사정에 참고할 수 있다. 예를 들어, 클라이언트가 우울한 것인지 자기파괴적인 것인지 혼란스러울 때 사회복지사 자신의 감정을 살펴보는 것이 도움이 될 수 있다. 클라이언트가 이야기하는 심리적 고통에 대해 공감이 안 되고 비난하고 싶은 가학적 기분을 느낀다면 클라이언트가 자기파괴적 성향을 지니고 있는지 의심을 가져 볼 수 있다.

판단은 환경이라는 맥락 속에서 클라이언트에 관해 추정을 하는 일종의 가설을 말한다. 존슨과 얀카(2010)는 판단[8]이 일종의 결정이라고 간주하였다.

8) 존슨과 얀카(2010)는 사정에서 판단을 내릴 때 활용될 수 있는 원칙을 다음과 같이 제시하였다.

- 개별화: 상황 속의 각각의 개인과 체계는 특성이 있다. 효과적으로 사정하기 위해서는 그 체계의

이와 같이 사정은 정보의 수집과 나열이 아니라 정보와 정보 간의 관계성을 파악하고 해석해 클라이언트의 삶에 대한 종합적인 가설적 분석을 하는 과정이다.

2) 사정의 범위

사정평가의 범위나 내용이 고정된 것은 아니지만 고려해야 할 공통 기준들은 존재한다. 헵워스와 그의 동료들(Hepworth et al., 2017)은 기본적으로 모든 상황에서 평가되어야 하는 세 가지 핵심 사항을 제시하였다.

- 클라이언트는 무엇을 주된 문제 혹은 걱정으로 보는가? 이 질문은 '클라이언트가 있는 지점에서 시작하라.'는 원칙에 근거하여 사회복지실천이 클라이언트의 자기 결정과 목표 달성을 위한 원조라는 점을 강조한다.
- 클라이언트와 사회복지사는 어떠한 법적 명령을 고려해야 하는가? 클라이언트가 강제로 서비스를 받게 되어 있거나 법적 문제에 관련된 경우

독특한 측면을 확인하고 이해해야 한다. 이러한 이해는 주로 클라이언트 체계로부터 도출되어야 한다.

- 참여: 사정과정에서 클라이언트의 참여는 클라이언트의 욕구와 선호를 인정하는 사정을 하는 데 중요한 요소다. 클라이언트의 참여 없이 그의 강점을 사정하기란 매우 어렵다.
- 인간발달: 사정은 개인이나 체계를 충분히 이해하기 위해 개인과 사회체계의 발달과정을 파악한다. 사회복지사는 발달단계에 문화적 · 종족적 요인이 영향을 미친다는 점도 인식해야 한다.
- 인간의 다양성: 개인, 체계, 문화적 집단의 다양성 측면에 대한 인정은 사정의 또 다른 중요한 요소다. 이는 다양한 인구 집단의 독특한 강점을 고려하는 것이다.
- 목적이 있는 행동: 모든 행동이 목적이 있다는 것을 알아야 하며 행동 이면의 의미를 이해하기 위해 탐색한다.
- 체계적 상호 교류: 사정과정은 환경 속의 인간에 대한 이해를 추구하면서 스트레스가 심한 생활에서의 상호 교류, 에너지가 넘치는 생활에서의 상호 교류, 적응적 대인관계의 상호작용 과정과 부적응적 대인관계의 상호작용 과정, 환경의 반응과 무반응을 규명한다.
- 강점과 자원: 클라이언트와 환경의 강점과 자원, 긍정적 속성을 규명하고 인식한다.

이 요소가 사정의 내용과 클라이언트가 자신을 표현하는 방식에 영향을 미칠 수 있다. 따라서 처음부터 이러한 문제에 대해 언급해 주는 것이 중요하다. 예를 들어, 성인보호 업무를 맡고 있는 사회복지사는 클라이언트가 원하지 않더라도 노인학대 및 방임의 위험을 사정해야 한다.

- 잠재적으로 심각한 건강 상태 혹은 안전에 대한 걱정이 사회복지사와 클라이언트의 관심을 요구하는가? 사회복지사는 클라이언트를 위험에 처하게 할 수 있는 건강 문제 및 다른 요소들에 민감해야 한다. 이 요소들이 클라이언트의 현재 문제에 결정적이거나 사회복지사의 즉각적 개입을 요구하는 위험을 나타낼 수 있다. 클라이언트의 자기 결정에 높은 가치를 두지만 위험이 예상되거나 긴급한 손상이 있는 상황에서는 클라이언트가 원하지 않더라도 사회복지사는 조치를 취해야 한다.

그레이빌(Graybeal, 2001)은 강점사정을 위해 ROPES(Resource, Options, Possibilities, Exceptions, Solutions) 모델을 사용할 것을 제안하였다. 〈표 11-5〉는 이 모델을 요약한 것으로 이 틀은 사회복지사가 강점을 찾기 어려울 때 방향을 제시해 준다.

〈표 11-5〉 강점 발견: ROPES

자원 (Resource)	• 개인 • 가족 • 사회 환경 • 조직 • 지역사회
선택 (Options)	• 현재 중심 • 선택 강조 • 현재 접근할 수 있는 것이 무엇인가? • 이용 가능한데 그동안 시도했거나 이용한 적이 없는 것이 무엇인가?

가능성 (Possibilities)	• 미래 중심 • 상상 • 창의성 • 미래의 모습 • 행동 • 시도하려고 생각했었으나 아직 시도하지 못한 것은 무엇인가?
예외 (Exceptions)	• 그 문제는 언제 일어나지 않는가? • 그 문제는 언제 다른가? • 미래에 조금이라도 문제가 해결되는 것은 언제인가? • 어떻게 버텼고 성장해 왔는가?
해결 (Solutions)	• 문제해결이 아닌 해결하기에 초점 • 현재 무엇을 하고 있나? • 성공이라고 여기는 것이 무엇인가? • 계속 하고 싶은 일이 무엇인가? • 기적이 일어났으면 지금 어떨까? • 기적을 일으키기 위해 지금 무엇을 할 수 있는가?

사정의 범위와 초점은 사회복지사의 역할, 사회복지사가 일하는 영역, 클라이언트의 욕구에 따라서도 달라진다(Hepworth et al., 2017). 예를 들면, 한 초등학생에 대한 학교사회복지사의 사정은 교실 환경 자체에 대한 사정뿐만 아니라 그동안 교실에서 일어났던 문제행동과 그 패턴에 초점을 둘 수 있다. 반면, 동일한 아동을 만난 가족서비스 기관의 사회복지사는 문제를 일으키는 교실에서의 행동뿐 아니라 아동의 발달력과 아동 혹은 가족의 역동까지 보다 광범위한 영역에 초점을 둘 수 있다.

3) 사정보고서

심리사회적 보고서, 사회력, 생물심리사회적 사정으로 일컬어지는 사정보고서는 사정의 결과다. 팀버레이크, 파버, 그리고 사바티노(Timberlake,

Farber, & Sabatino, 2002)는 사정보고서의 작성과 관련해 유용한 제안을 하였다. 우선, 사정보고서에서 사회복지사는 누가 문제를 가지고 있고, 문제가 무엇이며, 왜 이 시점에서 문제가 존재하는지를 분명히 제시해야 한다. 사정보고서의 작성에서 명심해야 할 간단한 공식은 다음과 같다.

______는	____________ 때문에	____________문제가 있다.
(누가)	(왜)	(무슨 문제)

문제의 원인은 단일한 것이 아니라 많은 경우 복합적이다. 직접적 원인과 문제 상황을 유발한 여러 요인들이 있을 수 있다. 사회복지사는 문제의 원인을 찾는 과정에서 개인적 원인부터 대인관계 차원의 원인, 구조적이거나 사회적인 원인까지 광범위하게 가능한 원인들이 있다는 것을 알 수 있다. 그러나 사정보고서에 제시된 원인은 그 문제와 가장 직접적으로 관련된 원인이어야 한다. 계획을 세우고 개입하기 위해 문제를 이해하는 데 이전의 원인까지 고려할 필요가 있다고 판단하면, 이 원인이 문제와 어떻게 관련되는지 사정보고서에 명확하게 설명해야 한다.

다음으로는 원인에 대해 서술하는 것 외에 문제의 변화 가능성에 대한 평가가 사정보고서에 제시되어야 한다. 문제의 변화 가능성은 문제, 개인, 환경이라는 세 가지 변수에 달려 있다. 세 가지 변수 모두 문제의 유지 또는 해결에 직접적으로 영향을 미치며 상호 의존적이다.

첫째, 문제가 얼마나 심각하며 문제의 변화 가능성은 어떠한지 질문하면서 문제의 특성을 검토한다. 이것은 해결될 수 있는 문제인가? 자살, 불치병, 파산 등의 변화되기 어려운 성격의 문제인가? 보다 구체적으로 문제는 얼마나 광범위하고 심각한가? 얼마나 많은 사람들이 관련되고 어느 정도 관련되었는가? 얼마나 오래 지속되었는가?

둘째, 문제를 가진 클라이언트의 강점과 욕구를 평가한다. 클라이언트의 변화에 대한 동기와 능력은 어떠한가? 클라이언트는 혼자서 대처할 수 있는가, 혹은 다른 사람의 도움을 받아들일 수 있는가? 변화 가능성은 어떠한가? 이러한 평가를 위해 개인이나 대인관계의 강점, 욕구 사정에 표준화된 측정도구를 사용할 수 있다. 불안 수준, 사회적 상호작용, 결혼생활 적응, 자신감, 알코올 및 약물 사용과 같은 영역에서 클라이언트에 대한 사회복지사의 평가는 표준화된 측정도구로 파악된 점수를 활용할 수 있다. 사회복지사는 이 평가를 뒷받침하기 위해 다른 전문가가 작성한 문서나 클라이언트에 대한 직접적인 관찰과 같은 추가적인 자료를 인용할 수 있다.

셋째, 변화 가능성을 종합적으로 사정평가하기 위해 문제가 소재하는 환경을 검토한다. 필요한 변화를 촉진할 수 있는 공식적 · 비공식적 자원 측면의 환경에서 이용 가능한 것이 무엇인가? 환경 내 자원들의 보호요소보다 위험요소의 영향력이 더 강한가? 이용 가능한 자원을 적절하게 활용할 경우 기대되는 결과는 무엇인가? 문제를 해결하는 데 환경의 변화 가능성은 어떠한가?

문제, 개인, 환경 등 세 차원을 각각 개별적으로 사정평가한 후 변화 가능성에 대한 총체적 사정이 개인과 환경의 맥락 속에서 이루어지게 된다. 이는 다음과 같이 작성될 수 있다.

> ____________________ 문제/욕구가 있는 __________ 의 변화가능성은
> (무슨 문제) (누구의)
>
> ____________________ 때문에 __________ 로 사정평가된다.
> (이유: 문제의 특성, 개인의 동기 또는 능력, 환경 속의 자원 및 제약) (높음, 약간 높음, 보통, 약간 낮음, 낮음)

사정보고서는 원인과 변화 가능성 외에 문제의 심각성 혹은 긴급성에 관한

판단을 포함해야 한다. 비록 문제의 변화 가능성이 매우 낮은 것으로 판단되더라도 생명이 위험한 상황에서는 즉각적인 관심이 주어져야 한다. 위급한 상황에서는 문제에 관련된 사람들이나 환경의 지지가 없더라도 사회복지사는 반드시 신속하게 의뢰를 하거나 옹호자로서 역할을 해야만 한다.

5. 개입계획의 수립

일부에서는 개입계획을 사정과 변화에 초점을 둔 개입을 연결하는 원조과정의 한 단계로 따로 구분하기도 하지만 사정과정의 일부로 보는 시각이 더 많다. 이 책에서는 개입계획 수립을 사정의 결과로 간주하고 사정 단계에 포함시키고자 한다.

계획을 수립하는 것은 사정을 통해 확인된 클라이언트의 욕구를 충족시키기 위한 목표를 설정하고 이를 달성하기 위한 활동과 서비스들을 구체화하는 체계적인 과정이라 할 수 있다.

목표를 설정하기 위한 전략으로는 우선 표적 문제를 찾아내야 한다. 많은 경우 클라이언트가 갖고 있는 문제들은 복합적이기 때문에 개입 목표를 설정하기 위해서는 사정과정에서 드러난 여러 문제들 중에서 가장 중요하고 긴급하게 해결해야 할 문제의 우선순위를 정해야 한다. 목표를 설정하기 전에 사회복지사와 클라이언트 혹은 행동체계는 확인되고 사정평가된 문제의 우선순위를 정할 필요가 있다.

문제와 개인, 환경이라는 세 가지 차원에 대해 사정평가를 한 후에 사회복지사는 문제의 우선순위를 정하는 데 활용할 수 있는 종합적인 정확한 예측이 가능해진다(Timberlake, Farber, & Sabatino, 2002). 어떠한 문제에 있어서 개인은 동기가 강하고 능력이 있으나 환경이 그 개인의 가능성을 실현시킬 수 있는 기회를 제공하지 못할 수 있다. 예를 들어, 실직한 사람이 기술이 있고 강한 구직 동기를 가졌지만 그의 환경체계 내에 일자리 부족 문제가 있을 수 있다. 어떤 사람은 지지체계의 부족 같은 본질적으로 심각한 것으로 보이지 않는 문제나 욕구를 가질 수 있다. 그러나 개인이 동기가 약하거나 환경 속에 이용 가능한 지지집단이나 자원이 없으면 이 문제 영역에서 변화 가능성은 낮다.

사회복지사는 문제와 관련한 전체적 변화 가능성을 고려한 후 세 영역에서 변화 가능성이 높은 문제를 발견하려는 노력을 하지만, 세 영역 모두에서 변화 가능성이 높은 문제를 찾는 것이 때로 불가능할 수도 있다. 이러한 곤란을 해결할 수 있도록 사회복지사가 다수의 문제들을 개념화하고 분석하는 것을 돕기 위해 한 가지 방법이 개발되었다. 이 방법은 상이한 문제들에 대한 변화 기대를 비교하고 어떠한 문제가 가장 큰 변화 가능성이 있는지 보여 주는 준거틀 역할을 한다. 수집된 자료에 근거해 사회복지사는 0~10의 척도를 사용해 세 영역의 변화 가능성을 평가한다. 가능성이 전무함을 의미하는 0부터 최대의 변화 가능성을 의미하는 10까지 점수를 부여할 수 있다.

〈표 11-6〉의 예를 통해 살펴보자(Timberlake, Farber, & Sabatino, 2002). 이 사례에서 문제는 자녀의 질병부터 부부의 대화 문제까지 광범위하며 복합적이다. 사회복지사는 아이가 패혈성 인두염에 걸렸고 이 병의 완치율이 높다

〈표 11-6〉 문제의 우선순위 결정(예)

문제	변화 가능성 점수(0~10)			변화 가능성 총계	우선순위	심각성
	문제	개인	환경			
자녀의 질병	8	8	9	25	1	
아버지의 음주	2	1	4	7	8	*
아버지의 실업	5	8	5	18	3	
어머니의 우울증	6	4	6	16	5	
아내 학대	3	2	4	9	7	*
주택 상태	6	5	3	14	6	
학교 무단결석	8	7	8	23	2	
부부간의 대화	6	5	6	17	4	

* 표시는 문제가 심각함을 의미함

는 것을 알고 문제의 변화 가능성을 8점으로 평가할 수 있다. 건강보험이 있고 자녀가 처방약을 복용할 것으로 예상된다면 개인과 환경의 변화 가능성은 8점과 9점의 높은 점수로 평가될 수 있을 것이다. 문제의 우선순위는 낮지만 문제의 심각성으로 인해 특별한 관심이 주어져야 하는 문제들도 있다. 아버지의 음주와 아내에 대한 학대는 지속적인 관심을 필요로 하는 심각한 문제들이다. 이러한 문제들이 변화되려면 오랜 시간이 필요하다. 이 문제들이 갖는 심각성을 감안해 사회복지사는 진전과 성공이 기대되는 문제들이나 욕구들을 다루면서 심각한 문제들을 동시에 해결하기 위한 도움을 주어야 한다.

한편, 갬브릴(Gambrill, 2013)은 문제의 우선순위 결정에서 고려해야 할 사항을 다음과 같이 제시하였다.

- 클라이언트의 선택
- 긴급성 혹은 위험성
- 클라이언트 생활에서의 장애
- 바라는 결과를 달성하는 데 있어서 쉽게 해결할 수 있는 것
- 빠른 진전 가능성
- 복합적인 문제에서 핵심이 되는 관심사
- 시간, 금전, 에너지 측면에서 서비스에 소요되는 비용
- 윤리적 승인
- 효과 유지의 가능성
- 희망하는 성과가 달성된 경우 가능한 결과: 잠재적 이득이 손실보다 큰가?

우선순위 결정 시 클라이언트의 선택을 가장 중요시하는 것은 클라이언트의 자기 결정권을 존중해야 하기 때문이다. 또한 클라이언트의 동기와 의지가 문제해결에 결정적인 영향을 미치기 때문에 클라이언트의 의견에 비중을 두는 것이 실용적이다.

원조과정에서 명시된 목표는 다음과 같은 기능을 한다(Hepworth et al., 2017).

- 달성해야 할 성과에 관해 사회복지사와 클라이언트가 합의하였음을 분명하게 해 준다.
- 원조과정에 방향, 초점, 연속성을 제공하고 혼선을 막는다.
- 적절한 전략과 개입의 개발과 선택을 촉진한다.
- 사회복지사와 클라이언트가 진전을 모니터할 수 있게 해 준다.
- 특정한 개입과 원조과정의 효과성을 평가하는 데 성과를 검토하는 기준이 된다.

목표가 여러 가지 필수적인 기능을 하기 때문에 신중하게 목표를 선택하고 결정하는 것이 중요하다. 목표 설정 시 참조할 지침은 다음과 같다(Hepworth et al., 2017).

- 자발적인 클라이언트의 목표는 그가 추구하고 바라는 결과와 관련이 있어야 한다. 적절한 동기부여를 위해 클라이언트는 목표를 달성하는 것이 문제를 해결하거나 감소시켜 자신의 삶이 개선될 수 있다는 믿음이 있어야 한다.
- 비자발적인 클라이언트의 목표는 그에게 동기부여 해 줄 수 있는 것을 포함해야 한다. 이는 클라이언트에게 개인적으로 의미 있는 목표를 포함해야 성공할 가능성이 높아짐을 의미한다. 자발적 클라이언트와 마찬가지로 비자발적 클라이언트도 자신의 삶에 대한 결정을 하는 데 주도적 역할을 하기를 원한다.
- 목표는 명확하고 측정 가능한 용어로 정의되어야 한다. 원조과정이 방향성을 갖기 위해서는 계획된 목표, 즉 바라는 최종 결과가 구체적으로 정의되어야 하며, 모든 참여자들이 함께 달성해야 할 변화에 관한 분명

한 이해가 있어야 한다. 목표는 달성되어야 할 외현적·내면적 변화를 구체적으로 서술해야 하며 측정될 수 있어야 한다.

- 목표는 실현 가능해야 한다. 목표 달성에 대한 클라이언트의 능력과 목표 달성을 방해할 수 있는 환경적 제약들이 고려되어야 한다. 클라이언트의 개인적 능력을 벗어난 목표나 한정된 기간 동안 달성하기 어려운 과도한 목표 설정은 피해야 한다.
- 목표는 사회복지사의 지식과 기술에 상응하는 것이어야 한다. 사회복지사 자신의 실천 범위와 능력을 벗어난 개입을 하지 않는 것이 클라이언트와 사회복지전문직에 대한 윤리적 책임이다.
- 목표는 성장을 강조하는 긍정적인 진술로 작성해야 한다. 목표는 목표 달성의 결과로 클라이언트가 얻게 될 혜택이나 이득을 강조하면서 성장에 중점을 두어야 한다. 심리적으로 상실이나 결함보다 획득 측면에서 목표를 수립하는 것이 클라이언트의 동기를 향상시키고 변화에 대한 의식적·무의식적 저항을 줄이기 쉽다.
- 사회복지사는 윤리나 법에 저촉되는 목표에 동의하지 않아야 한다. 사회복지사가 클라이언트 자신이나 다른 사람들의 신체적·정서적 안녕에 유해할 수 있는 클라이언트의 목표를 유보하는 것은 정당화될 수 있다. 클라이언트가 사회복지사나 기관이 추구하는 가치와 양립할 수 없는 목표를 가질 수도 있다. 이러한 경우 사회복지사는 윤리적 실천을 위해서 클라이언트를 다른 사회복지사 또는 타 기관에 의뢰해야 한다.
- 목표는 기관의 기능과 일치해야 한다. 클라이언트의 문제와 욕구를 탐색한 결과, 때로 기관의 기능이나 프로그램 목표와 양립할 수 없는 변화에 대한 기대가 드러날 수 있다. 이러한 경우 클라이언트를 다른 기관에 의뢰하여 필요한 서비스를 받도록 원조하는 것이 적절하다.

전략은 그 상황 속에서 변화를 위한 총체적인 접근으로, 여기에는 사회복지사와 클라이언트의 역할, 각자의 과업, 사용할 방법과 기술 등이 포함된다(Johnson & Yanca, 2010). 사회복지사는 관심 단위에 근거해 변화전략을 세운다. 관심 단위 혹은 초점체계는 변화 노력을 위해 초점을 두는 체계로, 이는 개인 클라이언트 혹은 공통의 욕구나 비슷한 개인적 욕구들을 충족시키기 위한 집단 클라이언트 체계일 수 있다. 또는 클라이언트와 그의 상황에 영향을 미치는 다른 개인이나 특정 범주의 클라이언트의 욕구를 충족시키기 위해 서비스에 관심을 갖고 있는 지역사회 주민들일 수도 있다. 생태체계의 다양한 부분들 간의 상호작용과 상호 교류도 관심 단위가 될 수 있다. 클라이언트가 관심 단위라면 클라이언트의 감정, 생각 혹은 행동을 변화시키도록 원조하는 것이 변화전략의 목표가 된다. 관심 단위가 클라이언트 체계 이외의 다른 체계일 때, 변화전략의 궁극적인 목적은 다른 체계의 행동을 변화시키거나 그 체계와 클라이언트의 상호작용을 변화시켜 클라이언트 체계의 욕구를 충족시키는 것이다. 구체적 변화전략은 주로 사회복지사의 실천기술에서 선택되며 개인, 가족, 소집단, 기관, 지역사회 등 다양한 체계에 사용하기에 적합한 실천기술들이 있다.

계약은 목표가 설정된 후 문제의 정의, 목표, 클라이언트와 사회복지사의 역할, 시간, 장소, 비용, 개입기법, 평가방법 등 개입계획에 대해 사회복지사와 클라이언트가 동의하는 것이다(김혜란 외, 2013). 계약은 공식성의 정도에 따라 서면계약, 구두계약, 서면계약과 구두계약을 부분적으로 혼합한 형태로 구분할 수 있다(Hepworth et al., 2017). 서면계약은 가장 높은 수준의 공식적 계약의 형태다. 개입 목표, 과정, 기간 등에 대해 사회복지사와 클라이언트 체계가 합의한 것을 서면으로 작성하고 서명한다. 구두계약은 서면계약과 실질적 내용은 같지만 구두로 이루어진다는 차이가 있다.

계약서는 기관의 기능과 목적, 클라이언트의 욕구나 계약의 목적에 따라 다양할 수 있으나 기본적으로 클라이언트의 이름, 주소 등 클라이언트 관련 신상정보, 구체적 개입목표, 서명과 날짜가 계약서에 포함된다(김혜란 외, 2013).

제 12 장

사회복지실천 과정: 개입

1. 개입의 주요 목표와 과업

개입은 변화에 초점을 둔 원조과정의 핵심 단계다. 개입은 사회복지사와 클라이언트가 상호 합의하여 결정한 문제해결을 위한 계획을 구체적인 행동으로 이행하는 것이다.

개입 단계의 목표는 클라이언트의 문제해결 혹은 욕구 충족이라는 변화의 창출이다. 개입 단계의 목표인 변화를 가져오기 위한 과업으로 사회복지사는 다양한 역할을 수행하게 된다. 코너웨이와 젠트리(Connaway & Gentry, 1988)는 클라이언트의 목표 달성을 위한 사회복지사의 활동을 중개자, 옹호자, 사회행동가, 교육자, 임상가, 중재자라는 여섯 가지 역할로 설명하였다.

중개자 역할은 클라이언트 체계를 필요한 자원에 연결시키는 사회복지사의 활동을 말한다. 사회복지사는 클라이언트의 욕구를 사회복지기관이나 주변 환경에서 제공 가능한 자원으로 충족시키는 중개자 역할을 수행한다. 주로 클라이언트의 물질적 욕구 충족을 위해 중개자 역할이 필요하지만 비물질적 욕구 충족을 위해서도 필요하다. 즉, 대인관계 문제, 사회체계 간 갈등이 있는 상황이나 정보 및 기회가 부족한 경우에도 중개자 역할을 할 수 있다.

옹호자 역할은 클라이언트를 위해 현재 존재하는 권리나 자격을 확보해 주거나 보호해 주는 사회복지사의 활동을 말한다. 옹호자 역할은 개인 클라이언트에 대한 옹호활동과 집단이나 계층의 권리와 자격을 보호하는 옹호활동을 모두 포함한다. 옹호활동이 필요한 상황은 정보가 부족하고 조건이나 절차가 까다로워 클라이언트가 서비스를 포기한 경우, 클라이언트가 권리 의식이 있으나 서비스 제공자의 편의에 따른 기준으로 서비스가 제한된 경우, 클라이언트가 권리 의식이 부족해 서비스 이용을 꺼리는 경우, 서비스 제공자가 클라이언트에 대한 정보가 부족한 경우, 서비스 제공자가 클라이언트의 권리를 인식하지 못하는 경우 등이 모두 해당된다. 옹호과정은 클라이언트가 지역사회의 일원으로 자리매김할 수 있도록 돕고, 자원을 연결하여 안전망을 형성하기도 한다. 옹호가 자원연계로 귀결되는 경우가 많기 때문에 옹호자 역할을 수행하다 중개자 역할을 수행할 수 있다.

사회행동가 역할은 클라이언트 또는 잠재적 클라이언트를 위해 새로운 권리를 확립하는 사회복지사의 활동을 말한다. 사회행동은 새로운 권리와 자격을 수립하는 것을 목적으로 하는 사회복지사의 활동으로 현재 존재하는 권리를 보호하거나 확보해 주는 옹호와 구별된다.

교육은 클라이언트에게 필요한 지식, 기술과 정보를 제공하는 것으로 교육자 역할은 구체적인 사회기술을 학습할 기회를 제공하고 더 효과적인 역할 수행을 위한 정보를 제공하는 사회복지사의 활동을 말한다. 사회복지사는 교육내용을 담을 수 있는 다양한 방법과 도구를 활용할 수 있다. 예를 들어, 자료 제공, 인터넷 검색, 구두 설명, 글쓰기 등의 방법을 사용하여 효과적인 교육을 실시한다.

임상가 역할은 클라이언트가 해결해야 하는 문제와 관련해 심리적 측면을 변화시키려는 사회복지사의 활동을 말한다. 즉, 사회복지사가 클라이언트 개인의 기능에 장애가 되는 사고, 감정, 행동을 변화시키도록 돕는 활동을 의미한다.

중재자 역할은 체계 간 또는 체계 내 갈등을 완화하거나 해결하려는 사회복지사의 활동을 말한다. 사회복지사가 권리를 확보해 주고 보호해 주기 위한 지지자로서 클라이언트 편에 서는 옹호자 역할과 달리, 중재자 역할은 갈등 속에 있는 체계들 사이에서 중립적 입장을 취하며 갈등 사항이나 도출된 합의에 아무런 이해관계가 없는 제삼자의 입장이다.

이와 같이 사회복지사는 문제를 해결하려는 클라이언트의 변화 노력을 지원하기 위해 개입활동의 핵심으로 상담, 지역사회의 자원연계, 새로운 자원의 개발, 사회적 지지의 활용, 교육 등을 수행한다.

2. 변화의 초점

개입 단계에서 변화의 초점은 개인적 변화, 관계의 변화, 환경적 변화 등에 맞추어진다(Bogo, 2006).

개인적 변화는 개인의 사고, 감정, 행동의 변화를 일컫는다. 이러한 변화는 클라이언트가 자신의 포부 · 태도 · 경험에 부여하는 의미의 변화, 지식의 저변 확대, 자신에 관해 긍정적인 감정을 갖게 되는 것, 지난 일에 대한 수용과 자신의 삶에 변화를 가져올 능력을 개발하는 것을 포함한다. 그러한 변화는 개인이 더 큰 도전에 대처하는 데 보다 유연하게 적응하는 방식을 터득하게 한다. 개인적 변화가 목표일 때 사회복지사와 클라이언트는 클라이언트의 지각, 의미, 감정과 행동 간의 관계를 검토한다. 클라이언트가 자신과 자신의 상황에 관한 새로운 지각과 의미를 찾기 위해서는 이전에는 의식하지 못했던 감정들을 확인하도록 돕는 것이 필요할 수 있다. 혹은 클라이언트가 자신의 감정을 더 예민하게 경험하는 것으로부터 해결책을 발견할 수도 있다. 감정과 감정에 기인한 이해와 의미는 행동에 강력한 영향을 미친다(Greenberg, 2002). 감정은 사고, 의미부여, 행동에 지대한 영향을 미치는 요소로 클라이언트가 이러한 강한 감정을 의식하고 이에 관해 어떻게 말하고 반영할지를 알게 되면 자아 인식이 증진되면서 감정을 더 잘 통제하게 된다. 클라이언트는 감정을 표현하고, 감정에 관해 생각해 보며, 감정을 깊이 경험하도록 사회복지사의 도움을 받는다. 즉, 클라이언트는 사회복지사의 도움으로 분노, 슬픔 등 다양한 감정을 이끌어 낼 수 있고 혼란, 양가감정 등을 해소하게 된다. 사회복지사와 클라이언트가 강한 감정 상태를 탐색할 때 관련된 사고와 의미를 분명히 할 수 있으며 사고, 감정, 행동 간의 상호관계가 더욱더 분명해진다. 사고, 감정, 행동 영역의 관계를 검토하는 과정에서 클라이언트는 그동안 지속되어 왔고 자신이 변화하기를 원하는 패턴을 확인할 수 있다. 변화를 일으키기 위한 개입의 초점은 그 패턴을 대신하게 될 새로운 사고, 감정, 행동 방식에 둔다.

관계의 변화는 배우자, 가족 구성원, 친구, 동료, 고용주 등과의 중요한 관계에서의 변화를 일컫는다. 즉, 대인관계를 개선시킬 필요가 있는 개인들이 의사소통하고, 갈등을 해결하며, 만족을 얻는 방식을 변화시키는 것을 말한다. 어떠한 경우는 한 명 또는 일부 사람들만이 참여를 희망하는 경우가 있는데, 일반적으로 관계의 변화는 원조과정에서 모든 주요 관련자의 참여를 요구한다. 관계를 변화시키기 위해서는 클라이언트가 휘말려 있거나 갈등의 원인이 되는 상호작용 패턴에 초점을 둔다.

환경적 변화는 개인의 복지와 사회적 기능에 중요한 영향을 미치는 환경 속의 상황이나 자원의 변화를 일컫는다. 예를 들어, 휠체어 사용이 가능한 주거지로 옮기거나, 맞벌이 가정 자녀들의 방과 후 보호를 지원해 주는 지역사회 자원이 더 풍부한 동네로 이사를 하거나, 가족과 함께할 시간을 갖기 위해야근이 많지 않은 직장으로 옮기는 것을 말한다. 개인적 변화가 목적이더라도 이를 위해서 환경적 변화가 필요한 경우가 흔히 있다. 환경적 변화는 계획된 개입으로 발생할 수도 있고 우연히 일어날 수도 있다.

사회복지사는 개인적 문제부터 전체 지역사회에 영향을 미치는 문제에 이르기까지 다루는 문제의 범위가 광범위하고 변화의 초점이 개인, 관계, 환경 등 다양하기 때문에 직접적 개입방법과 간접적 개입방법[1]을 모두 활용할 수 있어야 한다.

3. 직접적 개입

직접적 개입의 목적은 다음의 네 가지를 통해 클라이언트의 역량을 강화시키는 것이다(Timberlake, Farber, & Sabatino, 2002).

- 클라이언트 체계가 과업을 수행할 때 지지를 제공한다.
- 계획된 변화가 일어나도록 클라이언트 체계를 원조한다.
- 클라이언트 체계가 상호 간 도움을 얻을 기회를 조성한다.
- 클라이언트 체계에 자원, 문제해결, 행동 실행에 관한 교육을 한다.

계획된 개입은 확인된 욕구, 문제의 특성 및 클라이언트와 사회복지사의 역량에 따라 단기 개입이 될 수도 있고 장기 개입이 될 수도 있다. 직접적 개입에서 사회복지사의 역할과 기능은 문제 상황의 심각성이나 위기 수준, 클

1) 직접적 개입은 사회복지사와 클라이언트 간 대면관계를 통한 상담, 치료, 교육이 주가 되는 개입인 반면, 간접적 개입은 클라이언트의 환경에 대한 개입과 조정, 클라이언트의 환경 내 관계망과의 활동을 총칭하는 개입으로 설명될 수 있다(최혜지 외, 2013).

라이언트의 강점, 대처 능력의 영향을 받는다.

사회복지사는 클라이언트에게 개입하는 과정에서 다양한 관계 형성 및 문제해결 기술을 사용한다. 사회복지사와 클라이언트의 원조관계는 실천의 전 과정에서 중요하지만 개입 단계에서는 특히 양측의 협력관계가 필수적이다. 사회복지사와 클라이언트 간 상호작용의 본질은 클라이언트의 복지에 유익하도록 클라이언트의 성장을 촉진하고 자기 결정에 따른 삶을 영위하도록 돕는 것이다. 클라이언트는 사회복지사와의 상호작용을 통해 자신과 타인에 대한 이해를 높이고 자아의 변화가 일어난다.

사회복지사는 클라이언트가 문제해결을 위한 합리적이고 체계적인 방법을 발전시키도록 의사소통 기법을 사용하고, 바람직하지 않은 행동, 사고 또는 감정을 변화시키기 위해 행동기법을 사용한다. 이러한 기법들은 클라이언트가 자신 또는 상황에 대한 이해를 명료화하고 객관화하며 통제력을 갖도록 도움으로써 클라이언트의 변화를 촉진한다.

직접적 개입에서 주로 활용되는 기법들을 살펴보면 다음과 같다.

1) 의사소통 기법

클라이언트의 정서적 안정, 왜곡된 인지의 변화, 상황 인식 능력의 향상을 목적으로 다양한 의사소통 기법들이 사용될 수 있다.

정서적 안정은 낙담, 좌절, 의기소침, 무력감, 자신감 결여와 같은 클라이언트의 심적 상태를 건강하고 자신감 있는 상태로 회복시키고 불안, 분노, 죄의식 등 불합리하고 불건전한 정서 상태를 적절하게 해소하도록 도와 자아 기능을 회복시키는 것을 말한다(엄명용 외, 2016). 의사소통 기법 중 지지, 재보증, 보편화, 환기법 등이 정서적 안정을 위해 유용하게 활용되는 기법들이다.

왜곡된 인지의 변화는 클라이언트의 비합리적 사고를 변화시켜 자신과 상황을 좀 더 현실적으로 인식하도록 돕는 것이다. 불안과 우울은 근거 없는 사고 패턴에 의해 강화될 수 있음을 보여 주는 증거가 많은데, 이러한 비합리적 사고를 변화시키는 것이다. 장기적인 불황기에 실직한 것에 대해 자신을 비난하지 않도록 비합리적인 신념을 바꾸도록 도움을 받으면 구직에 대한 의욕을 회복하고 삶을 다른 각도에서 볼 수 있다. 사회복지사는 왜곡된 자아상을 가진 사람들, 예를 들어 자신이 하지 않은 일에 대해서도 스스로를 비난하는 사람들을 돕기 위해 인지 이론의 원리를 적용한다(정명숙 역, 2007). 인지 이론은 개인의 사고에 따라 감정이나 행동이 영향을 받는 것으로 가정하고 개인의 감정이나 행동 문제가 인지왜곡에서 비롯되는 것으로 여긴다. 인지 이론에 근거해 인식의 변화를 시도하는 개입방법으로 인지적 기법은 생각의 수정을 통해 감정 혹은 행동의 변화를 가져온다. 인지적 기법은 인지 매개를 가정한다. 즉, 개인의 인지에 따라 정서나 행동이 달라진다고 가정한다. 직면, 재구성, 자기대화 관리 등이 인지 변화에 유용한 기법이다.

클라이언트의 상황 인식 능력의 향상은 클라이언트 자신의 정서 상태와 인지구조 및 행동, 문제와 이를 둘러싼 상황, 동원 가능한 자원에 대한 클라이언트의 통찰력을 높이는 것을 말한다(조홍식, 김연옥, 황숙연, 김융일, 2009). 정보 제공이나 조언 등이 상황 인식 능력을 높이는 데 유용한 기법이다.

(1) 지지

지지(support)는 클라이언트를 격려하고 고무하며 인정하는 것을 의미한다(Brill & Levine, 2002). 사회복지사는 클라이언트의 내적 강점, 반응방식, 의사결정, 행동방식, 관계 등을 지지할 수 있다. 지지는 경청이나 칭찬, 인정 등으로 전달될 수 있다. 지지는 문제해결 능력과 자질, 지식을 보유하고 있는 클라이언트의 능력과 동기를 최대화시키는 방법으로 효과적이며, 어려운 과제를 목전에 두고 자신감이 부족한 클라이언트에게 유용한 기법이다.

이 기법의 적용에서 주의할 점은 지지되는 요소가 현실적이어야 한다는 것이다. 근거 없는 지지는 지지하지 않는 것보다 못할 수 있는데, 지지만으로는 클라이언트가 변화되지 않기 때문이다.

(2) 재보증

재보증(reassurance)은 고심하고 있는 상황에 대한 해결책이 있다는 사실을 클라이언트에게 확신시키는 것을 의미한다. 클라이언트가 실제로 합리적이고 현실적인데, 자신의 결정이나 행동을 망설이거나 확신이 없을 때 사용하는 기법이다(Sheafor & Horejsi, 2015).

사회복지사는, 첫째, 현실을 무시한 채 피상적으로 안심시키는 말이 아니라 현실적으로 재보증하고, 둘째, 클라이언트가 자신의 우려와 고통에 대해 표현할 수 있는 기회를 주면서 적절한 시점에서 재보증하며, 셋째, 일반적 적응과 특정한 적응이 모든 상황에서 가능하다는 것을 의식하면서 재보증하는 것이 중요하다(Brill & Levine, 2002). 재보증은 클라이언트의 능력, 감정, 성취와 관련해서 사용될 수 있다. 클라이언트는 개입에 대한 의문이 있거나 부정적인 느낌이 들어도 종종 문제를 제기하거나 부정적인 감정을 표현하기를 꺼린다. 사회복지사는 클라이언트가 두려움 없이 의문이나 우려를 말할 수 있도록 안심시킬 수 있다. 또한 사회복지사는 클라이언트의 능력이나 성취에 대해 현실적인 평가에 근거한 신뢰를 전달해 클라이언트의 자신감을 높일 수 있다.

단지 관계 형성을 위해 혹은 클라이언트가 보이는 근심이나 의기소침을 완화하려고 재보증을 사용하는 것은 바람직하지 못하다. 막연한 안심시키기 또는 보장은 사회복지사의 상황 인식 능력과 원조 능력에 대한 의심을 불러일으킨다. "모든 게 잘될 거예요." "당신은 마음먹은 어떠한 일도 해낼 수 있습니다."와 같은 진부한 말은 도움이 되지 않는다(Sheafor & Horejsi, 2015). 위기 상황의 클라이언트는 이러한 말을 들으면 오히려 사회복지사의 전문성에 대한 신뢰가 떨어지게 된다.

(3) 보편화

보편화(universalization)는 클라이언트의 생각, 감정, 행동이 비슷한 상황에 있는 다른 사람들과 비슷하다고 이야기해서 클라이언트 자신이 이상하거나 비정상적이라는 지각을 상쇄시키는 기법을 말한다. 즉, 보편화는 인간 경험의 공통점과 클라이언트의 문제 상황과 유사한 상황을 성공적으로 해결한 다른 사람의 강점을 활용하는 것이다(Brill & Levine, 2002). 보편화는 다른 사람들이 유사한 문제에 성공적으로 대처한 사례가 있다는 것을 알게 해서 그 상황으로 인해 지나치게 영향 받는 것을 완화하고, 문제해결 방식에 관한 정보를 나누고 비교하며, 다른 사람의 강점을 참조하도록 하는 데 사용될 수 있다. 예를 들면, 치매에 걸린 어머니를 요양원에 입소시킨 후 어머니를 유기한 것 같은 강한 죄책감에 시달리는 클라이언트에게 "부모님을 요양원에 입소시켜야만 했던 많은 사람들이 그 심경을 지금 말씀하신 것과 똑같이 표현하더군요."와 같이 말해 주는 것이다.

이 기법을 활용하는 사회복지사는 특정한 클라이언트의 상황과 욕구에 민감해야 한다. 사람은 각자 독특하다고 느끼므로 이 기법을 잘못 사용하면 사회복지사가 민감하지 못하고 클라이언트의 욕구에 대한 이해가 부족한 것으로 받아들일 수 있다. 보편화 기법의 사용은 시기 선택이 특히 중요하다.

(4) 환기법

환기(ventilation)는 끄집어낼 필요가 있는 감정과 태도를 표면화시키고 표현하며 개방하는 것을 의미한다(Brill & Levine, 2002). 일반적으로 클라이언트의 기능에 영향을 미치고 당면한 문제에 대해 합리적으로 사고하는 것을 방해하는 감정이 환기의 대상이 된다. 이와 같이 감정이 제대로 표출되지 않거나 강하게 억압되어 감정 자체가 문제가 되거나 혹은 문제해결을 방해하는 경우, 문제와 상황에 관련된 감정을 클라이언트로 하여금 표출하도록 하는 것이 환기법이다. 감정의 표현은 클라이언트가 분노, 자기 연민, 고통과 두려움에 사로잡히지 않고 이러한 감정에서 벗어나게 하는 것이다. 사회복지사는 클라이언트가 '지금 그리고 여기'의 상황에 초점을 맞추고 과거의 감정에서 벗어나 현재의 문제들을 다루고 변화시키는 데 에너지를 집중하도록 돕는다. 클라이언트가 감정의 강도나 본질과 관계없이 어떤 감정이든 표현할 수 있는 안전한 관계를 사회복지사와 형성할 수 있을 때 클라이언트가 현실에 대처하도록 도울 수 있다.

(5) 직면

직면(confrontation)은 클라이언트의 자아 인식을 고양하고 변화를 촉진하는 기술로 클라이언트의 어려움을 야기시키거나 유지시키는 사고, 감정 또는 행동의 특정 측면을 클라이언트에게 직시하게 하는 것을 말한다(Hepworth et al., 2017). 직면은 클라이언트의 상황에 대한 공감적 이해를 바탕으로 하여 그의 행동을 명료화하거나 분석·검토하여 적절히 도전함으로써 클라이언트가 자신의 사고, 감정 그리고 행동에 내포된 왜곡된 점 혹은 상호 간에 존재하는 모순점을 극복할 수 있도록 돕는다. 이것은 클라이언트의 사고, 감정, 행동 중에서 특히 변화에 장애가 되는 부분에 대한 인식을 높이기 위해 사용하는 기법이다. 직면의 목적 가운데 하나는 클라이언트가 행동하고 사고하며 느끼는 것에 있어서 모순을 인식하도록 돕는 것이다(Gambrill, 2013). 예를 들어, 클라이언트가 자신의 문제가 중요하지 않은 것처럼 말하지만 그의 태도와 행동에서 그 문제의 중요성이 감지된다면 직면을 시도할 수 있다.

직면의 목적은 클라이언트를 돕는 것이므로 클라이언트의 방어적 반응을 최소화하는 방식으로 사용되어야 한다. 클라이언트가 비난받는다는 느낌이 들지 않도록 해야 하고, 건설적인 방향이어야 하며, 구체적인 예를 사용하는 것이 유용하다. 시기 선택도 중요한데, 클라이언트가 직면에 대한 준비가 되어 있는지를 고려해야 한다. 또한 신뢰관계가 충분히 형성된 후에 직면기법을 사용하는 것이 유용하다. 적절한 시점이 아니거나 클라이언트가 준비되어 있지 않을 때 직면을 시도하면 클라이언트와의 관계에 타격을 줄 수 있다. 따라서 클라이언트가 화가 났거나 좌절 상태인 경우 직면기법의 사용은 바람직하지 않다.

(6) 재구성

재구성(reframing) 기법은 클라이언트가 특정한 사건, 행동 또는 생활 경험에 부여하는 의미를 수정하도록 돕기 위해 사용된다(Sheafor & Horejsi, 2015). 재구성은 클라이언트가 다른 관점으로, 그리고 보다 긍정적으로 특정 행동과 경험을 인식하도록 돕는다. 예를 들어, "엄마와 아빠는 나를 믿어 주지 않아요."라고 말하는 클라이언트의 말은 "자녀이기 때문에 더 불안해하는 부모님들이 많지요."로 바꾸어 줄 수 있다. 이 기법은 대인관계 갈등 문제가 있는 클라이언트에게 개입할 때 특히 유용하다. 재구성은 클라이언트가 자신의 문제에 대해 내린 정의와 다른 사람들이 왜 그렇게 행동하는지에 관한 자신의 신념을 재검토하도록 권장한다. 새로운 방식으로 상황을 지각하게 될 때 다른 방식으로 느끼고 행동하는 것이 가능해지기 때문이다.

사회복지사는 클라이언트에게 스스로 여러 가지 다른 해석을 생각해 보게 할 수 있다. 이처럼 다양한 관점에서 생각해 본 클라이언트는 자신의 입장에서 보다 유연하게 상황을 해석하는 다른 방식이 있을 수 있음을 인정하게 된다. 또 다른 재구성 방식은 클라이언트의 문제 혹은 무책임한 행동을 극단적이지만 근본적으로는 긍정적인 행동으로 재정의하는 것이다. 사회복지사가 클라이언트의 문제를 통제가 잘 안 된 강점 혹은 과격한 긍정적 행동으로 재정의할 때 클라이언트는 덜 방어적으로 되고 희망을 느낀다.

(7) 자기대화 관리

자기대화 관리(managing self-talk)는 클라이언트가 현실에 대한 왜곡된 해석을 수정하여 감정적 반응을 적절하게 다루도록 돕기 위해 사용된다(Sheafor

& Horejsi, 2015). 자기대화는 자신에게 주는 메시지를 일컫는데 자신의 경험에 대한 주관적 해석을 반영한다. 사회복지사는 클라이언트가 자기대화에서의 왜곡을 수정하도록 돕기 위해 다음과 같이 지침을 준다.

- 문제와 관련해 현재 자신이 어떻게 느끼고 생각하는지 명료화한다.
- 자기대화를 살펴본다. 절대, 항상, 모두, 완전히 등과 같은 단어의 사용에서 나타나는 극단적 사고에 주의를 기울인다.
- 자신이 놓인 상황의 사실과 객관적 현실을 검토한다. 생각한 것과 다른 사실이 확인되면 긴장을 풀고 숨을 깊게 쉰다. 확인된 사실과 객관적 현실을 세 번 큰 소리로 반복한다.
- 확인된 사실을 고수하고 부정확한 극단적 단어 사용을 하지 않아야 다르게 느끼고 희망을 가질 수 있다는 점을 주목한다.
- 자신의 문제 상황에 대한 사실을 기억하면서 이에 대해 자신이 무엇을 할 수 있는지를 모색한다.

(8) 정보 제공

정보(information)를 주는 것은 어떤 상황이나 사건에 관한 지식을 확장시킬 수 있도록 사실이나 의견, 생각을 제공하는 것이다. 정보란 일종의 자원이다. 따라서 제공된 정보가 클라이언트의 당면 문제에 관련되고 그 정보를 아직 가지고 있지 않을 때 비로소 유용한 정보가 될 수 있다. 이때 사회복지사는 정보 제공이 클라이언트의 자기 결정권을 약화시키지 않도록 유의해야 하는데, 제공된 의견이나 생각은 사회복지사 개인적인 것일 뿐 사람들마다 각기 다른 의견을 가질 수 있다는 점을 분명히 해야 한다(Middleman & Wood, 1990).

클라이언트에게 도움이 될 수 있는 정보는 다음과 같다(Gambrill, 2013).

- 필요한 서비스를 얻을 수 있는 방법
- 불공정하게 서비스가 거부된 경우 해결 방법
- 자조집단 및 지지집단 찾는 방법
- 약물치료의 부작용
- 특정한 정보를 얻는 방법
- 개인적 문제와 사회적 · 정치적 · 경제적 여건 간의 관계
- 지역사회/근린 자원을 증진시키기 위한 선택
- 발달과정의 규범과 관심사를 공유하는 다른 사람들에 관한 정보
- 생애주기별 일반적 반응
- 마약 사용과 같은 특정 행동양식의 결과
- 가치 있는 목표를 달성하기 위한 새로운 선택
- 다른 사람에게 영향을 미치는 방법과 유익한 변화를 일으키는 방법
- 다른 사람이 자신에게 영향을 미치는 방법과 관련된 패턴을 바꾸는 방법
- 근린 환경을 변화시키기 위해 선택하는 방식

정보 제공은 클라이언트가 결정을 내리거나 과제를 수행하는 데 필요한 정보를 주기 때문에 상황에 대한 이해력과 문제해결 능력을 향상시킬 수 있다. 사회복지사는 정보 제공을 통해 클라이언트와 클라이언트의 행동에 영향을 미치는 중요한 사람들이 문제해결을 하도록 도울 수 있으며, 클라이언트는 정보를 얻음으로써 선택의 폭을 확장할 수 있다.

(9) 조언

조언(advice)은 사회복지사가 클라이언트에게 결정이나 행동을 추천하거나 권고하는 제언을 일컫는다(Sheafor & Horejsi, 2015). 사회복지사는 클라이언트가 미처 생각하지 못한 대안들을 제시하거나 대안 중의 하나를 추천하는 조언을 한다. 정보 제공은 클라이언트가 자신에게 적합한 정보인지 그 여부

를 판단한 후 이용하는 것이 자유로운 반면, 조언의 경우 클라이언트가 사회복지사의 선택을 분명히 알 수 있으므로 어떤 경우에는 원하지 않음에도 불구하고 조언을 따라야 한다는 압력을 느낄 수 있다.

사회복지사는 클라이언트가 직접적 조언을 요청하거나 필요로 하는 것을 간접적으로 표현하는 단서에 민감해야 한다. 사회복지사가 조언하기 위해서는 클라이언트의 관심사를 성공적으로 처리하는 방법에 관해 클라이언트보다 더 많이 알아야 하며, 클라이언트가 실제 원하는 것을 포함해 관련된 모든 요소들에 대한 객관적이고 현실적인 평가에 근거해야 한다. 또한 사회복지사는 클라이언트의 능력에 대한 판단을 바탕으로 조언해야 한다. 조언의 성공과 실패는 이를 활용할 클라이언트의 능력에 달려 있지만 이 능력에 대해 타당한 사정평가를 하는 것은 사회복지사의 역량이다. 사회복지사는 전문가로서 자신의 욕구를 충족하기 위한 조언은 삼가야 한다. 조언은 그 자체가 목적이 아니라 목적을 달성하기 위한 수단으로 간주하고 제공할 때 가장 도움이 될 수 있다.

2) 행동기법

행동기법은 개입의 목적이 클라이언트가 새로운 행동을 학습하거나 기존의 행동을 수정하도록 돕는 것일 때 사회복지사가 사용할 수 있는 가장 강력한 개입방법이다(Sheafor & Horejsi, 2015). 사회복지사는 특정한 표적행동을 강화 혹은 증가시키거나 반대로 약화 혹은 감소시키기 위한 목적으로 행동기법을 적용하게 된다.

행동기법은 과잉행동, 공격성, 비행, 학대 혹은 방임 등 다양한 문제행동에 유용하게 적용될 수 있다. 행동주의적 개입은 인간 행동의 학습에 관한 행동주의 이론의 개념과 원리를 적용해 여러 가지 형태의 부적응 행동을 변화시키는 것을 가리킨다. 행동기법은 모든 행동이 학습되며 변화가 가능하다는 전제하에, 사람들 간의 상호작용에 의해 행동이 형성되고 유지된다고 간주한다. 따라서 행동을 형성하고 유지시키는 반응을 변화시킨다면 행동이 변화될 수 있다고 기대한다. 즉, 행동기법을 적용함으로써 특정 문제행동을 없애거나 바람직한 행동으로 변화시키고자 하는 것이다. 주로 고전적 조건화[2]와 조작적 조건화[3] 원리에 근거한 기법들이 사용되는데 주요 기법은 다음과 같다.

(1) 강화

강화(reinforcement)는 표적행동이 더 빈번하게 발생할 가능성을 증가시키는 사건이나 활동을 말한다. 강화는 정적 강화와 부적 강화의 두 형태가 있다. 정적 강화는 표적행동을 증가시키는 효과를 얻기 위해 클라이언트가 좋아하거나 유쾌해하는 조건을 추가하거나 제공해 주는 것을 의미한다. 부적 강화는 표적행동을 증가시키는 효과를 얻기 위해 클라이언트가 싫어하거나 불쾌해하는 조건을 감소시키거나 제거하는 것을 의미한다.

일반적으로 강화조건은 행동이 일어나는 상황, 행동, 행동 뒤에 오는 강화적 결과의 삼자 간의 상호관계를 말한다. 즉, 행동이 일어나는 전체 상황 그 자체를 의미한다. 행동 강화라는 관점에서 볼 때 개인이 행동하는 모든 상황은 강화조건이 될 수 있다.

---

2) 고전적 조건화란 과거에 특정 자극에 의해 반응을 유발하지 않았던 것이 특정 반응을 유발하게 될 경우 그 반응이 특정 자극에 의해 조건화되었다고 한다. 고전적 조건화는 불안, 공포장애 같은 학습된 자동적 반응에 주로 관련된다.

3) 조작적 조건화에서는 고전적 조건화와 달리 행동을 이끌어 내는 자극이 없다. 조작적 조건화에서 다루는 행동은 스스로 우러나오는 행동으로, 자극에 이끌려 나오는 고전적 조건화에 의한 반응과는 다른 것이다. 조작적 조건화에서 가장 중요한 것은 행동이 발생한 후 뒤따르는 결과인데 이것이 강화물로 기능한다.

(2) 소거

소거(extinction)는 바람직하지 않은 행동을 없애기 위해 그 행동을 무시하는 것을 의미한다. 소거는 고전적 조건화와 조작적 조건화에서 모두 가능하다. 고전적 조건화의 소거는 표적행동을 발생시키는 자극이 더 이상 제공되지 않으면 반응이 나타나지 않는 것을 일컫는다. 조작적 조건화의 소거는 고전적 조건화의 소거와 달리 반응을 하지 않는 것은 물론 결과와 그 결과로 이끈 관계, 즉 강화조건을 제거하는 것이다. 예를 들면, 학교 부적응 문제가 있는 자녀와 숙제 때문에 언쟁하는 대신 방과 후에 아이를 공부방에 일정 시간 동안 혼자 있게 한다. 부모와 숙제 문제로 언쟁하는 아동은 결과적으로 숙제를 안 하게 되는데, 결국 부모와의 언쟁이 이 아동에게 정적 강화가 되는 셈이다. 따라서 부모가 자녀와 숙제 문제로 언쟁하는 대신 아이를 공부방에 두는 상황은 자녀에게 강화조건을 철회하는 효과가 있다.

(3) 처벌

처벌(punishment)은 표적행동을 억제하거나 감소시키는 효과가 있는 고통스럽고 불쾌한 자극을 주는 기법이다. 처벌은 불쾌한 결과가 뒤따르는 정적 처벌과 생활의 유쾌한 부분을 박탈하는 부적 처벌로 구분된다. 일상생활에서는 행동수정을 위해 정적 강화보다 벌을 훨씬 쉽게 생각한다. 그러나 사회복지사는 윤리적 문제, 법적 문제, 서비스의 효과성 문제 등의 이유로 보통 벌의 사용을 피한다.

(4) 타임아웃

타임아웃(time-out)은 문제행동을 감소시키는 데 흔히 사용되는 기법이다. 타임아웃의 목적은 바람직하지 않은 행동을 강화하는 환경으로부터 클라이언트를 일시적으로 격리시켜 문제행동을 감소시키거나 제거하려는 것이다. 타임아웃은 두 사람 중 한 사람이 너무 화가 나거나 두려워서 대화를 계속할 수 없을 때 잠시 휴식을 갖는 방식이 될 수도 있다. 이는 두 사람의 관계를 악화시키는 것을 막기 위해서인데 대화 도중 이성을 잃지 않도록 하고 크게 상처받는 것을 방지하는 전략이다.

다음의 예는 위탁가정에서 7세 남아를 보호하는 상황에서 타임아웃 기법의 구체적 지침을 제시하고 있다(Sheafor & Horejsi, 2015).

- 타임아웃을 사용할 수 있는 집안의 장소를 찾는다. 아이가 발로 차거나 물건을 던지거나 떼를 쓰면 사용할 장소로 깨질 수 있는 위험한 물건이 없는 곳을 선택한다. 조명이 밝고 환기가 잘되는 아이의 침실이나 다른 조용한 장소를 이용한다.
- 바람직하지 않거나 수용될 수 없는 행동을 정한다. 예를 들어, 다른 아이를 때릴 때마다 타임아웃을 사용할 것을 정한다.
- 표적행동이 발생할 때마다 즉각 타임아웃 조치를 취한다. 아이에게 가서 무슨 규칙을 위반했는지 말해 주고 이후에 해야 할 일에 대해 설명해 준다. 아이를 타임아웃 장소로 데려가고 도중에 아이를 쳐다보거나 말하지 않아야 한다. 아이가 저항하면 가능한 한 빨리 타임아웃 장소로 데려간다.
- 미리 정한 시간 동안 타임아웃 장소에 아이를 남겨 둔다. 타임아웃 시간은 연령을 기준으로 보통 연령 1세를 1분으로 계산한다. 시간이 다 되었거나 아이가 조용해지고 얌전해졌을 때 방에서 나와 올바르게 행동할 준비가 되었는지를 묻는다. 장난감을 던져서 타임아웃이 실시되었다면, "나와서 장난감을 정돈할 거니?"라고 묻는다.
- 아이가 올바른 행동을 하겠다는 의사표현으로 "예"라고 대답하면 타임아웃 장소에서 나오게 해서 이전의 행동을 수정하게 한다. 칭찬으로 올바른 행동을 강화한다.
- 아이가 올바른 행동을 하겠다는 의사표현으로 "예"라고 대답하지 않거

나, 소리치고 울며 떼를 쓰거나, 다른 바람직하지 않은 행동을 하면 타임아웃 장소에서 나와서 아이가 조용해지고 적절하게 행동할 때까지 기다린다. 다시 가서 같은 질문을 한다.

- 처음에는 아이가 타임아웃 장소에서 나와서 잘못한 행동을 바로 하기까지 여러 번 물어보아야 할 수도 있다. 실망하지 말고 이 규칙을 계속 따른다.
- 타임아웃 장소에 가지 않은 날에는 특별한 활동, 특혜나 즐거운 일을 계획하고 아이에게 착한 행동에 대한 보상이라고 말한다.

(5) 시연

시연(rehearsal)은 행동기법의 일종으로 자주 사용된다. 보호관찰 대상인 자녀 문제로 담당 직원을 만나야 하는 부모, 주치의인 정신과의사와 만나려면 긴장이 돼서 말문이 막히는 환자, 지방의회 실무자와 협상을 해야 하는 지역주민 대표 등 자신이 수행해야 하는 역할이나 활동과 관련해 어려움이 있는 사람들에게 이 기법을 적용할 수 있다. 시연은 토론으로 할 수도 있고 역할 수행을 하는 상황을 실제 설정하는 방식으로도 할 수 있으며 혹은 클라이언트에게 이러한 역할이 어떻게 수행되는지 시범을 보여 주는 방식으로 할 수도 있다(Brill & Levine, 2002). 시연은 실제 생활에서 발생할 수 있는 내용에 대해 토론하거나 구성된 각본에 따라 역할 행동을 하거나 관찰하는 경험을 함으로써 대처기술과 자신감을 발달시킬 수 있다.

시연과 관련해 기본적인 단계는 다음과 같다(Sheafor & Horejsi, 2015).

① 1단계: 클라이언트는 도움을 받고 싶은 문제 상황을 밝히고 자신이 평소 이 상황에서 어떻게 행동하는지를 묘사하거나 재현해 보인다.

② 2단계: 사회복지사는 그 상황에서 더 효과적으로 대처할 수 있는 방법에 대한 제안을 한다.

③ 3단계: 클라이언트는 문제나 관심사에 관한 추가 정보를 제공하고 사회

복지사의 제안에 대해 좀 더 자세하게 설명해 줄 것을 요청한다.

④ 4단계: 클라이언트에게 제안된 행동 변화를 실제 보여 주기 위해 시연을 실행한다. 보통 사회복지사가 먼저 시범을 보인다. 클라이언트가 준비가 되었다고 느끼고 제안된 행동 변화를 이해했을 때 그 행동을 시연할 수 있다.

⑤ 5단계: 시연 후에 사회복지사는 클라이언트의 역할 수행의 긍정적 측면을 먼저 이야기하고 나서 향상을 위한 추가 제안을 한다. 필요하다면 시연은 만족스러울 때까지 반복한다.

⑥ 6단계: 클라이언트는 자신이 어떻게 행동해야 하는지 이해하고 시연을 할 준비가 되었을 때 시연의 성과에 만족할 때까지 연습한다. 클라이언트의 새로운 행동 학습을 진전시키기 위해 과제를 활용할 수 있다.

(6) 숙제 할당

숙제 할당(homework assignments)은 사회복지사가 상담 회기 사이에 클라이언트가 수행하도록 요청하는 다양한 활동을 말한다(Sheafor & Horejsi, 2015). 개입의 목적이 클라이언트의 실제 환경에서 연습해야 하는 새로운 기술을 클라이언트에게 가르쳐야 할 때 사회복지사는 숙제를 자주 활용한다. 예를 들어, 자존감이 낮고 다른 사람과 편안하게 어울리지 못하는 문제를 가진 클라이언트에게 출퇴근 버스에서 하루에 적어도 두 번의 대화를 시도하는 숙제를 낸다.

이 기법은 클라이언트가 사회복지사의 지시를 따를 것으로 가정한 상태에서 사용된다. 클라이언트의 관심사 혹은 문제와 관련해 숙제는 클라이언트가 실행할 수 있는 것이어야 하고 의미가 있어야 한다. 숙제 할당은 명확하고 정확하게 이루어져야 한다.

직접적 개입에서의 사회복지사의 개입활동을 의사소통 기법과 행동기법으로 구분해 살펴보았다. 직접적 사회복지실천의 목적은 클라이언트의 사회적 기능을 향상시키는 서비스를 제공하는 것이다. 생태체계적 접근이 사회복지실천의 주된 틀이기 때문에 실천가는 항상 구조적·체계적·대인관계적 요소들이 클라이언트의 현재와 과거의 관심사에 중요한 역할을 하는 정도와 복지를 증진시키기 위해 그 요소들이 변화되어야 하는 정도를 인식해야 한다(Bogo, 2006). 그러므로 변화에 대한 시도는 개인 생활의 내적·외적 측면들에 관련된다. 사회복지실천에서 직접적 개입은 클라이언트의 내적 문제뿐 아니라 기본욕구와 관련된 일들에 관심을 기울인다. 자원이나 서비스 부족이 문제의 일부일 때 사회복지사는 자원이나 서비스를 직접 제공하거나, 이것을 제공받으려는 클라이언트를 지지하거나 옹호함으로써 클라이언트가 그 자원에 접근하도록 원조한다. 또한 클라이언트의 외적 변화, 즉 친밀한 관계, 가족관계, 사회적 관계 및 직장 내 관계 등 대인관계를 향상시키거나 변화시키는 것을 목적으로 한다.

4. 간접적 개입[4)]

직접적 개입이 사회복지사와 클라이언트 간 대면적 관계를 통한 상담, 치료, 교육이 주가 되는 개입이라면 간접적 개입은 클라이언트의 환경에 대한 개입과 조정, 클라이언트의 환경 내 관계망과의 활동을 총칭하는 개입으로

4) 사회복지전문직 내에서 '간접적 실천'과 '간접적 개입'은 다소 개념상의 혼란이 있다. 간접적 실천은 행정, 슈퍼비전, 관리 혹은 계급 옹호 같은 영역에서의 실천을 의미한다. 이는 사회복지사가 클라이언트를 직접 접촉하지 않는다는 점에서 간접적인 것으로 간주된다. 개념상의 혼란을 해결하기 위해 팀버레이크와 그 동료들은 간접적 실천과 간접적 개입을 구분하였다(Timberlake, Farber, & Sabatino, 2002). 간접적 실천은 행정과 관리 같은 상위의 전문적 활동을 일컫고 간접적 개입은 개입 단계에서 클라이언트에게 영향을 미치는 체계들과의 상호작용을 의미하는 것으로 구분하였다.

설명할 수 있다(최혜지 외, 2013). 엄명용 등(2016)에 따르면 간접적 개입방법으로는 자원개발과 중개 및 의뢰, 옹호활동, 서비스의 점검과 조정 등과 함께 관료주의 대응에 대한 전략, 사회적 공감, 사회운동 등이 있다. 정책 입안자인 국회의원 및 관료를 설득하는 로비활동, 법안 제안이나 개정안을 촉구하는 활동, 문제를 제기하는 소송, 언론을 통한 고발 활동 등도 간접적 개입에 포함될 수 있다. 간접적 개입방법 가운데 우리나라 사회복지실천 현장의 사회운동은 미시적 차원의 주민운동과 정부 정책과 제도에 부응하는 운동이 주가 되고 있어 제도권 사회복지운동의 한계를 보이는 것으로 분석되고 있다(김성천, 김은재 외, 2015; 신명호, 2012).

간접적 개입은 클라이언트 또는 클라이언트 체계의 목적을 달성하기 위하여 표적체계 및 외부 기관과 접촉하는 것을 의미한다(Timberlake, Farber, & Sabatino, 2002). 사회복지사는 클라이언트가 목표 달성에 필요한 변화를 가져오기 위해 이 체계들에 개입한다. 개입과정에서 사회복지사는 클라이언트나 사회복지사의 요구에 비협조적인 체계들을 만날 수 있다. 따라서 사회복지사는 클라이언트를 적극적으로 원조과정에 참여시키고 변화하도록 돕기 위하여 이 체계들을 관리할 수 있는 정치적 기술이 필요하다. 증거 제시, 공표, 협상, 조직, 시위, 법적 소송, 정책 개발에 영향을 미치는 기술이 활용될 수 있다. 예를 들면, 다문화가정지원센터의 사회복지사는 한국 국적 취득을 신청한 클라이언트의 서류 처리가 예외적으로 장기간 지연되고 있는 것과 관련해 담당 공무원을 만나 불합리한 지연에 대한 증거를 제시하거나 지역 언론에서 인권 문제로 다루게 하는 등 여러 가지 방법을 시도할 수 있다.

사회복지사는 개입과정 중에 외부 자원을 동원하고 연결하는 간접적 개입도 종종 하게 된다. 사회복지사는 클라이언트의 가족, 동료, 자조집단, 지역사회 내 다양한 기관과 서비스, 기초생활보장제도 등 클라이언트 체계에 도움이 될 수 있는 사람과 제도를 원조과정에서 활용한다. 전문가 집단의 협력과 클라이언트의 사회적 관계망을 확장하는 것은 클라이언트에게 필수적인 자원과 지지체계를 강화하는 데 필요하다. 예를 들어, 조현병 환자인 만성 정신장애인이 지역사회에서 독립적으로 생활하기 위해서는 사회적 지지망이 필요하다. 환자 주변에는 가족, 이웃, 행정복지센터, 보건소, 정신건강복지센터, 그 밖의 유관 기관 등 다양한 자원들이 존재한다. 지역사회에 자원이 있어도 사회적 기능 수준이 높지 않은 만성 정신장애인이 사회적 지지망을 스스로 형성하기는 어렵다. 지역사회에 존재하는 자원들을 연계하고 자원이 부족하면 새로운 자원을 개발해 사회적 지지망을 형성하도록 돕는 것은 사회복지사의 중요한 역할이다.

클라이언트가 스스로 주변 환경과의 상호작용을 통해 필요한 자원과 지원을 확보하지 못하는 경우, 사회복지사는 클라이언트의 외부 환경을 변화시키기 위해 환경적 개입을 실시한다. 어떤 클라이언트는 자원이 어디에 존재하는지와 같이 단순한 정보가 없어서 어려움을 겪는가 하면, 어떤 클라이언트는 비록 자원의 소재는 알고 있지만 그 자원을 어떻게 연계할지 모르는 경우도 있다. 이와 같이 지역사회에 자원이 존재하고 있음에도 불구하고 그 자원과 연계되지 못해 클라이언트의 욕구가 충족되지 못하는 경우가 흔히 있다.

요양시설에서 노인과 가족을 돕고 있는 사회복지사의 간접적 개입과정을 〈사례 12-1〉에서 살펴보자.

사례 12-1

김명순 할머니의 딸인 박미영 씨가 사회복지사에게 면담을 요청하였다. 박미영 씨는 몇 달 후면 어머니의 장기요양보험 급여인정 갱신을 해야 하는데, 등급 외 판정을 받을 것 같아 걱정스럽다고 말했다. 박미영 씨는 또한 어머니를 집에서 모시지 못하고 시설에 머무르게 하는 것에 관해 크게 죄책감을 느끼고 있었다. 박미영 씨는 아직 어린 자녀들이 둘인데다 맞벌이를 해야 한다고 설명하였다. 사회복지사는 시설에 부모님을 맡긴 많은 가족들이 박미영 씨와 같은 마음이라고 말하면서, 어머니를 시설에 머무르게 하는 것이 잘못하는 일이 아니라고 박미영 씨를 안심시켰다. 사회복지사는 박미영 씨가 사는 곳에서 멀지 않은 노인복지관에서 모임을 갖는 가족 지지집단에 관해 알고 있었다. 이 가족 지지집단은 시설 입소 노인 가족을 위한 자조집단으로, 한 달에 한 번씩 모임을 갖고 있다. 박미영 씨는 이 이야기를 듣고 마음이 조금 편해진 듯 보였다. 그러고 나서 사회복지사는 장기요양보험제도 급여인정 갱신에 대해 의논하였다. 박미영 씨가 보다 상세한 정보를 알고 싶어 했기 때문에 더 많은 정보를 얻을 수 있도록 박미영 씨를 장기요양보험운영센터의 담당 직원에게 의뢰하였다.

박미영 씨는 다음날 매우 화가 나서 전화하였다. 운영센터에 가서 2시간 이상 기다린 끝에 담당 직원을 만났는데, 아직 기간이 많이 남았으니 기다리라는 말만 들었다는 것이다. 박미영 씨는 오래 기다리다 보니 더 불안해졌다고 말했다. 박미영 씨는 어머니가 이 시설에 계속 있을 수 있는지 확인하고 싶어 했다. 사회복지사는 필요한 정보를 얻기 위해 자신이 박미영 씨 대신 운영센터의 담당 직원을 만나는 것을 원하는지 물어보았다. 사회복지사는 박미영 씨에게 위임장을 작성하도록 하고 김명순 할머니께도 상황을 설명하고 위임장을 받았다.

사회복지사는 장기요양보험운영센터에 연락해 담당 직원과 만나서 최근에 급여인정 신청 건이 많고 갑작스러운 이직으로 직원이 많이 부족해 민원인들이 오래 기다려야 하고 적절한 서비스를 받는 데 어려움이 있다는 설명을 들었다. 두 사람은 급여인정 갱신과 관련해 김명순 할머니의 최근의 건강 상태와 기능에 관해 이야기를 나누고 등급 외 판정이 나는 경우 선택할 수 있는 대안들에 대해서도 정보를 주고받았다. 이후에 사회복지사는 김명순 할머니와 박미영 씨를 만나 자신이 새롭게 알게 된 내용들을 상세하게 전달하였다. 박미영 씨는 설명을 듣고 나니까 훨씬 덜 불안하다면서 지난 번 알려 준 가족 지지집단 모임에 전날 갔었다고 말했다. 비슷한 처지의 가족들을 만나 이야기를 하다 보니 마음이 편안해졌고 무엇보다도 실제적인 정보를 얻을 수 있어서 도움이 되었다고 하였다.

간접적 개입은 환경에 대한 개입활동과 기술을 포함한다. 클라이언트의 변화를 위해 사회복지사가 행하는 환경에 대한 개입은 서비스 연결과 의뢰와 같은 서비스 조정에 관련된 활동, 새로운 프로그램 및 자원의 개발에 초점을 둔 프로그램 계획과 개발을 위한 활동, 클라이언트의 시설 입소 등의 환경 조정 등을 일컫는다.

사회복지사는 클라이언트의 욕구를 충족시키고 문제를 해결하기 위해 공식적 · 비공식적 자원을 동원하고 연계할 수 있도록 도와야 한다. 또한 사회복지사는 지역사회의 자원을 발견해 이를 단순히 클라이언트에게 연결해 주는 역할에 그치는 것이 아니라 클라이언트의 옹호자로서의 역할을 수행해야 한다. 이 과정에서 때로 서비스 전달체계 개선도 필요하다. 지역사회에서 어떤 사람들은 필요한 서비스가 부족하거나, 혹은 정보가 없어서 수혜 대상에서 배제되는가 하면, 어떤 사람들은 중복이 심한 서비스로 인해 조정을 필요로 한다. 서비스의 배제 혹은 중복과 같은 전달체계상의 문제를 해결하기 위해서 사회복지사는 필요한 서비스의 공급 확대, 지역사회 내 서비스 분석 관련 정보 제공, 서비스 조정 등의 역할을 수행할 수 있다.

환경에 대한 개입에는 존재하지 않는 자원을 새롭게 개발하는 활동도 포함된다. 필요한 자원이 지역사회 내에 없는 경우는 흔하다. 생활환경이 급변하고, 기술이 발전하고, 사회경제적 상황이 바뀌면서 변화하는 클라이언트의 욕구에 부합하기 위하여 새로운 자원의 개발이 요구되고 있다. 사회복지사는 새로운 자원의 개발과 관련해 옹호와 사회행동 차원에서의 역할을 수행한다.

환경 조정(environmental manipulation)은 클라이언트의 사회적 기능을 향상시키는 수단으로, 클라이언트의 환경에 변화를 일으키는 전략으로 공간, 시간, 관계라는 환경의 세 가지 요소가 변화 대상의 초점이 된다(Johnson & Yanca, 2010). 행동 문제가 있는 아동을 거주치료시설에 입소시키는 것은 환경 조정의 한 형태다. 이 시설은 아동을 원조하기 위해 공간 배치, 프로그램, 직원과의 관계 등 환경을 활용한다. 시간 요소는 활동 일정을 변경함으로써 클라이언트에게 제공되는 서비스를 변경하는 것이다. 신체활동이나 정신활동 시간이 있는가 하면 조용히 지내는 시간이 있는데, 클라이언트의 욕구를 감안해서 그들의 욕구와 일치되도록 시간을 조정하는 것이다. 시설들은 종종 클라이언트의 생활 리듬을 고려하기보다 직원들의 편의에 따라 일정을 조정하기도 하는데, 사회복지사는 클라이언트 중심의 서비스가 제공될 수 있도록 일정을 조정함으로써 환경의 시간 요소를 변화시킬 수 있다. 클라이언트의 역량을 증진시키기 위해 관계 요소를 활용할 수 있다. 만약 신체장애를 가진 클라이언트가 자신에 관한 일에 대해 스스로 결정할 기회를 갖지 못하고, 정상적인 신체 기능마저 거의 사용할 필요가 없을 정도로 과잉보호된다면 클라이언트는 자신의 능력에 대한 회의감이 들 것이다. 반면에 돌보아 주는 사람이 적절한 자립을 격려한다면 클라이언트의 유능감이 더욱 향상될 것이다.

제 13 장

사회복지실천 과정: 평가와 종결

1. 평가와 종결의 주요 목표와 과업

평가와 종결은 서로 연결되어 있다. 사회복지실천의 목적이 클라이언트의 문제해결 혹은 욕구 충족에 초점이 있으므로 문제가 해결되거나 욕구가 충족되면 종결이 이루어진다. 목표 달성과 문제해결, 욕구 충족에 대한 결정은 평가를 통해 내려지기 때문에 평가는 종결을 위한 토대가 된다.

사회복지실천의 평가 목표는 사회복지사와 기관의 책임성을 입증하는 것이다. 사회복지사는 클라이언트에게 양질의 서비스를 제공하고 전문직의 윤리와 가치를 서비스 전달과정에서 준수하며 소속 기관의 정책 및 지침에 맞는 프로그램과 서비스를 제공할 책임이 있으며, 사회복지기관은 기관을 지원하고 인가해 준 사람들과 지역사회에 대한 책임이 있다.

이러한 목표를 달성하기 위한 사회복지사의 주요 과업은 개입의 효과성과 효율성을 객관적으로 보여 주는 적절한 평가방법의 선택과 실행이다. 효과성은 클라이언트 체계의 목표 달성을 측정하는 것이며, 효율성은 시간, 노력, 비용 등 개입에 사용된 자원을 성과에 비추어 평가하는 것으로 투입/산출로 표현되기도 한다.

종결의 목표는 개입을 통한 클라이언트의 변화를 확인하고 원조과정에서 성취한 것들을 유지할 수 있도록 준비시키는 것이다. 사회복지실천이 종료된 이후에도 클라이언트가 독립적으로 자신의 문제를 해결하기 위한 역량을 발휘할 수 있어야 하기 때문이다.

사회복지사는 클라이언트가 새로운 성취를 인정하고 자신감을 유지할 수 있도록 세심한 배려로 종결을 이끌어야 한다. 종결과정에서의 사회복지사의 과업은 적절한 종결 시기의 결정, 클라이언트와 사회복지사의 정서적 반응의 처리, 개입을 통해 획득한 효과의 유지와 강화, 필요한 경우 클라이언트를 다른 자원으로 의뢰하는 것이다(엄명용 외, 2016).

2. 평가의 기능과 평가도구

사회복지실천에 있어서 평가는 여러 측면에서 긍정적인 기능을 수행한다. 평가를 통해 사회복지사의 지식 기반이 증진될 수 있고, 서비스 질에 관한 결정을 용이하게 할 수 있으며, 책임성을 증명할 수 있고, 클라이언트의 목표가 달성되었는지 여부를 객관적으로 결정할 수 있다(Gabor & Grinnell, 1994). 평가를 통해 변화와 관련 있는 변수들에 대한 정보를 얻을 수 있는데, 만약 개입 결과가 성공적이라면 이를 반복하고, 바라는 결과가 달성되지 못했다면 개입과정을 수정할 수 있는 객관적 근거가 마련된다. 또한 평가를 통해 서비스를 받는 클라이언트뿐 아니라 사회복지사, 프로그램 관리자, 재원 제공자, 정책 수립자 등에게 서비스의 질에 관한 정보를 줄 수 있다. 그리고 평가를 통해 클라이언트의 욕구 충족 혹은 문제해결을 위한 서비스를 적절하게 제공하고, 재원을 적절하게 지출하였으며, 실천윤리와 가치에 위배되지 않는 서비스 전달을 하였다는 책임성을 증명할 수 있다. 무엇보다도 평가를 통해 클라이언트의 목표 달성을 증명할 수 있다.

평가를 위한 핵심 질문은 '목표가 달성되었는가?'다. 사회복지실천은 개입계획을 수립하는 과정에서 목표를 설정한다. 그리고 그 목표는 문제 규정과 직접적으로 관련된다. 기본적으로 평가과정에서 제기되는 질문은 다음과 같이 요약될 수 있다(Timberlake, Farber, & Sabatino, 2002).

▣ 목표가 달성되었는가? (예/아니요)

① 목표가 달성되었다면 혹시 개입계획 이외의 요인에 의해 달성되었는가? (외부 요인)

② 목표가 달성되지 못했다면 다음과 같은 질문들을 해 보아야 한다.

- 문제가 최초로 확인된 이후로 클라이언트 체계, 행동체계 또는 표적체계는 목표를 어느 정도 달성했는가? (목표 달성 평가)
- 목표 달성이 개입계획 이외의 요인에 의해 기대한 만큼 달성되지 못했는가? (외부 요인)
- 목표 달성 시기 결정에 오류가 있었는가? (시기 선택)
- 과업을 수행하기로 되어 있는 개인 혹은 체계가 과업을 완수하지 못했는가? (약정)
- 과업이 부적절하게 선택되었거나 순서가 잘못되었거나 부적절하게 기술되었는가? (과업)
- 목표는 달성되었으나 문제가 지속되고 있다면 목표가 부정확하게 설정된 것인가? (목표)
- 목표는 달성되었으나 문제가 지속되고 있다면 문제가 부정확하게 규정된 것인가? (문제)

- 목표 달성을 방해하는 것이 사회복지사와 클라이언트 체계의 관계와 관련된 요인인가? (내부 요인)

평가에는 평가에 사용할 검증된 도구 및 설문지, 문제 상황의 변화 정도에 대한 평가, 참여자의 피드백 등 객관적 자료가 요구된다. 가장 흔한 방법은 클라이언트가 말하는 내용에 근거해 평가하는 것이다. 사회복지사는 클라이언트와의 면접 시 개입과정에서 무엇을 했고, 어떻게 느꼈으며, 무슨 생각을 했는지 등을 파악한다. 여기서 클라이언트의 진전 또는 악화에 관한 추론을 하고 이에 따라 개입을 조정한다. 때로는 클라이언트와 관련된 사람, 즉 부모, 배우자, 동료, 고용주 혹은 친구로부터 평가를 위한 정보를 얻는다. 드물기는 하지만 다른 기관의 기록, 병원, 학교 등으로부터 평가를 위해 정보를 얻을 수도 있다.

표준화된 척도 같은 도구들도 평가에 쓰인다. 예를 들어, 우울증, 불안장애, 트라우마, 알코올 중독, 정신증과 같은 특정 장애와 관련된 측정도구 및 가정폭력, 아동학대 혹은 방임, 사회적 지지, 생활 만족, 삶의 질과 같은 보다 복잡한 문제나 개념을 측정하는 도구들이 있다. 코코란과 피셔(Corcoran & Fischer, 2013a, 2013b), 허드슨(Hudson, 1982)은 사회복지실천의 평가를 위해 사용할 수 있는 평가도구의 광범위한 목록을 소개하고 있다.

실천평가에 있어서 사회복지사가 직접적 관찰을 통해 클라이언트의 행동을 체계적으로 측정하는 것도 평가의 또 다른 진보다(Thyer, 2008). 이는 클라이언트가 사회복지사의 원조를 요청하는 모든 조건들이 구체적인 행동으로 파악되는 것이다. 알코올 중독과 관련해서는 과음 그리고 우울감과 관련해서는 과도한 울음 등을 관찰할 수 있으며, 조증 행동과 관련해 장황하거나 빠르게 말하기와 같은 행동상의 과잉, 조현병은 사회기술의 부족, 긴장증은 잠자리에서 일어나지 못하는 행동, 실직과 관련해서는 직업을 구하지 못하는 행동 문제 등이 관찰될 수 있다.

평가 목적을 위해 생리적 지표들도 활용될 수 있다. 예를 들어, 소변검사, 혈액검사, 체모분석이 클라이언트의 불법 약물 사용을 평가하기 위해 사용된다. 다른 예로 의료사회복지사는 개입의 효과를 살펴보기 위해 생리적 지표인 혈압 혹은 혈당 수치를 사용할 수 있다.

3. 평가방법

1) 사례연구

사례연구(case study)는 실천 결과를 평가하는 가장 오래된 방법이다(Thyer, 2008). 이는 클라이언트의 변화를 평가하기 위해 이야기, 도표, 그림 등을 활용하는 질적 평가방법이다. 많은 학술지들이 사례연구를 게재하고 있다. 사례연구는 몇 페이지에 불과한 간결한 것부터 책 한 권 분량에 이를 만큼 방대한 것까지 다양하다.

사례연구에서 사회복지사는 척도 및 측정도구, 행동 변화의 기록, 감정을 모니터한 일지, 과정 기록, 이론적 틀에 대한 비판, 각각의 실천 요소 수행에 대한 철저한 검토, 클라이언트의 만족도 등 여러 가지 평가 수단을 활용한다(Bisman, 1994).

사례연구의 강점은 원인과 치료에 대한 반응에 관해 추론하는 것을 충실하게 보여 주는 임상사례를 상황적 맥락 속에서 살펴볼 수 있는 점이다.

2) 단일체계설계

단일체계설계(single system design)는 가장 널리 알려진 사회복지실천의 평가방법이다. 단일체계설계는 어떤 규모의 클라이언트 체계에도 적용될 수 있으며, 개인, 가족, 집단, 프로그램, 조직 또는 지역사회를 대상으로 할 수 있다(Johnson & Yanca, 2010). 개인 클라이언트에게 적용하는 경우, 단일사례설계(single subject design)로 일컬어지기도 한다. 이 설계에서 클라이언트 체계는 그 자신이 통제집단이 된다. 단일체계설계로 평가하면 개입 결과를 그래프로 그려 평가 결과를 시각적으로 쉽게 이해할 수 있다.

단일체계설계의 주요 용어는 표적행동과 기초선이다. 표적행동은 개입을 통해 변화시키려는 행동을 말한다. 클라이언트의 문제나 상황의 측정 가능한 측면이 표적이 될 수 있다. 기초선은 개입 이전의 표적행동의 빈도, 강도, 기간을 의미하며, 소급해서 기초선을 설정할 수도 있다. 기초선은 개입과정 동안 관찰된 변화의 정도를 측정하기 위한 기준으로 사용된다. 기초선을 위한 측정 횟수는 일반적으로 많을수록 좋으며 적어도 세 번 이상 측정하도록 권장한다.

AB 설계는 개입 이전의 기초선을 알아보기 위해 사전 측정을 여러 번 하고 개입을 하는 동안 연속적인 측정을 하는 것으로, A는 기초선, B는 개입을 의미한다. 기초선의 패턴과 개입 이후의 패턴에 변화가 보이면 개입이 영향을 미친 것으로 간주한다.

[그림 13-1]은 개입 전과 개입 후 클라이언트의 수면 시간 변화를 그래프로 그린 것이다(Cournoyer, 2000). 클라이언트는 개입 전인 1월 13일과 1월 19일 사이에는 밤에 약 4시간의 수면을 취했다. 클라이언트는 지난 몇 달 동안 평균 수면 시간이 하루에 4시간 정도였다. 1월 20일에 클라이언트는 사회복지사와 면접을 하였고 두 사람이 함께 고안해 낸 변화 프로그램을 실행하였다. 사회복지사와 클라이언트는 목표 수면 시간을 8시간으로 정하였다. 개입이 실행된 이후인 1월 20일부터 이후 12일 동안 클라이언트의 수면 시간은 전반적으로 양호한 진척을 보이고 있다. 1월 23일 4시간으로 떨어진 날을 제외하면 적어도 7시간 이상 수면을 취한 것으로 나타났다.

ABA 설계는 일종의 실험설계로 개입의 효과를 보다 명백하게 검증하기

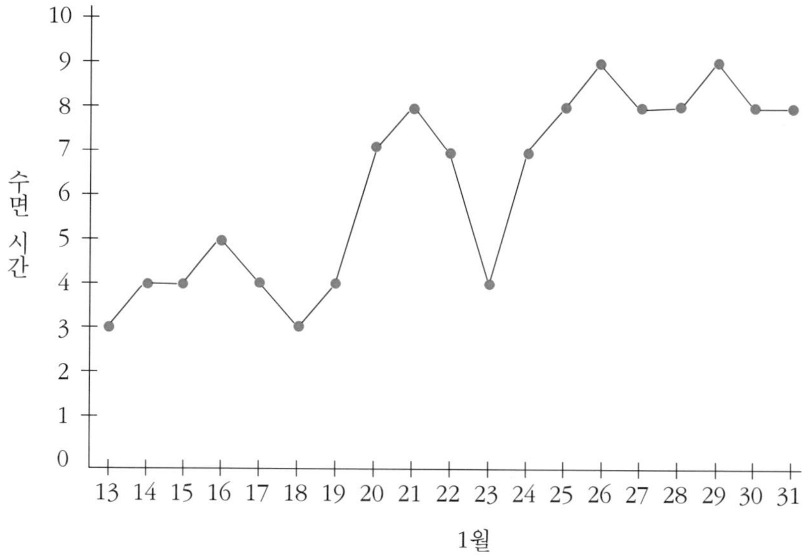

[그림 13-1] 수면 시간의 변화

위해 일정 기간 개입을 한 후에 개입을 중단하는 것이다. 중단 후 다시 기초선으로 돌아가면 변화가 개입의 효과였다는 것이 증명된다. 이 설계는 개입의 효과가 단기간이고 지속적이지 않을 것으로 예측될 때 유용하다. ABAB 설계는 AB 설계를 반복하는 것으로 인과관계 추론이 더욱 분명해지는 강점이 있다.

단일체계설계는 강도, 빈도, 기간 차원에서 측정하기가 쉽고 명확하게 구별되는 행동에 개입의 초점이 있을 때 유용하다. 의뢰, 중개, 조정, 옹호와 같은 사회복지실천 활동은 이 평가방법을 사용하기에 적합하지 않다.

3) 과업성취 평가

과업성취 평가(Task Achievement Scaling)는 구체적 과업의 완수를 측정하는 것으로 이 평가방법은 과업 중심 실천에서 사용하기 위해 개발되었다(Sheafor & Horejsi, 2015). 과업은 바라는 결과에 도달하기 위해 필요한 클라이언트 혹은 사회복지사의 행동이나 결정을 일컫는다. 과업은 보통 며칠 혹은 길어야 2~3주 내에 완수될 수 있는 것이다. 일반적으로 한 시점에서 3개 이상의 과업이 부여되지 않는다.

과업성취 평가는 서비스가 상대적으로 단기적이고 활동들이 구체적일 때 유용하다. 예를 들어, 구직활동을 하는 데 사회복지사에게 도움을 요청한 클라이언트를 생각해 보자. 홈페이지의 구인난 공고 찾아보기, 구직신청서 작성과 제출, 면접 연습, 면접을 위한 교통편 확보, 적합한 복장 준비 등 구직을 위해 클라이언트가 해야 할 많은 과업들이 있다.

과업성취 평가의 형식은 각 과업에 대한 서열척도로, 완전 성취=4, 상당한 성취=3, 부분 성취=2, 최소 성취=1, 진전 없음=0과 같이 5점 척도로 평가한다.

각 과업에 대한 평가 점수들을 합계해서 가능한 최고 점수 합계로 나누면 성취율이 계산된다. 예를 들어, 4개의 과업이 완수되는 것이 목표라면 4개의 과업이 완전 성취되는 가능한 최고 점수의 합계는 16이다. 그런데 4개의 과업에서 실제 점수가 각각 최소 성취(1), 부분 성취(2), 상당한 성취(3), 완전 성취(4)라면 합계가 10이다. 이 경우 과업 성취는 10을 16으로 나눈 결과로 62.5%가 된다.

과업성취 평가에서는 결과만 평가될 뿐 의도나 노력, 동기는 평가될 수 없다.

4) 목표 달성 평가

목표 달성 평가(Goal Attainment Scaling)는 개인 혹은 가족에 대한 개입으로 발생하는 목표 달성 정도를 판단하는 수단이다. 그리드의 한 축에 여러 개의 목표들을, 다른 축에 예측된 달성 수준을 표시한다.

목표 달성 평가는 다음과 같이 수행된다(Sheafor & Horejsi, 2015).

① 2~4개의 목표를 정하고 각각에 대해 5점 척도를 만든다. 사회복지사와 클라이언트는 각각의 목표와 관련해 개입이 시작되기 전의 클라이언트의 상태나 상황을 간결하게 기술하는데, 1~5점으로 구성된 5점 척도다. 1점은 가능한 가장 부정적인 결과를, 2점은 기대된 성공 이하의 결과를 뜻하며, 3점은 기대된 성공 수준을 의미하고, 4점은 기대 이상의 성공을 뜻하며, 5점은 가장 긍정적인 결과를 나타낸다.
② 상대적 중요성을 표시하기 위해 각 목표 영역에 가중치를 부여한다. 각 목표의 중요도를 반영해 100점을 여러 개의 목표들에 배분한다.
③ 개입이 시작되는 시점에서 각 목표에 대한 클라이언트의 상태를 잘 기술한 칸에 표시를 한다. 이것이 변화를 측정하기 위한 기초선 기능을 한다.
④ 서비스 혹은 개입이 종결되는 시점에서 각 목표에 대한 클라이언트의 상태를 잘 기술한 칸에 ×표시를 한다.
⑤ 각 목표에 대한 가중치를 반영한 변화를 결정한다. 변화 점수 계산은 종결 시점 점수에서 시작 시점 점수를 감한 후 가중치를 곱한다.
⑥ 각 척도별로 가능한 변화비율을 계산한다. 가중치가 반영된 실제 변화 점수를 클라이언트가 받을 수 있는 가장 높은 점수로 나누어 백분율을 계산한다.
⑦ 종합적인 목표 달성 점수를 계산한다. 가중치가 반영된 실제 변화 점수의 합계를 모든 목표의 가능한 점수들의 합계로 나누어 백분율을 계산한다.

목표 달성 평가의 주요 한계는 목표의 결과에만 초점을 둔다는 점과 시간이 경과함에 따라 변화가 계속 유지될 것인지에 관한 의문이 있다.

5) 클라이언트 만족도 조사

클라이언트 만족도 조사는 사회복지기관이 제공한 서비스에 관한 클라이언트의 의견을 구하는 것이다(Sheafor & Horejsi, 2015). 클라이언트에게 기관의 인상, 개입의 성공, 담당자의 역량 등 원조과정의 중요한 측면들을 평가하도록 한다. 이 평가방법의 한계는 개입의 결과로 일어난 것에 대한 클라이언트의 인식만을 파악한다는 점이다. 그러나 현실은 인식과 다를 수 있고, 인식이란 시간이 지나면서 변할 수 있다. 또한 클라이언트 만족도 조사는 불만족한 클라이언트들보다 만족한 클라이언트들의 응답률이 높은 경향이 있어 긍정적인 응답으로 자료를 왜곡하기 쉽다.

4. 종결의 의미와 유형

종결은 실천과정의 최종 단계다. 사회복지실천의 이상적인 마무리는 긍정적인 변화가 지속되는 것으로 사회복지사의 개입이 종료된 후에도 문제를 해결할 수 있는 클라이언트 체계의 능력이 유지되도록 하는 데 있다. 바람직한 종결은 클라이언트에게 실천과정에서 이루어진 진전을 검토할 기회를 주며, 이 과정에서 클라이언트가 자신이 변화의 주체임을 깨닫게 돕고, 종결 이후의 생활에 대해 자신감을 갖고 원조관계를 종료하도록 돕는다.

종결과 관련해 사회복지사는 처음 제기되었던 문제는 현재 어떠한 상태인지, 개입 이후 어떤 변화가 있었는지, 개입과정에서 클라이언트가 어떤 역할을 수행했는지, 유사한 문제가 다시 발생한다면 클라이언트가 이를 어떻게 다룰 것인지, 문제에 대한 클라이언트의 생각이 어떻게 달라졌는지, 실천과정의 종결에 대해 클라이언트는 어떻게 느끼는지, 다시 개입이 필요하다고 느끼게 하는 요인들은 무엇인지 등을 구체적으로 확인해야 한다(김혜란 외, 2008).

종결이 적합한지 여부를 결정할 때는 다음과 같은 요소들이 고려되어야 한다(Sheafor & Horejsi, 2015).

- 클라이언트가 기관에 가지고 온 문제나 상황이 충분히 해결되어 클라이언트가 현재 만족스러운 수준으로 기능하는가? 그렇다면 달성한 목표를 유지시킬 계획을 수립하였는가?
- 클라이언트와 사회복지사는 어느 한편이나 양편 모두 앞으로의 접촉에서 이득을 기대할 수 없다는 결론에 도달했는가?
- 사회복지사와 기관은 만족할 만한 성과 없이 시간, 에너지, 기술을 투입하고 있는가? 그렇다면 클라이언트에게 도움이 될 수 있는 다른 기관이나 전문가가 제공하는 다른 서비스를 찾았는가?
- 클라이언트가 사회복지사나 기관에 부적절하게 의존하게 되었는가? 그렇다면 클라이언트를 의뢰할 만한 적절한 곳이 있는가?

이와 같이 종결은 목표 달성뿐 아니라 다양한 다른 요인들에 의해서도 결정될 수 있다.

원칙적으로 클라이언트도 종결 시점 결정에 동등하게 참여할 기회를 가져야 한다(Bogo, 2006). 사회복지사와 긍정적인 원조관계를 경험하고 진전을 이룬 클라이언트는 경험 속에서 자아가 강해지고 힘이 생겼다고 느낀다. 동시에 사회복지사의 개입이 끝나는 것을 걱정할 수 있다. 클라이언트는 종종 자신이 사회복지사에게 지나치게 의존하게 되지 않을까 우려하고 종결이 독립적으로 기능할 수 있는 자신의 능력을 뜻하는 것으로 생각한다. 클라이언트는 종결 결정에 참여함으로써 자신의 역량에 대한 신뢰감을 높이고 내적 성숙을 경험하는 기회를 가지게 된다.

사실상 종결은 실천과정에서 언제든 일어날 수 있다. 사회복지사와 클라이언트가 설정한 목표에 도달하고 클라이언트가 사회복지사의 원조 없이 목표를 수행하는 데 편안하다고 느낄 때, 충분한 원조가 이루어져 클라이언트가 자신의 힘으로 욕구를 충족하거나 문제를 해결할 수 있다고 느낄 때, 어떤 진전도 없고 변화 가능성을 기대하기 어려울 때, 사회복지사나 기관이 클라이언트가 필요한 자원을 가지고 있지 않거나 필요한 서비스를 전달하기 위한 기관의 승인을 받지 못할 때 종결이 이루어진다. 물론 종결을 논의하기에 가장 좋은 시점은 제시된 문제가 해결되고 클라이언트와 사회복지사 모두 결과에 만족할 때다. 그러나 실제 상황에서의 종결은 예상하지 못한 방식으로 일어날 수 있다. 많은 클라이언트들이 중도에 그만두거나 바람직한 결과가 성취되기 전에 성급하게 종결을 하게 된다.

종결의 유형은 다음의 세 범주로 구분할 수 있다.

① 목표 달성으로 인한 종결

이상적인 종결은 클라이언트와 사회복지사가 목표가 달성되었고 충분한 진전이 이루어졌다고 믿거나, 제시된 상황이나 문제에서 벗어났을 때 발생한다(Bogo, 2006). 개입의 목표가 달성되어 이루어지는 종결이 가장 만족스러운 종결 유형이다. 종결이 가까워지면 클라이언트와의 접촉 빈도를 조금씩 줄이는 것이 바람직하다. 목표 달성으로 종결을 하는 경우에도 정서적 반응을 다루는 것은 중요하다.

② 시간 제한에 의한 계획된 종결

기관의 기능 혹은 사회복지사와 클라이언트 간의 합의와 관련된 시간 제한에 의해 종결이 이루어지는 경우다. 시간 제한은 실천현장의 현실적 조건 때문이기도 하지만, 동시에 정해진 시간 내에 성과를 기대하는 것이므로 시간 제한이 있을 때 사회복지사와 클라이언트 모두 열심히 개입에 임하게 된다. 반면 시간 제한으로 인해 진전이 없을 때도 종결이 이루어질 수 있다. 사회복지사는 공감적이고 비심판적인 태도로 이러한 상황을 설명해 주고, 진전이 이루어지지 않은 이유를 탐색하는 데 클라이언트를 참여시킬 책임이 있다(Bogo, 2006). 이러한 경우 접근 방식의 변화가 건의될 수 있으며, 다른 사회복지사나 필요한 서비스로 변경하거나 다음 기회에 서비스를 제공하기로 하고 종결할 수도 있다. 시간 제한에 의해 종결이 이루어지는 경우 이별과 관련된 감정을 다루어야 하고 필요한 경우 의뢰해야 한다. 일반적으로 시간 제한이 있는 원조인 경우 원조과정이 목표 지향적이고 한시적이라는 것을 클라이언트에게 처음부터 주지시켜야 한다.

③ 계획되지 않은 종결

클라이언트가 공식적으로 혹은 말없이 중단하는 경우와 같은 계획되지 않은 종결은 사회복지사에게 당황스러운 상황이다. 계획되지 않은 종결은 원조관계에 이상이 있거나 서비스가 도움이 되지 않는다는 클라이언트의 생각을 반영할 수 있다. 또는 시간이나 장소 등 물리적으로 이용하기 어려운 클라이언트 사정 때문에 중단될 수 있다. 계획되지 않은 종결이 곧 실패를 의미하는 것은 아니다. 연구 결과에 의하면 중도에 그만둔 클라이언트 중 2/3가 원조 결과 상당한 진전을 보였다고 보고하였다(Fortune, 2002). 사회복지사는 클라이언트의 자기 결정권을 존중하는 한편, 클라이언트가 이러한 종결을 선택하게 된 이유를 파악하는 것이 중요하다. 클라이언트로부터 미처 그 이유를 듣지 못했을 때, 사회복지사는 클라이언트의 중단 결정 사유를 서로 이야기할 기회를 가질 수 있는지 전화나 이메일 혹은 우편으로 연락해야 한다.

계획되지 않은 종결이 발생하는 이유가 사회복지사에게 있을 수도 있다. 사회복지사의 퇴직이나 업무 변동 혹은 개입이 클라이언트에게 더 이상 도움이 되지 않는다는 전문적 판단에 의해서 종결이 이루어질 수 있다. 사회복지사로 인한 종결이 발생하는 경우 클라이언트는 거부당한 느낌과 같은 부정적인 감정을 갖기 쉽다. 사회복지사는 클라이언트와 함께 이러한 감정들을 솔직하게 이야기할 기회를 갖는 한편, 다른 사회복지사 또는 다른 기관으로 의뢰가 원활하게 이루어질 수 있도록 한다.

5. 종결의 구성요소

존슨과 얀카(Johnson & Yanca, 2010)는 종결의 구성요소로 분리, 변화의 안정화, 평가 등을 제시하였는데, 이는 핀쿠스와 미나한(Pincus & Minahan, 1973)의 종결과정 논의에 근거한 것이다. 보고(Bogo, 2006)는 진전 수준 검토, 긍정적 변화의 유지, 다음 단계의 계획, 정서적 유대 다루기 등 네 가지 요소를 제시하였다. 여기서는 종결의 구성요소를 진전 수준 검토, 변화의 안정화, 정서적 유대 다루기, 다음 단계의 계획, 평가 등 다섯 가지 요소로 구분해 살펴보고자 한다.

1) 진전 수준 검토

종결이 다가온 것을 클라이언트에게 알리는 유용한 방법은 사회복지사와 클라이언트가 함께해 온 과정에 대해 성찰적 논의를 하도록 클라이언트를 참여시키는 것이다(Bogo, 2006). 이 시점에서 중요한 것은 클라이언트가 노력한 부분에 특히 주목하면서 목표가 어떻게 성취되었는지를 함께 생각해 보는 것이다. 사회복지사는 클라이언트의 강점과 협력에 초점을 두면서 변화에 영향을 미친 클라이언트 자신의 태도, 역량, 자원을 확인하도록 돕는다. 이 과정에서 클라이언트로부터 사회복지사의 개입으로 인해 도움이 되었던 점을 들을 기회를 갖는 것은 사회복지사에게도 매우 유용하다.

2) 변화의 안정화

변화의 안정화는 진전 수준을 검토하는 것에서부터 시작된다. 사회복지사는 그동안의 진전을 검토하면서 클라이언트가 변화를 가져오기 위해 무엇을 했는지 확인하고 자신이 변화의 주체임을 깨닫도록 돕는다(Bogo, 2006). 클라이언트는 탐색을 통해 개인적 요인과 환경적 요인을 구별해 보고 어떠한 변화가 자신의 새로운 사고, 감정, 행동의 결과이고 어떤 변화가 가족, 친구, 직장 동료와 같은 중요한 사회적 관계 및 환경이 기여한 결과인지 알게 된다. 이후 성취한 것을 유지하기 위해 어떤 요소와 상황이 중요한지 생각하면서 이를 극대화하고 일반화할 수 있게 된다. 이는 클라이언트에게 미래에 발생하게 될 문제들에 대해 어떻게 접근하고 처리해야 하는지에 대한 지침이 된다. 사회복지사는 변화의 안정화를 위해 문제점을 예상하고 이를 극복할 수 있도록 클라이언트를 준비시킨다. 또한 강화를 위해 클라이언트의 문제를 검토하고 문제해결에서 그동안 그들이 거쳐 온 단계를 분석함으로써, 클라이언트로 하여금 문제해결의 원칙을 파악하도록 돕는다. 그리고 이 문제해결의 원칙을 일상생활의 문제에 적용할 수 있도록 돕는다. 이 방법은 클라이언트에게 스스로 할 수 있게 도울 수 있는 자원을 가지고 있다는 것과 그 자원들이 무엇인지 알게 해 준다. 성장을 위해 필요한 목표를 세우고 성장을 가능케 하는 데 활용될 수 있는 자원을 논의함으로써 변화의 안정화가 시도될 수 있다. 사회복지사는 변화를 안정화하는 노력을 하면서 클라이언트의 성취감과 자기효율성을 지지한다. 또한 종결에 대한 클라이언트의 두려움을 인정하고 검토하면서 이 두려움을 어떻게 다룰 것인지에 대해서도 대화를 나눈다.

변화를 안정화하기 위한 또 다른 방법은 클라이언트가 원조를 요청하기 위해 처음 기관에 오게 된 상황과 비슷한 상황을 설정하고 가능한 대처방법들을 탐색해 보도록 하는 것이다(Johnson & Yanca, 2010). 그동안 경험을 통해 배운 것이 다른 상황에서도 적용될 수 있는지 생각해 보게 한다. 클라이언트의 생활 속에서 대처 능력을 키우기 위해 클라이언트 환경의 유용한 다른 자원들을 함께 확인해 보는 것도 중요하다. 전문가는 아니지만 도움을 줄 수 있는 사람들이나 지역사회에서 제공되는 여가 프로그램, 공통의 관심을 가지고 있는 자조모임 등이 이러한 자원이 될 수 있다. 이러한 자원들은 클라이언트의 지지체계를 보충하거나 대체한다.

사회복지사와 함께한 시간들은 클라이언트의 인생에서 하나의 단계로, 인생 과업에 대해 더 나은 대처와 성장을 경험할 수 있었던 중요한 단계로 간주되어야 한다. 이러한 관점은 사회복지사와 함께하지 않더라도 다른 새로운 관계를 통해서 또는 살아가면서 거치게 될 다른 단계들이 있다는 것을 의미한다. 지속적인 성장은 발생한 변화를 안정화하는 하나의 방법이다.

또한 사후관리를 통해 변화의 유지와 강화를 모색한다. 추수면접을 이용해 클라이언트의 기능 수행상의 악화를 막을 수 있다. 사후관리는 종결이 이루어진 후 일정 기간이 지나서 클라이언트가 잘 적응하고 있는지를 점검하는 과정으로, 종결 후 대개 1~6개월 사이에 진행된다. 종결 시에 사후관리를 언급하는 것은 종결에 대한 클라이언트의 충격을 완화시키는 이점이 있다.

또한 사회복지사는 문제가 재발했을 때 언제든지 다시 원조를 받을 수 있으며 향후 대처하기 어려운 문제가 생기면 재방문할 수 있다는 점을 클라이언트에게 알려 준다. 또 사회복지사는 이직할 수 있으나 기관에서는 같은 서비스를 계속 제공할 것이라는 점도 알려 준다. 이러한 인식은 갑작스러운 종결을 하는 클라이언트에게 특히 중요하다.

3) 정서적 유대 다루기

종결은 목표 달성을 의미하므로 일차적으로 긍정적인 것으로 간주된다. 많은 클라이언트들이 종결을 수월하게 받아들인다(Murphy & Dillon, 2003). 목표 달성을 하고 종결을 앞둔 클라이언트는 자신의 역량에 대한 기대와 신뢰가 증진될 수 있다. 긍정적 종결 반응으로 가장 전형적인 것은 클라이언트가 자신의 자아가 확대되었다고 느끼는 것이다. 사회복지사 또한 클라이언트와 함께 설정한 목표를 성취하면서 전문가로서 자존감 향상과 역량강화를 경험할 수 있다.

한편, 종결은 원조관계가 더 이상 유지되지 않는다는 것을 의미한다. 원조관계가 의미 있었다면 종결에 따른 감정이 생긴다. 목적이 성취될 때 종결하게 된다는 것을 예상했더라도, 클라이언트와 사회복지사 모두에게 종결에 대한 감정이 발생할 수 있다는 점을 인정해야 한다. 특히 계획되지 않은 갑작스러운 종결인 경우 클라이언트는 미해결된 느낌과 관련된 감정을 갖게 된다.

종결에 따른 감정은 상황에 따라 다양하지만 공통점도 있다. 처음 반응은 흔히 부정하는 것으로, 종결이라는 현실 또는 종결과 관련된 감정을 부정한다. 종결이 논의된 후 클라이언트가 약속을 지키지 않는 행동을 하는 것은 일종의 부정이다. 다음 단계는 감정적 반응이다. 서로 신뢰했고 친밀하였던 원조과정을 종결하면서 클라이언트는 상실감, 두려움, 의존성, 슬픔과 같은 부정적 정서를 경험할 수 있다. 사회복지사는 클라이언트와 함께 이러한 감정을 다루어야 한다. 헤어짐을 다루는 방법으로는 회상이 유용하다. 회상을 통해 클라이언트는 함께했던 일의 긍정적 측면을 볼 수 있고 성장이 고통을 수반하는 것을 이해할 수 있다. 이 과정에서 사회복지사는 상황을 현실적으로 평가할 수 있게 해 주는 현실 요인들을 강조한다. 그러나 모든 클라이언트가 종결을 상실로 여긴다고 가정해서는 안 된다. 특히 서비스를 강제로 받아야 했던 비자발적 클라이언트인 경우 종결을 구원으로 여길 수 있다. 많은 클라이언트들이 원조를 필요했던 경험이었다고 인정하지만 더 이상 사회복지사의 도움 없이 생활할 수 있다는 것에 기뻐한다.

클라이언트의 종결에 대한 감정은 원조관계의 강도와 성격에 따라 다양하다(Johnson & Yanca, 2010). 원조관계의 강도가 약하거나 참여 기간이 짧았다면 관계가 돈독했거나 장기간이었던 경우보다 종결에 대한 감정이 덜 강렬하다. 비자발적인 클라이언트라면 서비스가 종결되는 것에 해방감을 느낄 수도 있다. 서비스에 관해 성공이나 만족의 느낌을 가진 클라이언트는 서비스 경험에 대해 남다른 감정을 가질 것이다. 삶에서 중요한 상실이나 분리를 경험한 적이 있는 클라이언트는, 특히 그러한 상실의 감정을 다룰 기회가 없었다면 과거에 상실을 경험하지 않았던 클라이언트와는 다른 감정을 경험할 것이다. 클라이언트의 독립성이나 의존 욕구도 감정에 영향을 미친다. 종결 시점에 클라이언트의 삶이 전체적으로 어떠한 상태인가도 클라이언트가 종결을 다루는 방식에 영향을 줄 수 있다. 클라이언트가 많은 변화나 복잡한 요구들을 처리해야 하는 상황에 놓여 있다면 종결이 더 어려울 수도 있고, 반대로 종결을 돌파구로 여길 수도 있다.

원하는 결과를 얻지 못하고 종결하는 경우 클라이언트는 목적이 달성되지 못한 데 대한 실망, 사회복지사에 대한 분노, 초조함 등을 느낄 수 있고, 이런 시점에 종결이 거론되면 충격이 증폭되어 거부 혹은 공격적으로 부정적 감정을 표출할 수 있다. 사회복지실천은 문제의 특성, 클라이언트의 특성, 환경적 요구와 지지, 사회복지사와 클라이언트 간의 관계를 포함한 많은 요인들에 달려 있기 때문에 최선의 노력을 했음에도 변화가 일어나지 않는 상황들이 있게 된다(Bogo, 2006). 이처럼 목적 달성이 안 된 종결이라 하더라도 사회복지사는 클라이언트 체계와 함께 변화를 성취하지 못하게 작용했던 요인들에 대해 그리고 추가적 원조를 구하는 클라이언트의 감정에 대해 이야기할 기회를 갖는 것이 중요하다.

사회복지사 또한 슬픔, 상실감, 죄책감, 불안감 등 종결에 따른 다양한 부정적 정서를 경험할 수 있다. 때로는 사회복지사의 심리적 욕구로 인해 종결이 어려울 수도 있다. 경험이 많지 않은 사회복지사는 종결과정에서 일어날 수 있는 클라이언트의 강렬한 감정에 어떻게 반응해야 할지 모르기 때문에 당황스러울 수 있다. 이러한 감정은 상실이나 슬픔뿐만 아니라 원조관계나 원조과정에 관한 불만과 관련될 수 있다. 사회복지사는 헤어짐과 상실에 관련된 자신의 반응에 대한 자아 인식을 해야 한다.

사회복지사 자신의 불편함이나 미숙한 대처로 인해 클라이언트의 감정을 적절하게 해소하도록 돕지 못한다면 클라이언트는 감정 처리를 배울 수 있는 기회를 놓치게 된다.

사회복지사는 클라이언트와의 관계를 적절하게 마무리 짓는 기술을 발휘하여야 한다. 클라이언트에 대한 관여를 점차 줄여 나가고 만남의 간격을 더 넓혀 나가면서 클라이언트 스스로 해야 하는 것을 더 강조하는 접근이 필요하다.

여러 이유로 클라이언트는 종결 후에 사회복지사와 개인적 관계를 가지거나 친구가 되고 싶다고 제안할 수 있다(Bogo, 2006). 그러나 이중관계를 갖지 않는 것은 사회복지사의 윤리적 책임이므로 클라이언트의 요청에 대해 공감해 주면서 비심판적인 태도로 이러한 입장을 설명해야 한다. 이러한 윤리 기준이 클라이언트를 거부하기 위한 규정이 아니라 클라이언트를 보호하고 원조전문가로서 클라이언트를 도우려는 것임을 전달하는 것이 중요하다.

4) 다음 단계의 계획

많은 실천 상황에서 종결은 퇴원계획 또는 클라이언트가 필요로 하는 자원이나 프로그램을 제공할 수 있는 다른 기관으로의 이동을 의미한다(Bogo, 2006). 사회복지사는 클라이언트가 도움 없이도 이 자원들을 쉽게 이용할 수 있는지, 혹은 뜻밖의 자격 요건과 대기자 명단이 서비스를 제공받는 데 장애가 되는지 고려해야 한다.

클라이언트에 대한 배려로 다른 자원이나 다른 전문가가 더 적합하기 때문에 의뢰된다는 것을 설명하여야 한다. 실천 원칙상으로는 클라이언트의 자기 결정권과 역량강화를 고려해 클라이언트 스스로 하는 것을 강조하지만, 클라이언트가 새로운 기관이나 전문가에게 의뢰되는 경우 종종 복잡한 체계의 특징인 관료주의, 긴 대기자 명단, 직원들의 불친절 등으로 좌절감을 느끼거나 압도되기 쉽다. 따라서 사회복지사가 의뢰기관과 클라이언트 간에 확실히 연결될 수 있도록 중개자와 옹호자 역할을 하는 것이 보다 현실적일 수 있다.

5) 평가

종결과 관련해 사회복지사와 클라이언트가 평가하는 중요한 초점은 사정과정에서 규명된 것처럼 클라이언트 욕구에 근거하고 행동계획의 일환으로 설정된 목표들에 대해서다(Johnson & Yanca, 2010). 서비스의 성과를 고려할 때 목표에 도달하는 과정을 살펴보며 무엇이 유용했고 유용하지 않았는지 확인하는 것이 도움이 된다. 부산물이나 예상하지 못한 결과에 대해서도 주목해야 한다. 평가의 이러한 측면은 클라이언트가 이후 자신의 욕구를 충족할 수 있는 방법에 대해 더 잘 이해하도록 도움이 된다는 점에서 사회복지사와 클라이언트 모두에게 유용하다. 또한 종결에 있어서 평가는 사회복지사가 원조과정과 클라이언트와 함께 일하는 방법을 더 잘 이해하도록 돕는다.

사회복지사가 종결과정을 적절하게 이끄는 능력은 클라이언트의 만족에 영향을 미치는 중요한 요인이다. 클라이언트는 무엇이 일어났는지 검토하고, 향상과 진전에 대해 감사하며, 그 과정에서 자신의 역할과 경험을 어떻게 일상생활에 적용할지를 발견하고, 자신이 어떻게 성장을 지속할지 터득하게 된다.

사회복지사는 종결과정에서 진전 수준 검토, 변화의 안정화, 정서적 유대 다루기, 다음 단계의 계획, 평가 등의 활동을 통해 클라이언트가 지속적으로 성장하고 일상의 다양한 상황과 환경의 기대에 대처하도록 돕는다.

제 14 장 사례관리

1. 사례관리의 개념과 정의

최근에 사례관리는 민간 부문에서는 주요 사회복지실천 방법으로, 그리고 공공 부문에서는 공공 사례관리로 일컬어지는 전달체계를 형성하면서 만능 열쇠로 부각되고 있다.

사례관리(case management)는 임상적 개입의 의미가 강한 사례와 행정적 의미가 강한 관리가 합쳐진 용어라 할 수 있다. 이와 관련해 민소영(2008)은 사례관리의 개념을 정의하면서 사례는 임상적 기능에 초점을 두며 개별 클라이언트의 생물적 · 심리적 · 사회적 측면, 개별화된 상담 및 치료 기능, 관계에 기반한 클라이언트 개입, 직접적 개입 형태를 일컫는 것으로 간주하고, 관리는 행정적 기능에 초점을 두며 사회적 체계 측면, 공식적 · 비공식적 원조망 개발 및 유지, 자원연결 기능, 서비스 연계 및 서비스 조정을 통한 클라이언트 개입, 간접적 개입 형태를 일컫는 것이라고 하였다. 현외성 등(2012)에서도 사례관리의 개념을 사례와 관리의 합성어에서 유추해볼 수 있다고 보았다. 사례는 사회복지 대상자가 가지는 여러 문제, 욕구의 불충족, 혹은 해결되어야 하는 사회복지 문제를 의미하고, 관리는 실천현장에서 사회복지 대상자들이 직면하고 있는 문제를 해결하는 실천의 뜻이 있으며 이 실천을 지원하는 행정적 관리, 사회복지기관 및 시설 간 연계, 조정을 위한 관리를 한다는 것이다.

사례관리를 둘러싸고 사례(case), 보호(care), 관리(management) 등의 용어 사용과 관련된 논쟁도 있다.[1)] 사례라는 표현이 인간의 가치를 격하시키는 부정적인 의미를 담고 있다는 비판이 있는 반면, 사례관리가 개인에게 초점이 맞추어져 있으므로 사례가 적합한 용어라는 의견도 있다. 용어로서 사례관리가 보호관리(care management)보다 더 적합하다고 여기는 관점에서는 보호라는 용어가 클라이언트의 의존성을 의미하며 클라이언트와 서비스 제공자 간의 수직적 관계를 암시하는 것으로 간주한다. 관리라는 단어에 대한 거부감도 있다. 이봉주, 김용득, 김문근(2008)에서는 관리에 통제, 지시, 취급 등의 의미가 포함되어 있어 클라이언트의 참여나 임파워먼트의 이념을 충분히 반영하지 못한다고 지적하고 있다. 임파워먼트 이념을 반영할 뿐 아니라 주요 기능으로서 서비스 연계 및 조정을 적절히 표현하는 용어로 서비스 조정이나 사례조정과 같은 용어가 제안되기도 하였다.

사례관리의 개념은 혼란스러울 정도로 다양하게 정의되고 있는데 이 책에서는 보건의료직 등 다른 전문 분야에서 활용되는 사례관리 개념은 제외하고 사회복지 영역에서 논의된 내용 중심으로 검토하고자 한다. 국내외 주요 사례관리 관련 문헌에서 사례관리를 정의한 내용은 〈표 14-1〉과 같다.

---

1) 관리의 의미가 사례를 관리하는 것이 아니라 서비스를 관리하고 조정하는 것이며 사례관리를 사례에 대한 임상적 관심과 기술 및 관리라고 하는 행정적 관심이 함께 필요한 사회복지실천 방법이자 서비스 전달방식을 의미하는 것으로 해석하면 용어 관련 이견이 어느 정도 해소될 수 있을 것이다.

〈표 14-1〉 사례관리의 정의

출처	정의
NASW(1984)	서비스 전달체계의 요소들을 연결하고 조정하여 클라이언트의 돌봄 욕구를 충족시킬 수 있는 포괄적 서비스를 제공할 수 있도록 하기 위한 기제
Moxley(1989)	복합적 욕구를 가진 사람들의 기능을 향상시키고 복지를 위해 공식적·비공식적 자원과 활동의 관계망 조직, 조정, 유지
Moore(1990)	임상적 기술과 지역사회전문가의 옹호기술이 요구되는 새로운 사회복지실천 분야로 클라이언트의 욕구를 충족시키기 위해 단편적인 서비스 전달체계를 통합하고 서비스를 기획하고 조정하며, 클라이언트와 1차 집단이 사회 환경을 효과적으로 사용할 수 있도록 촉진하는 데 초점을 두는 활동
Barker & Intaliata (1992)	통합적이고 효과적이며 효율적인 방식으로 필요한 서비스를 제공받도록 보장하기 위해 다양한 기관과 직원들이 제공하는 서비스를 계획하고 발견하며 점검하는 과정
Kumar(2000)	클라이언트 욕구의 사정, 계획, 조정, 전달과 모니터링을 통해 적절하고 책임 있는 서비스를 받게 함으로써 클라이언트 중심의 서비스 통합을 달성하기 위한 전문적 서비스 실천과정
Barker(2014)	클라이언트의 강점과 안녕을 증진시키기 위해 다양한 사회적 기관으로부터 서비스, 자원 그리고 지지를 계획하고, 요청하며, 옹호하고, 점검하는 과정이며 클라이언트 및 그의 가족을 포함하여 관련된 많은 서비스 공급자들과 협력을 도모하는 개입
설진화(2009)	지속적인 도움을 필요로 하는 클라이언트에게 지역사회 자원인 사회적 서비스를 포괄적이고 체계적으로 연계하여 제공하는 실천방법
현외성 등(2012)	복합적이고 장기적인 욕구를 가진 사회복지 대상의 문제를 해결하고 예방하기 위하여 필요한 급여와 자원을 지속적이고 체계적으로 연계, 조정, 관리하는 사회복지실천 방법
이기연, 유서구 (2012)	만성적이고 복합적인 문제를 가진 개인 및 가족과 함께 일하면서 이들과 자원제공자들의 기능을 향상시켜 환경 속에서 자신들에게 필요한 서비스와 자원을 스스로 획득하고 사회적 기능을 원활히 수행할 수 있도록 돕는 통합적인 접근 방법

최은희, 황미영 (2013)	복합적인 욕구를 가진 대상자와 주변 체계의 욕구를 발견하고 사회적 기능을 향상시키기 위해 지역사회 자원을 개발하고 연계하며 조정·관리하는 전문적 활동
권진숙, 박지영 (2015)	생태체계적 관점을 기반으로 만성적이고 복합적인 문제를 가진 개인·가족과 함께 일하면서, 그들과 자원제공자들의 기능을 향상시키고 이를 통해 개인·가족이 환경 속에서 자신에게 필요한 서비스와 자원을 스스로 획득하여 사회적 기능을 원활히 수행할 수 있도록 돕는 통합적인 접근
한국사례관리학회 (2016)	복합적이고 장기적인 욕구가 있는 클라이언트와 가족의 사회적 기능 회복을 위해 운영체계를 확립하고 클라이언트와 함께 개인과 환경의 강점을 포함한 체계적 사정과 그들의 욕구와 관련된 내적 자원은 물론 다양한 지역사회 자원의 개발과 활용을 통해 클라이언트의 삶의 질을 향상시키는 통합적 실천방법

미국사회복지사협회(NASW)는 1992년에 사례관리가 사회복지실천의 영역이라고 공식적으로 인정하고 사회복지실천 사례관리(social work case management)라는 용어를 사용했는데 그 내용은 다음과 같다(NASW, 1992).

"사회복지실천 사례관리는 전문적 사회복지사가 클라이언트 및 클라이언트 가족의 욕구를 사정하여 서비스를 제공하는 방법이다. 사례관리자는 클라이언트의 복합적 욕구를 충족하기 위해 서비스 패키지를 구성하고, 배정된 서비스를 조정하며, 점검하고, 평가하고, 옹호하는 기능을 수행한다. 사회복지사는 사회복지실천 사례관리의 주요 제공자다. 사회복지실천 사례관리가 다른 형태의 사례관리와 구별되는 점은 사회복지실천 사례관리는 사회 체계뿐만 아니라 클라이언트의 생물심리사회적 상태를 다룬다는 점이다. 사회복지실천 사례관리는 미시적이면서 동시에 거시적이다. 즉, 클라이언트 수준과 체계 수준에 모두 개입을 한다. 사회복지사는 클라이언트와 치료적 관계를 발달시키고 유지하며, 클라이언트에게 필요한 서비스, 자원, 기회를 제공하는 체계와 클라이언트를 연결시키는 것을 포함한다. 제공되는 서비스는 한 기관에 속하거나 혹은 여러 기관들이나 조직에 걸쳐 있다."

루빈(Rubin, 1992) 또한 사례관리란 효율적이고 효과적인 서비스 전달을 위해 다양한 서비스를 동원하고 조정하는 사회복지사의 활동을 일컫는다고 보고, 사례관리를 복합적인 문제와 장애를 가진 클라이언트가 필요로 하는 서비스를 적절한 시기에 적절한 방식으로 제공받을 수 있도록 하는 사회적 서비스를 전달하는 접근 방법으로 정의하였다.

한국사례관리학회 편(2012)에서는 사례관리를 정의하면서 핵심 요소를 일곱 가지로 정리하였다. 첫째, 사례관리의 주 대상은 복합적이고 장기적인 욕구를 가진 취약계층의 개인과 가족이다. 둘째, 사례관리의 궁극적인 목적은 클라이언트의 자립과 자활을 위한 사회기능의 회복과 역량강화다. 셋째, 사례관리는 생태체계 사정인 임상적 접근과 자원의 개발 및 연계라는 행정적 접근이 공통적으로 중시되는 방법이다. 넷째, 사례관리는 개입의 효과성과 책임성을 중시한다. 기존 사회복지서비스가 공급자 중심의 서비스인 프로그램 중심으로 실시되면서 성과 혹은 결과 측정에 약점을 보이는 데 반해 사례관리는 개별 맞춤형 개입을 통해 개인의 목표 달성 정도를 측정해 낼 수 있는 책임성 있는 방법이다. 다섯째, 사례관리서비스 제공의 범위는 사례관리자가 속한 기관의 범주를 넘어서 타 기관과의 서비스 연계가 중시되고, 지역사회의 공식적 · 비공식적인 인적 · 물적 자원을 개발하고 활용한다. 여섯째, 서비스의 방법은 상담, 지원, 연계 등의 직접 서비스 제공과 프로그램 개발, 옹호, 자원개발 등의 간접 서비스가 통합적으로 제공된다. 일곱째, 사례관리는 체계화된 운영체계를 통해 종합적으로 점검되고 관리되는 책임 있는 실천 방법이다.

한편, 사례관리는 초기에는 복합적이고 장기적인 문제를 효과적이고 효율적으로 관리하기 위해 도입되었으나 최근에는 구체적인 문제해결과 단기개입까지 포괄하고 여러 다양한 활동을 가리키는 광범위한 의미로 사용되고 있다(이기연, 유서구, 2012).

2. 사례관리의 발전과정

사례관리의 개념 논의를 감안하면 사례관리의 시작은 미국의 경우 1960년대 초 탈시설화 정책으로 정신장애인, 지적장애인이 병원 혹은 시설에서 나와 지역사회에서 생활하게 되면서 이들의 보호와 적응을 돕는 포괄적 접근으로 볼 수 있다. 1970년대 미국 정신보건 분야에서의 사례관리는 다양한 서비스가 필요한 복합적인 욕구를 가진 클라이언트에게 적절한 방법으로 서비스를 전달하기 위해 필요한 것이었다(Woodside & McClam, 2006). 클라이언트가 복합적인 욕구를 가졌기 때문에 직접적 서비스 제공만으로 이를 충족시킬 수가 없었고 이러한 클라이언트에게 다양한 서비스를 연계하는 과정이 필요했던 것이며 서비스 연계가 사례관리의 핵심적인 기능이었다.

정신장애인과 지적장애인 외에도 중증 장애인, 약물중독자, 기능손상 노인 등 복합적이고 장기적인 욕구를 가진 클라이언트들이 증가하면서 사례관리의 적용 대상은 확대되었다. 지속적 보호와 통합적 원조를 필요로 하는 서비스 대상 인구가 증가하는 상황은 치료에서 보호로 서비스 패러다임이 바뀌는 것을 의미한다. 이 클라이언트들을 지역사회에서 지속적으로 보호하고 재활시키기 위해서는 지역사회 자원을 적극적으로 개발하고, 활용하며, 기존 자원을 효율적으로 전달하고, 점검하며, 관리하는 체계를 구축해야만 한다.

한편, 1980년대부터 서비스 전달을 위해 연계뿐 아니라 서비스 조정의 역할이 강조되기 시작하였다. 복지다원주의 이념의 주도로 사회서비스 비용을 절감하기 위한 정책이 강화되고 사회복지 예산 삭감, 대인서비스 관련 비용 절감의 분위기 속에 서비스 중복을 피하고 효율성을 높이는 방안으로 사례관리가 주목받게 되었다.

우리나라의 경우 최영대(2014)에 따르면 재가복지봉사센터 중심의 사례관리에서 아동 · 청소년 및 가족에 대한 사례관리로의 확장이 이루어졌다. 1990년대부터 사회복지관, 노인종합복지관, 장애인종합복지관에 부설로 설치된 재가복지봉사센터에서 노인과 장애인을 대상으로 가사 · 간병 · 정서 · 결연서비스 등 보호서비스와 직업훈련, 취업알선 등 자립지원서비스를 직접 지원하거나 연결하여 제공하였고, 보건의료서비스를 연결하였다. 재가복지봉사센터의 사례관리는 직접 서비스 제공보다는 보호와 경제적 지원서비스를 연계하고 관리하는 비중이 컸다. 재가복지봉사센터에서 제공하던 사례관리가 아동 · 청소년 및 가족으로 대상이 확대되면서 사례관리 대상자의 욕구도 의료, 보호, 자립지원 중심에서 의식주, 의료, 일, 이동, 교육, 보호, 여가, 정서, 사회문화 욕구 등 삶의 전 영역으로 확대되었다. 사례관리의 목적도 욕구 충족을 위한 서비스 연계에서 문제를 해결하거나 역량을 강화하기 위한 직접 서비스 제공으로 확대되었다(최영대, 2014).

정신보건 분야는 1995년에 제정된 「정신보건법」에 규정된 사례관리 업무가 지역사회 정신보건사업의 필수사업이다. 정신보건사회복지 분야에서 사례관리는 등록회원을 대상으로 제공된 서비스를 모두 포괄하며 대상자의 욕구사정, 서비스 계획 수립, 계획에 기반을 둔 서비스 제공을 의미한다. 등록대상자는 만 19세 이상의 정신질환자로 등록 단계부터 사례관리가 시작되며 사정평가를 통해 대상자 욕구에 따라 개인의 사례관리서비스 계획(Individualized Service Plan)을 세우고 이에 맞게 제공되는 서비스를 통칭하는 것으로, 제공되는 서비스는 주간재활 및 직업재활 서비스, 의뢰 및 연계 서비스, 교육 및 훈련 서비스 등이다.

공공 부문의 사례관리를 살펴보면 보건복지부는 2009년 7월 전국 10개 지

자체에서 시범적으로 실시하던 공공사례관리를 2010년 1월부터 전국적으로 확대하여 기초생활보장수급자, 차상위계층, 긴급지원가구를 대상으로 복지 담당공무원이 사례관리자로 대상자 발굴, 욕구조사, 서비스 제공 계획 수립, 서비스 연계 및 점검, 종결 등 사례관리 과정에 참여하고 있다.

지역사회복지 영역에서는 2012년 8월「사회복지사업법 시행규칙」개정으로 사회복지관의 주요 기능이 사례관리 중심의 3대 기능으로 변경되었다. 사례관리 기능, 서비스 제공 기능, 지역조직화 기능이 3대 기능인데 사례관리 기능에는 사례 발굴, 사례 개입, 서비스 연계가 핵심 사업으로 포함된다(보건복지부, 2013). 사례 발굴은 지역 내 보호가 필요한 대상자 및 위기 개입 대상자를 발굴하여 개입계획을 수립하는 것을 일컫고, 사례 개입은 지역사회 내 보호가 필요한 대상자 및 위기 개입 대상자의 문제와 욕구에 대한 맞춤형 서비스가 제공될 수 있도록 하는 것이며, 서비스 연계는 사례 개입에 필요한 지역사회 내 민간 및 공공의 가용자원과 서비스에 대한 정보 제공 및 연계, 의뢰를 의미한다. 사회복지관의 사례관리 기능 강화에는 사회복지관 평가지표가 영향을 미치고 있다. 사회복지관 평가에서는 사례관리 기능에 대한 평가지표에 사례관리 실행체계, 사례관리 인력의 전문성, 사례관리 수행의 전문성, 사례관리 자원연계를 포함하였다[2](한국사회복지협의회 사회복지시설평가원, 2014).

아동복지 분야에는 스타트(Start) 사업, 어린이재단, 월드비전, 굿네이버스 등 민간 사회복지재단의 사례관리사업 등이 있다. 2004년도 위스타트 운동

2) 사례관리 실행체계는 사례관리 업무지침 또는 매뉴얼을 구비하고, 사례관리 팀이 구성되고 팀에서 사례회의 운영, 지역사회 내 통합사례회의 참여 등을 하는 것을 일컫는다. 사례관리 인력의 전문성은 사례관리자의 사례관리 업무 경력, 관련 교육 이수, 정기적 슈퍼비전, 사례발표 등으로 평가된다. 사례관리의 전문성은 체계적 사정과 서비스 제공계획, 목표 수립과 수행과정에 이용자 참여, 재사정과 중간평가, 기록, 개입성과, 사후관리, 대상자 발굴 등의 지침에 따라 전문적이고 체계적으로 이루어졌는지를 살펴보는 것이다. 사례관리 자원연계는 기관 내부자원뿐 아니라 외부자원을 활용해 서비스를 제공하였는지 평가한다.

본부와 경기도의 업무협약으로 시작된 스타트 사업은 보건, 복지, 교육의 통합을 주창한 사업으로 연령대별 직접 서비스의 제공과 더불어 맞춤형 통합서비스가 가능하도록 하는 통합 사례관리, 지역사회 네트워크를 기본 프로그램으로 설정하고 있다. 위스타트 사업에서의 통합사례관리 모형은 실천현장에서의 경험을 토대로 모형을 완성하는 방향으로 발전되어 2008년 단일모형으로 정립되었다(이봉주 외, 2008). 위스타트 마을 만들기 사업은 2007년 희망스타트란 명칭으로 중앙정부 아동복지정책사업으로 채택되었고 2008년에 드림스타트로 명칭이 변경되었다. 드림스타트 사업은 위스타트와 마찬가지로 아동과 가족에 대한 맞춤형, 포괄적 서비스를 제공하는 방법으로 사례관리 방식을 채택하고 있다.

굿네이버스에서는 2010년 '빈곤가정 아동 · 가족과 함께하는 GN 강점 기반 통합사례관리 모형 및 매뉴얼'을 개발하고 재단 산하 복지관과 아동권리 지원센터에서 통합사례관리를 실천해 오고 있다. GN 강점 기반 통합사례관리 모형에서는 아동권리 실현과 아동 및 가족의 자립적인 삶을 영위할 수 있도록 돕는 것을 목적으로 설정하고 있다. GN 강점 기반 통합사례관리 모형에서는 강점 관점을 핵심적 이론 근거로 삼고 있으며 클라이언트 중심, 가족 중심, 클라이언트의 자율성과 임파워먼트를 주요 원칙으로 설정하고 있다(김상곤, 정연정, 박호준, 김태윤, 2010).

3. 사례관리의 목적

박미은(2015)은 사회복지 사례관리가 사회복지실천의 주요 목적과 사례관리 방법의 고유한 목적을 공유한다고 보고 사회복지 사례관리의 목적을 실천적 측면의 목적과 서비스 전달체계 측면의 목적으로 구분하였다. 사회복지실천의 기본 목적이 클라이언트의 사회적 기능을 회복하고 향상시키는 데 있고 최근에는 서비스 이용자의 권익보호와 다양한 욕구 충족을 통한 삶의 질 개선에 주안점이 있으므로 실천적 측면의 목적은 클라이언트의 사회적 기능 강화와 삶의 질 향상을 추구하는 데 있다. 기존의 단편적이고 비연속적인 서비스 전달과 다른 서비스 전달체계 측면의 목적은 기관이나 지역사회를 기반으로 협력적 운영체계를 확립해 효과적이고 효율적으로 서비스를 전달하는 것으로 서비스의 포괄성, 연속성, 접근성, 책임성을 다하는 것이다. 이와 유사하게 우드사이드와 맥클램(Woodside & McClam, 2006)은 사례관리의 목적으로 서비스 전달체계 측면의 목적인 서비스의 통합, 보호의 연속성, 평등한 서비스의 제공, 보호의 질, 평가와 실천적 측면의 목적인 클라이언트 역량 강화를 제시하였다. 월시와 홀톤(Walsh & Holton, 2008)은 사례관리 서비스의 목적을 전달체계 측면에 초점을 두어 보호의 연속, 접근성, 책임성, 효율성으로 제시하였다.

존슨과 얀카(Johnson & Yanca, 2010)는 보호의 연속과 최대한도의 기능 수준 유지라는 사례관리의 두 가지 핵심 목적을 논의하였다. 보호의 연속은 사례관리가 필요한 클라이언트에게 장기간 동안 적절한 서비스가 공백 없이 제공되는 것으로 클라이언트의 욕구 충족에 필수적인 요소다. 장기적으로 필요한 보살핌은 다양한 지역사회 기관 및 시설에서 제공될 수 있다. 최대한도의 기능 수준 유지는 사례관리 대상인 많은 클라이언트들이 독립적이지 못한 기능 수준에서 활동하기 때문에 이 목적은 매우 현실적이다.

사례관리의 목적은 종합적으로 다음과 같이 정리될 수 있다(설진화, 2009; 최은희, 황미영, 2013; 한국사례관리학회 편, 2012; 현외성 외, 2012; Frankel & Gelman, 2012; Woodside & McClam, 2006).

① 사회적 기능 향상에 기반한 클라이언트의 삶의 질 향상과 역량강화

사례관리의 궁극적인 목적은 클라이언트가 사례관리자의 도움 없이도 자신이 원하는 삶을 살 수 있도록 하는 것이다. 이는 클라이언트가 자신이 원하는 자원을 얻을 수 있는 힘을 갖추는 것으로 강점과 역량을 키우고 사회관계를 회복하며 클라이언트가 스스로 자신의 생활을 관리할 수 있는 힘을 키우는 것을 의미한다. 클라이언트의 삶의 질 향상은 건강 및 생활 기능, 경제상황, 주거 및 고용, 교육, 비공식적 지지망, 지역사회 통합 등에서 클라이언트에게 나타난 서비스 효과를 의미한다. 클라이언트의 역량강화는 클라이언트에 대한 존중에서 시작되며, 존중받는 경험을 통해 클라이언트는 자신이 가치 있는 존재라고 느끼게 된다. 클라이언트를 존중하는 것은 서비스 진행과정에서 클라이언트의 참여를 보장하는 것을 포함한다. 클라이언트를 소비자로 대하는 것은 클라이언트에게 존중을 표현하는 또 다른 방법이다. 소비자로 대우하는 것은 클라이언트의 욕구를 파악하고 욕구에 맞는 서비스를 제공하고, 클라이언트로 하여금 자신이 받은 서비스에 대해 평가하며 클라이언트의 평가를 토대로 서비스가 개선되어 변화하는 것을 의미한다. 소비자로서의 클라이언트의 존중은 적극적인 참여자이면서 함께 서비스를 만들어 가는 동반자의 개념까지 포괄한다.

사례관리에서 클라이언트의 역량강화를 위해 노력하는 것은 클라이언트에게 기본적인 조정 능력을 부여하고 훈련시키기 위한 것이다. 클라이언트는 자신의 문제를 직면하고 도전하는 경험을 하면서 서비스 전달체계에 의존하지 않고 자신의 생활을 관리할 수 있도록 자립할 수 있다. 가족, 친척, 친구, 이웃 등 일차 집단이나 비공식적 돌봄 관계에서 이루어진 파트너십은 클라이언트의 안정된 상태를 유지 · 보호하는 환경적 기반을 구축할 수 있는 요소가 된다.

② 보호의 연속성

보호의 연속성은 클라이언트가 어떤 장소나 기간 동안 서비스를 받을 수 있는 보장을 의미한다. 클라이언트의 욕구 충족을 위해 일정한 장소나 기간 동안 서비스를 지속적으로 제공하는 것이다. 보호의 연속성은 두 가지 차원으로 구분해 논의할 수 있다. 횡단적 차원의 연속성은 주어진 시점에서 이용자의 다양한 욕구를 충족시키기 위해 포괄적인 서비스를 제공하는 것이다. 여기에는 서비스 개입과 함께 환경에 대한 지지, 클라이언트와 가족과의 관계유지, 위기 개입, 서비스의 단순한 연계를 넘어선 사회적 네트워킹이 포함된다. 종단적 차원의 연속성은 시간의 경과에 따라 변화하는 개인의 욕구에 반응하는 서비스를 지속적으로 제공해 주는 것을 의미한다. 실제 클라이언트는 다른 기관으로 의뢰되는 과정에서 접근성, 정보 부족 등의 이유로 서비스 이용을 포기하는 경우가 많으므로 보호의 연속성을 보장하는 것은 사례관리의 중요한 목적이 된다.

③ 서비스의 통합성

서비스 통합성은 복합적이고 변화하는 클라이언트의 욕구를 효율적으로 충족시키는 것이다. 많은 서비스들이 단편적이고 분산되어 있어서 서비스의 중복과 누락은 물론 자원의 낭비를 초래할 수 있다. 사례관리자는 분산된 서비스 체계들을 조직적으로 연계하여 효율적 방법으로 서비스와 자원을 전달해야 한다. 복합적이고 변화하는 이용자의 욕구를 해결하기 위해 많은 기관의 서비스와 자원들이 연계되고 조정될 수 있는 통합관리체계가 확보되어야 한다. 서비스 통합은 서비스의 파편화와 중복을 감소시키고 제공된 서비스들의 상호작용을 촉진시킨다.

④ 서비스의 접근성

사례관리가 서비스 접근성을 증진시키는 것은 서비스의 접근에 대한 장애물을 극복하고 클라이언트가 필요한 서비스에 쉽게 접근할 수 있도록 원조하는 것을 말한다. 서비스 이용의 자격 기준, 규정, 절차, 정책 등에서 서비스의 접근에 대한 장애 요소와 함께 클라이언트는 신체적 · 정신적 장애, 지리적 제약, 서비스 구매력의 제한, 서비스에 대한 정보 한계 등으로 접근에 어려움을 겪을 수 있다. 클라이언트가 필요로 하는 서비스에 접근할 수 있도록 장애요소를 확인하고 제거함으로써 서비스 이용을 돕는 데 접근성을 높일 수 있는 방법으로 아웃리치 서비스, 정보 제공과 의뢰, 비용 면제, 교통편의 제공 등이 있다.

⑤ 서비스의 효과성과 효율성

클라이언트의 욕구에 적합하고 적당한 시기에 적절한 방식으로 서비스를 제공하는 효과성과 서비스가 중복되지 않도록 관리하는 효율성이 중요하다. 사례관리자는 클라이언트뿐 아니라 자신에게 주어진 시간, 에너지, 다양한 형태의 자원들을 효율적으로 활용해야 하고, 그 결과가 클라이언트에게 효과적으로 유지될 수 있도록 관리해야 한다. 서비스의 효율성은 중복되거나 누락될 수 있는 서비스와 관련해 서비스 제공과정을 조정함으로서 필요한 서비스가 중복되거나 누락되지 않도록 함으로써 서비스 전달의 비용효과를 증진시킬 수 있다. 사례관리의 효과성과 효율성을 담보하기 위해서는 사례관리자의 전문성, 높은 수준의 보호, 지속적인 개선이 요구된다.

⑥ 성과관리와 평가

성과는 사례관리의 목적과 관련된 결과로 주로 대상자의 변화와 관련된 목표의 성취로 파악된다. 사례관리의 성과는 결과뿐만 아니라 과정에 대한 평가와 과정의 질에 대한 평가도 중요시한다. 따라서 사례관리가 클라이언트에게 적절하게 제공되고 있는지의 여부, 클라이언트의 변화와 만족, 서비스의 통합, 서비스와 성과의 질 등이 평가되어야 한다.

4. 사례관리 모델

사례관리는 사례관리 제공자, 서비스 제공 기관의 형태, 사례관리의 목적, 사례관리의 포괄성, 사례관리의 기능과 조직과 같은 구조적 차원, 사례관리자의 역할 등에 따라 무수히 많은 모델이 존재한다. 모델에 따라 사례관리의 기능이 다소 다를 수 있다.

우드사이드와 맥클램(2003)은 사례관리자의 역할뿐 아니라 사례관리의 구조적 차원 등의 요소를 포함시켜 세분화된 모델을 제시하였다. 〈표 14-2〉와 같이 사례관리자 역할에 기반한 모델로 일반 실천가 모델, 중개자 모델, 일반 치료자 모델, 비용 절감 모델을 제시하였고, 조직에 기반한 모델로 포괄적 서비스센터 모델, 다학제 간 팀 모델, 심리사회적 재활센터 모델을 포함하였으며, 책임에 기반한 모델로 가족 모델, 지지적 보호망 모델, 자원봉사자 모델, 클라이언트 모델을 제시하였다.

첫째, 역할 기반 사례관리는 사례관리자가 수행하는 역할에 초점을 두고 모델을 분류한다. 역할은 일반 실천가, 중개자, 일반 치료자, 비용관리자로 구분된다. 어떤 사례관리자는 주로 서비스 중개자로서 역할을 하는 반면, 다른 사례관리자는 기본적으로 치료자로서 역할을 하며 간혹 중개자나 연계자의 역할을 수행한다. 어떤 사례관리자는 주로 비용을 억제하도록 관리하는 것에 집중하여 비용 효율성을 높이고자 한다.

둘째, 조직 기반 사례관리 모델은 복합적인 문제를 가진 클라이언트의 욕구를 충족시키기 위한 포괄적인 서비스를 제공하는 데 초점을 두고 있으며 기관의 조직이나 구조에 의해 사례관리의 특징이 달라진다. 포괄적 서비스센터, 다학제 간 팀, 심리사회적 재활센터 등과 같이 다양한 상황에 적용될 수 있다.

셋째, 책임 기반 모델에서 사례관리자는 가족, 지지적 보호망, 자원봉사자

〈표 14-2〉 우드사이드와 맥클램의 사례관리 모델 구분

	역할 기반 사례관리	조직 기반 사례관리	책임 기반 사례관리
목적	• 클라이언트 욕구를 충족시키기 위한 다양한 서비스 연결 • 치료적 보호 제공 • 서비스의 효과성 질 평가	• 단일 장소에서 복합적 욕구 충족을 위한 서비스 제공	• 사례관리자의 단장기 참여 • 서비스의 조정 • 자원봉사자의 도움 • 클라이언트의 역량
책임성	• 사례관리의 전 과정	• 서비스 조정에서 서비스 제공을 위한 전문가 팀 운영까지 책임	• 조정, 서비스 평가 등과 문제 규명, 계획, 수행 등에 따라 다양
주요 역할	• 중개자, 협력자, 조정자, 상담자, 평가자, 촉진자, 계획자, 문제해결자 등	• 옹호자, 중개자, 협력자, 조정자, 평가자, 촉진자, 계획자, 문제해결자, 체계수정자	• 중개자, 협력자, 조정자, 평가자, 촉진자, 계획자, 문제해결자, 기록보관자, 체계수정자
개입 기간	• 단기, 장기	• 단기, 장기	• 단기: 위기 개입 • 장기: 신체적 · 정신적 질병장애 또는 노화문제
장점	• 서비스 제공자와 조정자로서 사례관리자의 다양한 역할, 클라이언트와의 강한 관계 형성	• 서비스는 입원, 외래환자 또는 주거 중심으로 제공 • 총체적 방법으로 다방면의 사정이 이루어짐 • 계획이 개별화되어 평가하기 쉬움 • 사례관리자들은 공동의 목적과 계획을 가지고 팀으로 기능	• 사례관리가 가족, 이웃, 자원봉사자, 클라이언트 등 다양한 개인이나 집단에 의해 수행 • 서비스 접근이 어려운 클라이언트에게 용이 • 비용 효과성 • 지역의 독립적인 참여
단점	• 사례관리자의 과중한 사례건수와 기관의 서비스 제공 제한에 따른 불충분한 서비스 제공	• 필요로 하는 서비스가 없을 때, 서비스 제공이 제한됨 • 서비스 통합은 분명한 조직구조와 위계질서에 의존 • 비공식적인 지지체계 접근이 가장 어려운 모델	• 사례관리자의 클라이언트에 대한 이해 부족 • 필요한 지식과 기술 부족 • 비효과적 서비스 평가

세부 모델	• 일반 실천가 모델 사례관리자는 클라이언트에게 모든 서비스를 제공하는 유일한 접촉 창구 역할을 하며, 책임성 있는 대처가 가능하고, 다양한 기능을 수행함과 동시에 자율성 보장 • 중개자 모델 가장 단순한 모델로 체계가 갖추어지지 않은 환경에서 유용하게 활용됨. 사례관리자가 반드시 서비스 제공자는 아님. 서비스 제공자와 클라이언트 간의 연계를 위해 전문적인 훈련 요구 • 일반 치료자 모델 한 사람의 사례관리자와 관계를 맺기 때문에 편리함과 편안함을 느낄 수 있는 장점이 있음. 반면 치료자들이 사례관리를 치료의 부수적인 업무로 여기는 문제점이 있음 • 비용 절감 모델 사례관리자가 클라이언트에게 제공되는 서비스의 비용을 효과적으로 사용하려는 노력을 해야 함	• 포괄적 서비스센터 모델 사회정서적 지지, 직업 훈련, 기숙사 시설 또는 자립생활센터 거주 등을 포함한 포괄적 서비스 제공. 서비스가 서비스센터 내에서만 제공되는 한계가 있지만, 클라이언트가 독립생활 기술과 방법을 습득할 수 있는 장점이 있음 • 다학제 간 팀 모델 전문가로 구성되어, 전 과정을 책임지는 독립적이면서 협력적인 관계 유지 • 심리사회적 재활센터 모델 클라이언트의 목적과 욕구에 초점을 두며, 클라이언트의 약점을 파악하여 이를 극복할 수 있는 여러 가지 기술을 가르침	• 가족 모델 가족이 가장 신속하고 적절한 서비스를 제공할 수 있으며, 보호의 연속성을 가질 수 있음 • 지지적 보호망 모델 정신건강 영역에서 만성 정신장애인에 대한 심리적 지지를 제공하는 지역사회 역할의 중요성에 초점을 둠 • 자원봉사자 모델 지역사회 자원봉사자가 일정 기간의 훈련을 거쳐 사례관리자로 활동하는 것으로 사례관리자와 자원봉사자의 공동 협력이 필요함 • 사례관리자로 기능하는 클라이언트 모델 클라이언트로서 서비스를 받은 경험이 있는 사람들 중에서 선별하여, 철저한 훈련과 지도감독을 통해서 사례관리팀의 구성원으로서의 역할을 수행하게 하는 것임

혹은 클라이언트다. 이 모델의 초점은 전문가로부터 비전문가로 보호의 책임을 옮기는 것이다. 전문가는 가족, 친구, 자원봉사자들을 교육하고 훈련시켜 이들이 가족을 보살피도록 하며 위기 상황에 대처하도록 한다. 사례관리 전문가가 사례를 종결한 이후 클라이언트의 지원에 대한 욕구가 계속될 때에 책임 기반 사례관리가 적용된다.

월시와 홀튼(2008)은 세 가지 주요 모델을 비교하였는데 각각을 살펴보자.

① 중개자 모델

가장 기본적인 사례관리 유형으로 사례관리자 개인이 지역사회 내의 적절한 자원을 클라이언트에게 연결하는 것을 책임진다. 그러나 중개자 모델의 사례관리자는 클라이언트에 대한 재정적 책임을 지지 않으며 또한 의뢰자가 바라는 서비스가 적절하게 수행되는지에 대한 책임을 지지 않는다(Austin & McClelland, 2002). 예를 들어, 사례관리자가 클라이언트로 하여금 치료서비스를 받도록 의뢰하였다. 그런데 클라이언트가 의뢰된 치료자에게서 실제로 도움을 받지 못하더라도 중개자 모델에 해당되는 사례관리자는 의뢰 이후 과정에 대해서는 아무런 영향을 미치지 못하며 서비스 비용을 협상할 권한도 갖지 못한다. 〈사례 14-1〉은 중개자 모델에 해당된다(Walsh & Holton, 2008).

사례 14-1

제시카는 의료사회복지사로 물리치료사, 작업치료사, 레크리에이션 치료사, 언어치료사, 재활심리학자, 간호사, 의사, 사회복지사가 한 팀인 대학병원의 척추재활 관련 부서에서 일한다. 의료사회복지사로서 제시카의 역할은 환자의 퇴원 후 생활을 준비하도록 돕는 것이다. 환자가 퇴원할 때 이 팀은 환자에게 필요한 안전과 복지서비스를 제공할 지원체계가 연계되도록 하고 있다. 의료사회복지사이면서 동시에 사례관리자로서 제시카의 업무는 환자와 가족을 지역사회 내 재활자원 및 의료적 자원과 연결해 주어 환자의 퇴원을 계획하는 일이다. 이를 위해 제시카는 환자가 현재 어떠한 상태이고 앞으로 무엇이 필요한지 파악해야 한다. 제시카는 퇴원 전에 환자와 가족과 함께 그들이 심리적으로 어떻게 다음 단계에 대해 준비하고 있고 의뢰된 서비스를 받는 것에 어떠한 우려가 있는지 점검한다. 제시카는 퇴원 후 환자와 가족들이 의뢰된 서비스와 관련해 어려움이 있으면 도와줄 것이라고 말하지만 구체적인 약속을 하지는 않는다.

② 적극적 지역사회 치료 모델

적극적 지역사회 치료(Assertive Community Treatment: ACT) 모델은 위스콘신 주 매디슨에서 레오나드 스타인(Leonard Stein)과 메리 앤 테스트(Mary Ann Test)에 의해 처음 개발되었다(Lehman et al., 2003). 이 모델은 클라이언트를 지역사회 내의 서비스에 연결하는 것이 아니라 ACT 팀원들이 스스로 대부분의 서비스를 제공한다. 팀원들은 모두 가능한 한 다른 전문 영역까지 훈련받아야 하며 사무실에서 클라이언트를 만나지 않고 클라이언트가 있는 지역사회로 찾아가서 서비스를 제공한다. 이 모델은 클라이언트에게 직접 서비스, 집중적 서비스, 적극적인 아웃리치서비스를 제공한다. 이 모델은 지역사회 생활에 적응하는 데 있어 개인의 강점과 가족, 고용주, 동료, 친구, 지역사회 기관을 포함한 클라이언트의 자연적 지지망에 자문과 지원을 제공하는 것을 강조한다.

〈사례 14-2〉은 ACT 모델에 해당된다(Walsh & Holton, 2008).

사례 14-2

정신보건기관 치료팀의 리더인 비키는 8시 30분에 5명의 팀원들과 함께 회의를 하는 것으로 월요일을 시작한다. 비키는 사회복지 석사학위를 가졌고 클라이언트 사정과 재정적 원조서비스 연계에 관한 경험이 풍부하다. 비키는 전문성이 탁월하며 다른 서비스 제공자들에게 클라이언트의 욕구를 이해시키고 그들이 팀과 함께 기대할 수 있는 협력적 관계를 강조하는 행정적 업무 처리에 있어서 가장 뛰어난 구성원이다. 폴은 주거전문가다. 공인간호사인 바바라는 건강 평가를 수행하고 의료인, 약사들과 협력관계를 맺고 있다. 제프는 직업상담가로서의 경력을 갖고 있다. 애비는 여가활동 전문가로 클라이언트를 위한 사회적 활동의 기획을 담당한다. 월요일 아침에 팀은 주말 동안 클라이언트에게 일어난 사건을 점검한다. 당직자는 제프였는데, 그는 주말 동안 6명의 클라이언트들을 방문하였으며 요리기구를 필요로 하는 문제에서부터 처방받은 약을 잃어버린 일까지 클라이언트들의 욕구를 어떻게 처리했는지를 보고하였다. 또한 그는 가까운 병원의 응급서비스 부서 직원과 여러 가지 업무를 조정하였다. 이러한 보고에 이어 비키는 이번 주에 정신병원에서 예상되는 새로운 의뢰 건들을 알려 주고 처음 접촉하게 되는 클라이언트들을 팀원들 가운데 누가 담당할 것인지 배치 문제에 관해 논의하였다. 바바라는 기관 의사와 함께 클라이언트들의 첫 약속을 잡을 것이다. 회의가 끝나기 전에 애비는 팀원들에게 그 주 후반으로 계획된 소풍을 상기시키면서 클라이언트들을 초청해 줄 것을 당부하였다. 회의가 끝나고 모든 팀원들은 클라이언트 가정방문을 위해 출발하였다. 이날은 6명의 클라이언트들이 주택 부서와 사회적 서비스 부서에 약속이 있어 교통편을 제공해야 한다.

③ 단일사례관리자의 집중적 사례관리 모델

단일사례관리자의 집중적 사례관리(Intensive Case Management with Individual Case Managers: ICM) 모델은 팀이 아니라 한 사례관리자에 의해 서비스가 전달되는 것 이외에는 적극적 지역사회 치료 모델과 유사하다(King, 2006). 이 모델은 야간과 주말 동안 다른 연락망을 조치해 놓는 것을 포함해 사례관리자가 클라이언트와 많은 시간을 보낼 책임이 있다는 점에서 중개자 모델과 다르다. 사례관리자는 클라이언트가 안정된 생활구조 속에 정착하도록 돕기 위해 주로 지역사회에서 일한다. 단일사례관리자의 집중적 사례관리 모델은 기본적으로 적극적 지역사회 치료 모델의 특성을 반영하면서 팀이 아닌 사례관리자 혼자 활동하므로 클라이언트에게 많은 서비스를 제공할 수 없다는 점을 제외하고는 같은 범주의 서비스를 제공한다. 이 모델에서 다른 서비스 기관으로의 의뢰는 일반적이지만, 중개자 모델과 달리 사례관리자는 클라이언트를 의뢰한 치료자와 협력관계를 형성하고 클라이언트가 치료과정을 잘 따라가도록 많은 시간을 할애한다.

〈사례 14-3〉은 ICM 모델에 해당된다(Walsh & Holton, 2008).

사례 14-3

가족보존서비스는 심각한 건강, 정신건강 또는 사회적 기능 문제로 위험에 처한 것으로 확인된 가족에게 집중적인 가정방문 상담과 사례관리서비스를 제공한다. 사회복지사는 심각하고 장기적인 문제를 가진 가족 구성원들을 돕기 위해 일주일에 서너 번 클라이언트의 집을 방문한다. 평균 방문 시간은 2~3시간이고 전체 개입과정은 6개월 이상 걸릴 수 있다. 사회복지사인 앤디는 1년 동안 맥커디 가족과 일하였다. 이 가족은 어머니, 어머니와 동거 중인 남자친구, 두 명의 청소년기 아들, 청소년기 딸로 구성되어 있으며 신체적 폭력 문제 때문에 사법기관과 사회복지기관의 감독을 받고 있다. 어머니는 두 아들의 신체적 학대의 가해자였고 아들들과 딸과의 싸움을 종종 유발하였다. 이들은 다른 주에서 이사 와 외진 농촌 지역의 작은 방 2개가 딸린 이동주택에서 산 지 얼마 되지 않았다. 가족들은 서로 소원했고 이웃과도 단절되어 있다. 가족보존서비스는 이들이 갈등 해소를 다른 방식으로 하도록 변화되는 것을 바라고 있다. 가족보존서비스 클라이언트가 전형적으로 그렇듯이 가족들 모두는 앤디의 방문에 양가감정이 있었다. 재가서비스는 극도로 사생활을 침해하는 것이므로 사회복지사의 관계 형성 기술이 중요하다. 맥커디 가족은 앤디의 교육, 갈등 중재, 인지행동적 개입, 역할극, 모델링 활동을 통해 몇 달 동안 상당한 진전을 보였다. 앤디 또한 가족을 위해 적절한 사회적 · 교육적 · 직업 관련 의뢰 결정을 하였다. 맥커디 가족의 폭력 사용은 현저히 줄었고 서로에 대한 만족감이 증진되는 것으로 보였다. 그들은 한걸음 늦춰 자신의 행동에 관해 더 합리적으로 생각하게 되었고 이전보다 충동을 더 잘 통제하게 되었다. 앤디가 정기적으로 접촉하고 있는 의뢰기관의 보고서 내용도 긍정적이었다. 마지막 몇 달 동안 앤디는 가족들과의 접촉 시간을 줄이면서 종결과정을 준비하기 시작했다.

5. 사례관리의 구성요소

사례관리의 구성요소는 클라이언트, 사례관리자, 공식적 · 비공식적 자원, 사례관리 과정과 조직화된 운영체계로 이루어진다. 각각의 구성요소를 살펴보면 다음과 같다(이기연, 유서구, 2012; 현외성 외, 2012).

1) 클라이언트

사회복지 현장의 모든 클라이언트가 사례관리 대상은 아니다. 사례관리의 전형적 대상은 자기보호(self-care) 능력이 없거나 약한 기능손상 노인, 중증장애인, 만성정신장애인 등이다. 이러한 클라이언트는 복합적이고 만성적인 욕구를 가져 다양한 서비스와 자원을 통합적으로 필요로 하는데 서비스와 자원의 소재와 이용방법에 대해 잘 모르는 경우 사례관리가 적합하다.

사례관리의 목표가 단순히 비용절감과 최소한의 변화 선택이라면 개입의 초점은 사례관리 과정에 클라이언트를 참여시키는 것이 아니라 개인들을 체계적으로 관리하고 다루는 방법이 된다(Frankel & Gelman, 2012). 클라이언트 중심의 사례관리 모델과 서비스 제공자 중심의 사례관리 모델은 분명한 차이점이 있는데, 전자는 능동적 클라이언트의 참여를 포함하고 있으며, 후자의 경우는 문서화에 집중하여 사무적이고 관료적이라는 것이다.

욕구사정 후 클라이언트에게 적절한 사례관리 개입 유형이 결정되는데 우리나라 현장에서 보편적으로 구분되는 사례관리 클라이언트 유형은 다음과 같다.

서울시 복지재단(2013)은 사례관리 클라이언트를 위기사례, 일반사례, 통합사례 등 세 가지 유형으로 구분하였다.

- 위기사례: 위기 안정화를 주요 목적으로 하며 현재 클라이언트 삶을 위협하는 요소를 제거하거나 보호 장치를 마련함으로써 위기를 안정화하는 것에 초점을 두는 유형
- 일반사례: 클라이언트의 욕구를 충족시키기 위한 수단이 사례관리 수행기관 내부를 중심으로 확보 가능한 수준의 사례관리 개입 유형
- 통합사례: 클라이언트의 욕구 충족이 기관 내부의 자원만으로는 부족하고 지역사회와 다양한 자원의 동원, 조정을 통해서 가능한 경우를 의미

박미은(2015)은 단순형, 일반형, 집중형으로 구분하였다. 단순형은 복합적인 문제와 만성적인 욕구가 있으나 그 심각성의 수준이 낮은 경우로 복지서비스 담당자에게 의뢰하여 서비스 중심으로 관리가 이루어진다. 일반형은 복합적인 문제와 만성적인 욕구가 있으나 그 심각성의 수준이 보통인 경우다. 집중형은 복합적인 문제와 만성적인 욕구가 있고 그 심각성의 수준이 높은 경우, 즉 높은 위험성과 긴급을 요하는 위기 상황의 클라이언트가 해당된다.

2) 사례관리자

사례관리자는 사례관리 대상자와 자원을 효과적이고 체계적인 방법으로 연계하는 역할을 수행한다. 여러 가지 서비스 공급주체에 의한 사회자원을 클라이언트가 활용하여 욕구를 충족해 갈 수 있도록 촉진하고 조정하고 연결

시켜 나감으로써 클라이언트의 역량을 향상시키고 서비스 공급주체들의 능력을 발전시키는 것이 사례관리자의 역할이다.

사례관리가 성공하기 위해서는 사례관리자의 역할이 매우 중요하다. 사례관리자 역량에 따라서 클라이언트와의 관계 수립 정도가 달라질 수 있으며 지역사회 또는 기관 내부에서의 협력 정도와 활용하는 지역사회 자원의 양, 클라이언트에게 제공되는 서비스의 양과 질 등 사례관리의 제반 요소가 달라질 수 있다.

사례관리자의 서비스 제공은 직접 서비스와 간접 서비스로 구분되는데 직접 서비스에는 의사소통을 위한 관계 형성 기술, 욕구파악을 위한 정보 수집 및 기록 관련 기술이 사용되고 간접 서비스에는 지역사회 자원과의 연계기술, 지역사회 자원 개발 및 활용 기술이 사용된다. 사례관리자가 제공하는 직접 서비스 형태는 개별접근과 집단접근으로 구분할 수 있으며 개별접근은 사례관리 대상자 및 가족에 대한 개별상담을 중심으로 이루어지며, 집단접근은 집단교육이나 집단상담의 형태로 서비스를 제공한다. 간접 서비스 제공은 실행계획에 의하여 등록 · 관리하고 있는 사례관리 대상자 및 그 가족에게 필요한 서비스나 자원을 연계하여 제공하기 위해 지역사회의 유관기관 및 서비스 제공자에게 영향력을 행사하기 위한 활동을 의미한다. 이는 대상자의 욕구 충족에 필요한 지역사회 자원을 획득하기 위해 정보 수집이나 자원 개발, 자원 조정 혹은 신규 서비스의 개발을 포함한 다양한 수준의 활동을 일컫는다.

사례관리자의 주요 역량은 다음과 같다(Frankel & Gelman, 2012).

- 정확한 사정과 지속적인 클라이언트의 욕구의 평가
- 클라이언트를 클라이언트의 욕구에 적합한 자원에 연결시키는 능력
- 적합하고 필요한 서비스 전달을 실제적으로 보장할 수 있는 권한
- 서비스가 이용되는 것을 살펴볼 능력

- 개입의 효과와 결과에 대한 평가 책임

3) 서비스 자원

서비스 자원은 인적 · 물적 서비스를 제공하고 지원하는 다양한 차원의 공급주체를 말한다. 클라이언트의 욕구를 충족하기 위해서는 클라이언트와 가족의 자원, 그리고 지역사회 자원 및 공식적 서비스 자원이 필요하다. 개인 및 가족 자원을 파악하기 위해서는 문제 혹은 욕구 관련해서 그동안 어떻게 충족해 왔는지, 앞으로 어떻게 하기를 원하는지 알아보는 것이 필요하다. 지역사회 자원은 이웃, 자원봉사자 등을 포함한다. 사례관리는 다른 사회복지 실천에서와 마찬가지로 지역사회 자원과 사회적 관계망의 적절한 동원이 필요하다. 지역사회 자원은 욕구를 충족시키기 위해 동원되는 시설, 설비, 자금이나 물자 또는 개인이나 집단의 지식과 기술 등을 의미한다. 클라이언트의 지지를 위해 사회적 관계망을 활용하기 위해서는 사회적 관계망 실태, 사회적 관계망에 의해 충족되지 못한 욕구, 사회적 관계망의 장애 등을 파악한다. 공식적 서비스 자원은 사례관리기관 또는 조직을 포함한다. 사례관리기관은 클라이언트의 욕구에 대한 서비스를 관리하는 핵심적 기관으로 서비스의 통합과 조정을 효과적으로 달성하기 위해서 지역사회 내에 조직되어 있다. 자원의 동원, 연계, 옹호를 통한 사례관리라는 실천의 효과성과 효율성이 극대화되기 위해서는 독립된 체계를 갖추어야 하며, 사례관리자에게 권위와 책임이 주어져야 한다.

4) 사례관리 과정

사례관리 과정은 일반적 실천과정을 준용하여 보통 접수, 사정, 개입계획, 서비스의 제공, 조정과 점검, 재사정, 평가와 종결, 사후관리로 이루어지며,

이러한 과정은 단선적이지 않고 순환적이며 과정 간 환류 기능이 역동적으로 일어난다. 특별히 주목해야 할 단계는 사정으로 일반적인 사회복지실천의 과정과 사례관리 과정은 사정의 측면에서 뚜렷한 차이가 있다(박미은, 2015). 사회복지실천은 기관이 제공할 수 있는 서비스 중심으로 사정이 이루어지는 반면, 사례관리에서는 클라이언트의 욕구 중심으로 사정이 이루어져 기관 내 서비스로 욕구가 충족될 수 없는 경우 지역사회의 다른 공식 · 비공식 서비스를 활용해 욕구에 적합한 서비스를 제공하고자 한다. 즉, 욕구, 장애물, 자원, 강점 사정을 하는 것이 사례관리의 사정이다.

사례관리는 목적을 달성하기 위해 수행하는 일련의 공통되고 체계화된 과정을 갖는다. 이 과정은 체계화된 운영체계를 통하여 다양한 전문체계에 의해 종합적으로 점검되고 관리되는 실천방법이다.

5) 운영체계

조직화된 운영체계는 사례관리의 각 요소들이 유기적으로 연결되어 일하는 구조이며, 이를 잘 구축하고 유지하는 것이 사례관리의 효과를 좌우하는 중요한 요인이다. 운영체계는 조직 내부 시스템과 외부 협력 시스템으로 구분되는데 조직 내부 시스템은 기관 내에서 사례관리를 위해 협력하는 구조를 일컫는다. 외부 협력 시스템은 서비스 제공 기관 간 네트워크를 통해 보건의료, 심리, 교육, 문화, 주거, 고용 등 다양한 서비스 영역 간 협력이 이루어질 수 있다. 시청, 구청, 주민센터, 보건소, 고용안정센터, 의료기관, 정신의료기관, 교육청, 학교, 복지기관 등 다양한 서비스 주체들의 참여와 관련 사례에 대한 유연한 협력이 필요하다.

효율적인 운영체계 구축을 통해 클라이언트의 발굴과 의뢰 또는 연계가 활발하게 진행될 수 있다. 또한 클라이언트를 원조하는 데 서비스 제공자 간의 협력이 강화될 수 있으며 지역사회 자원의 활용이 활발해질 수 있다. 사례관리기관 내부뿐만 아니라 외부와 연계된 사례관리 운영체계는 서비스 전달체계로서의 기능을 수행하게 된다. 따라서 사례관리가 원활하게 이루어지기 위해서는 사례관리팀을 포함하는 내부 시스템의 정비와 더불어 클라이언트의 삶과 밀접한 관련이 있는 지역사회서비스 제공자의 자원망을 조직화할 필요가 있다.

참고문헌

고려대학교 부설 행동과학연구소(1999). 심리척도 핸드북 1. 서울: 학지사.

고려대학교 부설 행동과학연구소(2000). 심리척도 핸드북 2. 서울: 학지사.

고수현(2013). 사회복지사업현장론-사회복지시설운영 & 사회복지지도감독. 경기: 양서원.

권석만(2013). 현대 이상심리학(2판). 서울: 학지사.

권준수 역(2015). 정신질환의 진단 및 통계편람 제5판[*DSM-5*]. APA 저. 서울: 학지사. (원저는 2013년에 출간)

권중돈(2016). 노인복지론. 서울: 학지사.

권진숙, 박지영(2015). 사례관리의 이론과 실제. 서울: 학지사.

김경호(2010). 사회복지실천-이론과 모델. 서울: 청목출판사.

김규수(2014). 정신보건사회복지실천론(2판). 대구: 형설출판사.

김기태(2007). 사회복지실천론. 경기: 공동체.

김만두 역(1992). 케이스 워크 관계론[*The casework relationship*]. F. P. Biestek 저. 서울: 홍익재. (원저는 1957년에 출간)

김상곤, 정연정, 박호준, 김태윤(2010). 굿네이버스 강점기반 통합사례관리 모형 및 매뉴얼. 서울: 굿네이버스.

김성천, 김은재 외(2015). 옆으로 간 사회복지 비판. 서울: 학지사.

김연옥, 최해경 역(2006). 사회사업면접의 이론과 사례[*Interviewing: Its Principles and Methods*]. A. M. Garrett 저. 서울: 한울아카데미. (원저는 1992년에 출간)

김영종(2012). 한국 사회서비스 공급체계의 역사적 경로와 쟁점, 개선방향. 사회보장기본법 개정에 따른 사회(복지)서비스 정책토론회 자료집. 한국사회복지학회 · 한국사회서비스학회.

김정호, 김선주(2007). 스트레스의 이해와 관리. 서울: 시그마프레스.

김진우(2014). 사회복지사업의 전달체계-민간 사회복지전달체계의 역사적 변화과정과 미래방향-. 2014년 아산재단 창립 37주년 기념 심포지움 사회복지사업의 현재와 미래. 아산사회복지재단.

김태성, 홍선미(2006). 사회복지개론. 서울: 청목출판사.

김혜란, 공계순, 박현선(2013). 사회복지실천론. 경기: 나남출판.

김혜란, 홍선미, 공계순(2008). 사회복지실천기술론(개정2판). 경기: 나남출판.

노혜련, 김상곤(2005). 학교사회복지사의 직무와 역할에 관한 연구. 사회과학논총, 제8집, 159-197.

민소영(2008). 강점 관점 반영 사례관리 훈련 프로그램의 개발 및 효과성 연구. 사회복지행정학, 10(1), 39-65.

박미은(2015). 사회복지사를 위한 사례관리. 경기: 양서원.

보건복지부(2013). 2013년도 사회복지관 운영관련 업무처리 안내.

보건복지부(2017). 2017 지역사회보장협의체 운영안내.

서미경(2000). 성인 정신장애인의 평생계획에 관한 연구. 한국사회복지학, 43, 106-130.

서울시 복지재단(2013). 통합사례관리 가이드라인. 서울: 서울시복지재단.

서초구립반포종합사회복지관, 서울대학교실천사회복지연구회(2007). 실천가와 연구자를 위한 사회복지척도집(제2판). 서울: 나눔의 집.

설진화(2009). 사례관리론. 경기: 양서원.

신명호(2012). 사회복지관에서 주민운동은 가능한가: 방아골종합사회복지관의 사례를 중심으로. 정신문화연구, 35(2), 69-99.

양옥경(1993). 사회복지윤리와 철학. 서울: 나눔의 집.

양옥경, 김정진, 서미경, 김미옥, 김소희(2010). 사회복지실천론(개정4판). 경기: 나남출판.

엄명용, 김성천, 오혜경, 윤혜미(2005). 사회복지실천의 이해. 서울: 학지사.

엄명용, 김성천, 오혜경, 윤혜미(2011). 사회복지실천의 이해(3판). 서울: 학지사.

엄명용, 김성천, 오혜경, 윤혜미(2016). 사회복지실천의 이해(4판). 서울: 학지사.

오정수, 류진석(2016). 지역사회복지론(5판). 서울: 학지사.

우국희, 성정현, 좌현숙, 장연진, 최승희(2016). 사회복지실천론(2판). 서울: 신정.

윤철수, 진혜경, 안정선(2006). 학교교육과 복지. 경기: 양서원.

이기연, 유서구(2012). 사례관리 이해와 적용. 경기: 공동체.
이봉주(2014). 한국 사회복지사업의 패러다임 변화와 현장의 대응. 2014년 아산재단 창립 37주년 기념 심포지움 사회복지사업의 현재와 미래. 아산사회복지재단.
이봉주, 김용득, 김문근(2008). 사회복지서비스와 공급체계: 쟁점과 대안. 서울: EM커뮤니티.
이봉주, 황경란(2011). 복지와 경영의 융합: 공급자 중심 복지에서 수요자 중심 복지로. 서상목, 양옥경(편). 그들이 아닌 우리를 위한 복지(pp. 69-109). 서울: 학지사.
이영분, 김기환, 윤현숙, 이원숙, 이은주, 최현미, 홍금자(2001). 사회복지실천론. 서울: 동인.
이용창(2005). 사례관리실천을 위한 PIE 사정체계의 적용사례에 관한 연구-지역사회복지관을 중심으로. 사례관리를 통한 지역사회보호사업의 전문성 증진 방안. 한국사회복지관협회.
전재일, 이성희, 김연희(2015). 사회복지실천기술론. 경기: 공동체.
정명숙 역(2007). 사회복지와 심리학[*Social work, community work and psychology*]. C. Sutton 저. 서울: 시그마프레스. (원저는 1994년도에 출간)
정무성, 나임순, 유용식(2013). 현대사회복지개론. 서울: 신정.
정태신(2010). 사회복지 활용 척도집. 광주: 지성계.
조흥식, 김상균, 최일섭, 최성재, 김혜란, 이봉주, 구인회, 홍백의, 강상경, 안상훈(2015). 사회복지개론(개정4판). 경기: 나남출판.
조흥식, 김연옥, 황숙연, 김융일(2009). 사회복지실천론(개정3판). 경기: 나남출판.
조흥식, 김인숙, 김혜란, 김혜련, 신은주(2017). 가족복지학(4판). 서울: 학지사.
조흥식, 이형섭(2014). 교정복지론: 이론, 현장, 그리고 실천. 서울: 학지사.
최영대(2014). 사례관리의 이론과 실제: 창동종합사회복지관 사례를 중심으로. 경기: 공동체.
최원규(1996). 외국민간원조단체의 활동과 한국 사회사업 발전에 미친 영향. 서울대학교 대학원 박사학위논문.
최은희, 황미영(2013). 사례관리. 경기: 정민사.
최혜지, 김경미, 정순둘, 박선영, 장수미, 박형원, 배진형, 박화옥, 안준희(2013). 사회복지실천론. 서울: 학지사.
카바 40년사 편찬위원회 편(1995). 외원사회사업기관활동사. 서울: 홍익재.

한국사례관리학회 편(2012). **사례관리론**. 서울: 학지사.

한국사례관리학회(2016). **사회복지 사례관리 표준실천 지침**.

한국사회복지학회 50년사 편찬위원회(2007). **한국사회복지학회 50년사**. 경기: 공동체.

한국사회복지협의회 사회복지시설평가원(2014). **2015 사회복지관 평가지표 설명회 자료집**.

한인영, 최현미, 장수미(2006). **의료사회복지실천론**. 서울: 학지사.

한인영, 홍순혜, 김혜란(2004). **학교와 사회복지실천**. 경기: 나남출판.

현외성, 정재욱, 마은경, 이은정, 문정란, 김용환, 강환세, 박선애, 정민화(2012). **사회복지 사례관리론**. 경기: 공동체.

Anderson, R. E., Carter, I., & Lowe, G. (1999). *Human behavior in the social environment: A social systems approach* (5th ed.). New York: Aldine De Gruyter.

Austin, C., & McClelland, R. W. (2002). Case management. In A. R. Roberts & G. J. Greene (Eds.), *Social worker's desk reference*. New York: Oxford University Press.

Barclay, P. (1982). *Social workers: Their role and tasks*. London: Bedford Square Press.

Barker, F., & Intalgiata, J. (1992). *Case management in social work: Developing the professional skills needed or work with multiproblem client*. Springfield, IL: Charles C. Thomas.

Barker, R. L. (2014). *The social work dictionary* (6th ed.). Washington, DC: NASW Press.

Bartlett, H. M. (1961). *Analyzing social work practice by fields*. New York: National Association of Social Workers.

Bartlett, H. M. (1970). *The common base of social work practice*. New York: National Association of Social Workers.

Beaver Creek Software. *The Therapist*. www.beaverlog.com

Biestek, F. (1957). *The casework relationship*. Chicago: University of Chicago Press.

Bisman, C. (1994). *Social work practice: Cases and principles*. Belmont, CA: Brooks/

Cole.

Bogo, M. (2006). *Social work practice: Concepts, processes, and interviewing*. New York: Columbia University Press.

Borash, M. (2002). Treating the involuntary client: Storming their defenses will get you nowhere. *Psychotherapy Networker*, *26*(March/April), 21-22.

Brill, N. I., & Levine, J. (2002). *Working with people: The helping process* (7th ed.). Boston, MA: Allyn & Bacon.

Bronfenbrenner, U. (1979). *The ecology of human development*. Cambridge, MA: Harvard University Press.

Brueggeman, W. (1996). *The practice of macro social work*. Chicago: Nelson-Hall.

Buckley, W. (1967). *Sociology and modern systems theory*. Englewood Cliffs, NJ: Prentice-Hall.

Caspi, J., & Reid, W. J. (2002). *Educational supervision in social work: A task-centered model for field instruction and staff development*. New York: Columbia University Press.

Cingolani, J. (1984). Social conflict perspective on work with involuntary clients. *Social Work*, *29*, 442-446.

Clark, J. L. (2003). *Practitioners' experienced knowledge: Creating space for understanding in cross-cultural clinical practice*. University of Toronto Ph. D. Dissertation.

Collins, B. G. (1993). Reconstruing codependency using self-in-relation theory: A feminist perspective. *Social Work*, *38*, 470-476.

Compton, B. R., & Galaway, B. (1994). *Social work processes* (5th ed.). Pacific Grove, CA: Brooks/Cole.

Compton, B. R., & Galaway, B. (1999). *Social work processes* (6th ed.). Pacific Grove, CA: Brooks/Cole.

Connaway, R. S., & Gentry, M. E. (1988). *Social work practice*. Englewood Cliffs, NJ: Prentice Hall.

Cooper, C. (1985). Good enough, border-line, and bad enough parenting. In

M. Adcock and R. White (Eds.), *Good enough parenting: A framework for assessment*. London: British Agencies for Adoption and Fostering.

Corcoran, K., & Fischer, J. (2013a). *Measures for clinical practice: A source book Vol. 1: Couples, families, and children* (5th ed.). New York: Free Press.

Corcoran, K., & Fischer, J. (2013b). *Measures for clinical practice: A source book Vol. 2: Adults* (5th ed.). New York: Free Press.

Corey, M. S., & Corey, G. (2016). *Becoming a helper* (7th ed.). Boston, MA: Cengage Learning.

Cormier, S., & Nuriyus, P. (2003). *Interviewing and change strategies for helpers: Fundamental skills and cognitive behavioral interventions* (5th ed.). Pacific Grove, CA: Thompson.

Coulshed, V., & Orme, J. (1998). *Social work practice: An introduction* (3rd ed.). Houndmills, HM: Macmillan Press.

Council on Social Work Education (2001). *Educational policy and accreditation standards*. Alexandria, VA: Author.

Council on Social Work Education (2008). *Educational policy and accreditation standards*. Alexandria, VA: Author.

Cournoyer, B. (2000). *The social work skills workbook* (3rd ed.). Belmont, CA: Wadsworth Publishing Co.

Cowles, L. (2003). *Social work in the health field: A care perspective* (2nd ed.). The Haworth Social Work Practices Press.

Davis, A. F. (1977). Settlements: History. In J. B. Turner (Ed.), *Encyclopedia of social work* (17th ed.). Washington, DC: National Association of Social Workers.

De Hoyos, G. (1989). Person-in-environment: A tri-level practice model. *Social Casework, 70,* 131-138.

Devore, W., & Schlesinger, E. G. (1996). *Ethnic sensitive social work practice*. Needham Heights, Mass: Allyn & Bacon.

Doel, M., & Shardlow, S. M. (2005). *Modern social work practice: Teaching and learning in practice settings*. Burlington, VT: Ashgate Publishing Company.

Dolgoff, R., & Skolnik, L. (1996). Ethical decision making in social work with groups: An empirical study. *Social Work with Groups*, *19*, 49-65.

Dominelli, L. (2004). *Social work: Theory and practice for a changing profession*. Malden, MA: Polity Press.

Dybicz, P. (2004). An inquiry into practice wisdom. *Families in Society*, *85*(2), 197-203.

Dziegielewski, S. F. (2002). *DSM-IV-TR in action*. Hoboken, NJ: Wiley.

Dziegielewski, S. F. (2006). *Psychopharmacology handbook for the non-medically trained*. New York: Norton.

Dziegielewski, S. F., Green, C. E., & Hawkins, K. (2002). Improving clinical record keeping in brief treatment: Evaluation of a documentation workshop. *Brief Treatment*, *2*(1), 1-10.

Fortune, A. E. (2002). Terminating with clients. In A. R. Roberts & G. J. Greene (Eds.), *Social worker's desk reference*. New York: Oxford University Press.

Frankel, A. J., & Gelman, S. R. (2012). *Case management: An introduction to concepts and skills* (3rd ed.). Chicago, Ill: Lyceum Books, Inc.

Franklin, C. (2006). The future of school social work practice: Current trends and opportunities. *Advances in Social Work*, *6*(1), 167-181.

Franklin, C., Gerlach, B., & Chanmugam, A. (2008). School social work. In B. W. White (Ed.), *Comprehensive handbook of social work and social welfare Vol. 1*. Hoboken, NJ: John Wiley & Sons, Inc.

Gabor, P., & Grinnell, R. (1994). *Evaluation and quality improvement in the human services*. Boston: Allyn and Bacon.

Gambrill, E. (2013). *Social work practice: A critical thinker's guide* (3rd ed.). New York: Oxford University Press.

Germain, C. B. (1991). *Human behavior in the social environment: An ecological view*. New York: Columbia University Press.

Germain, C. B., & Bloom, M. (1999). *Human behavior in the social environment: An ecological view* (2nd ed.). New York: Columbia University Press.

Germain, C. B., & Gitterman, A. (1996). *The life model of social work practice: Advances in theory and practice* (2nd ed.). New York: Columbia University Press.

Gibelman, M. (2000). Say it ain't so norm: Reflections on who we are. *Social Work*, *45*, 463-466.

Glicken, M. D. (2007). *Social work in the 21st century: An introduction to social welfare, social issues, and the profession*. Thousand Oaks, CA: Sage Pub.

Goldstein, E., & Noonan, M. (1999). *Short-term treatment and social work practice: An integrative perspective*. New York: Free Press.

Goldstein, H. (1990). The knowledge base of social work practice: Theory, wisdom, analogue, or art? *Families in Society*, *71*, 32-43.

Gordon, W. E. (1969). Basic contracts for an integrative and generative conception of social work. In G. Hearn (Ed.), *The general systems approach: Contributions toward a holistic conception of social work*. New York: Council on Social Work Education.

Graybeal, C. (2001). Strength-based social work assessment: Transforming the dominant paradigm. *Families in Society*, *82*(3), 233-242.

Green, J. W. (1995). *Cultural awareness in the human services* (2nd ed.). Boston: Allyn & Bacon.

Greenberg, L. (2002). Integrating an emotion-focused approach to treatment into psychotherapy integration. *Journal of Psychotherapy Integration*, *12*(2), 154-189.

Greene, R. R. (1991). The ecological perspective. In R. R. Greene & P. H. Ephross (Eds.), *Human behavior theory and social work practice*. New York: Aldine De Gruyter.

Hartman, A., & Laird, J. (1983). *Family-centered social work practice*. New York: The Free Press.

Healy, C. (2005). *Social work theories in context*. Basingstoke, UK: Palgrave Macmillan.

Hearn, G. (1958). *Theory building in social work*. Toronto: University of Toronto Press.

Hearn, G. (1969). *The general systems approach: Contributions toward a holistic conception of social work*. New York: CSWE.

Hearn, G. (1979). General systems theory and social work. In F. J. Turner (Ed.), *Social work treatment: Interlocking theoretical approaches* (2nd ed.). New York: The Free Press.

Heinonen, T., & Spearman, L. (2001). *Social work practice: Problem solving and beyond*. Toronto: Irwin.

Hepworth, D. H., Rooney, R. H., Rooney, G. D., Strom-Gottfried, K., & Larsen, J. A. (2006). *Direct social work practice: Theory and skills* (7th ed.). Pacific Grove, CA: Brooks/Cole Publishing.

Hepworth, D. H., Rooney, R. H., Rooney, G. D., Strom-Gottfried, K., & Larsen, J. A. (2017). *Direct social work practice: Theory and skills* (10th ed.). Pacific Grove, CA: Brooks/Cole Publishing.

Herrick, J. M., & Stuart, P. H. (2005). *Encyclopedia of social welfare history in North America*. Thousand Oaks, CA: Sage Publications.

Hill, C. E., & Knox, S. (2002). Self-disclosure. In J. C. Norcross (Ed.), *Psychotherapy relationships that work: Therapist contributions and responsiveness to patients*. New York: Oxford University Press.

Hollis, F. (1964). *Casework: A psychosocial therapy*. New York: Random House.

Hopps, J. G., & Collins, P. M. (1995). Social work profession overview. In R. L. Edwards (Ed.), *Encyclopedia of social work* (19th ed.). Washington, DC: NASW Press.

Howe, E. (1980). Public professions and the private model of professionalism. *Social Work, 25,* 179-191.

Hudson, W. W. (1982). *The clinical measurement package: A field manual*. Tallahassee, FL: WALMYR Publishing Co.

Hudson, C. G. (2000). The edge of chaos: A new paradigm for social work? *Journal of Social Work Education, 36*(2), 215-230.

Ivey, A. E., & Ivey, M. B. (2003). *Intentional interviewing and counseling*. Pacific

Grove, CA: Brooks/Cole.

Johnson, L. C., & Yanca, S. J. (2007). *Social work practice: A generalist approach* (9th ed.). Boston, MA: Allyn and Bacon.

Johnson, L. C., & Yanca, S. J. (2010). *Social work practice: A generalist approach* (10th ed.). Boston, MA: Allyn and Bacon.

Kadushin, A. (1981). *Child welfare services*. New York: Macmillan Publishing.

Kadushin, A., & Kadushin, G. (1997). *The social work interview: A guide for human service professionals*. New York: Columbia University Press.

Kagle, J. D. (1995). *Social work records* (2nd ed.). Long Grove, IL: Waveland Press.

Kagle, J. D. (2002). Record-keeping. In A. R. Roberts & G. J. Greene (Eds.), *Social worker's desk reference*. New York: Oxford University Press.

Kamerman, S. B. (1995). Fields of Practice. In C. H. Meyer & M. A. Mattaini (Eds.), *The foundations of social work practice*. Washington, DC: NASW Press.

Karger, H. J., & Stoesz, D. (2002). *American social welfare policy: A pluralist approach* (4th ed.). Boston, MA: Allyn and Bacon.

Karls, J. M. (2002). Persons in environment system: Its essence and applications. In A. R. Roberts & G. J. Greene (Eds.). *Social worker's desk reference*. New York: Oxford University Press.

Karls, J. M., & Wandrei, K. E. (1992). PIE: A new language for social work. *Social Work, 37*(10), 80-85.

Karls, J. M., & Wandrei, K. E. (1994). *The PIE manual*. Washington, DC: NASW Press.

Karls, J. M., & Wandrei, K. E. (2000). *Compu PIE: Interactive software for PIE*. Washington, DC: NASW Press.

Keefe, T. (1980). Empathy skill and critical consciousness. *Social Casework, 61*, 387-393.

King, R. (2006). Intensive case management: A critical re-appraisal of the scientific evidence for effectiveness. *Administration and Policy in Mental Health and*

Mental Health Services Research, *33*(5), 529-535.

Kinney, J., Haapala, D., & Booth, C. (1991). *Keeping families together: The homebuilders model*. New York: Aldine de Gruyter.

Kirst-Ashman, K. K., & Hull, G. H. (2009). *Understanding generalist practice* (5th ed.). Belmont, CA: Thomson Brooks/Cole.

Klein, W., & Bloom, M. (1995). Practice wisdom. *Social Work*, *40,* 799-807.

Kumar, S. (2000). *Multidisciplinary approach to rehabilitation*. Oxford, UK: Butterworth-Heinemann.

Kutchins, H., & Kirk, S. A. (1997). *Making us crazy: DSM: The psychiatric bible and the creation of mental disorders*. New York: Free Press.

Laszlo, E. (1972). *The Systems view of the world*. New York: Braziller.

Leavitt, S., & McGowan, B. (1991). Transfering the principles of intensive family preservation services to different fields of practice. In E. M. Tracy, D. A. Haapala, J. Kinney, & P. J. Pecora (Eds.), *Intensive family preservation services: An instructional sourcebook*. Cleveland, OH: Case Western Reserve University, Mandel School of Applied Social Services.

Lehman, A. F. et al. (2003). Evidence-based treatment for schizophrenia. *Psychiatric Clinics of North America*, *26*(4), 939-954.

Leighninger, L. (1987). *Social work: Search for identity*. Westport, CT: Greenwood Press.

Leighninger, L. (2008). The history of social work and social welfare. In B. W. White (Ed.), *Comprehensive handbook of social work and social welfare Vol. I*. Hoboken, NJ: John Wiley & Sons, Inc.

Lister, L. (1987). Contemporary direct practice roles. *Social Work, 32,* 384-391.

Loewenberg, F., & Dolgoff, R. (1996). *Ethical decisions for social work practice* (5th ed.). Itasca, Ill: Peacock.

Longres, J. (1995). *Human behavior and social environment* (2nd ed.). Itasca, IL: F. E. Peacock.

Lubove, R. (1969). *The professional altruist: The emergence of social work as a career 1880-1930*. New York: Atheneum.

Luepker, E., & Norton, L. (2002). *Record keeping in psychotherapy and counseling: Protecting confidentiality and the professional relationship*. New York: Brunner-Routledge.

Lum, D. (2003). *Social work practice and people of color: A process-stage approach*. Elmont, CA: Brooks/Cole.

Maguire, L. (1991). *Social support systems in practice: A generalist approach*. Silver Springs, MD: NASW Press.

Maguire, L. (2002). *Clinical social work: Beyond generalist practice with individuals, groups, and families*. Pacific Grove, CA: Brooks/Cole.

Mattaini, M. A. (2008). Ecosystems theory. In Thyer, B. A. (Ed.), *Comprehensive handbook of social work and social welfare Vol. II*. Hoboken, NJ: John Wiley & Sons, Inc.

Mattaini, M. A., & Lowery, C. T. (Eds). (2007). *The foundations of social work practice: A graduate text* (4th ed.). Washington, DC: NASW Press.

Mattaini, M. A., Lowery, C. T., & Meyer, C. H. (Eds). (1998). *The foundations of social work practice: A graduate text* (2nd ed.). Washington, DC: NASW Press.

Mattaini, M. A., & Meyer, C. H. (2002). The ecosystems perspective: Implications for practice. In M. A. Mattaini, C. T. Lowery, & C. H. Meyer (Eds), *The foundations of social work practice: A graduate text* (3rd ed.). Washington, DC: NASW Press.

McGoldrick, M., Gerson, R., & Shellenberger, S. (1999). *Genograms: Assessment and Intervention* (2nd ed.). New York: W. W. Norton.

Meyer, C. H. (1970). *Social work practice: A response to the urban crisis*. New York: Free Press.

Meyer, C. H. (1995). The ecosystems perspective: Implications for practice. In C. H. Meyer & M. A. Mattaini (Eds.), *The foundations of social work practice*. Washington, DC: NASW Press.

Middleman, R. R., & Wood, G. G. (1990). *Skills for direct practice in social work*.

New York: Columbia University Press.

Miley, K. K., O'Melia, M. W., & Dubois, B. L. (2017). *Generalist social work practice: An empowering approach* (8th ed.). Boston, MA: Prentice Hall.

Minahan, A. (1981). Purpose and objectives of social work revisited. *Social Work, 26*(1), 5-6.

Moline, M., Williams, G., & Austin, K. (1998). *Documenting psychotherapy: Essentials for mental health professionals*. Beverly Hills, CA: Sage Publications.

Moore, S. (1990). A social work practice model of case management: The case management grid. *Social Work, 35*(5), 444-448.

Moxley, D. P. (1989). *The practice of case management*. Thousand Oaks, CA: Sage Publications.

Munson, C. E. (2002). Guidelines for the Diagnostic and Statistical Manual (DSM-IV-TR) multiaxial system diagnosis. In A. R. Roberts & G. J. Greene (Eds.), *Social worker's desk reference*. New York: Oxford

Murphy, B. C., & Dillon, C. (2003). *Interviewing in action: Relationship, process, and change*. Pacific Grove, CA: Brooks/Cole.

National Association of Social Workers (1984). *NASW standards and guidelines for social work case management for the functionally impaired*. Silver Spring, MD: Author.

National Association of Social Workers (1992). *NASW Standards for Social Work Case Management*. Washington, DC: NASW Press.

National Association of Social Workers (1996). *Code of ethics*. Washington, DC: NASW Press.

National Association of Social Workers (1999). *Code of ethics of the National Association of Social workers*. Washington, DC: Author.

National Association of Social Workers (2001). *NASW standards for cultural competence in social work practice*. Washington, DC: Author.

Neukrug, E. (2002). *Skills and techniques for human service professionals*. Pacific Grove, CA: Brooks/Cole.

Norlin, J. M., Chess, W. A., Dale, O., & Smith, R. (2003). *Human behavior and the social environment: Social systems theory* (4th ed). Boston, MA: Allyn and Bacon.

Nugent, W. R. (2008). Assessment and data collection. In W. Rowe & L. A. Rapp-Paglicci (Eds.), *Comprehensive handbook of social work and social welfare Vol. III*. Hoboken, NJ: John Wiley & Sons, Inc.

Nugent, W., Sieppert, J., & Hudson, W. (2001). *Practice evolution for the 21st century*. Belmont, CA: Wadsworth.

Oliver, M., & Barnes, C. (1998). *Disabled people and social policy: From exclusion to inclusion*. London: Longman.

Orren, D., Smith, R., Norlin, J. M., & Chess, W. A. (2008). *Human behavior and the social environment: Social systems theory* (6th ed.). Boston, MA: Pearson Allyn & Bacon.

Patterson, G. R., & Forgatch, M. S. (1985). Therapist behavior as a determinant for client noncompliance: A paradox for the behavior modifier. *Journal of Consulting and Clinical Psychology, 53,* 846-851.

Perlman, H. (1957). *Social casework: A problem-solving process*. Chicago: University of Chicago Press.

Perlman, H. H. (1979). *Relationship: The heart of helping people*. Chicago, IL: The University of Chicago Press.

Pincus, A., & Minahan, A. (1973). *Social work practice: Model and method*. Itasca, IL: Peacock.

Popple, P. R. (1995). Social work profession: History. In R. L. Edwards (Ed.), *Encyclopedia of social work* (19th ed.). Washington, DC: NASW Press.

Popple, P. R., & Leighninger, L. (2005). *Social work, social welfare, and American society* (6th ed.). Boston, MA: Allyn & Bacon.

Reamer, F. G. (2001). *The social work ethic audit: A risk management tool*. Washington, DC: NASW Press.

Reamer, F. G. (2003). *Social work malpractice and liability: Strategies for prevention* (2nd ed.). New York: Columbia University Press.

Reamer, F. G. (2005). Documentation in social work: Evolving ethical and risk-management standards. *Social Work*, *50*(4), 325-334.

Reamer, F. G. (2006). *Social work values and ethics* (3rd ed.). New York: Columbia University Press.

Roberts, C. S. (1989). Conflicting professional values in social work and medicine. *Health and Social Work*, *14*, 211-218.

Rogers, C. R. (1957). The necessary and sufficient conditions of therapeutic personality change. *Journal of Consulting Psychology, 21*, 95-103.

Rubin, A. (1992). Case management. In S. M. Rose (Ed.), *Case management and social work practice*. New York: Longman.

Schwartz, A. (1982). *The behavior therapies: Theories and applications*. New York: Free Press.

Sheafor, B. W., & Horejsi, C. R. (2015). *Techniques and guidelines for social work practice* (10th ed.). Upper Saddle River, NJ: Pearson Education, Inc.

Shulman, L. (1979). *The skills of helping individuals and groups*. Itasca, IL: F. E. Peacock Publishers, Inc.

Slonim-Nevo, V. (1996). Clinical practice: Treating the non-voluntary client. *International Social Work*, *39*, 117-129.

Strom-Gottfried, K. (2008). Values and ethics for professional social work practice. In B. W. White (Ed.), *Comprehensive handbook of social work and social welfare Vol. I*. Hoboken, NJ: John Wiley & Sons, Inc.

Sullivan, W. P., & Rapp, C. A. (2006). Honoring philosophical traditions: The strength model and the social environment. In S. Saleebey (Ed.), *The strengths perspective in social work practice*. Boston, MA: Pearson Allyn & Bacon.

Swain, P. (2002). *In the shadow of the law. The legal context of social work practice*. Sydney: The Federation Press.

Teare, R. J., & Sheafor, B. W. (1995). *Practice-sensitive social work education: An empirical analysis of social work practice and practitioners*. Alexandria, VA: CSWE.

Thyer, B. A. (2008). Practice evaluation. In W. Rowe & L. A. Rapp-Paglicci (Eds.), *Comprehensive handbook of social work and social welfare Vol. III*. Hoboken, NJ: John Wiley & Sons, Inc.

Timberlake, E. M., Farber, M. Z., & Sabatino, C. S. (2002). *The general method of social work practice: McMahon's generalist perspective*. Boston, MA: Pearson Allyn & Bacon.

Tracy, E. M., & Wittaker, J. K. (1990). The social network map: Assessing social support in clinical practice. *Families in Society*, *71*(8), 461-470.

Trattner, W. A. (1999). *From poor law to welfare state: A history of social welfare in America* (6th ed.). New York: Free Press.

Turner, F. J. (1995). Social work practice: Theoretical base. In R. L. Edwards (Ed.), *Encyclopedia of social work* (19th ed.). Washington, DC: NASW Press.

Turner, F. J. (ed.) (1996). *Social work treatment: Interlocking theoretical approaches* (4th ed.). New York: The Free Press.

Turner, F. J. (2008). Interviewing skills. In W. Rowe & L. A. Rapp-Paglicci (Eds.). *Comprehensive handbook of social work and social welfare Vol. III*. Hoboken, NJ: John Wiley & Sons, Inc.

Walsh, F. (1997). Family therapy: Systems approaches to clinical practice. In J. R. Brandell (Ed.), *Theory and practice in clinical social work*. New York: Free Press.

Walsh, J., & Holton, V. (2008). Case management. In W. Rowe & L. A. Rapp-Paglicci (Eds.). *Comprehensive handbook of social work and social welfare Vol. III*. Hoboken, NJ: John Wiley & Sons, Inc.

White, R. W. (1959). Motivation reconsidered: The concept of competence. *Psychological Review, 66*, 279-333.

Wilson, S. (1980). *Recording: Guideline for social workers*. New York: Free Press.

Woods, M. E., & Hollis, F. (2000). *Casework: A psychosocial therapy* (5th ed.). Boston: McGraw-Hill.

Woodside, M., & McClam, T. (1998). *Generalist case management: A method of human services delivery*. Pacific Grove, CA: Brooks/Cole.

Woodside, M., & McClam, T. (2003). *Generalist case management: A method of human service delivery* (2nd ed.). Belmont, CA: Brooks/Cole.

Woodside, M., & McClam, T. (2006). *Generalist case management: A method of human service delivery* (3rd ed.). Belmont, CA: Thomson Brooks/Cole.

Zaki, E. P., & Mangold, M. M. (Eds.) (1972). *Interviewing: Its principles and methods* (2nd ed.). New York: Family Service Association of America.

Zastrow, C. (2013). *The practice of social work* (10th ed.). Belmont, CA: Brooks/Cole Cengage Learning.

Zuckerman, E. (1997). *The paper office: Forms, guidelines, and resources* (2nd ed.). New York: Guilford Press.

참고 사이트

한국학교사회복지사협회 사이트. http://www.kassw.or.kr

한국사회복지사협회 사이트. http://www.welfare.net/site/ViewActivityField.action

International Federation of Social Workers 사이트. http://ifsw.org/policies/definition-of social-work

찾아보기

인명

강상경 85
고수현 75
공계순 18, 311
구인회 85
권석만 307
권준수 307
권중돈 83
권진숙 376
김경호 21, 104
김규수 69
김기환 20
김만두 242
김문근 374
김미옥 20
김상곤 93
김상균 85
김선주 166
김성천 17, 26, 97
김소희 20
김연옥 201
김연희 171
김영종 72
김용득 374
김은재 26, 97
김인숙 81
김정진 20
김정호 166
김진우 72
김혜란 18, 81, 85, 92, 311
김혜련 81

나임순 98
노혜련 93

류진석 94

민소영 373

박미은 394
박지영 376
박현선 18

서미경 20, 88
설진화 375
성정현 97
신명호 347
신은주 81

안상훈 85
안정선 91
양옥경 20, 146
엄명용 17
오정수 94
오혜경 17
우국희 97
유서구 375
유용식 98
윤철수 91
윤현숙 20
윤혜미 17
이기연 375
이봉주 71, 85, 374
이성희 171
이영분 20
이용창 305
이원숙 20
이은주 20
이형섭 97

장수미 89
장연진 97
전재일 171
정명숙 204, 333
정무성 98
조흥식 81, 85, 97
좌현숙 97
진혜경 91

최성재 85
최승희 97
최영대 379
최원규 68
최은희 376
최일섭 85
최해경 201
최현미 20, 89

한인영 89, 92
현외성 375
홍금자 20
홍백의 85
홍선미 311
홍순혜 92
황경란 72
황미영 376

Anderson, R. E. 118
Austin, C. 192, 389

Barclay, P. 94
Barker, R. L. 16, 375
Barnes, C. 86
Bartlett, H. M. 26, 35
Biestek, F. 227
Bisman, C. 39, 108, 226
Bloom, M. 123, 129
Bogo, M. 27, 208
Borash, M. 270
Brill, N. I. 107, 136
Buckley, W. 117

Carter, I. 118
Caspi, J. 135
Chanmugam, A. 93
Chess, W. A. 116
Cingolani, J. 270
Collins, B. G. 55
Compton, B. R. 121
Connaway, R. S. 52, 327
Cooper, C. 78
Corcoran, K. 356
Corey, G. 182
Corey, M. S. 182
Cormier, S. 295
Coulshed, V. 210
Cournoyer, B. 358
Cowles, L. 90

Dale, O. 116
Devore, W. 236
Dillon, C. 233
Doel, M. 135
Dolgoff, R. 131, 140
Dominelli, L. 28, 248
Dubois, B. L. 64
Dybicz, P. 131

Farber, M. Z. 17, 67
Fischer, J. 356
Flexner, A. 55
Fortune, A. E. 365
Frankel, A. J. 382
Franklin, C. 92, 93

Gabor, P. 354
Galaway, B. 121
Gambrill, E. 133, 188
Gelman, S. R. 382
Gentry, M. E. 52, 327
Gerlach, B. 93
Germain, C. B. 105, 123
Gitterman, A. 123
Glicken, M. D. 53
Goldstein, E. 108
Goldstein, H. 99
Gordon, W. E. 28
Green, J. W. 236
Greenberg, L. 330
Greene, R. R. 123
Grinnell, R. 354

Hamilton, G. 57
Hartman, A. 312
Healy, C. 122
Hearn, G. 118
Heinonen, T. 233
Hepworth, D. H. 40, 173
Herrick, J. M. 59
Hill, C. E. 214
Hollis, F. 57, 233
Holton, V. 382
Hopps, J. G. 55
Horejsi, C. R. 29, 104
Howe, E. 37
Hudson, C. G. 122
Hudson, W. 295
Hull, G. H. 63

Intaliata, J. 375
Ivey, A. E. 208
Ivey, M. B. 208

Johnson, L. C. 27, 38

Kadushin, A. 78, 208
Kadushin, G. 208
Kagle, J. D. 189
Kamerman, S. B. 76
Karger, H. J. 18
Karls, J. M. 301
Keefe, T. 236
King, R. 391
Kirk, S. A. 301
Kirst-Ashman, K. K. 63
Klein, W. 129
Knox, S. 214
Kumar, S. 375
Kutchins, H. 301

Laird, J. 312
Laszlo, E. 118
Lee, P. 55
Lehman, A. F. 390
Leighninger, L. 53, 54
Levine, J. 107, 136
Lister, L. 40
Loewenberg, F. 140
Longres, J. 23
Lowe, G. 118
Lowery, C. T. 22, 75
Lubove, R. 54
Lum, D. 96

Maguire, L. 48, 114, 152
Mattaini, M. A. 22, 75, 122
McClam, T. 378, 382
McClelland, R. W. 389
Meyer, C. H. 62, 75, 122
Miley, K. K. 64
Minahan, A. 23, 48
Moline, M. 192
Moore, S. 375
Moxley, D. P. 375
Murphy, B. C. 233

Neukrug, E. 172
Noonan, M. 108
Norlin, J. M. 116
Nugent, W. 295
Nuriyus, P. 295

O'Melia, M. W. 64
Oliver, M. 86
Orme, J. 210
Orren, D. 116

Perlman, H. 111
Pincus, A. 48
Popple, P. R. 53

Rapp, C. A. 125
Reamer, F. G. 141
Reid, W. J. 135
Richmond, M. 52
Robinson, V. 57
Rogers, C. R. 230
Rubin, A. 377

Sabatino, C. S. 17, 67
Schlesinger, E. G. 236
Schwartz, A. 64
Shardlow, S. M. 135
Sheafor, B. W. 26, 29, 104
Shulman, L. 257
Sieppert, J. 295
Skolnik, L. 131
Slonim-Nevo, V. 270
Smally, R. 57
Smith, R. 116
Spearman, L. 233
Stein, L. 390
Stoesz, D. 18
Strom-Gottfried, K. 138
Stuart, P. H. 59
Sullivan, W. P. 125
Swain, P. 22

Taft, J. 57
Teare, R. J. 26
Test, M. A. 390
Thyer, B. A. 356
Timberlake, E. M. 17, 67
Tracy, E. M. 314
Trattner, W. A. 51, 61
Turner, F. J. 102, 179

Walsh, J. 382
Wandrei, K. E. 301
White, R. W. 123
Williams, G. 192
Wittaker, J. K. 314
Woods, M. E. 233
Woodside, M. 378, 382

Yanca, S. J. 27, 38

Zastrow, C. 17

내용

4p 111
6p 111

AB 설계 358
ABA 설계 358
ABAB 설계 359
PIE 분류체계 301

가계도 309
가정위탁보호 80
가정위탁지원센터 80
가정폭력 피해자를 위한 시설 82
가정형 질문 211
가족복지 81
가족폭력 방지 및 피해자 보호 등에 관한 법률 82
가치 상충 146
간접적 개입 346
간접적 실천 22, 346
감정 반영 212
강화 341
개방체계 117
개방형 질문 208
개별사회사업 52
개별화 239
개업 모델 37
개인에 대한 존중과 가치 138
개인적 변화 329
개입계획 321
거리 두기 269
거시적 사회복지 19
거시적 실천 17
거시체계 125
건강가정기본법 82
건강가정지원센터 82
경계 115

경제기획법 60
경청 204
경청 훈련 171
계약 326
계획 수립가 45
고전적 조건화 341
공감 230
공감 훈련 171
공감적 의사소통 235
공공기관 35
공동생활가정 79
공동의존 131
공유 영역 116
공인 29
공적 모델 37
과업성취 평가 359
과정기록 195
관계 형성 179
관계의 변화 329
관리의료 65
관찰 214
교정복지 97
교정사회복지사 97
구조적 기록 195
국립정신보건연구소 59
국민기초생활보장법 71
군사회복지 97
귀납적 질문 218
균형 118
기능주의 57
기본기록 195

나-전달법 171
내용 반영 212
내재적 이론 104
네겐트로피 117
노인보호전문기관 84
노인복지 83
노인복지법 83
노인여가복지시설 84
노인의료복지시설 84
노인일자리지원기관 84
노인장기요양보험법 72
노인주거복지시설 84
능력 139

다각화 286
다문화 사회복지 96
다문화가족지원법 82
다문화가족지원센터 82
다문화적 실천 67
다중종결성 119
단기쉼터 80
단순형 394
단일사례관리자의 집중적 사례관리 모델 391
단일사례설계 358
단일체계설계 357
단호한 직면 218
대처 124
동기부여 256
동등종결성 119
드롭인센터 80

메타커뮤니케이션 171
모자가족복지시설 81
목적이 있는 감정 표현 240
목표 달성 평가 360
목표 설정 324
무조건적인 긍정적 관심 230
문서화 190
문제 규정 297
문제 중심 기록 195
문제 확인 297
문제의 우선순위 321
문화적 역량 67
미국사회복지사협회 60
미시적 사회복지 19
미시적 실천 16
미시체계 125
미혼모자가족복지시설 81
민간기관 35
믿음에 기초한 유대 226

바우처 제도 72
변화매개 체계 120
보편화 335
보호관리 374
부자가족복지시설 81
부정 269
북한이탈주민 97
북한이탈주민의 보호 및 정착지원에 관한 법률 96
비밀보장 141, 248
비심판적인 태도의 원칙 244
비언어적 의사소통 168

사례관리 65, 373
사례관리 과정 396
사례관리자 41, 394
사생활 보호와 비밀보장의 원칙 150
사생활보호 141
사정 295
사회보장급여의 이용 · 제공 및 수급권자 발굴에 관한 법률 32
사회보장법 59
사회복지관 94
사회복지교육위원회 60
사회복지면접 201
사회복지사 선서 154
사회복지사업 29
사회복지사업법 29
사회복지서비스 19
사회복지실천 사례관리 376
사회복지실천 현장 75
사회복지전문요원제도 70
사회복지정책 19
사회복지행정 19
사회사업 15
사회사업실천 15
사회적 관계망 그리드 314
사회적 기능 증진 22
사회적 적소 124
사회정의 138
사회정의 향상 23

사회진화론 52
사회체계 이론 62, 118
삶의 질의 원칙 150
상호 교류 127
상호작용 기술 161
생명보호의 원칙 149
생태도 312
생태체계 관점 110
생태학 이론 62
생태학적 관점 122
생활 모델 127
생활과정 127
생활시설 36
서비스 138
서비스 자원 396
서비스기관 35
성매매 방지 및 피해자 보호 등에 관한 법률 82
성매매 피해자를 위한 시설 82
성실 139
성실의 의무 142
성폭력 방지 및 피해자 보호 등에 관한 법률 82
성폭력 피해자를 위한 시설 82
소거 342
수용 243
숙제 할당 345
순환적 질문 211
슈퍼바이저 44
스트레스 124
시연 344
신뢰관계 형성 256
실천 관점 110
실천 모델 111
실천 이론 111
실천의 틀 104
실천지혜 99, 101, 129
실효성 있는 협조 228
심리역동 이론 103

아동보호전문기관 79
아동보호치료시설 79
아동복지 77
아동복지법 77
아동상담소 79
아동양육시설 79
아동일시보호시설 79
아동전용시설 79
아동학대 79
안정 상태 118
언어적 의사소통 168
엔트로피 117
역동적 상호작용 227
역량 123
역량강화 실천 48
역전이 249
역할 기반 사례관리 386
예비적 이해 257
옹호자 46
외국인노동자복지관 96
외부체계 125
외연적 이론 104
우애방문원 52
운영체계 397
원숙한 공감 172
원조과정의 구조화 260
원조관계 58, 230
위기사례 394
윤리강령 137, 153
윤리기준 154
윤리적 기준 선별 148
윤리적 원칙 선별 148
의뢰-의뢰 대상자 체계 121
의료 관점 110
의료법 87, 89
의료사회복지 89
의료사회복지사 89
의무 상충 147
의사소통 166
의사소통 기법 332
이야기체 기록 195
이용시설 36
이주외국인종합복지관 96
이차현장 36
인간관계의 중요성 139
인보관 51
인지적 기술 161
일반 사회복지사 실천 63
일반사례 394
일반적 반응 172
일반형 394
일시지원복지시설 81
일차현장 36
일치성 230
임상사회복지 19

자기 결정권 141
자기 결정의 원칙 246
자기 직면 217
자기대화 관리 337
자료 수집 277
자료, 사정 및 계획 196
자립지원시설 79
자문 대상자 44
자문가 44
자선조직협회 51
자아 인식 135, 179
자연스러운 반응 172
자율성과 자유의 원칙 149
장애인 등에 대한 특수교육법 85
장애인 의료재활시설 85
장애인 지역사회재활시설 85
장애인 직업재활시설 85
장애인 활동보조서비스 86
장애인거주시설 85
장애인고용촉진 및 직업재활법 85
장애인기업활동촉진법 85
장애인복지 84
장애인복지법 85
장애인차별금지 및 권리구제에 관한 법률 85
재가노인복지시설 84
재구성 337
재보증 334
적개심 269
적극적 지역사회 치료 모델 390

적응 123
적합성 123
전략 325
전문 154
전문 사회복지사 실천 63
전문가 경계선 141
전문가 체계 121
전문적 간섭주의 141
전이 249
전체적 모델 301
절충주의 65
접수 255
정보 제공 338
정신건강복지센터 87
정신건강사회복지사 88
정신건강증진 및 정신질환자 복지 서비스 지원에 관한 법률 87
정신보건법 59, 71
정신보건사회복지 87
정신요양시설 87
정신의료기관 87
정신장애 진단 및 통계편람 307
정신재활시설 87
정책 및 절차 개발 참여자 46
조언 339
조작적 조건화 341
조정자 41
조직 기반 사례관리 모델 386
조직 내 촉진자 43
조직분석가 43
조현병 88
종결 362
주거 환경 125
주관적-객관적 사정계획 195
준법지원센터 97
중간 범위 실천 16
중간체계 125
중개자 41
중개자 모델 389
중독관리통합지원센터 87
중장기쉼터 80
중재자 41
중증장애인 생산품 우선구매 특별법 85
증거기반실천 64
지역사회보장협의체 94
지역사회복지 94
지역사회복지협의체 94
지역사회조직 53
지역아동센터 79
지역자활센터 94
지지 333
직면 336
직면기술 217
직접적 개입 331
직접적 실천 22
진단 57
진단주의 57
진실 및 정보공개의 원칙 150
진실성 230, 236
질병 모델 301
집단사회사업 53
집중형 394

책임 기반 모델 386
처벌 342
청소년기본법 77
청소년복지지원법 78
청소년상담복지센터 80
청소년쉼터 80
청소년자립지원관 80
청소년치료재활센터 80
최소 손실의 원칙 150

클라이언트 만족도 조사 362
클라이언트 옹호자 42
클라이언트 체계 47, 120

타임아웃 342
통제된 정서적 반응 242
통합사례 394
통합적 방법론 61
투사 269
팀 성원 43

평가 354
평등과 불평등의 원칙 149
평생계획 88
폐쇄체계 117
폐쇄형 질문 209
표적 문제 321
표적체계 120, 165
프로그램 개발자 45
피드백 117

학교사회복지 91
학교사회복지사 93
학습 이론 103
한국사회복지사협회 154
한국외원단체협의회 68
한부모가족복지상담소 81
한부모가족지원법 81
항상성 118
해석 215
행동기법 340
행동체계 120, 165
행정기관 35
현상을 파악하는 이론 104
호스피스 서비스 90
혼합모델 308
환경 속의 인간 25
환경 조정 350
환경적 변화 329
환기법 335

저자 소개

■ **최해경**(Choi Haekyung)

이화여자대학교 사회학과(학사)

서울대학교 대학원 사회복지학과(석사)

미국 미네소타 주립대학 대학원 사회복지학(박사)

현 충남대학교 사회복지학과 교수

〈저서 및 역서〉

노인복지론(학지사, 2016)

인간행동과 사회환경(개정 2판, 공저, 나남출판, 2007)

사회복지실천 사례집(역, 학지사, 2010)

가족치료이론과 실제(공역, 시그마프레스, 2008)

〈논문〉

일 도시 지역사회 노인들의 불면증 유병률 및 위험인자(공동연구, 노인정신의학, 2015)

중증장애인 자녀를 위한 평생계획과 주보호자의 연령과 사적 · 공적 지원이 미치는 영향(공동연구, 사회과학연구, 2016)

기능손상 노인을 돌보는 주보호자의 자기 돌봄 활동이 자신의 신체 · 정신건강에 미치는 영향(공동연구, 한국가족복지학, 2017)

지역사회 노인의 자신의 노화에 대한 태도와 개인자원, 사회적 지지, 사회참여가 미치는 영향: 대전광역시 거주 노인을 중심으로(한국콘텐츠학회논문지, 2018)

사회복지실천론(2판)

Social Work Practice (2nd ed.)

2009년 8월 10일 1판 1쇄 발행
2017년 4월 20일 1판 7쇄 발행
2017년 8월 30일 2판 1쇄 발행
2021년 3월 25일 2판 4쇄 발행

지은이 • 최 해 경
펴낸이 • 김 진 환
펴낸곳 • (주) 학지사
04031 서울특별시 마포구 양화로 15길 20 마인드월드빌딩 5층
대표전화 • 02) 330-5114 팩스 • 02) 324-2345
등록번호 • 제313-2006-000265호
홈페이지 • http://www.hakjisa.co.kr
페이스북 • https://www.facebook.com/hakjisabook

ISBN 978-89-997-1333-0 93330

정가 20,000원

이 도서의 국립중앙도서관 출판시도서목록(CIP)은 서지정보유통지원시스템 홈페이지(http://seoji.nl.go.kr)와 국가자료공동목록시스템(http://www.nl.go.kr/kolisnet)에서 이용하실 수 있습니다.
(CIP제어번호: CIP2017019774)